〈少年〉と〈青年〉の近代日本

人間形成と教育の社会史

田嶋　一——［著］

東京大学出版会

Youth and Early Adulthood in Modern Japan
A Social History of Character Formation and Education
Hajime TAJIMA
University of Tokyo Press, 2016
ISBN 978-4-13-056225-6

はじめに

人間のつくる社会はどんな社会でも、それぞれの社会のありように応じた周到な次世代養育システムをつくりあげている。そのようなシステムなしには人間のつくる社会は存続することが不可能であるばかりか、人間の生物種としての存続さえも危ういといえよう。

では、日本の社会にはこれまでどのような次世代養育システムがつくりだされてきたのであろうか。また、そのシステムのもとで、新しい世代はどのように自己形成をはかってきたのであろうか。

前近代の共同体社会における人づくりの発想、そこから産み出されてくる養育の文化や慣行と、近代社会における人づくりの発想、そこから立ち上がってくる養育の文化や制度との間には大きな隔たりがある。前者が〈したてる、しこむ、しつける、おしえる〉を原理とする養育システムをもっていたのに対して、後者が〈教育〉を原理とする養育システムをつくりだしたことが両者の間に大きな隔たりを生じさせたのである。では、なぜ近代社会には〈教育〉という新しい養育システムが出現したのであろうか。また〈したてる、しこむ、しつける、おしえる〉を養育の原理とする社会から〈教育〉を主要な養育の原理とする社会への移行はどのような歴史過程をたどることになったのであろうか。

本書では、日本社会の次世代養育システムが前近代社会的なものから近代社会的なものに移行する歴史過程とその特徴を、主として青年期の問題に焦点をあわせつつ社会史的な視点から明らかにしたい。本書がとりわけ青年期教育と青年の自立の問題を取り上げているのは、青年期という概念が教育の概念と同様に近代社会の産物であるからである。このような視点からの研究は、日本の社会に生きる私たちの教育をめぐる思惟や行動様式の特徴について、私たちにより深い理解をもたらしてくれることになると思われる。また、これからの日本の教育を考える上でも、私たちに多くの有益な示唆をあたえてくれるであろう。

目　次

序章　近代日本における〈教育〉と〈青年〉の概念

1　〈教育〉の概念と言葉の用法

本書は日本社会が近世から近代に移行する過程における〈形成〉と〈教育〉の歴史を、〈少年〉と〈青年〉の問題を主軸として社会史的な視点から解明しようとするものである。

「はじめに」でも述べたように、本書で取り上げる〈教育〉の概念も〈青年〉の概念も、ともに近代社会の産物である。青年期が近代社会に特有のライフステージであることはよく知られている。一方、同じように近代の産物である教育の概念は、青年期に比べると近代の産物としての認知度がはるかに低いように思われる。考えてみると不思議なことである。

教育学上における教育についての定義を取り上げてみると、教育は発達への意図的で助成的な介入である、とするものが今日の代表的な定義であるといえよう。代表的な、としたのは、定義の仕方にかなりの幅があるためである。先のような定義にしたがえば、発達についての概念そのものが近代社会ないし近代社会への移行の過程で自覚されてきた概念であるから、教育の概念もまた当然近代社会特有の人づくりの概念であるということになる。中内敏夫はこの点について、「(教育は—引用者) 近代の市民社会、または市民社会化されゆく社会に特有の人づくりであって、じつは史上いろいろありえてきた人づくり概念のなかのたったひとつのばあいにすぎないのである」と述べている(1)。本書においても教育の概念の把握について同様な立場をとっている。

しかしながら私たちの周りを見渡すと、日常会話の中でもジャーナリズムの世界でも、さらには研究者の間ですら教育という言葉の用法はさまざまであり、歴史を超えてあらゆる時代、あらゆる社会の人づくりの方策のありように対して使われる場合が多い。たとえば教育学関係の書物などにはしばしば古代の教育、若者組の教育とか無意図的教育などという用語が見受けられるし、教育愛とか教育的配慮などという表現も巷間に流布している。しばらく前までは体罰の教育的意義などというような途方もない表現さえ珍しくはなかった。一般的には、そこに教え—教えられるという関係が客観的にであれ主観的にであれ成立していると認められさえすれば、すべて教育という用語があてはめられてしまう場合が多い。このような教育という用語の用法と概念の多義性や曖昧さが、教育についての議論を大いに混乱させることになっているのだが、どうしてそのようなことが起きてしまっているのであろうか。この問題は歴史的に解明される必要がある。

2　〈教育〉と〈教化〉と〈形成〉の区別

教育学で定義しているような〈教育 education〉の概念は、市民社会に移行しつつある社会で誕生し、近代社会特有の人づくり概念として成熟し、公教育制度をつくりだした。一方、近代以前の民衆社会では、次世代の養育の方法は労働や生活の中に埋め込まれていた。そのような人づくりの方策のありようは、今日では〈形成 forming〉と呼ばれて、教育と区別されている。形成では〈一人前〉の人間を育成することが目標とされてきた。また特定の政治的価値や宗教的価値などを教え込むことによって次代の担い手を養成することをめざすような人づくりは、〈教化 edification, indoctrination〉と呼ばれて、これもまた教育とは区別されている。

教育の概念とその他の人づくり概念の最も大きな違いは、教育の概念が発達論を内在させて成立しているというところにある。西欧社会においてラテン語の educare（エドゥカーレ、育てる）、educatio（エドゥカーティオ、educare の名詞形）に由来する educate, education という言葉が今日のような意味を持ち始めるのは、一六世紀以降のことであるといわれている。一八世紀に入ると〈発達 development〉の概念も今日のような意味をもちはじめ、education の概念の中に取り込まれることになった。そのようにして私たちが所有している近代市民社会の人づくりの概念が誕生したのであり、教育の概念の成立と近代学校の成立、公教育制度の成立においては、世界史上西欧社会が先行した。

日本の社会が西欧社会の教育の概念やそれが生み出した制度と出合ったのは、幕末維新期である。開国後すぐに明治政府は近代化の方策として、教育の概念と学校制度を先行する西欧社会から導入し、国家が主導して近代的な公教育体制を確立しようとした。伝統的な形成や教化による次世代養育システムと近代市民社会の人づくりである教育が並存し競合しつつ、教育が人づくりの主要な座を占めるようになるのが、その後の近代日本における教育の歴史過程である。

3　エデュケーションの翻訳語としての教育

幕末維新期の知識人は、西欧社会のエデュケーションを教育と翻訳して導入した。少し遅れて、ディベロップメントには発達という訳語があてられることになった。日本の社会ではそれまでにも教育という用語が時に使われることもあったが、それは、『孟子』尽心章句上で君子の三楽の一つとしてあげられている教育に由来する儒学の用語であり（「君子有三楽、（中略）得天下英才而教育之、三楽也」）、教の字義と育の字義の合成語として成立していた言葉であった。前近代の日本社会で使われていた教育の用語は、教える行為と育てる行為を重ね合わせた教化の系譜に属するものであり、この用語には成立の由来からしても発達への認識は兆していない。儒学の系の教育は、幕末維新期の翻訳語としての教育とは異なる履歴をもつ用語だったのである。そして、幕末維新期の知識人たちは、このことに十分自覚的であった。

エデュケーションの翻訳語としての教育という用語の定着過程を素描しておこう。

幕末期に幕府のイギリス留学生監督として渡英した中村正直は、帰国後S・スマイルズの"Self-Help"（一八五九年）を翻訳して『西国立志編原名自助論』（一八七一年）を刊行したが、同書の中ではエデュケーションは教養ないし教育と訳されていて、訳語としては不安定である。[2] 中村はエデュケーションに対応する適切な日本語を探しあぐねていたのではないかと思われる。エデュケーションと同類の cultivation の翻訳にも同様な事態が生じていた。中村は cultivation には前代あまり使われることのなかった修養という用語をあてており、この用語はその後そのまま新しい日本語として定着することになった。一方エデュケーションの訳語としては、その後教育の用語が知識人たちによって選びとられることになったのである。

教育の用語に関わる当時の日本語の状況を理解するために、まずJ・C・ヘボン著『和英語林集成』を取り上げてみよう。同書は一八六七（慶応三）年に初版が刊行された日本初の和英・英和辞書であり、改訂を重ね明治期のベストセラー辞書となったものである。この辞書の第二版が初版を大幅に改訂して刊行されたのは、中村正直の『西国立志編』や福沢諭吉の『学問のすゝめ』が刊行され、学制が頒布された時期とほぼ重なる一八七二（明治五）年のことである。

ヘボンの『和英語林集成』初版には、和英の部に教育という日本語はまだ現れていない。英和の部に educate があり、shitateru; oshiyeru; shikomu; kiyōkun szru《（ママ）》; kiyōju; shitateru とローマ字表記で和訳されている。ここにも教育という日本語は現れていない。同書の第二版では、和英の部には初版にはなかった教育という日本語が取り上げられており、「Kiyō-iku, キャウイク, 教育, (*oshiye sodateru*)・Instruction, education.-*suru*, to educate, to instruct and bring up.」と記されている。一方英和の部では educate の名詞形である education が新たに取り上げられており、kiyōju, kiyōkun, shitate. と和訳されている。また educate は、kiyōju suru, shi-tateru, kiyōkun suru, oshiyeru, shi-komu, shi-tsukeru. となっている。ヘボンは第二版で教育という日本語を取り上げ英訳として education を当てていたものの、educate, education の和訳には教育という用語を採用しなかったのである。一八八六（明治一九）年に刊行された第三版になって初めて、education に kyōju, kyōkun, shitate に続けて最後に kyō-iku という訳語が付け加えられた。同様に educate にも kyōiku suru という訳語が付け加えられている。教育という日本語は幕末期には『和英語林集成』に現れず、学制が発布されようとしている時期になってから education に対応する用語として新たに取り上げられることになったのだが、第二版刊行の段階ではその認知度はまだ低かったといえよう。

併せて発達という日本語と development の当時の用法にも言及しておこう。初版と比べて収録語彙数が大幅に増えた第二版では、和英の部に新たに発達という用語が取り上げられていた。同書によれば、発達はハッダッと発音し、to improve. to become expert or skillful. という意味である。用例としては、剣術に発達する、学問に発達する、という使い方が紹介されている（便宜上、引用者がローマ字表記をかな漢字表記に変換した。以下同様）。ヘボンはこの言葉のシノニム（同意語）として、上手になる、上達する、という言葉をあげている。発達（ハッダツ）は上達と同じ意味をもつ言葉だったのであり、私たちが使っているような development に対応する言葉ではなかったのである。一方、英和の部では develop の日本語訳として、あらわす、あかす、とく、ひらくがローマ字表記で記されている。また和英の部には、開発という用語の英訳に develop が現れている。開発は opening and developing or clearing new ground for cultivation と説明され、用例としては、田地を開発する、という使い方が紹介されているだけである。すなわちこの段階では日本の社会には、人間の心身の発達に関わるものとしての development の概念を持ち込むための言葉も、またそれに対応する心の世界も、未だ辞書に反映するほどには十分に用意されていなか

ったのである。(3)

つぎに、『和英語林集成』第二版と同年に初編が出版され、明治期の大ベストセラーとなった福沢諭吉の『学問のすゝめ』(初編—一七編、一八七二—七六年)を取り上げてみよう。

同書初編は、すでに慶應義塾を開設し新しい時代の教育に着手していた福沢が、故郷の中津に新たに洋学校を開設するにあたって執筆したものである。初編は学制が発布される約半年前に刊行され、高い世評を得てその後四年間にわたって続編が書き継がれることになった。教育という用語に着目してみると、この段階で福沢はすでに新しい学校を設立して実質的に教育事業に着手していたにもかかわらず、本書刊行前半期には、教育という用語をまったく使っていない。この用語は、後半期にあたる一八七四(明治七)年以降にわずか九回ほど使われているだけである。それに対して、学校という用語は、初編端書に「故郷中津に学校を開くにつき、学問の趣旨を記し」と述べていることを手始めに、全体を通して三二回も使われているのである。教育と学校の用語の使用回数の違いは際立っている。(4)

福沢は文明開化の時代の「一身独立」を旨とする新しい人間形成論を論じるに際して、「学問」や「学業」、「勉強」、「執行」(修行・修業の意)など当時の人びとにとってわかりやすい日常語を用い、もっぱら「少年」(今日よりも幅広い年齢層を示す旧来の用法)、「学者」(学ぶ者、学生の意。同じ用語を専門家としての学者という意味でも使用)、「書生」、「生徒」(慶應義塾で学んでいるような階層)を主体にすえた学習論のかたちで持論を展開していた。福沢は『学問のすゝめ』で新しい時代の人づくりの思想を開陳するにあたり、当時の読者に教と育の単なる合成語として誤解されかねない、あるいは大概の読者がそう受けとめてしまうことが懸念される教育という用語の使用をなるべく避け、これを学習主体論、学問論のかたちで論述したのである。しかしながら、たとえ教育という用語があまり使われていないにしても、福沢の議論が教育についての新しい思想に基づいて展開されていたことは、次のような文章からも明らかである。

人あるいはいはん、「言語・容貌は人々の天性に存するものなれば、勉めてこれをいかんともすべからず。これを論ずるも、詰まるところは無益に属するのみ」と。この言あるいは是《ぜ》なるがごとくなれども、人智発育の理を考へなば、その当たらざるを知るべし。およそ人心の働き、これを進めて進まざるものあることなし。[5]

福沢がここで論じているのは、今日の私たちの言葉に置き換えるならば、教育による発達の可能性についてである。この時代には前述のように発達という用語も今日的な意味をもっていなかったので、福沢は発達にあたる概念を「人智発育の理」と表現した。そして「およそ人心の働き、これを進めて進まざるものあることなし」と述べて、旧来の遺伝決定論、宿命論に教育による発達論を対置したのである。

封建制下の儒漢の学に代えてこれからは「人間普通の実学[6]」を学ぶべきだとする福沢の学問論、「父兄は子弟に独立を教へ、教師は生徒に独立を勧め[7]」るとする教育目的論、「学校の名誉は、学科の高尚なると、その教法の巧みなると、その人物の品行高くして、議論の卑しからざるとによるのみ[8]」という学校論などを重ね合わせてみると、福沢が学校と西欧発のエデュケーションの概念を緊密に結びつけて捉えていたのは明らかである。にもかかわらず、同書刊行の後半期になってようやく教育の用語が使われはじめるという事実は、この時代の教育という用語の普及の程度、および教育という用語が福沢によって選択されることになる過程について考察するための重要な手がかりを私たちに与えてくれる。教育という用語が使われている文脈をみると、福沢は全編を通して、後述する植木枝盛のようにはこの用語を積極的に採用する姿勢を示していなかった。福沢はこの誤解を招きやすい用語の使用にきわめて慎重だったのである。後年福沢は「文明教育論」（一八八九年）を発表し、当今学校で行われている「いわゆる教育」は一方的な教え込みに偏し、学校の本来の役割である「能力の発育」から遠ざかってしまっていると批判して、「教育の文字ははなはだ穏当ならず、よろしくこれを発育と称すべきなり」と主張することにもなった(9)。これは教育勅語が発布される前年のことである。

一八七二年二月に出版された『学問のすゝめ』の初編の内容は、刊行半年後の同年八月に学制とともに政府によって発布された学制序文（「学事奨励に関する被仰出書」）の作成に大きな影響を与えていた。福沢は三田の文部卿ともいわれて当時の文部省の文教政策に強い影響力をもっていたのである。学制は新しい国家が公布した近代学校制度の基本構造についての最初の規定であり、日本社会に西欧型の学校制度と教育内容を導入することをめざすものであったが、新しい国家の人づくりの理念を明示するために作成された学制序文には、『学問のすゝめ』初編の場合と同様、教育という当時の日本人になじみのない用語は使われていない。学制序文は当時の民衆に理解可能な「学問」、「学」、「学事」などの旧来の用語を使いながら西欧を範とする新しい時代の教育の要点を説明し、日本社会の人づくり論の全面的な転換を政策的に図ろうとしていたのである。

学制は本文においても第一章で「全国ノ学政ハ之ヲ文部一省ニ統フ」と規定し、文部省の役割を学政という言葉で表現していた。ただし条文の中には教育という用語がすでに数ヵ所現れている。例を挙げておこう。「小学校ハ教育ノ初級ニシテ人民一般必ス学ハスンハアルヘカラサルモノトス」（第二十一章）、「教育ノ設ハ人々自ラ其身ヲ立ルノ基タルヲ以テ」（第八十九章）等である。学制は主にフランスとアメリカの制度に倣ったものであったので、この用語がエデュケーションの訳語としての意味合いをもっていたことは明らかであり、開明派官僚たちは教育という用語をそのような意味をもつ用語として使いはじめていた。新しい意味を与えられた教育という用語は、この後全国各地で一斉に始まった小学校の開業と相まって急速に普及していくことになった。

4　植木枝盛の教育論と「開発進達」の思想

新しい教育概念が普及していく上で、森有礼、福沢諭吉、中村正直、西周、箕作秋坪らの明六社グループを始めとする開明派知識人たちや、小学校設立に関わった各地の文教政策の担当者、民間の自由民権論者たちの果たした役割はきわめて大きかった。たとえば民権論者植木枝盛が一八七七（明治一〇）年前後と推定される時期に地元の小学校の開業式に臨んで行った演説を取り上げてみよう。今日では「普通教育論」と呼ばれているこの演説の記録から、教育という用語に盛り込まれた意味が当時の日本人にとってまったく新しいものであったことがよくわかる。[10] 植木は演説の冒頭で「今日我五小区新築小学ノ開業式ヲ行フニ当リ予ハ小学ヲ設立スルノ趣旨及ビ之ヲ設立セザル可カラサル所以ヲ演説セント欲ス」と述べた上で、この演説を学校で行われること、すなわち教育そのものについて説明することから始めた。植木によれば、教育とは人間の「本質ヲ開発伸長」することであり、「心ノ能力ヲ誘導シ之ヲ活動セシメテ（或ハ思想セシメ或ハ記憶セシムル等）之ヲ開発進達セシムルコト」であり、「人間ノ自由幸福ヲ受クル」ために「人ノ能力ヲ誘導開発スル」ことである。さらに重ねて植木は「教育ナル者ハ固ヨリ広キ意ニテ総テ人ノ能力ヲ誘導開発スルコト」であるとも説明している。彼は小学校の開業式にあたって、教育とは人間の能力を開発進達させることであるということを、言葉を換えながら何度も繰り返して聴衆に説明したのであった。

続けて植木は教育という用語の語源に言及して、「教育ノ語ハ英ニ於テ之ヲ『エデュケーション』ト云フ其原ハ希臘語ノ『エデュコ』ヨリ出ツ」と述べ、「『エデュコ』ハ或ハ読ミ或ハ書クノ義ニシテ開発ノ意ヲ兼ヌルナリ」と説明している。植木はラテン語のエデュコをギリシャ語と誤認していたわけであるが、この演説の記録からは、西欧発の教育の概念が発達論を内在させていることを当時の開明派知識人たちが的確に捉えていたこと、日本社会が出合ったこの未知の概念を、その成立の由来まで含めてまるごと日本社会に移植しようと工夫を重ねていたことが伝わってくる。演説の内容から植木が新しい教育概念を旧来の儒学的な教育概念と峻別していたことは明らかである。植木は、教育とは自由幸福に向けて人間の本質的な能力を開発進達させる営みの謂いであり、学校はそのようなものとしての教育を行うための専門的な機関であるという新しい思想を、維新後の社会を生きはじめた地域の人びとの日常生活の中に直接持ち込もうとしていたのであった。植木の新しい教育思想の普及への熱意は、自由民権運動がめざす新しい国家社会創出への願望と強く結びついていた。

演説の中で植木が、教育とは人間の自由幸福をめざして人の能力を「開発進達」することだと説明し、同様のことを「誘導開発」とも「開発長進」とも「開発伸長」とも言い換えているのは、明らかに植木がディベロップメントの概念を日本語に移し替えるための適切な言葉を手探りしていたことを示している。やがてこれらの言葉は「発達」という私たちになじみのある用語へと収斂し、私たちの社会の知的財産として受け継がれることになったのである。

前述の福沢の「人智発育の理」論が発達の用語が発明されていない時代の発達をめぐる論述にほかならなかったということや、福沢や植木を含めて明治初期開明派知識人たちの間には明六社の活動や慶應義塾の三田演説会などを通して深い交流があったこと、多くの慶應義塾の卒業生が各地の師範学校に教師として赴任し、新しい時代の教員を養成する仕事に就くとともに自由民権運動の担い手としても活躍したことなどを重ね合わせてみると、発達の概念を含んだ新しい教育の概念の輪郭が描き出され日本の社会に定着する歴史過程と、その担い手となった人びとの姿が現れてくる。

自由民権運動に参加した人びとは、演説会や民権系新聞、民権派が発行した教育雑誌等を通して、発達論を内に含んだ教育の用語と概念を日本社会に普及させる上で大きな役割を果たすことになった(11)。彼らを含めた開明派知識人たちの活動を通して、新しい教育についての理解は日本の社会に急速に広がったのである。エデュケーションの訳語としての教育の用語の初期の使用者たちは、この用語の意味とその用法について、ある意味で現代に生きる私たちよりもはるかに自覚的で厳密であったということができるだろう。

5　公教育におけるエデュケーションの系と「教＋育」の系

学制は全国に小学校を開設する上では大きな成功をおさめたものの、新しい教育内容、教育課程を普及させる上では十分な成果を上げることができなかった。そこで政府は一八七九（明治一二）年、中央集権的な学制に代えて教育令を発布した。開明派官僚田中不二麿文部大輔のもとでアメリカの公教育制度に倣い、地域の主体性と教育の自由・自治を大幅に認めて作成された教育令では、教育の用語が全面的に採用されることになった。学制の第一章が「全国ノ学政ハ之ヲ文部一省ニ統フ」とされていたのに対し、教育令の第一条は「全国ノ教育事務ハ文部卿之ヲ統摂ス」とされ、学政は教育事務に置き換えられた。教育令は自由教育令ともいわれ、民権論者や地域の人びとに大いに歓迎され支持された。エデュケーションの翻訳語としての教育の用語は、盛り上がる自由民権運動を背景として日本社会のすみずみまで行き渡ったのである。

第一次伊藤博文内閣のもとで一八八五年に初代文部大臣となった森有礼は、一八八六年に教育令に代えて、戦前の学校制度の出発点となった諸学校令（小学校令、中学校令、帝国大学令、師範学校令）を制定した。制度の立案者である森は、幕末期に薩摩藩留学生として渡英して以来、欧米の文化とりわけ教育のあり方に強い関心をいだき、伊藤首相の要請に応じて日本の教育行政を担当することになった人物である。森は明治初期文明開化の啓発運動に大きな役割を果たした明六社を発起し、初代社長になった人物でもあった。米国滞在時に“Education in Japan”（一八七三年）を刊行したこともある森の教育の概念が、欧米のエデュケーションの概念に重なるものであったことは言を俟たない。こうして、西欧の市民社会で誕生した近代的なエデュケーションの概念に教育という漢字熟語があてはめられ、この用語は近代学校とともに日本社会に迎えられ普及した。

しかしながら、教育令発布以降、政府部内では開明派官僚や民権派知識人たちの間で了解されていた教育への発想とは別の教育への発想をもち、同時に開明派知識人たちの西欧志向や国会開設を求める自由民権運動の拡大に危機感をもつ人びとが、勢力を強めていた。両者の教育への発想の違いは、どのような国づくりをめざすかという国家構想の違いにも対応していた。明治天皇の侍講であった元田永孚は、一八七九（明治一二）年には儒学の伝統をふまえて「教学聖旨」を起草した。「教学ノ要仁義忠孝ヲ明カニシテ知識才芸ヲ究メ以テ人道ヲ尽スハ我祖訓国典ノ大旨上下一般ノ教トスル所ナリ」という文章で始まるこの文書は、開明派の進める「洋風」の教育を批判し、「仁義忠孝ノ心」を「幼少ノ始ニ其脳髄ニ感覚セシメテ培養スル」ことこそ肝要であるとするものであった。文教政策における政府部内の開明派と守旧派の確執のもとで守旧派の発言力はしだいに強まり、一八九〇（明治二三）年には政府は教育勅語を制定し、臣民教育の基本方針を明示することになった。政府が民権運動を押さえ大日本帝国憲法を策定し国会を開設する時期にあわせて発布されたこの勅語の起草には、元田も深く関わっていた。

教育勅語では「教育ノ淵源」が天皇制国家の「国体」に求められ、「忠良ノ臣民」を育成するための一四の徳目が列挙されていた。ここでは教育の用語は教と育の合成語として使われていたのであり、その用法は儒学の伝統に棹さすものであった。元田の発想は、植木たちが主張していた教育は個の自由幸福のために人間の能力を開発進達させる営みであるとするような思想とは相容れないものであった。教育という用語のこのような用法と概念は、その後教育勅語の内容とともに初代文相森有礼がデザインした日本の学校制度の中に深く浸透していくことになった。森自身は大日本帝国憲法発布式典当日に暗殺されてしまったために、初代文部大臣として自らが立ち上げた学校制度の内側でその後進行することになる事態のゆくえを知ることはなかった。

こうして、文明開化期の発達論を含んだエデュケーションの訳語としての教育の概念の系に、臣民の形成をめざして再構築された伝統的な「教＋育」としての教育の系が覆い被さることになり、その重なり方に応じて教育は多義的な内包外延をもつ用語、概念となった。その後の日本社会の教育概念の歴史をたどってみると、エデュケーションとしての教育の系と「教＋育」としての教育の系は絶えず競合拮抗を繰り返してきたことがわかる。教化としての教育の系の内側に閉じ込められたエデュケーションとしての教育の系は、その後折々に教育運動として噴出し、教化の系とせめぎあうことになった。その顕著な例が大正期の新教育運動であり、戦前の生活綴方運動や教育科学研究会の運動などである(12)。戦後になると教育を国民の権利として捉える日本国憲法・教育基本法のもとで戦後教育改革が進行し、人権としての教育権・学習権の思想や理論が格段に深まり、教育の概念に新しい展開をもたらすことになった。同時に新しい教育の制度と理念のもとでも、二つの系の教育概念のせめぎあいは人びとの心の中に持ち越されることになった。

このような事情のもとでは、同じ教育という言葉を使いながら別の事柄が論じられていたり、議論に齟齬が生じたり、エデュケーションとしての教育とエディフィケーションである教化のちがいが曖昧になったりするような事態が生じてくるのはやむをえない。そのために教育研究者の間には、そもそもエデュケーションを教育と訳したことが誤りだったとする意見もあるほどである。大田堯は「education に中国の古典にある『教育』という言葉をあてたことは、現在からみると『誤訳』だったとも云えよう」と述べている(13)。このような状況のもとでは、用語の使い手である私たち自身が教育という用語の多義性に自覚的になり、その使われ方を見極め識別しつつ時代にふさわしい教育の概念を確立していくことがきわめて重要だということになるであろう(14)。

6　福沢諭吉の『学問のすゝめ』と青年期の教育

青年という用語も、日本社会では教育とほぼ同じ時代に使われはじめた。

近代社会は、前近代のライフステージとは異なるライフステージを生み出した社会である。前近代まで人生は子ども期と大人期に大きく二区分されていた。近代社会は子ども期と大人期の間に新たにモラトリアムとしての青年期が入り込み、人生が三区分されるようになった社会である。明治初期の知識人たちは、新しく登場した子どもから大人への移行期にいる人びとを青年と名付け、若者、若衆（女性の場合は娘）などと呼ばれて大人社会の一員としての扱いを受けていたそれまでの若い人たちと区別した。青年の登場におされて旧社会の少年概念にかえて近代的な少年、児童などの概念も現れてきた。

厳密に言うと、青年という用語の登場は教育の用語の登場よりも少し後になる。『学問のすゝめ』が書き進められていた時期には未だ青年の用語は出現していなかったので、前述のように福沢は「少年」「学者」「書生」「生徒」などという旧来の用語で若い人たちに呼びかけ、「自由独立の気風」を培い自らの人生を選び取り自立するための学問を勧めていたわけである。青年概念は未成立ではあったが、福沢は明らかに若い人たちをその後青年と呼ばれることになる存在として遇していたといってよい(15)。福沢自身がかつて幕末期に新しい生き方を模索して適塾に集った若い者たちのリーダー的存在であったことや、塾生たちの行動や心性がその後日本社会に広く登場する青年たちの行動や心性の特徴を先取りしていたものであったこと、幕末維新期に福沢が開設した慶應義塾や中津市学校の新しい教育機関としての特徴などを考え合わせると、そのような理解は的外れではあるまい。福沢は慶應義塾や中津市学校を新しい学校として開設し、これらの学校の「社中」外にいる若い人たちに向けては『学問のすゝめ』の執筆刊行を通して、開国後の日本社会に出現しはじめた一群の青年たちの自立を支援する教育活動に乗り出したのである。あるいは未だ青年という言葉のなかった時代に、所与の人生を受け入れてきた身分社会の若者たちに替えて、「自由独立の気風」に充ち人生を自ら選び取る新しい世代を誕生させるための産婆役を果たそうとしていたといってもよい。そのような福沢の言動は、西欧列強のアジア進出を前にして日本の独立の達成をめざすための方策でもあった。福沢が『学問のすゝめ』の中で折にふれ「一身独立して一国独立する」と主張していたのは、新しい世代が近代的市民として独立（自立）し、文明の担い手たる「ミッヅル・カラッス」（middle class、中産階級）を形成することによって、初めて西洋に伍して日本の独立が可能になると考えていたからである。

その後、それまで「少年」「学者」「学生」「書生」などさまざまな旧来の呼称で呼びかけられていた若い人たちを一括りにして捉える用語として青年という新しい用語が発明されると、青年の用語と概念は教育の場合と同様に、都市部を中心に急速に日本の社会に広がっていくことになった。植村正久らがＹＭＣＡを基督教青年会と訳して青年という用語を世に送り出したのは一八八〇（明治一三）年のことであった。青年の用語と概念の誕生によって、『学問のすゝめ』にも頻出していた少年という用語の用法も大きな影響を受けることになった。かつては少年の用語は現在の少年よりもはるかに幅広い年齢層に対して使われていたのであり、前近代の社会では人は中年になる前はおしなべて少年だったのである（本書第三部第1章参照）。青年期の存在が定着すると、それまで大人になる前のライフステージにいる者であることを示していた少年の用語は、青年になる前段階のライフステージを示す用語として編み直されることになった。その後日本社会に紹介されたルソーの『エミール』やエレン・ケイの『児童の世紀』の影響なども受けながら、少年期、児童期の固有性があらためて発見され、新たなライフステージへの認識が社会的に共有されて、現在のような人生の時期区分についての通念が成立し常態化することになったのである。

教育の概念と同様、明治初期に誕生した青年の概念も、その後の日本社会の近代化の過程で多様な展開をみせることになった。青年の概念は変化し続ける現代社会と家族のあり方に連動して、いまでも変容し続けている。とりわけ一九九〇年代以降の若年層をとりまく社会環境の激変のもとで、青年の概念は大きく揺れている。今日では青年という言葉は多くの人にとって使いにくい言葉の一つとなっており、若者という用語が青年にほとんどとってかわっているほどである。青年と青年期教育の歴史をめぐる研究は、いまやこのような状況まで説明しうる射程をもたなくてはならない。

7　日本社会における人づくり文化の多様性と重層性

かつて加藤周一は日本の文化の特徴を理解するために、日本文化を「雑種文化」として捉えることの重要さを指摘した。加藤は日本文化の根本はぬきさしならぬ形で伝統的な文化と外来の文化との双方から養われていると考えていた(16)。私たちの社会の人間形成をめぐる知や技の全体像とその特徴を捉える上でも同様な視点が重要である、と私は考えている。

私たちの社会の次世代の養育についての観念や文化のありようは、きわめて重層的である。これを大きく捉えれば、基層には、社会が成立して以来長い生活史の中で経験に基づいて蓄積され習俗として保持されてきた次世代養育の知と技が厚く集積している。地域社会の共同生活の中で蓄積されてきた次世代養育の知と技は、近世郷村社会において産育・子育ての習俗、若者組の習俗として成熟し、定着した（本書第一部第1章参照）。この習俗としての養育文化は、人生を子どもと大人の二段階に分けて捉える前近代までのライフサイクル論や土着信仰と結びついた生命観のもとで、共同体の成員を一人前の大人に仕上げることをめざしていた。大人から子どもへの一人前の人間形成を目的とする働きかけには、しつける、しこむ、ひとねる、などの大和言葉が当てられていた。これらの行為は全体が属身的文化、非文字的文化の領域に属していたので、文字による記録はほとんど残されてこなかった。このような文化は、菅江真澄や鈴木牧之らの江戸期の先駆的業績をのぞいては、二〇世紀に入ってから柳田国男らの仕事を嚆矢とする日本民俗学によってあらためて発見され調査・記録されることになった。講壇教育学、翻訳教育学が長い間主流を占めてきた教育学の分野では、この領域の研究は一九六〇年代後半になってから東京大学の大田堯らによってようやく本格的に始まった。この時期は、高度経済成長期の地域社会と家族の変化によって、習俗としての子育ての文化が日本社会から急速に消失しようとしていた時期であった。人間形成の習俗文化の一部は今日でも地域の人々の生活の中にさまざまな行事やしつけの慣行として保持されており、とくに職人の社会や芸能の世界などでは今日でも形成が人づくりの主要な部分を担っている。

非文字社会が生み出した養育の文化を基層として、第二層には近代以前の文字社会やその周辺でつくりだされた多様な次世代養育文化が集積している。古代律令国家の成立以降、支配層、有識者層により導入された儒学の学問論や修身論、寺院や修験道などで成立した修行論、中世武士たちの編み出した養育法、芸能などの領域における稽古論、幕藩体制下の昌平坂学問所や藩校で採用された教授法、寺子屋で実践された手習いの指導法、近世後期の社会にみられる心身一元論的人間形成論としての養生論や修養論等々である。

「蛙の子は蛙」「瓜のつるになすびはならぬ」などという諺にもみられるように、前近代の身分社会の下では次世代の養育論には遺伝決定論と宿命論の重い枷がはめられていた。蛙の子が蛙でなくなった場合には、そこに遺伝とは別の要因が働いていたとしても「トビが鷹を産んだ」などと評されて突然変異扱いされ、事態は遺伝決定論の枠組みの内側に回収されてきた。

しかしながら、近世後期になると商品経済化の進行と身分社会の流動化のもとで、都市の町人や自立しはじめた農民層の親たちの心を「氏より育ち」論が強く捉えはじめ、彼らはそれを「氏より育て方」と解釈して新しい家族による積極的な子育てを開始した。身分社会秩序の揺れとともに、中世的遺伝決定論から近代の教育論の誕生を用意することになる環境重視論への移行が始まっていたのである。新しい家族は、共同体から相対的に自立しはじめよりよく生きるために識字能力を手に入れることになった家族でもあったので、彼らの手によって共同体の子育て文化にとってかわる新しい養育論や養生論が数多く記録され残されることになった。一八世紀の半ばから寺子屋の開設数は急激に増加しているが、文字学習の機関としての寺子屋の普及はこのような民衆の生活誌の変化を背景とするものであった。近世社会に現れたこのような大きな変化は、西欧社会において人づくり方策のありようを共同体の〈形成〉モデルから近代市民社会の〈教育〉モデルへと転換させる原動力となった近代家族に近い家族が、日本社会にも自生しはじめていたことを示すものである。しかしながら、ここに出現した自生的教育論がその萌芽期にあるうちに日本社会は開国という事態を迎えることになった。その結果西欧市民社会発の近代的教育概念と教育制度が急激に流入してくることになり、自生的教育論は未発の可能性として歴史の中に埋もれることになった。そしてこのような内発的教育論を生み出したエネルギーは、外発的な公教育制度のもとに曲折を経て回収され、その後の公教育の展開を下から支える力になったのである。

私たちが生きている社会の次世代養育文化の表層には、近代的な教育の知と技が集積している。この層の特徴は、近代的な知のあり方と次世代の養育法が結びついていることである。文化は科学の成立とともに分かち伝えることができるものとなり、そのための専門的な機関として近代学校が設立された。政府は国民形成の立場から教育に積極的に介入し、当初の知育中心の教育から教育勅語の下での徳育中心の教育、さらに教育基本法の下での戦後新教育へと時々の教育理念をうちだし、公教育を編成してきた。同時に近代家族の教育要求を背景として設立されたさまざまな私立学校や公教育の革新をめざす教師たちを主たる担い手とする教育運動が、時に第一層、第二層の知と技の再発見をともないながらつぎつぎに出現し、その遺産も厚く蓄積している。発達への認識が深まり、教育的環境の重要性についての理解が進み、教育権や学習権の思想が登場し定着したのも新しい時代の特徴である。

歴史の中に蓄積されてきたこのような次世代養育文化の厚い層の総体として私たちの社会の現在はあるのであり、この社会の次世代の養育をめぐる通念やシステムは、それらの諸要素が入れ子構造をもつ寄木細工のように複雑に組み合わさり交わりあって成り立っている。この交わり方は、地域や階層、社会集団の性格によって、また人びとの生活誌のありようによって多様であり、社会の変化とともに変容を続けている。本書では日本社会の次世代養育文化の変遷の動態を、人びとによって生きられた歴史として、また社会の心性史、全体史として描き出してみたいと考える。

8　本書の構成

最後に本書の構成について触れておきたい。

序章では、教育と青年の概念が成立してくる歴史過程を、社会史的な視点から俯瞰してみようと試みた。

第一部「〈一人前〉に向けて――近世共同体社会の人間形成」に収録した各章は、近世郷村社会における形成を主とした次世代養育文化の特質を解明しようとしたものである。

第1章「民衆の子育ての習俗とその思想」では、開国当初に日本にやってきた多くの外国人たちを驚かせることにもなった子育ての文化や習俗の全体、一人前に向けての育成の方法論、共同体社会にみられる生命や子育てをめぐる通念など、前近代社会の次世代養育システムの特徴について考察した。第2章「近世社会の家族と子育て」では、近世後期に現れてきた身分社会の枠組みを超える内容をもつ新しい養育論と、それを産み出した家族について論じた。ここに現れてきた自生的養育論は、近代日本の公教育の普及を下支えすることになったと考えられる。第3章「若者の形成と若者組」では、近世社会の若者組の集団的な訓育システムの特質について論じた。近代青年の自立と教育の問題について考察した第二部の各章と対になるものである。

第二部「〈若者〉と〈青年〉の社会史――近世から近代へ」に収めた各章は、近代日本に新たに登場した青年と青年期の問題に焦点を絞り、共同体社会の若者から近代の青年への移行過程を教育の社会史として描き出すためにまとめたものである。

第1章「共同体の解体と〈青年〉の出現」では、幕末維新期に現れてきた青年という存在の特徴とその後の日本の青年たちの歴史について論じた。第2章「〈青年〉の社会史――山本滝之助の場合」では、『田舎青年』の著者であり「青年団運動の父」ともいわれた山本滝之助の自己形成史を通して、青年になることを渇望した近代初期の青年の歴史を取り上げ、青年とはいかなる存在であったかという問題について考察した。第3章「〈修養〉の成立と展開」および第4章「〈修養〉の大衆化――野間清治と講談社の出版事業」では、近代日本の青年の自己形成の歴史と深く関わって展開した修養論、修養運動を取り上げ、日本社会の青年期の特徴と青年の自立の問題について考察した。

第三部「近代化の進行と教育文化」では、青年の登場とともに近代的なライフステージのなかに組み込まれることになった少年、児童、青少年の問題に光をあてた。

第1章「〈少年〉概念の成立と少年期の出現――雑誌『少年世界』の分析を通して」では、青年の登場によって旧来の少年概念が再編され、近代的な少年期が誕生した当初の経緯について考察した。第2章「一九二〇―三〇年代における児童文化論・児童文化運動の展開」では、少年とともに新たに誕生した近代的な児童観と児童文化論の展開の過程を、教育論、発達論の視点から論じた。第3章「青少年の自己形成と学校文化」では、新たな年齢階層にどのような教育的環境が用意され、またそれぞれの生活誌のもとで若い人たちがどのように自己形成と自立の課題に向き合ってきたのかという問題を、自叙伝や自伝的小説に基づいて考察した。

本書は、私たちの社会と人びとの教育をめぐる心性や行動、教育の慣行や制度の成り立ちとありようを、地域と家族、少年と青年の問題に焦点をあわせつつ社会史として解明しようとしたものである。

注

（1）中内敏夫『教育思想史』五頁（岩波書店、一九九八年）。
（2）齋藤智哉「中村正直（敬宇）における『修養』」（日本教育学会第六七回大会『発表要旨集録』二〇〇八年）。
（3）明治学院大学図書館デジタルアーカイブズ『和英語林集成』デジタルアーカイブ、J・C・ヘボン著『和英語林集成』第二版復刻版（東洋文庫、一九七〇年）、および第三版復刻版（講談社学術文庫、一九八〇年）参照。なお、第三版で使われたローマ字表記法が後にヘボン式ローマ字と称されて日本語のローマ字表記法として標準化されることになった。
なお、発達概念の初期展開過程についての先行研究として、田中昌人「文明開化期における発達の概念の導入について」（『京都大学教育学部紀要』第三四号、一九八八年）、前田晶子「明治初期の子育て書における発達概念の使用――近代日本における発達概念理解についての一考察」（『鹿児島大学教育学部研究紀要・教育科学編』第五六号、二〇〇五年）、同「近代日本の発達概念における身体論の検討」（『同前』第五九号、二〇〇八年）がある。
（4）福沢諭吉著・伊藤正雄校注『学問のすゝめ』（講談社学術文庫、二〇〇六年）。教育の用語は六五、九八、一二五、一二八、一三三、一三五、一四九、一五七、二三三頁にある。
（5）前掲『同右』二四八頁。
（6）前掲『同右』二〇頁。
（7）前掲『同右』五五頁。
（8）前掲『同右』一七四頁。
（9）福沢諭吉「文明教育論」（『時事新報』社説一八八九年八月五日。山住正己編『福沢諭吉教育論集』一三五頁〈岩波文庫、一九九一年〉）。
（10）国民教育研究所（自由民権運動と教育研究会）『鶯蛩新報・普通教育論――解説と資料』（国民教育研究所、一九八一年）、家永三郎ほか編『植木枝盛集』第三巻（岩波書店、一九九〇年）。

（11）国民教育研究所・「自由民権運動と教育」研究会編『自由民権運動と教育』（草土出版、一九八四年）、片桐芳雄『自由民権期教育史研究』（東京大学出版会、一九九〇年）、有賀義人ほか編『復刻　月桂新誌』（復刻月桂新誌刊行会、一九七三年）、田嶋一「自由民権運動と地域の教育への『参加』の問題」（日本教育学会・教育をめぐる「参加」研究委員会『教育をめぐる「参加」〈協力関係〉の研究』日本教育学会、一九八二年）、田嶋一「自由民権運動と教育雑誌」（『國學院大學教育学研究室紀要』第二二号、一九八七年）、前掲『鶯蛩新報・普通教育論——解説と資料』など参照。

（12）民間教育史料研究会・中内敏夫・田嶋一・橋本紀子編『教育の世紀社の総合的研究』（一光社、一九八四年）、同『教育科学の誕生』（大月書店、一九九七年）。

（13）大田堯「人間にとって教育とは」（『大田堯自撰集成1』三〇〇頁、藤原書店、二〇一三年）。同論文の初出は総合人間学会編『自然と人間の破壊に抗して』（学文社、二〇〇八年）。

（14）大田堯『大田堯自撰集成』全四巻（藤原書店、二〇一三—一四年）参照。

（15）前掲『学問のすゝめ』の中には「青年の書生」という言葉が二回使われているが（六五、二〇〇頁）、文脈から見てここでの青年の用語は青二才などという言葉における青の用法と同様、未熟であることを示すだけの意味で使われているものであり、後のライフステージとしての青年期を示しているとは考えられない。

（16）加藤周一「日本文化の雑種性」（『加藤周一著作集7』平凡社、一九七九年）。同論文の初出は『思想』一九五五年六月号。

第一部　〈一人前〉に向けて

——近世共同体社会の人間形成

第1章　民衆の子育ての習俗とその思想

1　村共同体と子ども

(一)　民衆の子ども観

(1)　間引と子育て

一八七七(明治一〇)年に日本にやってきた動物学者、E・S・モースは、日本人の育児を観察して「私は世界中に日本ほど赤坊のために尽くす国はなく、また日本の赤坊ほどよい赤坊は世界中にないと確信する」[1]と書いている。開国後の日本を訪れた多くの欧米人が、日本人が子どもを大事に育てているのを驚きの眼で見ていたようである。ところが一方、一八一一(文化八)年から二年余り松前に幽閉されていたロシア人の艦長ゴローニンは、日本人は「自分の子が身体薄弱とか畸形の兆候があると、赤ん坊のうちによく殺す」[2]と書き残し、さかのぼっては一六世紀の半ばに、イエズス会の宣教師として日本に来たルイス・フロイスも、この国では間引や堕胎が頻繁に行われており、「しかも、誰一人それに対して憤りを感じないというのが通例である」[3]と述べていた。

この二つの観察の間にある大きな亀裂を、私たちはどう理解したらよいだろうか。明治に入ってから日本人は子どもを大切にするようになったのであろうか、それとも日本には子どもの取り扱い方の異なる、二つの社会集団ができていたのだろうか。そうではあるまい。実は、両者の見たものは、一つの社会の二つの側面であったと考えた方がよさそうである。すなわち、間引や堕胎が広汎に行われていたことが、選ばれた子どもたちを大切に育てることと不可分に結びついていたと考える方が理にかなうのである。間引くということばは、本来、よりよい収穫をあげることを目的としてよい苗を選定し、不必要な苗をうろぬく作業を意味している農業上の用語である。この島国の農業社会は、古代農業革命以来、恒常的な飽和人口をかかえこみ、人口問題に悩んできたと考えられる。たとえ、小規模な戦争や疫病の流行によって多少の人口の減少がみられたにしても、比較的生活条件に恵まれたこの農業社会の人口は、やがてまた限界に達し、生産量にみあう以上の人口増に対して、何らかの人工的な人口調節が行われる必要が生じてきたと考えてよいであろう。日本の農村社会には、「足らず余らず子三人」という諺があった。避妊の技術が開発されていなかった時代に、このような諺を伝えてきた社会で採用されてきた人口調節の主要な方法が、間引と呼ばれている生まれた子どもの息の根をすぐに止めてしまう方法であった。トリアゲババとかヒキアゲババ、コズエババなどと呼ばれていた産婆は、出産にあたって、生まれた赤子をトリアゲたものかどうかをまず母親に尋ねたのであった。産婆の仕事が賤業化していたのは、出産自体が忌であるとされていた上に、彼女たちに生児の首をひねる役割が与えられていたためであろう。産婆が立ち合わない場合には、間引く行為は親の手に委ねられていたのである。間引かれるのは女児の方が多かった。

(2)　民衆の子ども観

このような間引を許容する精神風土を生み出したのは、原初的アニミズムが高度に発展した形態をとったといわれるわが国の祖霊信仰[4]と、そこに成立していた心身二元論の人間観であった。私たちの祖先は霊魂の不滅を信じ、人間の魂は彼岸と此岸を一定の周期で経巡っているという信仰をつくりあげていた。このような死生観は、キリスト教のような現在と決定的に断絶したところに彼岸を考える死生観とも、また、仏教のような六道輪廻の死生観とも異なっている。この社会では、死者の住む「よみの国」と現世は隣りあい交流していると理解されていた。そして、死者の霊魂はトイキリとかトムライアゲとか呼ばれる最終の年忌の供養がすむと、個性を失って祖霊に一体化し、新しい生命の誕生に際して、魂は再び祖霊界から子孫の肉体に来たり宿るのだと考えられていた。また、幼くして死んだ、いわゆる水子の魂は清浄であり、それゆえにすぐに次の新しい生命の中に舞いもどってくるということも広く信じられていた。これらの幼き者たちの魂は、「里の淋しい石原」に集まり、再び人世に生まれ出るのをまっているとされた。それが、各地にその痕跡をとどめている賽の河原である。民俗学者の柳田国男は、この賽の河原が、道祖神の祭場と同じ起源をもっていることを指摘している。道祖神の祭場こそ、かつて「子無き者子を求め、弱い子を丈夫な子と引換へ、或は世に出ようとして尚彷徨ふ者に、安々と産声を揚げしめる為に、数百千年の間凡人の父母が、来ては祈った」[5]場所だったのである。

このような信仰のもとでは、間引は、一般に「子返し」と呼ばれていたことにも見られるように、魂を祖霊界にお返しする行為にすぎず、まだ人間にあらざるものを人間にまで育て上げないことと観念されていたにすぎなかった[6]。

ところで、祖霊信仰のように、超越的彼岸の思想をもたず、生と死や時間がとじた環の中でどうどうめぐりをしているという観念の中からは、社会の進化や歴史の発展の思想はなかなか生まれてこないといってよいだろう。そこにはまた、発達の思想を生み出す思想的契機もないといわなければならない。子どもは既存の文化の中へ鋳こまれるべき存在なのであって、現にある大人の社会を更新するための「新しい世代」としては捉えられない。しかしながら、日本の民衆は子どもの成長ぶりに大きな関心をはらい、彼らの見出した発達の事実の解釈を、祖霊信仰の世界の中に組み込み、発達の折れ目折れ目に高度に完成された産育の習俗の体系をつくりあげてきた。このことは、間引や子捨てによって最初から育てる子の数を限定していたことと深い関係があるように思われる。子殺しが児童期の発見とともにあるというこの歴史のパラドックスは、すでに古代ギリシャの社会にもみられる。このことの意味をキリスト教文化圏としてのヨーロッパ社会との比較で考えてみよう。

キリスト教のもとで幼児殺しが禁止されていた中世ヨーロッパの人口構成は、今日よりもはるかに底辺の広いピラミッド型をしていた。この子ども過剰社会の人口問題の解決は、異民族間の大規模な戦争や疫病、飢饉、日常的な捨て子や弱者の自然淘汰にたよらざるをえなかった。子どもがどんどん生まれ、また生育過程でつぎつぎに死んでいくような社会では、子どもはできるだけ早く成長することが要求され、児童期は「必要悪」[7]ですらあったといわれる。このような社会では、子どもには大人とは別の独自の世界があるということは発見されず、子どもは「大人のひな型」[8]でしかない。ヨーロッパ社会で子どもが「価値ある」存在として捉えられるようになるためには、夫婦単位の近代的家族が成立してきたことや、避妊技術の進歩によって生まれる子どもの数をコントロールすることができるようになったこと、近代医学の発達によって子どもの死亡率が低くなったことなどの諸条件が前提となっている。[9]このような歴史的条件のもとで初めて、少ない数の子どもを大切に育てようという社会的風潮が生まれ、子どものしぐさや成長ぶりが周囲の大人たちの関心の的となり、それにともなって子どもがそれぞれ個性的な存在であることが、あらためて大人たちによって自覚的に捉えられるようになってきたのである。

　このようなヨーロッパ社会の子どもの歴史と、日本の社会のそれとを比較して考えてみた場合、日本の社会では間引が許容されていたことによって、はからずも近代に入ってヨーロッパ社会で子どもが発見されるために必要とされていたような社会的な諸条件の成立をまたずに、近代以前の社会であるにもかかわらず、子どもを大切に育てるという子ども観と育児方法が成立してくることを可能にする条件が満たされていたと考えてもよさそうである。日本人が子どもによせてきた関心の一端は日本文学史上でたどることもできる。絵巻物に描かれた子どもたちの姿は子どもらしさにあふれ、表情豊かで作者の子どもへの愛情を感じさせるものが多い。清少納言は『枕草子』（一〇世紀末——一一世紀初頭）の中で子どものしぐさを「うつくしきもの」の一つに数え（第一五一段）、『梁塵秘抄』（一二世紀後半）に収められた今様の一つは、「遊びをせんとや生《う》まれけむ　戯れせんとや生《む》まれけん、遊ぶ子供の声聞けば、我が身さへこそ動《ゆる》がるれ」とうたい（巻第二　四句神歌　雑）、また後年になって一茶は「わんぱくや　縛れながら　呼ぶ螢」（「七番日記」一八一六年）などの句を残している。

しかしながら同時に見逃してならないのは、このような児童期の発見のしかたは、子どもを個性ある者として捉えることにつながるものではなかったということである。大人の目から見た子どもたちの間には、家を嗣ぐ子（総領）であるか、それ以外の子か（ニバンテ、サンバンテ）、男の子か女の子か、という大ざっぱな区別があるにすぎず、それにともなって、子どもにつける名前の種類も限られていた。子どもはいとけない存在であると同時に、子ども、ガキ、ジャリなどと呼ばれる非個性的存在でもあったのである。

(3)　仏教の影響

鎌倉時代以降、民衆の間にひろまった浄土教は、阿弥陀仏を人間から隔絶した救済者とし、他力本願による苦界からの離脱を説き、人びとに現世と断絶した彼岸の存在を教えた。この新しい宗教と土着信仰との相克こそ、中世思想史の主要なテーマであったといわれている(10)。民衆の信仰世界は、仏教の出現によって大きくゆさぶられることになったのだが、全体としては「仏教の解体(11)」と呼ばれる事態が進行した。民衆はこの二つの異質の思想を併存ないし融合させ、仏教を受容した後も、これによって祖霊信仰に基づく子育ての習俗が根本的な変更を経験することはなかった。たとえば、七歳までの子どもの死は、ふるくからそれ以上の年齢の者の死とは区別されてきたが、仏教の死者儀礼が定着した後も、幼い子の弔いは家の者だけで簡単にすまし、墓も別に子墓を作ったり、水子の場合には、家の土間に埋葬したりする幼児葬法が行われてきた。さらに念を入れて、わざわざ紫の衣を着せたり、鰶《このしろ》を添えたりして埋葬するようになった地域さえある。これは、子どもの魂が仏教の管轄下に入って十万億土の彼方に旅立つことのないようにというまじないであり、仏教の他界観から子どもの魂を守るために民衆の考え出した自己防衛策であったといってよい。貴族社会では、すでに中世初期には仏教の死者儀礼が定着していたが、ここでも七歳以下の子どもが死んだ場合には、葬礼も行われず仏事も営まれなかったという記録が残っている。[12] しかし、仏教の中でも、比較的超越的彼岸の思想の強い浄土真宗の信仰が厚い地域では、事情は若干異なっている。「門徒物知らず」ともいわれているように、このような地域では土着の産育習俗の多くの部分が失われ、これに変えて仏教の死生観、人間観に基づく子育ての思想と体系が用意されてくることになった。幼児葬法が消失し、ハンザン（流産）でも、五体満足ならば、一人前の仏として大人並みの扱いを受けることになったところもある。[13]

ところで、この新しい思想は西方浄土の対極に恐ろしい地獄の思想をともなうものであった。地獄の思想は在来の山中他界信仰と結びついて民衆の心の中に強く焼きつけられることになった。[14] このことが子育ての習俗とその思想に与えた影響は大きい。死んだ子どもの魂が集まるとされていた村の道祖神の祭場＝賽の河原が、実は地獄と三途の河をはさんで隣り合っているのだとする、仏教の受容とともに新しく生まれた観念は、子をなくした親たちの気持ちに暗い影を投げかけたであろう。民衆の間には、「地蔵和讃」にもみられるように、賽の河原に出現して地獄の鬼から子どもの魂を守ってくれる仏がお地蔵様であるという地蔵信仰が生まれ、やがて地蔵はこの世の子どもの成育をも見守ってくれる仏でもあるということになって、鬼子母神とともにひろく子を育てる親たちの信仰を集めるようになっていった。各地にある子育て地蔵、子安地蔵の信仰には、子どもの無事を願う民衆の願いがこめられていたのである。

一八世紀に入っていくつかの藩では、経済政策、人口政策に着手し、その一環として間引・捨て子の禁止に乗り出した。そして、間引の防止のために農民に新生児の養育料を給付するなどの赤子養育仕法を実施している。[15]

同じころ、寺社もまた積極的な民衆教化に乗り出した。宗門人別制度によって民衆を把握していた仏教は、罪の意識なく行われてきた間引に、あらためて罪や地獄の思想を強く結びつける役割を果たした。僧侶たちは、間引は人倫の道に反する行為であり、このような行為をしたものは地獄に落ちることになると説いていた。また間引の禁止をうたった多くの教諭書や絵馬もつくられた。この類の教諭書にはしばしば「子返しの図」と称する似たような図が掲げられていた。この絵図は、美しい顔だちの女がいままさに嬰児の息の根を止めようとしている光景を描き、その傍に女の心の中を表している鬼の絵が書き添えてあるというものである。そしてこの絵図には、「子がへしをするものは、うまれつきのかほはやさしくても、こころすがたは、おによりもおそろしきありさまなり」などという注釈がつけられていた。このような教化運動を通して、民衆の子どもを「もどす」行為の悲しみは、罪や地獄の思想によって、深く彩られることになったのである。

ところで、間引防止のための教諭書のうちでも、最も多量に流布し、各地で類似本が再版されていたのが、『子孫繁昌手引草』と題されていた教諭書であった。このことからもうかがえるように、概して教化運動の中にみられる間引を否定する論理は、新生児の自然法的な生存権の確認に基づくものではなかった。『子孫繁昌手引草』は、間引をしてはいけない理由を次のように述べている。

> すべて子供の多いは、めでたいことにて、家繁昌の基《もとい》なり。多くの子の中には、よい子が立身して豊かに親をやしない、楽隠居といわるる人世間にいくらもある事なり。(16)

このような教化の方便として、しばしば、『万葉集』に収められている山上憶良の、「銀《しろがね》も　金《くがね》も玉も何せむに勝れる宝子に　及《しか》めやも」という歌が引き合いに出された。ここでは古代の歌人の率直な愛情の表現はきわめて実際的功利的に解釈されていたのであった。植木枝盛は「親子論」（一八八六年）の中で、子宝の思想は子どもを親の付属物とみなし、「親の為の宝となし暗に其の子が大きくなればそれに依頼して生活せんとするの意」にほかならない、と批判しているが、彼が批判の対象としていたのはこのような子宝思想だったのである。

(二) 産育の習俗

(1) 産育の習俗と子育ての連帯

生理的にも社会的にもまったくひよわな未熟児として生まれてくる人間の子どもを、なんとか一人前の村人にまで育てあげるために、民衆は長い育児経験の中で実にさまざまな子育ての手つづきと知恵を蓄積し伝承してきた。この子育ての手つづきの全体が、今日産育の習俗と呼ばれているものである。なかでも、子どもの成長をまって周到に用意されていた成長を祝う一連の行事には、この民衆の子育ての意図と計画がはっきりと表れている[17]。

産育の習俗行事は、妊娠して五ヵ月目の戌の日を選んで行われるオビイワイ（帯祝）から始まる。この祝は、生まれてくる子どもの生存を承認する最初の儀式である。この祝がすんだ子は育てられると決められた子であり、間引や堕胎は行われないのが普通である。ついで、デブルマイ（出振舞い）、デギョウ（出饗）、ヤライギョウ、オイダシゲ、ヨビダシなどと呼ばれる臨月の祝が行われる地域もある。柳田はこれを、「胎内の子に元気を付け奮発させて、此世の一歩を踏出させせんとした、精神的声援[18]」であったと解している。子どもの誕生にともなって、ウブタテメシ（産立飯）、三日祝、ヒトヒチヤ（一七夜）、宮まいり、喰い初め、誕生祝、初節句、三歳、五歳、七歳の祝と産育の行事が続く（年齢の数え方は、正月がめぐってくるたびに一歳年をとるいわゆる数え年である。本章では、年齢はすべてこの数え年で表記されている）。これらの行事には地域によっていろいろなやり方や呼び方があり、また同一村内でも家の格に応じた分が守られたり、後嗣の子とそれ以外の子との間でも差がつけられたりしている。

産育行事の中心をなしているのは共食の慣習である。食物は体内に入って人間どうしを結びつける力をもっていると信じられていたから、親たちはなるべく多くの人びとに共食してもらって、新生児の生存を村内に承認してもらい、またそれとともに子を育てる強い連帯をつくりあげようとしたのであった。また機会のあるごとに、生みの親に加えてさまざまな仮親がつくられた。誕生に際しての取上親、乳親、子どもが弱かったりさまざまな原因で丈夫に育つことが懸念されたときに、子どもをいったん捨てておいて拾いなおしてもらう拾い親、七日目の名付祝のときの名付親、成人の祝に褌《ふんどし》や腰まきを送ってくれるヘコ親など、一人の子どもを中心にして擬制的な親子関係が共同体の内部に網の目のように張りめぐらされたのである。

産育の行事は、人間が種の特質を獲得してゆく成長の折れ目折れ目と重なっているが、なかでもモモカ（一〇〇日目）の喰い初めや、直立歩行ができるようになる時期と重なる誕生祝・歩き祝などにはこのことが典型的に表れている。こうした段階、折れ目には、成育が順調にいっているかどうかを確かめるための簡単なテストが行われることもあった。この子どもの発育ぶりを確かめるテストは、子どもの成長を社会的に承認し、はげますために行われていた。このときには、発育の遅い子はいうまでもなく、早く歯が生えすぎたり、歩きはじめたりするような発育の早すぎる子もかえって心配されたのであった。このような行事の代表的な事例の一つに誕生祝のときのウチタオシ餅、ブッケ餅の風習がある。初めての誕生日を迎えた子に一升餅を背負わせ、歩けない子にはモチという聖なる食物を介して子どもが早く歩けるようにと願い、一方歩ける場合にはさらに餅を投げつけて子どもをわざわざころばせたのである。このような行事には、子どもの成長が人並みであってほしいという親の願いがこめられていたといってよい。人並みでない子、すなわち異常児は、成長してから本人や周囲に不幸をもたらす子になると嫌われていたのであった。ウチタオシ餅に際しても、早く歩く子は親を養わないようになるとか、走り者（出奔者）になるなどといわれ、また、「親の足取子」などとも呼ばれていた。[19] また、子どもが弱いばかりでなく、あまり利口すぎたり器量がよすぎたりしても捨て子にする風習が残っている地域さえある。[20] さらに双子や親の厄（役）年と子の厄（役）年が重なる子（四二ノ二ツゴ）も捨て子にされていた。多産は畜生腹といわれ、また役（厄）年は神につかえる役がまわってくる年なので忌を避けなければならなかったのである。儀式としての捨て子の行われる場所は、ふるくは水子の魂が集まっているとされた村の境の賽の河原＝道祖神の祭場であったとされるが、おそらくここで赤子の魂の入れかえが行われるというのがこの行為の本来の意味だったのであろう。かつてはこのような捨て子の多くが実際に捨てられていた形跡がある。(21)

生まれた子を徐々に人間の仲間に入れてゆこうとする意図は、衣服によく表れているといわれる。この衣服をぬぎかえてゆく過程には、「生れたばかりの赤子にはまだ人並の待遇を与へず、日を重ね順序を踏んで少しづゝ、自分たちと同じ生活につれ込もうとする趣旨が、かなり明確に察し得られる(22)」のである。生まれたばかりの赤子は、わざとボロにくるんだり、オクルミ、コロバカシなどと呼ばれる布にくるんだりしておき、三日目の祝で初めて産着を着せていた。このときに着せる着物は、テトオシとかヒキアゲギモン、ニンジュギモンなどと呼ばれている。生まれて三日間が新生児の生命の一番不安定な期間であり、同時に産の忌の最も重い期間でもあった。この三日がすぎて着せる一ッ身の袖口のついた着物をテトオシと呼んでいることは、むかしの人が人間であることの特徴をまずどこに求めようとしていたかを象徴的に示しているといえよう。これがまたニンジュギモンと呼ばれていたのは、これを着れば村の人数のうちに数えられることになるということであった。各地で産着は生まれる前に用意してはいけないとか、生まれる前につくった産着を着せると子どもが死んでしまうというようなことがいい伝えられてきた。(23)このようないい伝えは、生命の誕生という人間が関与することのできないとされた世界の出来事に対する人びとの畏怖の念を示しているとともに、子育てが時間をかけ順序をふんでゆっくりと人間に育てあげてゆくことからはずれることをいましめていたものでもあったといえよう。

子どもは三歳の祝で三ツ身の着物に着かえ、四歳もしくは七歳のヒモオトシ、オビ祝でつけひもの着物をやめて四ツ身裁ちの帯トキ着に着かえてゆく。(24)衣服と同様に髪型にも、うぶ毛ぞりに始まって髪置の祝など、子どもの成長段階と性別によっていくつかの段階、順序が設けられていた。このような衣服や髪型の変遷の過程には、「次第に本式に入って行く階段として、わざと不完全な又特別なものを給する」[25]という、人間を一人前にしあげてゆく際の具体的な手つづきがよく表れている。このような外見上の区別によって、村の人たちは子どもたちが成育のどの段階に属しているのかということを一目で判断することができたのである。

ところで、乳幼児死亡率のきわめて高かった時代には、幼児期は大人たちの思惑をこえた危機にみちみちている時期であった。幼いほど、子どもの魂が人間界をはなれて「あの世」に舞いもどってしまう危険性は高かった。人びとは、子どもがぐったりしたり、ひきつけを起こしたりするのも魂が一時的に肉体を離れた状態だと考え、くしゃみさえも魂がぬける危険な現象だと恐れていた。このような危険から子どもを守り育てるために、親たちはさまざまな工夫をこらした。小児科医の松田道雄は、民衆の語り伝えてきた子どもの病気に対する経験的な知識と知恵の中には、近代医学の立場からみても理にかなっているものが多いと述べている[26]。たとえば、生後二、三ヵ月の乳幼児にみられる「くさ」は、「くさをなおせば内向する」といわれ、これは胎毒なのだから出るだけ出してしまった方がよい、といわれていたし、また同じころ現れる下痢症状もヨナミと呼ばれて病気とはされなかった。七ヵ月前後のめだって知恵がついてくるころに熱をだして発熱が三日間続く突発性発疹はちえ熱と呼ばれていた。これらの症状はいずれも、核家族化し、育児書にたよって子育てをしている現代の若い両親たちを、大いにあわてさせることになっている。

民間療法の中には、一見迷信的にみえるものでも、あらためて科学によってそのおもいがけない意味が再発見されるようなものがある。しかし、経験だけで対処できないような事態については、民衆は神仏の加護を祈るよりほかになす術をもたなかった。「疱瘡《ほうそう》はみめ定め、麻疹《はしか》は命定め」などといわれてきたこれらの手のほどこしようのない大病からなんとか子どもの命を守ろうとして、さまざまな呪法が考えだされていたのであった[27]。

(2)　成長の観念と儀式

一人の子を育てるためには多くの人間の連帯が必要とされたとともに、この重いしごとは人間の力だけではやりとげられないと考えられていたようである。子育ては神と人間との協同のしごとであった。出産は神をさけ、産屋《うぶや》をつくり、火まで別にしなければならない、死の忌に匹敵するほどの重大な忌とされていた。人びとはこの危機に出現して母子を守ってくれる神として産神《うぶがみ》を創りだした。この産神は、もとは氏神《うじがみ》と起源を同じくする「共同の祖神」であり、触穢の忌を超越して、子孫が人の世に出現するのに参加してくれた祖神が、やがて専門分化したものであろうと柳田は推測している。(28)重い忌の期間が一段落したときに子どもを初めて外につれ出す初あるきの行事では、これから幼児が出会うさまざまな危険から子どもを守るために、親は子を抱いてまず火の神や井戸の神、便所の神など家の神々に加護を祈って回った。続いて橋や漆の木などにまいる地域もある。いずれも幼児にとって危険この上ない場所である。このときにカマドの煤で額に×印をつけるアヤツコは火の神の加護を祈るまじないであった。また一ッ身の着物の背にぬいつける背守りや、初毛ぞりに際して後頭部の一部に髪を残しておくチンゲと呼ばれる風習も、子どもが火や水の中に転げこみそうになったときに、神々がそれをつかんで子どもを災難から救ってくれるようにというまじないであった。同様のまじないを名づけに際してもみることができる。名づけ祝は七日目に行われるところが多いが、地域によっては、人間が名前をつける前にヤマノモノ（獣）に名をつけられてしまうと寿命がないからといって、生児を取り上げるとすぐに仮名をつけておいたり、庚申の日に生まれた子は盗人根性があるが、熊蔵、丑松など、獣の名を頭字につけるとそれを除くことができる、などといわれていた。(29)ことばにはそれ自体に特別な力がひそんでいるという古来からの言霊《ことだま》信仰は、このようなかたちをとって産育の習俗に組みこまれていたのであった。

宮まいりは、生児の忌があけるのをまって行われた。生児の忌があけるのは、二一日目、三三日目など、地域によって異なっているが、三〇日目前後にあけるとされている地域が多い。男児と女児の忌の期間に差がつけられているところもある。宮まいりは、「この子は育てる子供である、大きくなつて村人になる子供であると云ふことを、氏神様にも、又近隣故旧の間にも承認して貰ふ」(30)ための行事であった。ウジミセ（氏見せ）ともゲンゾ（見参）マイリともいわれ、村の氏神に新たなる生命の誕生を知らせるために、神前で赤子をつねるなどして無理にでも泣き声をあげさせようとした地域もある。宮まいりは、「祭に仕へる資格ある村人となる為に、神に見知られて居ること」(31)を目的とした行事であった。この行事がすむと、子どもは氏子の一人として新たに氏神の管理下に入ることになる。

わが国では、「七つまでは神のうち」などともいわれてきたように、祖霊界から人間界に「取上げ」、「すえ」られた子どもの生命は、七歳まではまだ神の世界に属するものだという観念が強かったようである。この時期の幼児は祭礼にあたり神の尸童《よりまし》の役割をしばしば与えられている。このような時期を通過して人間界への階段を一段一段登りつめてきた子どもは、七年という長い歳月をかけてようやく神々の手を離れ、人間の社会にひとり立ちすることができるようになると考えられていたのである。このことは、この年までの子どもの死亡率の高さとも関係があったようである。神に祈願して授けられた子は「申し子」と呼ばれているが、「申し子」は七歳を限りとして再び神の世界に帰ってしまうなどともいわれ、また、この年をこえて生き残ることができればもう大丈夫などといわれていたのも、七歳が子どもの成長の上で一つの関門だったことを示している。

小児の祝は七歳で終わりである。タテオケといって、この年からもう鯉のぼりはたてない。この家に子どもありという標識がなくなったのである。子どもたちは七歳までの子どもとは区別されて、今日の少年期にあたる時代を迎え、村の子どもたちでつくっている子ども組に参加することになる。子どもは周囲から、「もうおまえも子どもではないのだから」などと諭されるようになり、親の積極的なしつけも始められた。村の正式メンバーに登録される氏子入りも、この年に行われる地域が多い。この年を境として、祭られる側から祭る側への移行期に入るのである。

一人の人間の成育の過程に用意されていた数多くの産育の行事は、一つひとつの成長の段階に「きり」をつけてゆく機会であり、それにともなって当人のアイデンティティの転換を促す舞台装置でもあったということができる。ヴァン・ジェネップによって、ある社会集団から他の社会集団へと移行するさいに行われる儀式は「通過儀礼」（Rites de passage）と定義され、これは分離儀礼（Rites de séparation）、移行儀礼（Rites de marge）、合体儀礼（Rites d'agrégation）からなるとされたが、(32)この定義はわが国の産育行事を説明するのにも有効である。産育行事は成長の段階的移行の通過儀礼にほかならない。同時に、人の一生そのものが、離脱、移行、加入の壮大な儀式過程をなしており、個々の産育行事は、この儀式過程の各部分を構成するものであったと捉えることもできる。日本人が考えた人の一生の大きな折目は、七歳と成人式の時点におかれている。成人式は、男子の場合は一五歳の年に行われることが多く、女子の場合は初潮が生理的成熟のめやすとされ、一二、三歳で成人の祝が祝われた。七歳まで「神のうち」にいるとされて、祖霊界から離脱するための期間をすごした子どもたちは、続いて、時期的には子ども組の時代にあたる移行の期間を経て、成人の社会に加入する。成人式を境として、これまで子どもだった者はいっきょに大人に変身をとげ、神を祭る側に立つことになる。このように人の一生もまた、子どもから成人へ、祭られる者の世界から祭る者の世界への離脱、移行、加入の儀式過程のかたちをとっていたのである。

通過儀礼には、「死と再生」の観念がつきまとうといわれる。(33)わが国の産育習俗の中では、とくに成人式にこのような観念が強くみられる。男子の成人式では、年長の若者たちが、新たに成人式を迎えたものを一晩中薪の上にすわらせたり、崖から身を乗り出させたりするなど、このときに通過しなければならない恐怖や苦痛の体験が儀式化されていた。このとき「締め殺す」といって、いったん気絶させた地域もあった。(34)民間伝承の中には、成人式にみられるような子どもから大人への変身の観念の原初的な形態が、「小さ子信仰」として残されている。(35)力太郎は一五歳になるまでツグラで育てられ、一五歳になったとたん怪力の持ち主に変身するし、また一寸法師は打出の小槌をふられると、たちまちのうちに美しい若者に成長しているのである。実際の子育ての中では、民衆はこのような変身を可能にする周到なしくみをつくりだしてきたのであった。

2　人間形成の思想と方法

(一)　共同体における人間形成の目的と方法

(1)「一人前」をめざして

共同体の人間形成の目的は、何よりも村の新しい構成員を「一人前」の村人にまで育てあげるというところにおかれていた。「一人前」とは、生理的にも社会的にも成熟した大人として周囲から認められていることをさし、『大言海』によれば、もともとは膳部の一人の割り当て分をさすことばであった。「一人前」の資格としては、それぞれの職業集団において年齢や職業技能に衆目の認める客観的水準が想定されていたが、とくに稲作を中心とする農耕社会では、ユイやモヤイなどの労働交換にあたって平等を期するための「一人前」の基準が重んじられていた。この基準は仕事の内容や地域の諸条件によって異なっているが、たとえば、田起こし一日三、四俵取り、田植一日四、五俵取り、稲扱《こ》き一日六俵取りなど、米の生産量に換算して表現したり、また農作業面積で示したり、山仕事の場合には、二〇貫の柴を三荷、草刈りは二、三駄、背負う力に換算して四斗俵＝一六貫（六〇キログラム）が背負えればよい、などとされていた。女の場合には、男の半人前から七、八分の農仕事が一人前の量とされると同時に、糸引き、糸紡ぎから裁縫まで衣服を作る技術を一応マスターしていることが嫁入りのための重要な資格となっていた[36]。このような労働能力に関わる「一人前」の基準は、いうまでもなく一人前として認められるための最低必要条件なのであって、この基準に満たない者は、村を離れて僧侶や商人への道を選ぶことになったのである。

男の場合にはフンドシイワイ、女の場合にはカネ（鉄漿）ツケイワイなどと呼ばれている成人式を境に、「一人前」として扱われるようになると、村の責任分担能力が生じ、村の寄合や行事に「一人前」の資格で参加し、また結婚する資格もできたことになる。漁村では「一人前」になると、共同漁撈作業に出てシロワケ（分け前）の分配を受けることになった。「一人前」として認められるようになると、たとえば男の場合には煙草入れを持ち、農服を着たり、赤フンドシを締めることが許され、女の場合には赤い腰巻に絣の着物を着て田植をすることや、「ひき上げ」という帯の結び方が許されたりした。「一人前」になることは、外見上の大きな変化をともなっていたのである。

(2)　しつけとこやらい

子どもを「一人前」の人間に育て上げるための周囲からの働きかけは、日本の社会ではしつけということばで表現されてきた。今日では、このことばは躾という国字をあてて、身だしなみやたちいふるまいを型通りに行えるように教え込むこと、また狭義には礼儀作法を身につけさせることなどを意味することばに変容してしまったが、しかし、近代教育制度、とりわけ学校制度が普及する以前には、しつけは共同体の生活慣行にみあって、子どもを矯め育てることの全体を意味していたことばであった。しかも、このことばは、ただ人間の生育に限って使われていただけでなく、田植をしつけ時と呼んだり、衣服の縫い目をきちんと整える糸をしつけ糸と呼んだり、さらに動物の訓練を表現するのにまで用いられていた。このようなことばの外延が、このことばの内包を理解する手がかりを与えてくれる。すなわち、しつけるとは、馴らされる側のもっている弾性、反撥力といったものを配慮した上で、それに対して一定の方向づけを与え、形を成さしめていくという、働きかける側の行為を意味することばであったと理解されるのである。「あたりまへのことは少しも教へずに、あたりまへで無いことを言ひ、又は行つたときに、誡め又はさとすのがシツケの法則だつた[37]」と柳田が述べているように、しつけは「一人前」の人間になることをめざして「あたりまえのこと」を学びとらせることに力点がおかれていた。

しつけと同じように、人間形成の全体を示すことばに、こやらい、孫やらいということばがある。やらいは動詞遣《や》るの第二形で、子を後からおいたて、おいだすという行為の持続を意味している。『古事記』にすでに現れているこの古語は、文献上は、鬼をやらう、儺《だ》をやらうなどの使い方で残されているにすぎないが、民間では、人間の育児行為を表現するために使われていたほかに、動物の育児行動にまで広く使われてきたことばであった。熊の親と子の子別れの儀式をヤライと呼び、母と別れた熊の子のことをヤンゴ、ヤライゴなどと呼んでいる。戦前の日本の学校教育の改善の方策を求めて、日本人の伝統的な人間形成の方法であるしつけるという行為の意味を捉え直そうとしていた柳田は、こやらいについても、「ちやうど今日の教育といふものゝ、前に立つて引張つて行かうとするのとは、まるで正反対の方法(38)」がつくりだされていたのだと読者の注意を促していた。今日では、このことばはしつけと同様に学校教育の出現によって、その意味が著しくせばめられ、わずかに中国・四国地方の一部に残されているにすぎない。また、中部日本の一部には、育児行為をいいあらわすのに、ひとなす（人成す）、ひとねる（人練る）という古いことばも残されている。

しつけにしてもこやらいにしても、また、ひとねるという行為にしても、いずれも人間的自然の秩序に従うことが子育ての基本におかれていたことは間違いない。中部日本には、「陽気（自然の力）でひとねる」という諺が残っている。同時に「陽気だけではひとならん」ともいわれていたように、自然の力に頼っていただけでは人間はヒトになりきれないものともされていた(39)。人間の成育のゆっくりとした過程を大切にしながら、なおかつこれに社会の側から絶えず働きかけ続けていくことが重要だとされていたのである。

このような働きかけによって身につけさせるべき知識や技術は、コツやカンなどと呼ばれる属身化された形態をとっていたので、これらを習得させるには、自ら経験させるよりほかには有効な方法はなかった。知識を「分かち伝える」という今日の学校教育で採用されている教育方法は、近代科学の成立をまって生まれてきたものである。しつけるという行為は、知識の「分かち伝え」を本質とするものではなかった。マナブことはもともとマネブ（真似ぶ）とであり、オボエル、サトルのがこのような技術を身につけるのにふさわしい方法であった。学習者は「習うより慣れろ」といわれ、あるいは「体でおぼえろ」といわれてきた。この原理は共同体だけでなく、商人や職人の形成の原理としても採用され、また「読書百遍意自ら通ず」といわれたように文字文化の領域にまで及んでいた。このような人づくりのあり方を民衆は自ら「見取り学」(40)とも名づけていたのである。

ある女性は次のように修業時代の経験を語っている。彼女は八歳の年に、母親から「ほどきもん」（仕立て直し）のしつけを受け始めた。母親は、自分の仕事のてぎわを娘に見せて、同じことができるようになるまでひとりで繰り返し練習をさせた。母親は、じょうずにまねができていないといって叱るのだが、けっして手をとって教えてくれようとはしなかった。周囲の問いに対し、この母親は「かわいいけん（からこそ）教えません」と答えたのであった。技術は教わるべきものではなく「盗」まなくてはならないものであった。教えるのは簡単だが、それでは本当に身についたことにならず本人が世間に出てから恥をかく種になると母親は考えたのである(41)。このように事物と格闘して失敗を繰り返しながらコツやカンを身につけ、技術をすっかり自分のものにしてしまうことが、人間が一人立ちするためには必要だったのであり、技のしつけは単に技を修得させることにとどまらず、他人に助けを求めず自力でやりとげるという「意気」を養う生活指導の一環でもあった。技術を上手に盗ませ、自助（self-help）の態度の形成を助ける条件を整えることが、経験を積んできた者たちの未成熟な者たちに対する養育上の配慮だったのである。

家庭のしつけが主に叱ることを通して行われていたのに対し、群れの中では、笑いが失敗や社会規範からの逸脱に対する制裁の役割を果たしていた。時機を失せずに発せられる「慌て者半人足」とか「下手の道具調べ」などのような教訓的な諺が、このような群れの笑いをひきおこす適切なひきがねとなっていた。笑いには、洋の東西を問わず、優越感の衝動的表現という性格があるが[42]、日本の社会においては、笑いはこの裏面にある相手を侮蔑する性格を強くもち、笑われる側に恥の意識や精神的苦痛を呼びおこすものとなっていた。親はわが子をしつけるのにしばしば「そんなことをすると人に笑われますよ」ということばを使ってきた。このような大人の態度を通して、子どもたちは早くから人に笑われることを恐れるようになる。成長した若者たちにとっては、娘たちの前で笑われることは、恥ずかしいというばかりでなく、配偶者を選ぶ上にも大きなマイナス点となるほどの失策となった。

笑いがかくも人間の行動に重大な影響を与える武器として作用することができたのは、この社会では経験的世界がすべての価値に優先し、それをこえる内的価値が個人の内に形成されていなかったからにほかならない。日本の社会では、「群の中では、何につけても目に立つことが無く、一度も問題にならぬといふことが言はゞ美徳[43]」とされてきた。個人と集団の関係がこのようなものであった社会では、個人の行為の社会的妥当性をはかるものさしは、「世間体」と呼びならわされてきたものであった。

(二)　積極的なしつけの開始

(1)　父母による積極的なしつけの開始

群馬県には「七つ泣き鼻取《はなど》り」という諺がある。鼻取りとは、田畑を耕すさい、牛馬の鼻を取って誘導する役のことである。子どもが七歳になると親はわが子を田畑に連れ出し、労働に参加させることになった。また、鹿児島県では、七歳をナナツバカと呼んで、この年の正月七日に、子どもに木の椀を持たせ、親戚の家を七軒まわって七草雑炊をもらって歩かせる風習がある。もう七歳にもなったのだから、一人立ちの準備を始めなければならないという心構えを子どもにも、また周囲の者にも促そうとした行事だったろうと思われる。このように、学校のなかった時代にも、父母の手による積極的なしつけは七歳をまって始められていたのである。

農民の子として育った民俗学者宮本常一の生育史は、この時期のしつけの実際を記録している。(44) 彼の場合六歳になるまで、祖父の手でしつけられ、七歳になった正月をきっかけに父母によるしつけが開始されている。父親と母親のしつけには、役割の分担があった。母親のしつけは、外祖父が六歳の暮れに作ってくれた子ども用の小さなオイコを背負わせて山に連れて行くことから開始された。母の子に対するしつけは、まず子によく働く人になってもらいたいということと、神を敬う人になってほしいということであった。また、彼女は、自分の家が村の中でどんな位置を占める家であるかを教え、さらに、村の家の一軒一軒について、その家がどういう家であるかを語り教えた。親類近所の交際の義理を教えるのも母親の役割であった。家の跡を継ぐ者とそれ以外の子どもでは、母親の教えの内容は少しずつ違っていた。母親は、何よりも、わが子が人並みに暮らせるようになることを願い、そのために子どもに村の中にある「目に見えない条文のない掟」をわきまえさせておかなければならなかったのである。

一方、父親のしつけは、彼の身につけている技術や知識、労働の心構えといったものを子に伝えることに重点がおかれていた。父親によってまず教えられたのは、仕事のショシャ（所作）をおぼえることであった。これは姿勢とか態度とかを意味する言葉である。ショシャを良くすることが仕事にショウネ（性根）を据えることだと、子どもは父親によって厳しく教えこまれることになった。子どもが仕事を覚えていく順序は、まず田植の苗運び、草とり、稲運び、薪とりといった比較的単純な労働から始まり、九歳か一〇歳くらいで米搗き、麦搗き、草履作りの仕事が加わる。ついで腕の力がしだいに強くなって仕事のショシャが一通りできるようになると小さな鍬が与えられた。同じころ、鎌も与えられて、肥料用の草刈りが始まる。鍬、鎌が使えるようになると次には下肥桶をかつがせられる。一四歳前後になり、重い下肥桶をかついで、うまくバランスをとりながらこれを山の畑に運び込むことができるようになると、子どもとしては最高の段階に達したと村の人たちから認めてもらえることになる。この村では、男子は一五歳になると米一俵を背負わされ、これが背負えたら一人前として若衆仲間に入る資格を得ることができた。このときまでには、労働の基本は、あらかた身についており、これから先は、畝立て、溝上げ、畦塗り、施肥のようなことは、もういちいち大人の指図を受けないで見よう見まねで覚えていかなくてはならない。

女の子の場合には、七歳から箒、水汲桶、オボケ（苧桶、苧は麻の古名）などを与えられて労働のしつけが始まった。この年に前掛祝、ユモジ（腰巻）祝などと呼ばれている、少女になる祝をする地域もあった。

(2)　文字の学習と習俗

七歳が積極的なしつけの開始の時期とされていたのは、農漁民ばかりではない。平安時代の貴族社会でも、遊びに日を送っていた子どもたちは、このころ読書始の祝を行って漢学の学習を始め、「書読《ふみよ》み、手習《てなら》ひなど、さま〴〵に、いとあわたゞし」[45]という時期を迎えることになった。また、鎌倉時代の武士の子どもたちも同じころ手習始の祝をやっている[46]。世阿弥の『風姿花伝』中、「年来稽古条々」によれば、室町時代の能楽の芸においても、七歳が稽古の始めとされていた。これらの社会でも七歳という年齢は早くから子どもの発達の重大なおれ目として認識されていたのである。

時代が下るとともに、貴族、武士、町民層と拡がってきた文字の学習は、近世末になると、農民層にも普及し、文字学習の機関である寺子屋が村々につくられたが、しかしこの新しい学習システムは、村の養育の習俗と対立するものではなかった。関東の一農村の寺子屋師匠植田養山が書き残した『玉松堂日記』[47]（一八五七—五九年）を見ると、天神講（正月）、初午（二月）、上巳、聖天（三月）、初伏、農上り（五月）、盆（七月）、彼岸入、中日（八月）、重陽（九月）など、村の年中行事の日はすべて休みもしくは半日になっていたし、成年式の行事である伊勢参宮のために休みをとる者もいた。手習いがすんだ者には素読の指導も行われていたが、ここで採用されていた指導の方法は「見取り学」とも呼ばれてきた民衆の養育方法の延長線上にあるものだった。寺子屋のシステムそのものが文字の必要が日常生活に及んできたことにともなう新しい養育の習俗として、共同体秩序の一画に組み込まれていたのである。文字の学習の普及にともなって、天神様は子どもの手習いの神様となり、天神講は新しい子育ての習俗の一つとなった。天神信仰は、菅原道真の怨霊をなだめるために藤原氏が建てた北野神社の信仰が、各地の古来の地域神である天の神への信仰と結びついて広まったものであった。天神様の祭神である道真は、鎌倉時代の末期から室町時代にかけて、怨恨の神から文道の神へと性格を変えていった。そして村々に寺子屋が普及してゆくとともに、村の新しい学神として迎え入れられることになったのである。(48)

(三) 自治的な年齢集団の形成機能

(1) 子ども組への参加

七歳という年齢は、子どもに対する積極的なしつけの開始される年であるとともに、男の子にとっては子ども組と呼ばれる自治的な異年齢集団に参加して、戸外での生活領域を拡大していくことになる年でもあった。

子ども組は七歳から一五歳までの子どもたちから組織され、平素は遊び仲間として機能し、年中行事や祭礼などにあたっては独自の自治集団としての役割が与えられていた。組内では、親玉、頭、などと呼ばれる最年長のリーダーが統制にあたり、子どもたちは厳格な年齢階層を形づくる自治集団を形成した。家でわがままに育った子でもここに入るとピリッとしたという。この自治集団への大人の干渉はひかえられていた。

日本民俗学によれば、子どもの遊びは年齢に従って内遊び、軒遊び、外遊び（探しごと、かけっこ、おしっくらなど）、辻遊び（陣取り、角力、綱曳など）へと発達していき、それとともに親からの距離もしだいに遠くなるとされている。(49) 子ども組の子どもたちは複雑なルールをもつ辻遊びを組織し伝承してきた。遊びのワザやルールは、長年にわたる社会集団の知恵の結晶であり、学習を必要とする文化遺産にほかならない。このような集団の遊びは、子どもの運動能力や社会生活に必要な諸能力を発達させ、同時に社会的な人格の形成を知らず知らずのうちに促す役割を果たしてきたといってよい。子どもたちの異年齢集団の自治が社会的に保障されることによって、遊びのもつこのような人間形成の機能は、よりいっそうたかめられていたと考えることができる。子どもの社会性の形成という側面から子ども組の遊びをみたとき、とりわけ興味深いのが、味噌っかすとか油坊主などと呼ばれる幼い者たちに対する、年長の子どもたちの配慮である。弱者の保護は、集団の遊びをいっそうおもしろいものにしてゆくための彼らなりの知恵の産物にほかならない。

　子ども組は村の祭に際しては、祭に参加する自治集団の一つとしての取り扱いをうけていた。子ども組が重要な役割を果たす村の年中行事には、道祖神祭、おんべ、鳥追い、もぐら打ち（正月）、初午（二月）、節句の雛送り（三月）、虫送り、五月節句、七夕、盆行事（八月）、亥《い》の子（十月）、山の神の祭、天神祭（十一月）などがある。とりわけ、正月の火祭（道祖神祭）は全国的に分布しており、子どもたちは、祭の間、親のもとを離れて、戸外の仮小屋で宿泊し、祭費供物の勧進、祭場の準備から供物の作製、祭の執行までとりしきった。(50) このような子ども組の集団生活は、より本格的な集団である若者組への準備期間ともなっていた。

(2)　若者組への参加

　一五歳で成人式を迎えて、大人の社会の仲間入りをした村の新しい若者たちは、この年の正月から若者組に参加することになる。これを境に親のしつけは終了し、これ以後集団の中での自己形成に中心が置かれる時期に入るのである。多くの場合、若者組は村の若者の全員が加入し、結婚すると脱けるということになっているが、地域によっては長男だけで構成するとか、一定年齢に達するまで所属するなどという制度をとっているところもある。娘の場合は、若者組ほど組織化はされていないが、やはり訓育的な集団をつくっている。

若者組は、なによりもまず、火災・海難・洪水など共同体が直面する危機から村を守る自衛の組織であった。同時に、村の祭祀にあたっては村の司祭者集団でもあった。このような社会的機能を集団として遂行していく中で、若者たちは村落秩序を自己の内面で再生産し、村人としての行動体系を身につけていったのである。若者組の統制にあたったのは、若者頭であり、そのもとで厳格な年齢秩序が守られていた。若者組のメンバーは、昼は各自の家の仕事に従事するが、夕食がすむと若者宿に集まって合宿生活を行うという生活を送っていた。若者宿をもつことが、若者たちの人間形成をいっそう効果的にしていた。宿では心身の鍛練や技術のしつけのほかに、結婚前の若者の性をめぐる全般的なしつけが行われていた。娘の場合も、苧積《おうみ》宿、糸挽《いとひき》宿などと呼ばれる夜なべ仕事の共同作業場がつくられ、ここで結婚するために必要なもろもろの知識・技術のしつけが行われた。将来の配偶者の選択も、このような集団生活を通して行われていた。

若者組は、若者条目と呼ばれる成文化された規律をもっていた場合が多い。しかし、これは幕藩体制下における上からの若者組取り締まりとしての性格が強いものであり、成文の若者条目は空文化していたと推定される。実際に若者組のメンバーの行動の規範となっていたのは、イイキカセ・口伝・口伝条目などと呼ばれていた若者組の不文律であった[51]。この不文律は、若者の心得を日常生活の隅々にまでわたって規定していた。新規加入者には、これを暗誦し、実行に移すことが義務づけられていた。「この口伝が言われるようになると、一人前として取扱われ、その実行が要求され、全く礼法は一変した[52]」とある若者組の体験者は語っている。昔話が村の精神文化を伝達する機能を果たしていたのに対して、口伝は、村の秩序を若者たちに伝達する非文字文化の代表的なものであったといえよう。

若者組では、笑や諺で処理しきれないような、集団の秩序を大きく逸脱した行動や口伝の条目に違反した行為は、共（友・朋）吟味とか共喰《ともぐら》いなどと呼ばれる評定の場にもちこまれた。この評定は、若者頭を始めとする若者組の全メンバーの立会いのもとで行われ、その席上で年長者から下される判定に基づいて、違反者には肉体的・精神的苦痛をともなうさまざまな罰が与えられた。このような制裁のうちで最も重いのは、仲間外しである。仲間外しでは、本人に悔悛の情が見られるかどうかが罰の解除のいちおうの目安となっていた。吟味と制裁は若者組内部の相互評価・自己規律のシステムであり、村落共同体秩序の中核部分をなしていた若者組の秩序と規範を内面化させる上で重要な役割を果たしていたと考えられる。

村の祭儀の中心集団である若者組は、信仰と結びついて発達した村の伝統的な芸能の主宰者でもあった。民衆芸能においては、翁《おきな》や嫗《おうな》が重要な位置を占めている。村の祭でしばしば演じられる三番叟《さんばそう》も、折口信夫によれば「翁のもどき」役にほかならない。そして翁の原型は常世神、常世人であり、この常世神こそ、村の若者に成人戒を授ける役を受け持っていた神であった。[53] すなわち、若者たちの人間形成を指導し、窮極の目的像、理想像として信仰されていた村の学神が、この翁や嫗だったわけである。常世神信仰と対をなす常世国信仰は、ミロク信仰とともに幕末の変革期に至り「世直し」の理想的社会像へと止揚されて、民衆の主体形成の思想的挺子を用意することにもなった。[54]

若者としての時期は、年齢的には今日の青年期と重なるが、彼らはことばの現代的な意味における青年ではなかったといわなければならない（本書第二部第1章参照）。青年期というのはすぐれて近代的な概念であり、E・H・エリクソンはこれを子どもの時代と大人の時代の中間に位置する「心理的社会的猶予期間」（psycho-social moratorium）と定義した。[55] それに対して、成人式を終えた若者たちは、周囲から大人として扱われ、自分たちも大人になったことを強く自覚していたのである。彼らは、エリクソンが指摘したような、近代の青年期に特有な「アイデンティティの混乱」（identity confusion）の問題に直面することはなかったといってよい。若者たちは早くから共同体における「集団的アイデンティティ」（group identity）を獲得していたのであり、近代の青年たちのように「自分とはいったい何なのか」という内省に深刻に悩む必要はなかったと考えられる。若者の精神形成過程は共同体のイデオロギーを個人の意識のレベルで再生産する過程として特徴づけられる。若者たちの目的は、何よりも「よい村人」

になることであった。同時にこの若者集団の自治の中では、自由や平等、権利といった近代社会の人間関係の根幹をなす原則もまだ未成立だった。共吟味にあたっては、非難されるべき者には一切の弁明が許されず、また、他村の娘と付き合うには若者全体の承認が必要とされていた。さらには、「娘と後家は若者のもの」ともいわれていたのである。「超越者を媒介とすることなしに、人間の人間としての平等の原則をうちたてた社会はない」(56)（加藤周一）といわれる人類社会の歴史上の経験から、この社会もまた逸れてはいなかった。

(3)　都市の子育ての習俗

自然によって結ばれた生産の共同社会から離れて都市を形成した、貴族・武士・町人などの階層社会でも、産育の習俗は共同体の習俗と重なっている部分が多い(57)。江戸時代末期の地方都市の下級武士が書き残した『桑名日記』（一八三九年二月―一八四八年三月）と『柏崎日記』(58)（一八三九年八月―一八四八年三月）の二つの育児日記には、在に住む下級武士の子育てが子どもたちに武士としての素養を身につけさせることをめざしながらも、育児の主要な部分で町人や農民たちの子育てと渾然一体となって行われていたことが生き生きと記されている。また、都市生活によって共同体を失った町人たちは、あらためて子育てが家だけでは不十分であると自覚するようになった。式亭三馬は『浮世風呂』（一八〇八年）の中で次のような町人の女房どうしの会話を描いている。

巳「……私どもの惣領どのも、世話ばっかりやかせてこまり切ります。けにも晴《はれ》にも一人の男《をとこ》だけに、あまやかして奉公にも出しませんから、今までの後悔さ。利口発明《りこうはつめい》でも人中《ひとなか》を見ねへじやア役に立ませぬ。設《もうけ》る事はしらねへで、遣ふことばかり巧者《こうしゃ》になります　辰「なにさ、どうで一盛《ひとさか》りはおどうらくでございますのさ。私《わたくし》どもの二番目《ばんめ》も人中が薬だと申て、本店《ほんだな》へ遣《つかは》して置《おき》ました　巳「へヱ。よく長《おとな》しく御奉公《ごほうこう》なさいますねへ。いづれサ、他人の飯《めし》をたべねばネ、他《ひと》の想像《おもひやり》がございませんのさ。たとへサ、奉公人《ほうこうにん》を遣へばとてもネ。わが身をつめって見ねば、他《ひと》の痛さがしれませんはな。どうしても、モウ、親の手を離れぬものは、痛さ痒《かい》さがわかりません。御奇特《ごきどく》に御奉公させ申なさいます[59]

町人たちは職業人の養成に年季奉公制度をつくりあげた。商人社会の丁稚制度、職人社会の徒弟制度がそれである。いずれの場合も一一、二歳で奉公に入り、職種に応じて、一〇年ほどの年季があけるまでに一人前の職人・商人が形成されるようになっていた。年季奉公は、丁稚や徒弟にとっては、技術の見習、修業の期間であったが、店や親方たちにとっては、安価な労働力を確保するための制度的な保障でもあった。同業者が仲間、組合などのギルド的組織を形成していた職人社会では、年季があけて自立した職人が、「西行《さいぎょう》」（このことばは、西行法師が諸国を遍歴したことに由来している）、「渡り」などと呼ばれる修業の旅に出る西欧の遍歴職人によく似たシステムもつくられていた[60]。

社会的分業の発達している町人社会では、一人の人間が、町内の組や講、職人仲間など、いくつもの機能的集団に所属することになったので、若者組のような単一の生活集団は形成されなかったが、それ自体が一つの機能的集団である武士社会では、子弟の育成のために、藩校の学習と並行して、生活指導のための年齢集団を制度化していた藩がある。薩摩藩の郷中は、四、五町四方を一単位とする方限《ほうぎり》を地理的な区分とし、この地域内の武家の子弟がすべて参加する自治的な年齢集団であった。郷中の構成員は、年齢によって、小稚子《こちご》（六、七―一〇歳）、長稚子《おせ》（一一―一四、五歳）、二才《にせ》（一五、六歳から結婚して郷中を退くまで）に分けられている。長稚子の中から長稚子頭が選ばれて年少者を統率し、二才組の中からは二才頭が選ばれて若者たちを統率した。二才頭は郷中全体の統率者でもあったから、郷中頭とも呼ばれていた。郷中では構成員の地位は年齢によって決定されており、ここに身分制度がもちこまれることはなかったといわれる[61]。会津藩の什人組《じゅうにんぐみ》もこれとよく似た訓育の組織である[62]。これらの集団の組織原理は、農漁村における子ども組・若者組の原理とよく似ていたということができる。

(四)　ことばの学習とカタリ

どの民族でもそれぞれ、自分たちのことばと文化を伝えてゆくためのすぐれたしくみをつくりだしている。日本の社会もまた、すべての成員がことばを身につけ、自由に使いこなすことができるようにするための、用意周到なしくみをつくりあげてきた。

幼い者にことばを学習させるための働きかけは、周囲の人びとが赤ん坊をあやし、話しかけることから始まる。まだしゃべることができるようになる前の赤ん坊に一方的に話しかけることだけを目的として使われている語句がある。チチンプイプイ、オタカラマンチン、カイグリカイグリトットノメ、タンポタンポ、オツムテンテンなどである。これらの語句は、ことば自体としての意味はとくにない、はっきりと聞きとりやすい音声によって組み立てられている、発音するときに一定の抑揚がつけられる、そこに生まれるリズムにあわせて話し手は手や指の動き顔の表情などで一定の単純な動作を付け加える、などの共通した特徴をもっている。これらの語句と動作は、子どもの発達しはじめた聴覚や視覚に快い刺激を与えることができ、同時に、日本語の音素にも慣れ親しむことのできるような一連の音のつながりとそれに見合った動作が、乳幼児の示す表情に導かれながら経験的にエラボレイトされてできあがったものだと考えることができる。おそらく、乳幼児期にこのようなことばを絶えず話しかけられていることが、日本語の発音をスムーズに獲得してゆく上で重要な役割を果たしてきたのであろう。

幼児が片言まじりで話しはじめるようになると、親たちは「お月様いくつ」などの遊ばせ歌を歌って聞かせた。遊ばせ歌は、単語を鎖のように連ねて、子どもの空想の世界を広げながら新しいことばを覚えさせる役割を果たしていた。ついで、子どもどうしでつれだって戸外での生活が始まると、子どもたちはわらべ歌やまりつき歌を歌って遊ぶようになり、またそれまでの幼児言葉を捨てて、児童群で使われていることばを一生懸命習い憶えて使いこなそうとしはじめる。群の遊びは活発なことばづくりという作業をともなっていたから、子どもたちは遊びを通して知らず知らずのうちにことばについての理解を深めていたということができる。遊びの中には、なぞかけという、ことばを使った遊びもあった。なぞはことばを使った知力の勝負であり、なぞかけにはそれにともなう一定の作法がつくりだされていた。小さな子はこのなぞかけによってことばのあやというものに気がついたのである。

子どもたちは、また時と場合に応じたことばの使い方、すなわち「物言うすべ」も学ばなければならなかった。「物言うすべも知らない」ということは、しゃべれないことを意味するのではなく、いうべき様式を踏んでいないということであった。「物言うすべ」は、これを聞き覚えて、いっぺんはすっかり自分のものにして、時と場合、相手に応じて使いこなせるようにならなければならなかった。ことばの使い方をまちがえたときには、まわりからかなり残酷に笑われることによって、人はこの失敗を二度と繰り返さないように心掛けたのである(63)。

文字がまだ文化を伝達する主要な手段になっていない社会では、若者組の口伝の規約にもみられるように、文化は主に話しことばによって伝承されてきた。諺もまたこのようなことばの文化の一つの形態である。諺は、民衆が経験的につかみとった事物の法則性を、比喩や誇張などによって巧みに表現したものであり、群の笑いを効果的にひきだして若い者たちに教訓的効果を与える役割をになっていたと同時に、育児や生産計画・天候の予測などに関する知識を覚えやすいかたちで伝達してゆく役割を果たしてきた。諺は本来、知識を伝達するために工夫されたものであって、いろはがるたに見られるような道徳的教訓としてのみ使われる性質の諺が現れてきたのは、格言などの登場とともに比較的新しいことであるといわれている(64)。

話しことばにのせて伝えられてきた最大の村の精神文化は、今日民話とか昔話とか呼ばれるようになっている神話的な物語である。「むかしむかし」とか「とんとむかし」（尊と昔）などの文句で始まる昔話が、「神話といふものゝひこばえであることは、大体もう疑ひは無い(65)」（柳田国男）のである。このような物語をカタルことは、ハナスこととはまったく別の行為であった。柳田はカタルという行為の要点はパブリシティ（publicity）にあったと指摘している。(66) 祭やカタリの奥にひそみ、これを成立せしめている村人の共通の心的体験を「共同幻想」(67) と呼ぶこともできるだろう。昔話は、この「共同幻想」の追体験と共有を、カタルという行為を通して行うものであった。子どもたちは大人の間にまじって、サソとかフンソレカラなどと相槌をうちながら、同じ話を繰り返し聞いて、村人としての精神の深層を形成した。やがて、かつての聞き手は語り手にまわり、次代にこの精神文化を伝えてゆく役をひきうけることになったのである。

民衆の子育ての習俗は、近代学校制度が登場してくる以前の人間社会における、「種の持続」(68) の営みの文化的形態であり、人びとが生活の中で獲得し、精選してきた知恵と工夫の結晶体である。子どもに働きかけてゆく方法の一つひとつのものが、長い間の生活経験の中で、こうするのが一番よいというところに落ち着いてきたものであるから、子どもの発達に即した合理性をもっているものが多い。

「分かち伝え」を本質とする近代教育が開始される以前の社会では、人づくりは当事者に身をもって経験させることを通して行われてきた。民衆の自前の養育システムでは、教材や教具はすべて地域の生活と文化の中から選びだされ、今日の学校教育の画一的な教材とちがって、一人ひとりの個性に応じた独自で多様なものがつくりだされていた。この社会には専門の教師はいなかったから、成熟した者たちが共同して未成熟なものの指導にあたっていた。子ども自身も、単にしつけのうけ手というばかりではなかった。子どもたちによって組織されている群の中では、彼らは文化のにない手であり、自分たちで教材教具づくりも行っていた。群の中のより年長の者は、より年少の者に対して力に応じた指導力を発揮する、よき指導者でもあった。近代の学校教育は、習俗と対立したり、その一部を変容させて学校教育の内部にとりこんだりといった事態があったにしろ、このような民衆のつくりあげた人間形成のシステムとその成果を前提として初めて成立していたのである。

前代の子育ての習俗とその思想は、現代社会とは異なるさまざまな歴史的・社会的制約のもとで形成され蓄積されてきたものであるから、いうまでもなくそのままのかたちで現代社会に適用することはできない。必要なのは、前代の民衆社会のつくりだした子育ての習俗を文化遺産、教育的価値として捉えかえし、よりよい養育システムをつくりだすための手がかりの一つとしていくことであろう。

注

（1）E・S・モース著、石川欣一訳『日本その日その日』1（平凡社東洋文庫、一九七〇年、一一頁）。
（2）ゴロヴニン著、井上満訳『日本幽囚記』下（岩波文庫、一九四六年、一六七頁）。
（3）ルイス・フロイス著、柳谷武夫訳『日本史』4（平凡社東洋文庫、一九七〇年、八七頁）。
（4）神島二郎「日本の近代化」（同編『日本近代化の特質』アジア経済研究所、一九七三年、二三―三〇頁）。
（5）柳田国男「赤子塚の話」（『定本 柳田国男集』第一二巻、筑摩書房、一九六三年、二五〇頁）。
（6）柳田国男「小児生存権の歴史」（『定本 柳田国男集』第一五巻、一九六三年、三九五頁）。
（7）P・ミュラー著、深田尚彦訳『子どもの仕事』（平凡社、一九七一年、一一頁）。
（8）S・ファイアストーン著、林弘子訳『性の弁証法』（評論社、一九七五年、九五頁）。
（9）Philippe Ariés, L'enfant et la vie familiale sous l'ancien régime, Paris, 1960.（フィリップ・アリエス著、杉山光信・杉山恵美子訳『〈子供〉の誕生――アンシャン・レジーム期の子供と家族生活』みすず書房、一九八〇年。）
（10）井上光貞編『日本史入門』（有斐閣、一九六六年、一〇九頁）。
（11）加藤周一「日本文学史の方法論への試み」（『加藤周一著作集』3、平凡社、一九七八年、一三頁）。
（12）久木幸男編『日本子どもの歴史1　夜明けの子ども』（第一法規出版、一九七七年、三〇七頁）。

(13) 民間教育史料研究会編『長野県飯山市富倉地区　教育習俗調査報告』(民間教育史料研究会、一九七七年) 参照。
(14) 堀一郎『民間信仰』(岩波書店、一九五一年、二三五—二四三頁)。
(15) 高橋梵仙『日本人口史之研究』(日本学術振興会、第一巻、一九七一年、第二巻、一九五五年、第三巻、一九六二年) 参照。
(16) 山住正己、中江和恵編注『子育ての書』3 (平凡社東洋文庫、一九七六年、二〇五頁)。
(17) 大藤ゆき『児やらひ』(三国書房、一九四四年。改訂版『児やらい』岩崎美術社、一九六七年) 参照。
(18) 柳田国男「社会と子供」(『定本 柳田国男集』第一五巻、二〇七—二〇八頁)。
(19) 恩賜財団母子愛育会編『日本産育習俗資料集成』(第一法規出版、一九七五年、四六〇—四六八頁。「初誕生」の項) 参照。
(20) 前掲、大藤『児やらひ』二〇四—二〇五頁。
(21) 前掲、高橋『日本人口史之研究』参照。
(22) 前掲、柳田「社会と子供」二一三頁。
(23) 前掲『日本産育習俗資料集成』三七三—三七九頁 (「産着」の項) 参照。
(24) 瀬川清子『きもの』(未来社、一九七二年、二一〇—二二六頁)。
(25) 前掲、柳田「社会と子供」二一六頁。
(26) 松田道雄『日本式育児法』(講談社、一九六四年) 参照。
(27) 前掲『日本産育習俗資料集成』四九六—五一八頁 (「育児に関する俗信呪法」の項) 参照。
(28) 前掲、柳田「社会と子供」二一二頁。
(29) 前掲『日本産育習俗資料集成』三九五—四〇二頁 (「名付けと名付け親」の項) 参照。
(30) 前掲、柳田「小児生存権の歴史」三九五—三九六頁。
(31) 前掲、柳田「社会と子供」二二九頁。
(32) ヴァン・ジェネップ著、秋山さと子・弥永信美訳『通過儀礼』(思索社、一九七七年、一六頁)。

(33) M・エリアーデ著、堀一郎訳『生と再生』(東京大学出版会、一九七一年) 参照。
(34) 民俗学研究所編『民俗学辞典』(東京堂出版、一九五一年) 中の「成年式」の項目参照。
(35) 関敬吾「民話」(大間知篤三ほか編『日本民俗学大系』10、平凡社、一九五九年、七二―八八頁)。
(36) 瀬川清子「一人前」(『民間伝承』一九四四年四月) 参照。
(37) 柳田国男「教育の原始性」(『定本 柳田国男集』第二九巻、一九六四年、三一〇頁)。
(38) 柳田国男「四鳥の別れ」(『定本 柳田国男集』第二三巻、一九六四年、二三五頁)。この文章は前掲の大藤ゆき『児やらひ』初版のための序文として、柳田が書いたものである。
(39) 民間教育史料研究会編『岐阜県中津川市阿木地区 教育習俗調査報告』(民間教育史料研究会、一九七八年) 参照。
(40) 萩原竜夫「子どもの生活」(柳田国男編『明治文化史13 風俗編』洋々社、一九六四年、三〇三頁)。
(41) 中野卓編著『口述の生活史』(御茶の水書房、一九七七年、三五―五一頁)。
(42) マルセル・パニョル著、鈴木力衛訳『笑いについて』(岩波新書、一九五三年、三一頁)。
(43) 柳田国男「国民性論」(『定本 柳田国男集』第二九巻、五二〇頁)。
(44) 宮本常一「家郷の訓」(『宮本常一著作集』6、未来社、一九六七年)。
(45) 山岸徳平校注『源氏物語』四 (『日本古典文学大系』17、岩波書店、一九六二年、一二三頁)。
(46) 高橋俊乗『日本教育文化史』(同文書院、一九三三年、一〇七―一〇八頁、一八七―一八九頁)。
(47) 埼玉県教育史別冊資料『玉松堂日記』(埼玉県教育委員会、一九六八年)。
(48) 前掲、高橋『日本教育文化史』二一六―二二一頁、および、遠藤泰助『天満天神信仰の教育史的研究』(講談社、一九六六年) 参照。
(49) 前掲、萩原「子どもの生活」二九二―二九三頁。
(50) 竹内利美「信州東筑摩郡本郷村に於ける子供の集団生活」(『日本常民生活史料叢書』第一三巻、三一書房、一九七二年) 参照。

(51)　高橋敏「幕藩体制社会と若者組」(『日本民衆教育史研究』未来社、一九七九年)。
(52)　池田正司「静岡県賀茂地方の若衆組と青年宿」(『民間教育史料研究』16、民間教育史料研究会、一九七九年、三一—三三頁)。
(53)　折口信夫「翁の発生」(『折口信夫全集』第二巻、中央公論社、一九五五年、四一三頁)。
(54)　安丸良夫『日本の近代化と民衆思想』(青木書店、一九七四年、九二—一〇八頁)。
(55)　E.H. Erikson, "Identity and the life cycle", Psychological Issues, Vol. I, No. 1, 1959, p. 111.
(56)　加藤周一「親鸞」(『加藤周一著作集』3、平凡社、一九七八年、一三七頁)。
(57)　石川松太郎・上笙一郎ほか編『日本子どもの歴史』1—4(第一法規出版、一九七七年)。
(58)　『日本庶民生活史料集成　第一五巻　都市風俗』(三一書房、一九七一年)所収。
(59)　式亭三馬『浮世風呂』(『日本古典文学大系』63、岩波書店、一九五七年、一二一頁)。
(60)　遠藤元男『日本職人史』(雄山閣出版、一九六七年)、佐藤守『徒弟教育の研究』(御茶の水書房、一九六二年)など参照。
(61)　松本彦三郎『郷中教育の研究』(八雲書店、一九四三年、一一一—一四五頁)。
(62)　小川渉『会津藩教育考』(井出書店、一九四一年)参照。
(63)　柳田国男「昔の国語教育」(『定本　柳田国男集』第一九巻、一九六三年)参照。
(64)　柳田国男「なぞとことわざ」(『定本　柳田国男集』第二一巻、一九六二年、六九—一〇四頁)。
(65)　柳田国男「昔話と文学」(『定本　柳田国男集』第六巻、一九六三年、一五四頁)。
(66)　前掲、柳田「昔の国語教育」六九—七〇頁。
(67)　吉本隆明『共同幻想論』(河出書房新社、一九六八年)参照。
(68)　大田堯「現代教育学の課題と方法」(『教育学研究』第四〇巻第四号、一九七三年)。
〔補注〕　本章で取り上げた文献の他、我妻洋・原ひろ子『しつけ』(弘文堂、一九七四年)、庄司和晃『柳田民俗学の子ども観』(明治図書、一九七九年)、飯島吉晴『子供の民俗学』(新曜社、一九九一年)に教えられることが多かった。

なお、筆者による共同体社会の人間形成をテーマとした論稿としては他に、「近代以前の日本人の子ども観」(『民間教育史料研究』第一三号、民間教育史料研究会、一九七六年)、「人間の非形成の習俗と思想」(『講座日本の学力　17　学力の思想』日本標準、一九七九年)、「教育の習俗研究によせて」(東京大学教育学部教育史教育哲学研究室『研究室紀要』第五号、一九七九年)、「民衆社会の子育ての文化とカリキュラム」(『叢書　産育と教育の社会史　2　民衆のカリキュラム学校のカリキュラム』新評論、一九八三年)、「地域社会の変貌と子ども・若者」(石川恵美子・野本三吉編『現代子ども・若者考』明石書店、一九九一年)などがある。

第2章　近世社会の家族と子育て

私たちが家族について考えるときまずイメージするような、血縁で結ばれた親子がひとつ家に住み生活を共にしているという単婚小家族が広汎に日本社会に現れてくるのは、近世に入ってからのことである。中世農村の一般的家族形態は、名主の家族を中軸としてそのもとに多数の傍系親族や下人を含んで成立する家父長的な複合大家族であり、直接生産者である農民は下人として在地小領主としての名主層のもとで半奴隷的な状態に押し込められていた。下人は経済的にも身分的にも名主に従属しており、結婚しても自らの家をもって自立することができず、生まれた子どもは主家の労働力や財産の一部として扱われていた。このような状態ではこれらの人びとに子どもをていねいに育てあげる条件はなかったと考えてよい。子どもは生まれるだけ生まれ、そのうちの幸運な者がおとなにまで育つことができたであろう。日本の社会ではまず貴族たちが、ついで武士が自らの階層の体系だった子育ての文化をつくりだしていたが、中世の民衆社会ではいまだとりたてて子どもの成長が注視されていたということはなかったようである。

近世に入ると下人や傍系親族は封建小農として自立し、自らの家をもち、またそのような家の集合が近世的な村落をつくることになった。封建小農たちは、子どもを自分の家や自分たちのつくる村で育てる条件をもつことになったのである。本章ではこのような近世の民衆社会がつくりだした子育ての文化、子育て論の成立と展開の過程に光をあててみたい。

1　小農自立と村の子育ての習俗

(一)　小農自立と単婚小家族

太閤検地は小農の自立化を権力の側から積極的に推進するものだった。しかし小農の自立と自立した小農がつくりだす単婚小家族の家族形態がこれですぐに一般化したわけではない。太閤検地から一七世紀中葉に至るまでの時期は、小農経営の未熟さのゆえに、前時代の古い生産関係、家族形態が残り、そのもとで徐々に自立の度を高めつつある小農経営と単婚小家族の家族形態が並存、競合していた。古い経営形態とそれに基づく家族形態の分解、新しい経営形態・家族形態の自立過程は、生産力の高い先進地域で速く、また生産力の低い地域でゆっくりと進んだが、一七世紀の後半期には自立した小農による小農経営がほぼ行きわたる。そしてこれらの人びとは彼ら自身が構成単位となり主人公となる村をつくりだした。

葉山禎作は、古い家族形態から新しい家族形態への移行過程を、一七世紀前半の畿内農村の場合について、寛永二一（一六四四）年の「家族人数万改帳」を使って明らかにしている。[1] 図1は家父長的な下人労働経営に対応する家族形態である。家族構成は長左衛門を中心とする夫婦親子四人の直系親族と、非血縁の下人、下女一七人とで構成されている。下人、下女のなかには夫婦をなす者があり、「下人の男子」とされている四人の子どもは彼らの子だと推測されるが、彼ら相互の関係は不明である。この家族は全員一つの家屋内に居住していた。図2の家族構成は自立過程にある隷属的小農民を含んで成立している家族形態である。十二人の下人のうち六人は女房をもち、家持下人となっている。図3は小農の自立がさらに進み、与兵衛と喜右衛門は自立をとげる直前の家持下人である。

こうして一七世紀中葉以後、小農の自立が進み、小農は直系親族で構成する単婚小家族を手に入れることになった。

図1　河内国若江郡若江村 庄屋 長左衛門家（1644年）

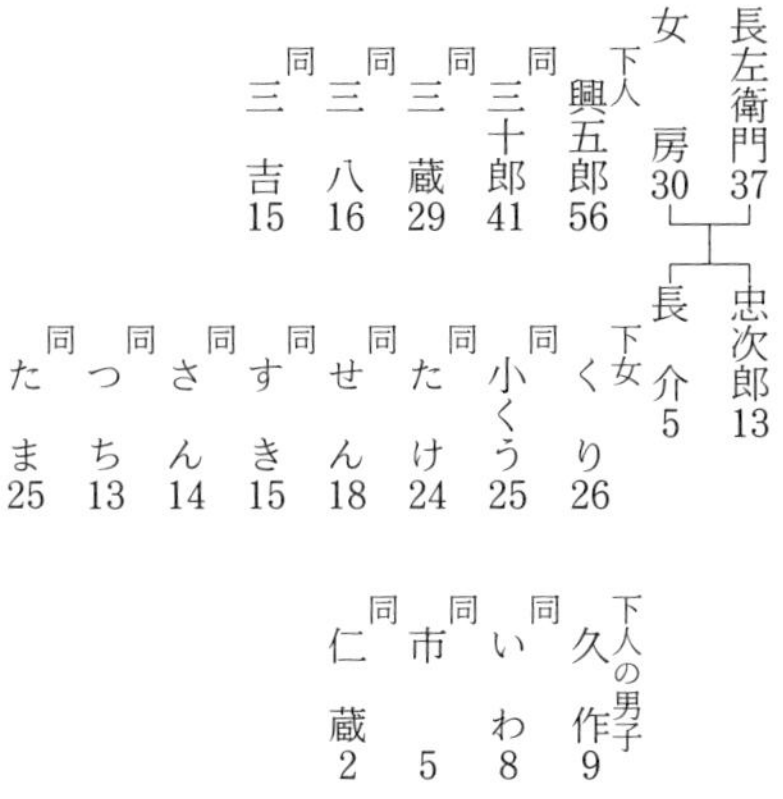

図2　和泉国大鳥郡豊田村 小谷太夫家（1644年）

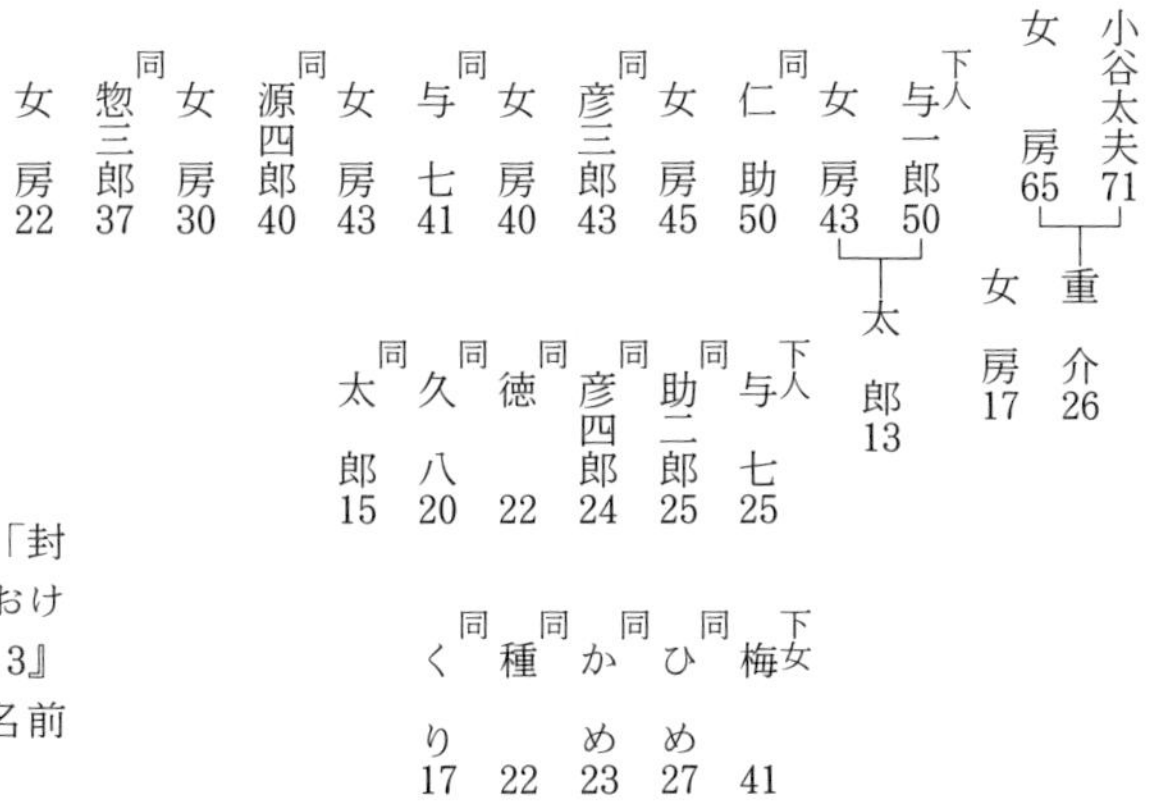

図3　河内国古市郡碓井村 庄屋 松倉九兵衛（1644年）

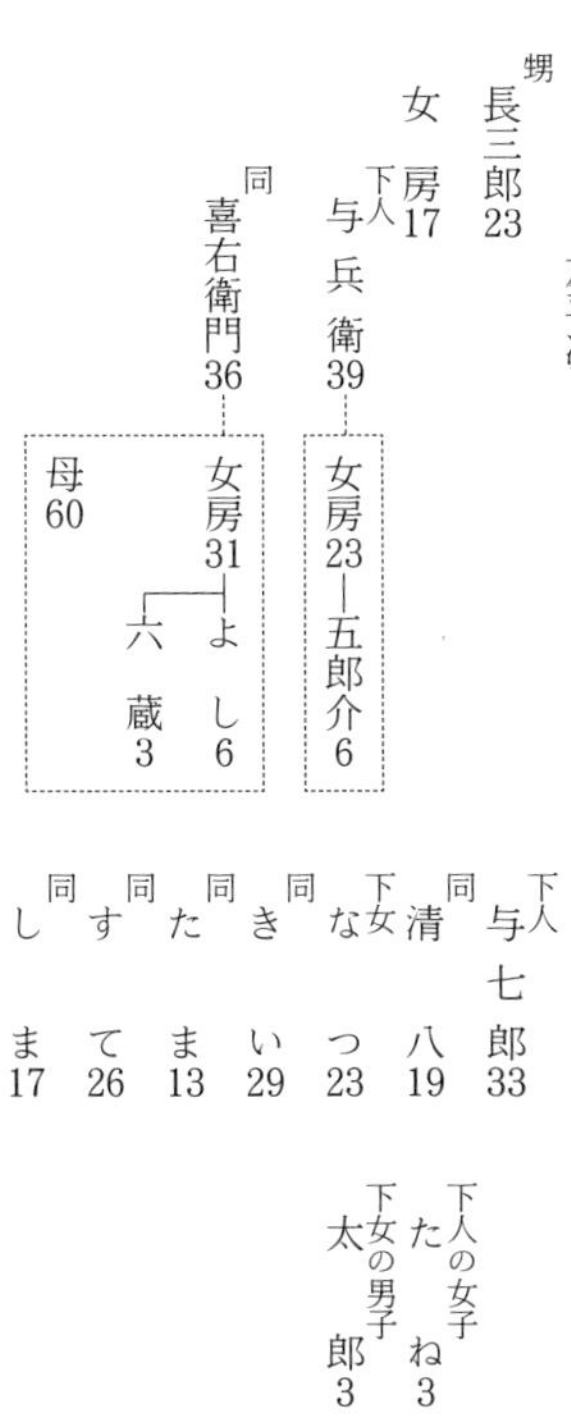

（図1，2，3とも葉山禎作「封建的小農民経営の分立期における家族形態」『家族史研究3』大月書店，1981年より。名前の下の数字は年齢を示す。）

この単婚小家族農民は一組の夫婦とその子どもたちにせいぜいその両親を加えた家族構成で、家族構成員は平均五人ぐらいである。石高にして一〇石、面積にして一町歩くらいの耕地面積をもつことが標準的な封建小農＝本百姓として治者側にはおさえられていたが、実際のところは彼らの耕地面積はこれより少ない場合が多い。小農たちは彼らの連合による生産の共同組織としての村をつくりあげて初めて自立を達成することができた。このような村が近世の村落共同体の基本的性格をなすのであり、領主は村請制によってそのようなものとしての村を通して封建小農＝本百姓を支配統治することになったのである。

(二)「家」意識の成立と子育てへの関心

日本の社会では土着的な祖霊信仰のもとで、家族は祖先から子孫への生命の永続として観念されてきた。平たくいえば、祖先は死後霊となって子孫の生活を見守り新生児の魂（ウブ）は祖霊界からこの世に現れてくると観念されていたのである。そのようなものとして観念されている家族を「家」としておこう。小農が自立したことはこのような「家」意識を自分のものとすることでもあった。小農は自立することによって守るべき「家」をもつことになったのである。竹田聴洲によれば、(2)「今日都鄙一般寺院の墓地にある檀家の墓碑、位牌堂や檀家の仏壇にある位牌、過去帳、回向帳類の法名記載は殆んどすべて徳川時代、それも初期のものは少なく、元禄頃以後のが圧倒的に多い」ということが明らかになっている。そして竹田はこの時期が農庶の「家」の確立期であったらしいとしているが、これは竹田の調査のフィールドである近世畿内農村で小農経営が一般的に成立してくる時期と重なっている。また大藤修によれば、(3)羽前国の村山地方では一八世紀中期に小農経営が一般的に成立するが、この時期に個々の家が墓碑を建立するようになっている。

こうして彼らは現在の自分の生活を祖先から子孫へという時間の流れのなかに位置づけ、自分の「家」を守り発展させるべき責任主体として自覚することになった。このような自覚のなかからは「家」を継ぐ者としての子どもへの強い関心が引き起こされてくることになるであろう。「家」を継ぐ者としての子孫への関心は、すでに中世武家社会に現れて武家に家訓書を書き残させることになったが、後述するように農民たちのなかにもまた文字を手に入れるようになると、やはり子孫に向けて教訓や家訓を書き残すようになる者が現れる。

ところで、日本社会の人口は近年の推計では一六〇〇年ころの一〇〇〇万前後から一七五〇年の三一〇〇万へと今まで考えられていた以上のスピードで増加したらしい。(4) この人口増加は近世初頭の一〇〇年間でわが国の耕地総面積が約三倍になるほどの勢いで拡大したこと、および小農が自立して自らの家庭をもったことと関係している。そして元禄期（一六八八―一七〇三）にピークに達した人口は、近世後期に向けて停滞を始める。良好な自然的条件に恵まれている村でさえも人口増加はきわめて低くなり静止の状態を示すのである。このことは、人口増に対して民衆社会の内側の抑制機構が働きはじめたことを意味する。速水融の信州諏訪地方をフィールドとした『宗門改帳』による人口動態の研究によれば、(5) 一八世紀を境としてそれ以前と以後の農民の年齢別人口構成は大きく変化する。速水によれば一八世紀以前の諏訪地方は多産多死型の人口構成をとっている。結婚年齢は低く、一組の夫婦の産んだ子の少なくとも八人は数え年二歳まで生き延びている。乳幼児の死亡率はきわめて高く、数え年二歳の子どもの四〇―五〇％は一〇歳になるまでに死亡している。数え年二歳までの死亡率を考慮して逆算すると、一組の夫婦の総出生数は一二人程度であったろうと速水は推定している。すなわち一二人生まれても一〇歳まで育つのはそのうちの四人くらいしかいない多産多死型の社会だったわけである。このような中世型の人口構造に変化が起きてくるのは、速水が調査した諏訪地方の場合、一七世紀中ごろからである。乳幼児死亡率はこれ以後急速に低下し、しかも一組の夫婦が育てる子どもの数は少なくなっている。その結果、人口構成はピラミッド型からつり鐘型へと移行する。かくして見せかけの少産少死の時代がやってきて、人口増もまたストップすることになった。見せかけのと述べたのは、これがバースコントロールの技術の獲得によって実現した近代社会における少産少死型ではないからである。この見せかけの少産少死型社会は、実は間引や堕胎によって実現されていたのである。

幕府や諸藩はこのような事態を捉えようとしてこの時期から全国的な人口調査を始め、また間引の禁止や赤子養育料の下付などの人口増加政策に積極的に乗り出すのであるが、子どもをたくさんは育てないという社会の趨勢を変えることはできなかった。仙台藩の一人の儒者は藩主への上申書のなかで事態を次のように説明している。(6)

五六十年以前（元禄期にあたる—引用者）までお百姓子供生育仕るには、一夫一妻にて男女五六人も生育仕候処、近年不相続仕る故か又世上奢り候故にや、一両人の外は多くは生育不仕、もどす返す抔と申候て出生いなや其父母直きに残害仕候。

一八世紀初頭を前後する時代に起きてきたこのような大きな転換を私たちはどのように理解したらよいであろうか。おそらくこの変化は、小農の自立がほぼ達成されたこと、「家」意識が成立し、「家産」観念が生まれ、相続が分割相続から単独相続へ移行したこと、これらの変化の背後で村落共同体秩序がしだいに村の人口問題に対する規制力として働きだすことなどといった、社会全体の変化と深く連動して起きてきたのであろう。この時代に、人びとは生まれてきた子どものうち幸運な者が生き残るという偶然性に任せたやり方に代えて、子どもの数を最初から少なくし、育てると決めた子どもには十分手をかけて育てあげるという子育てのやり方を選んだのである。速水の先の調査によって明らかにされた一八世紀以降の乳幼児死亡率の急速な低下は、このことによって説明しうるであろう。同時にこのような選択は、最初から生きることを認められなかった多くの子どもたちを生み出すことにもなった。そして人口調節の方法として採用された間引は、「子返し」などともいわれていたように、祖霊信仰のもとではいまだ人間にあらざるものを人間にまでしないということにすぎなかった。先の報告が子殺しの理由として相続の問題をあげ、また

「世上奢り候故にや」と指摘している事実は、治者の側から民衆社会の側へと視点を変えれば、自分たちの生活を向上させていくことを子どもの養育や将来まで含めて捉えていくような人びとが広汎に社会に現れてきたことだと理解しうる。かくして、見せかけの少産少死の社会に豊かな子育ての文化がつくりだされていくことになる。

(三) 村落共同体と子育ての習俗

近世農業の中心は水田稲作農業である。水田は村全体が一体となって水路を管理し配水にあたらなくては維持できない。このような水の管理や、刈敷肥料をとるために村で共有している入会地の管理によって強く結ばれた封建小農のつくりだす再生産体としての集落が近世の村落共同体である。近世の農民は封建小農として一応原則的には独立再生産の主体であるとはいえ、彼らが完全に独立性を確保していたわけではなく、村落共同体のなかに組み込まれて初めて生活が可能になっていた。この社会で人びとは農事暦を共にするため生活や生産の上での強いつながりをつくりだしたばかりでなく、農耕儀礼としての年中行事や村の氏神の祭祀や信仰を通して精神世界を共有することにもなった。日本の社会に伝えられてきた子育ての習俗をつくりだした母体となったのはこのような村社会であった。そこでは何よりも子どもを「一人前の村人」にまで育てあげることが子育ての目的とされている。子どもは「家の子」として育てられなければならないのと同時に「村の子」として育てられなければならなかった。ブルジョア的展開をみせる以前の農村=村落共同体社会には、「家の子」を育てることと「村の子」を育てることの間に基本的な矛盾は生じていなかったのである。

こうして、新しくこの世に生まれてきた者たちを育てあげるために村社会は養育の習俗文化をつくりあげた。この習俗は村の農事暦と祖霊信仰の世界に深く組み込まれて体系化されていた。これまで主として日本民俗学が重出立証法と呼ばれる方法で各地に残る養育の習俗を調査し記録してきたのであって、私たちはその仕事に依拠しながら村の子育ての習俗の全体像を導き出してみることができる。

ここでは子育ての習俗の基本的性格を、産育と社会化という二つの概念で捉えておこう。大人たちによる子どもへの働きかけ方は、子どもの成育の初期の段階では産育に重点がおかれ、ついで社会化を促すものへと変わってくる。産育から社会化へと重点が移る分岐点は七歳という年齢におかれている。

子育てはまず、この子は育てる子であるということを決定し、承認する儀式から始まる。それが妊娠五ヵ月目に行われるオビイワイ（帯祝い）なのであって、この行事がすんだ子はもう間引かれたりすることはない。ついで新生児が生まれると、ウブタテメシ（産立飯）、三日目の祝い、七日目の祝い、ウイデ（初外出）、宮参り、初節句、喰い初め、誕生祝い、三歳の祝い、五歳の祝い、七歳の祝いと一連の成長を祝う行事が続いて行われる。

これらの産育の行事を通観するといくつかの原則や特徴が認められる。第一に、これらの行事が子どもの成長の折り目に重なっていることが多いことである。育てる子の数を最初から制限して、育てると決めた子は手をかけて育てあげるという見せかけの少産少死型社会をつくりあげた人びとは、子どもの成長ぶりに十分な注意を払い、子どもの成長・発達の質的転換点や特徴などを熟知することになった。そしてそこに彼らのよって立つ自然観、人間観や祖霊信仰に基づいて独自の解釈を与え、成長過程を儀式化していたのである。第二に、産育の行事は子どもが幼いときほど頻繁に行われ、しだいにその間隔が広がっている。乳幼児死亡率がきわめて高い時代にあって、人びとは子どもが死ぬことを子どもの魂が肉体を離れて祖霊界へ戻ってしまうことだと理解した。子どもが幼ければ幼いほどその危険は高かったのであり、その危険から子どもを守りしっかりこの世に子どもの生命を据えつけておくための人間の側からの積極的な働きかけが儀式化されていたのである。第三に、産育の行事は子育ての社会的連帯をつくりだす行事でもあった。子どもの祝いには多くの人びとが集まって共食をするのがならわしであり、人びとは同じ食物を介して子どもを育てるために結びついたのである。子育てには人間同士の連帯が必要とされただけでなく、神々の助力も欠かせないものであるとされていた。人びとは子安神やウブ（産）神、カマドや便所、井戸など、子どもにとって危険なところを治める神々、村の氏神などにも加護を願った。

「七つまでは神のうち」という諺にも表れているように、七歳までの子どもはいまだ神（祖霊）のうちにいるものだとされていた。子どもはこの年まで神の世界から人間界へ向けて一歩一歩成長してくるものとされ、そして七歳のウジコイリやコアラタメの行事で子どもは成育の新しい段階に入ることになるのである。この年から、親の積極的なしつけが始まり、また子どもは村の子ども集団に正式に参加して集団活動に加わることにもなる。子ども組などと呼ばれるこの集団は、子どもの自治によって運営される年齢集団であり、集団活動を通して子どもは村の子どもとしての社会性や行動力を身につけていたのである。

一五歳の正月に男子は若者入り＝成人式の通過儀礼を経て、子どもから大人への仲間入りをする。このときから、彼らは一人前としての取り扱いを受け、親から自立して村の若者集団の一員としての生活が始まる。若者組などと呼ばれるこの集団の生活を通して、村の若者たちは村の一人前の力量をつけていくことになる。女子の場合は、初潮を迎えて成人の祝いが行われ、やはり村の娘たちのつくっている集団に参加してやがて結婚して家族をつくるための力をここで形成することになる。

このような村社会につくりだされた子育ての習俗が、先行する社会の子育ての習俗を引き継ぎながら近世の村落共同体社会のなかで経験的に練りあげられ体系化されてきたものであったことは間違いない。村社会に共同体的性格が保存されている限り、このような子育ての習俗もまた存続するであろう。しかるに、一八世紀を前後する時期に始まる近世農村のブルジョア的展開過程は、家の自立性を高め、共同体の内部からの解体を進めるベクトルとして作用することになるのであり、このような社会構造、生活構造の変動によって村の子育てにも新しい要因が持ち込まれることになった。

2　近世農村の発展と養育への関心

(一)　農書の普及と文字文化

近世に入ってから一〇〇年近くの間、農民は生産物のうちの全剰余部分を年貢として領主にとられる状態が続いた。農民は塩や鉄製農具などごく一部の必需品を除いてはすべて自分たちでまかなう自給自足経済の生活の範囲内にいた。このような使用価値生産の段階では、必要以上に生産をあげようとする意識は引き出されてこないであろう。ところが一七世紀半ばの慶安、寛文期を境として年貢率はしだいに低下してくる。そうなると農民の手もとには剰余労働部分の一部が残るようになる。この時期に著しい発展をみせる都市の経済活動と連動して、手もとに残ったものの商品としての交換が始まる。この交換は農民の生活を豊かなものにし、彼らの生活意識に変化をもたらすことになった。自足的意識のなかに埋もれていた農民の生産意欲は急速に高まり、生産をあげるための農民たちの努力や工夫が始まる。使用価値生産の段階から交換価値生産の段階への移行によって生活の豊かさを求めて積極的に働くようになった農民は、生産をあげるために新しい知識や技術を意欲的に求めはじめた。こうして農書が書かれ普及する時代がやってきたのである。

筑前の人宮崎安貞によって著され京都で出版された『農業全書』(元禄一〇年＝一六九七)は、近世農業がようやく商品生産へめざめかけた時期に現れて、農民たちに新しい農業を教えることになった。本書は元禄初版本で六〇〇―九〇〇部、天明再版本で一八〇〇―二七〇〇部以上が板行されたといわれ、農村指導者層に広く読まれてその影響は日本全土に浸透していった。(7) 本書に先だつすぐれた農書である『清良記』『百姓伝記』『会津農書』などが私家筆録本であったのに対し、本書は盛んになってきた出版事業を背景に印刷されて全国に普及していくことになったのである。こうして新しい農法は文字に移され体系化されて、それまで口伝えやコツやカンの文化として伝えられてきた地域の伝統的な農法に代わるものとして村々に迎え入れられることになった。商品化・特用作物の栽培は、農民出身の農学者大蔵永常の著作活動によってさらに推進される。『農家益』（全七巻）を始めとする彼の著作は、経済的合理主義と自然に立ち向かう合理的態度を農民に教えるものであった。先進地の農民の思想と技術は農書を通じて全国へ伝播していった。たとえば鯨油を殺虫剤として使用する稲の害虫駆除法は、遅くとも享保一七（一七三二）年までに筑前の農民によって生み出されたといわれるが、この方法は永常の『除蝗録』（文政九年＝一八二六）によって急速に日本全土に普及していったのである。

近世後期になると、全国各地にさまざまな農書が現れてくる。これらは自らの体験から得た農事の秘伝や処世法を子孫に伝えようとするものや、『農業全書』などのような農書をモデルとしたその地方版であったりするが、いずれも農民自身の手書きによるものであった。農民は自らの手でテキストをつくりはじめたのである。このような地方で出された農書の一つ、徳山敬猛『農業子孫養育草』(8)（文政九年＝一八二六、美作）は、その序文で子孫の繁栄のために本書を書くのだという執筆の動機を明らかにしている。

折ふし過る頃農業全書を粗見侍り、且つ久世条の旨を習ひ、近郷老農百姓上手の説を聞、功するを取ましへ、予が尺寸の試覚あるを加へ、此土地に応すへき要を拾ひ農業子孫養育草と号て子孫に授与す。

こうして読み書き能力は農民としての自分たちの力を高めるためにも、また子孫に自分たちの獲得した力を伝えるためにも必要欠くべからざるものになってきた。近世の村請制度のもとでは、読み、書き、算の能力は村役人層だけがもっていればよい能力であった。幕藩体制のもとでの「文字による支配」は、すべての村で文字が理解されることを必要とはしていたが、多数の村人がその能力をもつ必要はなかった。村役人層が文字を話しことばに翻訳して農民に伝えればよかったのである。しかし農書の成立とともに、農民にとっての文字の意味は一八〇度転換したといってよい。文字は生産と結びついたのである。こうして村に文字文化が入ってくることになった。

農民たちは自然や農作物に積極的に働きかけ、より多くの収穫をあげる努力を始めることになったが、このような変化は子育てにも少なからぬ影響を与えたにちがいない。近世社会においては人間の子どもの成育がしばしば植物や農作物のそれにたとえられているように、両者の間には共に内部の自然的成長力に従いながら行為者の側から働きかけて豊かに育てるべき対象としてのアナロジーが認められていたからである。しつけるということばをとってみても、イネをしつけるという用法があると同時に、このことばは成長に向けて人間に働きかけることにも使われている。イネのしつけ方が変われればそれは成長すべき対象に働きかける作為の観念を深いところで変容させ、やがて人間のしつけ方にも変化をもたらすことになるであろう。

(二)　商品経済の浸透と新しい能力

一七世紀後半から一八世紀にかけてまず都市近郊農村を巻き込んで始まった商品経済化はしだいに各地に波及し、農村のブルジョア的発展の過程で村の階層分化が進んでいくことになる。村には土地を集積する農民と土地を失って水呑になったり都市に流出したりする農民が現れる。商品の流入にともない、農間余業として商品を取り扱う半農半商的な生活者もあらわれてくる。こうして自立した小農たちがつくっていた村落共同体は内部から変質し、再構成されることになった。このような新しい動向は、農民に将来への不安や希望をいだかせることになったにちがいない。

このような村では人びとは、もはや村がつけてくれた力だけで生きているわけにはいかない。また共同体の養育システムだけに子どもをゆだねておくわけにもいかなくなる。この変化のなかで没落せずに生きのびるには、勤勉であることと同時に村の境界を越えて交流する新しい能力を身につけることが必要となってくる。新しい能力は文字記号と結びついていた。とりわけ農間余業に携わるようになった人びとにとって、文字は農民の農具にも匹敵する意味をもつことになったはずである。

関東地方の江戸末期の農村の寺子屋への就学者の出身階層を村の性格別に分析した利根啓三郎の研究によれば[9]、寺子屋への就学率について、①純農村で二割、②商業的農業が積極的に展開した農村で四―五割、③煮売り的な生活が成立した宿駅農村で四割という数字が割り出せるという。しかも、①の地域では自作地五―六反以上すなわち中農層以上の農家の子弟が就学しているのに対し、②と③の地域では土地所有高だけからみると村の貧民層にあたる階層まででもが就学していることが明らかにされている。利根によれば、これらの人びとは農間余業によって「かね」を手に入れるようになった人びとである。商品経済化の先進地帯である畿内農村では就学率はさらに高く、北河内郡の場合、男子のほとんど、女子の六〇％の就学が認められている[10]。

かくして寺子屋は比較的上層部の子弟が就学していた段階から、商品経済の浸透にともない石高のきわめて少ない農民層までもが就学してくるような段階を迎えることになる。彼らは農間余業や商品作物によって手に入れた金銭の一部を、再生産や商売の拡大にあてる代わりに子どもの文字学習の費用に回すことになったのである。農民が農具や金肥に投資してきたように、彼らは子どもに筆や紙など当時村に出回りはじめた高価な学習用品を買い与え、また寺子屋の師匠に謝儀をもたせてやることになった。彼らは手に入れた金銭の大切な一部をわが子の養育に投資しはじめたのである。天保期（一八三〇―四四）に現れた寺子屋数の急速な増加現象は、このような人びとの出現によるところが大きかったと考えられる。

寺子屋の師匠は、もともとは村の文字文化の当初の担い手である村役人や神主、僧侶などが経済的報酬を期待せず、慈善的に行っていたものであったが、天保期のころから筆子の束脩や謝儀によって生計を立てる寺子屋経営者が現れてきた。養育の専門職が村に現れたのである。このことは、地域に養育によって生計を立てる者を支えるだけの経済力と新しい養育要求が成立してきたことを意味する。もはや名望家層の片手間仕事や彼らの教養では、人びとの要求に応じきれなくなっていたとみてよいだろう。利根によれば、常時筆子数五〇―六〇名をかかえ一人あたり年間一分程度（玄米で一斗五升くらい）の謝儀のあった場合、専業の寺子屋経営が成立したとされる。

このような地域の寺子屋の教授内容は、寺子屋の運営が慈善的に行われる場合と比べて学ぶ側の要求をより強く反映することになったとみてよい。高井浩が調査した上野国勢多郡原之郷村の寺子屋九十九庵の場合を取り上げてみよう(11)。上州は江戸後期に養蚕業の興隆をみて、商業的農業が発展した地域である。九十九庵に入学した筆子はまず「いろは」「村名尽」「国尽」「郡尽」「十干十二支」「年中行事」「五人組帳前書」「証文類」という順序で手習いを受けている。ついで選択コースに入って、『妙義往来』『東海道往来』『四書』『つれづれ草』『庭訓往来』『今川』『実語教』『童子教』などを主とした読方教材が筆子のもつ素質や才能と生活環境に応じて課せられた。そして卒業を間近に控えるようになると、再び必修コースに戻り、『百姓往来』『世話千字本』『商売往来』などが用いられた。高井はこの寺子屋のカリキュラムが「はじめに村の日常生活や公的活動を営む為に必要な知識を、ついで人間として必要な一般的教養を、最後に生産活動、職業生活を営む為に必要な知識を課していくように仕組まれていた」と述べている。この寺子屋では何よりも実用的な知識が重視されていたのであり、希望者にはそろばんも教えられていた。商業的農業経営にふさわしく、百姓であろうとも「算数の考えなくば、産を治め難かるべし」とされ、算数教科書としては『塵劫記』や「算用」と題する九九の書きぬきが使用されていた。農村でありながら『東海道往来』や『商売往来』が使用され、また生活の必要に応じて借用証文、奉公人手形、奉公人請証文、田地売券などの書き方が学習されていた。

このような読、書、算の学力は、親のあとを継いで村で生計を立てていく子どもにとって必要な能力だっただけでなく、次男以下の都市に奉公に出るかもしれないような子どもにもできればつけておいてやりたい能力になっていた。こうして、治者から回されてくる文書や高札を読んだり報告書を書いたりするような村役人層以外の農民たちの間にも、文字学習の要求は高まってきていたのである。

村の七―八歳から一五歳くらいまでの子どもたちが寺子屋に通うようになることは、ムラ社会の子育て文化に新しい異質の要素が持ち込まれたことである。親にとっては、子どもを寺子屋に通わせることは、多額の費用がかかるというだけのことにとどまらない。家の手伝いとしての貴重な労働力を犠牲にし、また親が労働の場で子どもをしつけるチャンスが大幅に減ったことを意味する。これは親にとって相当大きな決断であったはずである。同時に子どもが寺子屋に通うようになることは、子ども組を始めとする村の集団的な人間形成の仕組みから一時的にであれ離れて個人的な学習の機会をもつことである。このことは、村の一人前の人間をつくろうとしてきた共同体の養育慣行からはずれる者が現れはじめてきたことを意味する。共同体的人間形成の原理は天神講、七夕祭りや席書の行事などを通して寺子屋にも持ち込まれることになるのだが、しかし同時に非文字文化と文字文化の間の、また共同体のしつけと個別化された学習との間の本質的な確執もここには兆してくることになるであろう。農村のブルジョア的発展は共同体秩序からの家の自立の過程であると同時に、また子育ての変化の過程でもあった。かくして、近代に向けて子どもはムラの子からしだいにイエの子としての性格を強めていくことになる。

(三)　農民の新しい養育関心の成立

このような変動のなかでしだいに村の人びとの間に養育の重要性が意識化され、ことばで語られるようになる。全国に先がけていちはやく商業的農業段階に入り元禄期にはブルジョア的発展をとげつつあった畿内農村に生きた河内屋可正は、子孫への教訓として『河内屋可正旧記』(元禄―宝永年間)を書き残している。彼の住んだ村には「三人ノ子共皆江戸ニ有テ、仕合殊外宜」しいという大都市へ進出して成功した家族もあれば、「寛永ノ末巳午ノキヽンニ進退タオレテ、大坂へ宿ヲ替」えなくてはならなかった家族、「進退共成兼、子共モ皆奉公ニ遣シ、我身モ当地ニ住事アタハズ堺へ行」った人、商売に失敗し「堺、大坂ヲ彼方此方トシテ、終ニ貧クテ果」てた人たちなどがいた。一七世紀後半の畿内の在郷町村は人口移動のターミナルとなっていた。(12)人びとは生活の向上をめざして「朝ニハ早天ヨリ起出、夕ベニハ暗クナル迄」懸命に働いていた。このような社会の変動のなかに身をおいて、可正は養育に注目することになった。彼はいう。

程々ニ随テ、子ニ能教へ、耕作商人職人、其道々《ママ》ニ心ヲツクサバ、イカデカ其身ヲ立ザラン、能々思ヒメグラスベシ。

人びとの成功や没落を見つめた可正は、子どもをしっかりと養育することこそその子どもに身を立てさせる方途だと思うようになっていた。さらにまた次のようにもいう。

子ト云ハ、親ノ生立ヤウニヨリテ、能モナル、悪モナルト、古人ノ仰ラレシ事、理リ至様ナリトゾ覚ユル（中略）親タル者能キケ。子ヲ生立ル程大事ノ物ハナキゾ。カハユキヲ忍ビテ愛ニヲボルヽナカレ。

親の「生立ヤウ」によって子どもはよくも悪くもなるということわりを親は十分に自覚をしておくべきである、子を育てることほど大事なことはない、というのである。そしてその育て方についていう。

七八歳の時分より、十四、五歳迄の間に悪心の生ぜぬやうにと、手習い算用、日記の付けやうなんどを教へ、書籍のはしをもよミならハする事尋常也。

経済の先進地帯に現れた経済的合理主義[13]とそのような原理から導かれた「親ノ生立ヤウ」への着目は、商業的農業圏の拡大にともなってさらに多くの人びとに自覚化されていくことになるだろう。

紀州の農民、山名文成はその著『農家訓』(天明四年＝一七八四)で、「上下の隔てなきは、才徳の道なり。庶民八歳の児より善道に発心せしむる事は、愛厚して後をおもんぱかればなり。難行の道に入らせ、心の力行、已むる事なき時は、鳶も鷹に変じ、蝙蝠も燕となる」と記している。文成のこの文章は、身分制社会の宿命論をはるかに乗り越えて個人の能力の開発を主張するものとなっている。文成は、「うえてみよ　はなのそだたぬ　さともなし　こころからこそ　みはいやしけれ」(宜秋門院御歌)を引用していう。「しかれば、善き種をうえて善き花を咲かせ善き実を取る事、都鄙の隔てはあるまじきなり。人も貴賤は京、田舎の変わりはなきものなるべし」。

深谷克己によって紹介された林八右衛門の場合を取り上げてみよう[14]。八右衛門は一揆の首謀者として前橋藩に捕えられ入牢(文政五年＝一八二二)しているが、牢内から家族に少しずつ『勧農教訓録』を書き送りつづけた。この書は八右衛門が獄中で自分の生涯を振り返りながら、子孫に「農業の味を知りて油断なく出精」する篤農的生活の確立を期待して書き残したものである。八右衛門はいう。「読書算用諸礼義《ママ》」は心がけて子どもに教えるべきである。幼い骨やわらかなうちは、余念なく覚えて身につき忘れない。愛におぼれてうっかりと気ずい気ままに育てるのは、かえって親の無慈悲である。わがままが癖となり、ついには放埒《ほうらつ》者となってその身を誤ることになる。この道理を考えて、東西もわからぬうちから、北と南の方角、一二のエト、日の数え方、月の異名、百人一首などを戯れながらも教えるべきである。そうして八右衛門は「氏より育ち」といいきっている。彼のこの確信は、一揆指導者としての強い政道批判意識に支えられているものだったろう。彼もまた先の山名文成の場合と同じく「植えて見よ　花の咲かざる

里もなし　心からこそ　身は賤けり」を引用している。ここでもまた、「親ノ生立ヤウ」によって人間は変わるものだという確信がこの歌に託されていたのである。

同じころ、『民家要術』（天保二年＝一八三一）を著した宮負定雄もまた、「金銀を譲るより、吾が子の身に芸能を附けて渡すが親の功なり」と記していた。彼のいう芸能とは手習い、素読、算術のことであり、それに加えて詩歌、連俳も少しはたしなませたいというものであった。彼自身「書等よみ　物かくわざや　算術　知らでは人の　叶はざりけり」という歌を残している。

小川保麿『養育往来』（天保一〇年＝一八三九）は寺子屋の教科書として使用された往来物であるが、このなかに「世のたとえにも『氏よりは生立《そだち》』といえる如く、撫育《そだち》よきときは賤しき人の子も貴き身となり、育て悪しきときは、貴き人の子といえども他《ひと》に卑しめられるべし」という文章が表れている。このように「氏より育ち」という考え方は、幕末期にはすでに社会的通念にまでなっていた。子育ての発想において、封建社会の身分制の桎梏《しっこく》は政治体制としての身分制が崩壊する以前にすでに乗り越えられていたのである。同時にこの「氏より育ち」論は、ブルジョア的展開をとげつつある社会のなかにあっていかに「家」を存続興隆させるかというところから出発していたのであり、近代的な子どもの生存権や教育権への発想に由来するものではなかったことも指摘しておかなければならない。河内屋可正はいう。

片輪なる故に進退かせぐ事の叶ハざる者か、天性にぶく生れて、所帯方勤る事成間敷と見ゆる子共の有ならバ、身の行末ハしらず共、少しの物をゆずりて、世を捨人の数にすべし。

(四)　教育への発想

「親ノ生立ヤウ」によって人間は変わりうるという立場に立って、子どもを積極的に養育しようとするこのような新しい傾向のもとで、人びとがすぐに新しい人間と教育についての思想や内容・方法を体系化できたわけではなかった。最初それはすでにある思想や観念をまとって現れてくる。そして少しずつ新しい発想にふさわしい人間と教育の思想体系を、そこに知識人たちを巻き込みながらつくりだしていくのである。

農業において合理主義を追求した大蔵永常の場合をみると、彼の自然や作物に働きかける合理主義はいまだ養育論にまでは貫徹していなかった。彼の養育論は『民家育草』(文政一〇年＝一八二七)としてまとめられているが、富裕な民家の心得を説いたこの書の内容は封建教学思想の枠のなかにはまりこんでしまっている。彼はいう。

学文《がくもん》は善き事なれども、百姓・町人の身をもて、文事の風流に淫するは、ゆめゆめいらぬものなり。百姓・町人は第一、地頭の教えを守り、高札の表を守り、上を恐れ敬い、下を憐れみ、その身を慎み、農業を専らに励みさえすれば、学文したるにあたるべし。「正宗の刀も、持人《もちて》による」といえる諺の如く、百姓・町人が学文すれば、農業、商いのみちをうるさくいやしく思うようになり、人をあなどり、かろしめ、家を失う基と成るものなり。

山名文成『農家訓』は、第二章「赤子養育成人弁」、第三章「小童へ勧ㇾ学の説」という構成になっている。文成はここで民衆社会の子育ての経験や知恵を儒学の古典とつきあわせながら意味づけようとしている。小童に学を勧めるというときの「学」の内容も、「学を好むは知に近く、行を力めるは仁に近く、恥を知るは勇に近し」(『中庸』)というときの「学」であった。また八右衛門の『勧農教訓録』でも、子どもには「常々聖賢の教しへの耳に入安き所より説明す」るべきだ、「幼少より常の戯れ言にも、日々に小学などに有りける通りの心安き所より精々仁義五常の道を教しへ」るようにした方がよいとしている。

下総の名主の長男として生まれ、幕末の国学運動に挺身した平田派国学者宮負定雄の場合、彼の『民家要術』(天保二年＝一八三一)は民衆社会の子育ての文化に注目しながら産子―養育―習芸―読書―教道―学問という階梯をもつ農民向け養育体系をつくりだしたが、封建的教学思想を抜け出そうとしてこの農民出身の草莽《そうもう》の国学者は、民衆社会のなかにある非合理的・呪術的な迷信の世界に入り込んでしまうことになった。これは、人びとが求めはじめていた合理的・実用的な育児論に逆行する論法である。宮負は「子弟に道を教うるは、父兄の持ち前にして、鳥は飛ぶ事を教え、猿は木のぼりを教うる道理なれば、人の子には人の道を教えずしては叶わぬ訳なり」と養育の必要性を説いているが、ここでいう道とは「人の心法にして、人倫の必ず行うべき孝梯忠信の事」であるといい、学問をするとは「道を行う状を擬《まね》る事」であるとしていた。平田派の国学者としての彼の養育、学問論は、皇国論の立場からする民衆教化の道徳論に陥ってしまったのである。

このような思想のゆれや模索を経ながら、やがて「氏より育ち」、育て方によって「鳶も鷹に」なれるというような、身分制社会のもとでの宿命論を乗り越える新しい発想にふさわしい養育論が体系的につかみだされてくることになる。何よりもそれはまず寺子屋の学習内容として表現されていたものにほかならない。新しい発想にふさわしい体系だった養育論を具体化する力は、日本社会のなかに用意されはじめていたといいえよう。

3 都市の町人たちの子育て

新しい読み、書き、算の能力の獲得という点では、いうまでもなく都市の町人社会が農村に先行した。近世の寺子屋はまず都市町人層の子弟の学習要求に応える養育機関として現れてくる。一七世紀から一八世紀前後にかけて都市人口は増大し、都市域は拡大して都市は発展期を迎えた。近世の都市は死亡率が出生率を上回っていたから、人口増加は農村からの大量の人口流入によって実現することになった。元禄期以降に都市に急速に増えてくる庶民の手習いのための養育機関はこれらの都市住民の学習・養育要求に支えられて出現した。「内にゐて　四文々々が　うるさいぞ　師匠へやれば　其うちがらく」という狂歌にもみられるように、忙しくたち働く親のまわりにいてうるさくせがむ子どもたちを寺子屋に預けることは、費用の都合さえつけば庶民の親にとっては一挙両得であったろう。

多少なりとも成功した町人たちは子女の養育に大変な熱意を示した。共同体の子育てのシステムから離れてしまった彼らは、自分たちの手だけで子どもに都市で生きる力をつけてやらなければならなかったのである。式亭三馬の『浮世風呂』(15)（文化五年＝一八〇八）には一〇歳の娘が友人にこぼしている場面がある。

わたしのおつかさんは、きついからむせうとお叱《しか》りだよ。まアお聴《きゝ》な。朝《あさ》むつくり起《お》きると、手習《てなれへ》のお師《し》さんへ行《い》つてお座《ざ》を出《だ》して来《き》て、夫《それ》から三味線《しやみせん》のお師《し》さんの所《とこ》へ朝稽古《あさげいこ》に参《まゐ》つてね、内《うち》へ帰《かへ》つて朝飯《あさまんま》をたべて、踊《をどり》の稽古《けいこ》からお手習へ廻《まは》つて、お八《や》つに下《さが》つてから湯《ゆ》へ行《い》つて参《まゐ》ると、直《すぐ》にお琴《こと》の御師匠《おつしやう》さんへ行《い》つて、夫《それ》から帰《かへ》つて三味線《しやむせん》や踊《をどり》のおさらひさ。其内《そのうち》に、ちイッとばかり遊《あす》んでね、日《ひ》が暮《く》れると又琴《またこと》のおさらひさ。夫《それ》だから、さつぱり遊《あす》ぶ隙《ひま》がないから、否《いや》で〳〵ならないはな。私《わたし》のおとつさんは、いつそ可愛《かはい》がつて気《き》が好《よ》いからネ、おつかさんがさらへ〳〵とお云《い》ひだと、何《なん》のそんなに喧《やかま》しくいふ事《こと》はない。あれが気儘《きまゝ》にして置《お》いても、どうやら斯《か》うやら覚《おぼ》えるから、打遣《うつちや》つて置《お》くがいゝ、御奉公《ごほうこう》に出《で》る為《ため》の稽古《けいこ》だから、些《ちつ》と計覚《ばかしおぼ》えれば能《い》いとお云《い》ひだけれどネ、おつかさんはきついからね、なに稽古《けいこ》する位《くらゐ》なら、身《み》に染《し》みて覚《おぼ》えねへぢやア役《やく》に立《た》ちません。女《をんな》の子は、私《わたし》のうけ取《とり》だから、お前《まへ》さんはお構《かま》ひなさいますな、あれが大《おほ》きくなつた時《とき》、とうかい〔後悔〕とやらを致《いた》します。お前《まへ》さんがそんな事《こと》をおつしやるから、あれが私《わたし》を馬鹿《ばか》にして、いふ事《こと》をきゝません、何《なん》の角《か》のとお云《い》ひだよ。そしてね、おつかさんは、幼《ちひさ》い時《とき》から、お三絃《しやむせん》や何《なに》やらむしつ〔無筆〕とやらでね、字《じ》はさつぱりお知《しり》でないはな。あのネ、山《やま》だの、海《うみ》だのとある所《ところ》の、遠《とをゝく》の方《ほう》でお産《うま》れだから、角《か》もお知《しり》でないのさ。夫《それ》だから、せめてあれには、芸《げい》を仕込《しこま》ねへぢやアなりませんと、おつかさん一人《ひとり》でじや〳〵ばつてお出《いで》だよ。

ここには娘が大きくなってから後悔することがないようにと「さつぱり遊ぶ隙がない」ほど娘の教育に力を入れている田舎出の無筆の母親の姿が子どもの目を通して描き出されている。

高井浩によって紹介された天保期（一八三〇―四四）の上州桐生の成功した機屋の子育ての記録を取り上げてみよう。[16] 子どもの父清助（秋主）は大きな買次の商家に生まれたが、生家は没落、奉公に出た後、時代の先端を切って専業の機屋を経営し自力で成功した人物である。秋主は才覚ある経済人であると同時に当代一流の文人となり、国学者橘守部に入門、また洋学にも関心を示している。妻さとも達筆で秋主の仕事を手伝う賢い女性であった。このような両親のもとで二人の子ども、いとと元治郎は育てられた。高井は、両親が子どもの養育にあたっては橘守部の『待問雑記』を参照したにちがいないと推測している。『待問雑記』は文政一二（一八二九）年に書きあげられると草稿のままただちに桐生の秋主のもとに送られ、上州の守部の門下生の間でつぎつぎに回覧筆写されて大いに歓迎された処世学の書であった。『待問雑記』は経済活動に携わる人びとの合理的生活態度に合致し、これを指導しうるものだったといえよう。この書のなかで大きな比重を占めている育児論もまた、観念論やアニミズムに陥らずに子どもの成長・発達の事実を捉え、子どもの自主性を配慮しながら具体的におとなたちの側からの働きかけ方を説こうとするものであった。たとえば、おとなが幼児に話しかけることの必要性と話しかけ方についていう。

物の智《サトリ》を発《ソダツル》には、時々難《カタ》きふしをとり出て、今云々《シカ〳〵》して如此《カカル》有事あらんには、吾子《アゴ》は如何する、汝《イマシ》は如何《イカ》におもへるなど、問《トヒ》をかけて、おのおの志をきくべきなり。これすなはち、事とある時の的ともなり、又その人をしる方便《テダテ》なり。

また、学習に子どもを導く手順についていう。

子どもにもの学びさせんとおもはば、その子のまだいと幼稚《ヲサナキ》ころほひより、あるは桃太郎のむかし語り、あるは鳥けだもののうつし絵、あるは軍士《イクサ》の絵談《エモノガタリ》などをかずかず与《アタ》へおきて、俗《ヨ》に本好《ホンズキ》といふものに慣はしをつけ、そのうへにて書籍《フミ》をよますれば、自《ワレ》からおもひすすみて、倦ず厭《イトハ》ずよく記憶《オボエ》ゆくものなり。さるをその子のやうやう成童《コロダツ》を見て、不意《ユクリナク》学ばせんとすめるより、厭ひ嫌ひて、呵れども懲せども、つひに書籍《フミ》嫌ひといふ名をたてて、末とげずなりゆくが多し。

また、子どもを育てる上でおとなが注意しなくてはならないこととして、次のような事例をあげている。

児《チゴ》にものを与ふる時、あたへんとしてはとりかへし、已《スデ》にあたへてはうしろより竊《ヌス》みなどしてもてあそぶ人あり。これやがて偽ををしへ、盗《ヌスミ》をしふるわざ也。かかる事の慣《ナラヒ》となりてあしき心もいでぬめり。稚きほどは殊にならひの伝染《シミツキ》やすきものなれば、これに準へて何わざにもあしき事はならはすまじき事なるぞかし。

このような子育てにおける合理的立場がこの時代には生み出され、それを受け入れる階層もまた社会の一部に成立しはじめてきていた。いうまでもなく、このような子育て論を主体的に受けとめることができたのは社会全体からみればごく限られた階層ではあったが、同書のなかの次のような文章にみられるように、彼らは近代社会の中産階級の家庭を先取りするような親と子の関係をすでにつくりはじめていたのである。

子は懐抱《テシホ》にかけて親く養ふよりあはれもまさり、親は近づきてなれむつましぶより貴《タフ》とばれもゆくべし。されば現前人《マノアタリ》のうへを見もてゆくに、適《タマ〳〵》親子むつましぶ家は、親も親たる道を尽し、子も子たる道を尽すめるが、今の世にもなきにはあらぬを、親子の中そばそばしくする家は親は親の道をつくすとも、子は子の道を尽す事あたはずして、あらぬ作業《フルマヒ》なしゆくめるぞおほかりける。かかればその子の幼き時より、朝暮側近くなづさひよせて、不怜子《ヲカシカラヌ》の話《モノガタ》りもをかしきおもちにききなし、親よりも年齢《トシゴロ》に似つかはしき事どもをかたりきけ、楽みもともにし、款情《ウチトケ》たるあそび事もともにするやうにして、としたくる後までも一向《ヒタスラ》したくび睦《ムツマ》しぶ事を、親のかたより習肆《ナラハス》べきわざなり。さやうにすればあしき事ある時警戒呵《イマシメシカ》るとも、常の昵しびにくらぶれば邂逅《タマ〳〵》の事ゆえに、心よくうけひくなり。

子どもたちの両親は子どもの養育に大変熱心であった。いとは数え年八歳で良家の子弟が通う寺子屋に登山し、九歳から琴を習いはじめる。両親は琴を習うからといっては江戸から琴を取り寄せ、祭りの狂言役にあたったからといっては衣服を新調するほど子どもを慈しんで育てた。一五歳の年にいとは江戸の守部の家に預けられている。江戸で洗練された女性のたしなみや教養を身につけさせることを主目的とし、さらに幼少から耳を病むいとを江戸の名医にかからせようということであった。いとは耳の治療を続けながら、何人もの師匠について琴、三味線、茶道、華道などの芸事を習い、また針仕事を仕込まれた。江戸の守部と桐生の両親の間には、いとの成長ぶりや生活の様子をめぐって絶えず手紙がやりとりされていたが、そのなかで守部はいとの日課を次のように書き送っている。

さてむすめにも一向痛けなく、日ましきけんよく、もの事せい出し居候まま、御安心被下へく候、かやうに江戸へ参りをり候而は、何とや遊びかちにて、もしなまけものに成もやするとおもふやうに候へとも、中々さやうにハ御座候、秋よりこなた日みじかに成候ては、先、朝は起ると直にけいこに参り、かへりてのちハ膳たべ、それよりさらひに昼迄かかり、昼後、湯に参り、髪をゆひ、客あしらひ、何やかや相応の事をいたし習はせ、よるは針し事をならハせ、四ツ半、九ツ半くらゐ迄、出精いたしをり申候、私方、是は大てい四ツ時ニふせくれ候へとも、あまりはやねのくせつき候ても、よからずとて、あの子のために、さやういたしはしめ申候。

守部の家では江戸の中流の商人の娘たちが身につける教養をいとにつけさせようとしていた。守部自身はいとに書を教え、『古今集』や『源氏物語』を教えている。こうして江戸の洗練された文化を身につけたいとは、やがて桐生に戻って親の見込んだ若者と結婚することになった。

いとには四歳年下の弟元治郎がいた。元治郎の成長に対しても周囲のおとなたちの気の配りようは大変なものであった。元治郎は九歳で姉いとの通う寺子屋に入り、少し遅れて素読塾にも通うことになった。彼の少年時代は、午前中は寺子屋、午後は素読塾という終日学習の日課が続いている。元服をした元治郎は有年と名前を改めて江戸の守部のもとへ留学をすることになった。

守部はさっそく父秋主に手紙を書いて彼の観察を述べる。

さて殊程よき子にて、家内みなみな大よろこびに御座候。第一性質慥かにて心の底ニ良智をたもちたる、かうべにあらはれず、物事おぼゆるかたもよく心にかけまくに読手習等も無懈怠いたして、甚たのもしく覚へ候御悦可被下候。

守部のもとで元治郎の養育が始まり、九ヵ月の間江戸で学んだ後、元治郎は桐生に戻って親のもとで家業を仕込まれることになる。

こうしてみるといかに町人の親や周囲の人びとが子どもの養育に関心をもち、費用をかけていたかがわかる。確かにこれは成功した町人の場合ではあるが、しかしこれはけっして特殊なケースであったわけではなく、子どもを育てることへの関心は社会全体に高まっていたのであり、条件さえ整えばだれしもがこのような子育てに乗り出す可能性はあったのである。

中・上流の都市在住民が自分たちの子女を育てるために時間と費用を惜しまなかった一方、都市には農村から単身奉公に出てきた子どもたちがいた。彼らもまた、いやおうなく村の子育ての文化の圏外で自己形成しなくてはならなくなった人びとであった。奉公に出る子どもたちにとって、文字能力を身につけていた方が有利だったのはいうまでもない。一二、三歳で年季奉公に出た農家の次、三男たちは一〇年近い年月を年功序列の奉公人制度のもとで勤めあげ、そのなかで運と能力に恵まれた者は「のれん分け」をしてもらって商人として自立することもできた。これらの奉公人のなかから成功した者が出れば、おそらく町人たちの養育への情熱を彼らも共有することになったであろう。

近世の民衆は子どもの養育への関心を強めながら、やがて幕藩体制が崩壊し新しい国家によって近代的な公教育制度が整備される時代を迎えることになる。明治国家が学制序文（「学事奨励に関する被仰出書」一八七二年）で公示した近代的な教育宣言で教育政策を出発させることができたのも、また学制のもとで小学校が地域民衆の負担によってつぎつぎと創設されていったのも、新しい教育のあり方を主体的に迎える民衆がすでに広汎に姿をみせていたからにほかならない。もっとも、このときにつくられた小学校はその内容が民衆の生活に基づく養育要求に応えるものではなかったので、民衆の心はいったんは学校から離れてしまうことになった。民衆はやがて曲折を経ながら新しい教育の制度を自分たちの生活のなかに取り込んでいくことになるのだが、同時にそれは制度を通して国家に取り込まれていくことでもあった。民衆の養育の営みに国家が制度を通して積極的に介入してくることになるのが、一九世紀後半から二〇世紀にかけての家族と教育の歴史の新しい局面となる(17)。

このように、明治国家が成立して新しい教育制度がつくられたとき、これを内から支えることになった社会は、いまだ不在であったわけでもこのとき突然生まれてきたわけでもなかった。人口構成、家族構成の変化、「家」意識と「家産」観念の成立、商品経済化の浸透と文字の必要性の増大などの社会全体の大きな流れのなかに、民衆の新しい教育への要求は胚胎してきていた。近世という時代は家族と教育の歴史において大きな変化の始まる歴史上のターニング・ポイントとしておさえられるのである。

注

(1) 葉山禎作「封建的小農経営の分立期における家族形態」(『家族史研究3』大月書店、一九八一年)。
(2) 竹田聴洲『祖先崇拝』(平楽寺書店、一九五七年、一九六頁)。
(3) 大藤修「身分と家」(深谷克己・松本四郎編『幕藩制社会の構造』〈講座 日本近世史3〉有斐閣、一九八〇年)。
(4) 速水融『数量経済史入門』(日本評論社、一九七五年、四五頁)。
(5) 速水融『近世農村の歴史人口学的研究』(東洋経済新報社、一九七三年)。
(6) 高橋凡仙『日本人口史之研究』(三友社、一九四一年、六一七頁)。
(7) 古島敏雄編著『農書の時代』(農山漁村文化協会、一九八〇年、一六四頁)。
(8) 『日本農書全集』第二九巻(農山漁村文化協会、一九八二年)所収。
(9) 利根啓三郎『寺子屋と庶民教育の実証的研究』(雄山閣出版、一九八一年)。
(10) 籠谷次郎「幕末期北河内農村における寺子屋への就学について」(『地方史研究』第二三巻第二号、一九七三年)。
(11) 『勢多郡誌』(勢多郡誌編纂委員会、一九五八年、六三五—六四〇頁)。
(12) 藪田貫「元禄・享保期畿内の地域経済」(『元禄・享保期の政治と社会』〈講座 日本近世史4〉有斐閣、一九八〇年)。
(13) 高尾一彦『近世の庶民文化』(岩波書店、一九六八年)。

（14）　深谷克己『八右衛門・兵助・伴助』（朝日新聞社、一九七八年）。
（15）　式亭三馬『浮世風呂』（『日本古典文学大系』第六三巻、岩波書店、一九五七年、一八五―一八六頁）。
（16）　高井浩「天保期のある少年と少女の教養形成過程の研究㈠―㈨」（『群馬大学紀要　人文科学編』第一三―二三巻、一九六四―七三年）。
（17）　田嶋一「日本社会における公教育制度の成立と学校をめぐる社会的通念の形成過程㈠―㈥」（『國學院大學教育学研究室紀要』第二三号―第二九号、國學院大學、一九八八―九五年）、同「わが国の教育における『公』概念の成立過程に関する一考察」（東京大学教育学部教育史教育哲学研究室『教育学研究室紀要』第四号、一九七七年）など参照。
〔補注〕　本文中で利用した近世の「子育ての書」のうち『農家訓』（山名文成）、『民家育草』（大蔵永常）、『待問雑記』（橘守部）、『民家要術』（宮負定雄）、『養育往来』（小川保麿）は、山住正己・中江和恵編注『子育ての書』（全三巻、平凡社東洋文庫、一九七六年）に収録されているものによった。
　なお、太田素子『子宝と子返し――近世農村の家族生活と子育て』（藤原書店、二〇〇七年）、沢山美果子『江戸の捨て子たち』（吉川弘文館、二〇〇八年）等が刊行され、近世社会の家族と子育ての研究が格段に進むことになった。

第3章　若者の形成と若者組

本章でいう若者組とは、地域によって若連中、若者衆、若者組、若衆契約、にせ（二才）組など、さまざまな名称で呼ばれ、近世的村落共同体に組織されていた若者たちの集団の総称である。若者組の研究は早くから民俗学の分野で進められており、また農村社会学や家族史研究の分野などでも注目されてきた。最近は歴史学の分野でも研究は進みはじめている。この若者集団がすぐれて村落共同体の生活様態、文化様態に存在の根拠をもっていたことは従来の研究の共通して認める点である。しかし、さらに立ち入ってみれば、その成立の根拠をまず村人足制に求めようとするもの、社会生活の単位（家族）を形成する以前の青年の訓育集団として位置づけようとするもの等があり、また時代貫通的な訓育方法として捉えようとするもの、「近世農村特有の結合様式の一つ」として封建社会の秩序内的組織としての役割を強調するもの、共同体における「家」の存続の問題との関わりでまず分析しようとするものなど、さまざまな分析視角と方法が交錯している。

では、教育学の分野からはどのようなかたちで従来問題にされてきたのか。教育を制度的教育と非制度的教育、意図的教育と無意図的教育などというように二元的に捉え、もっぱら前者の問題を解明することに熱心であった従来の教育（史）学にとっては、若者組のようなフォーマルでない組織のもっていた人間形成機能はほとんど顧みられることはなかった。これまで近世教育史の研究が取り上げてきたのは民衆生活の場面でいえば寺子屋を除けばせいぜい五人組組織であり、若者組が姿をみせるのはわずかに権力による取り締まりや教化の対象となった場合に限られていた。(1)

近代日本の青年会（団）研究の一環として、青年会（団）の歴史的性格を理解するための手がかりとして若者組が取り上げられる場合もあったが、(2)そのような視角からの着目は往々にして「民衆の主体的自己形成としての視角には欠ける傾向」(3)をもたらすことになった。一方、教育学の領域から若者組の存在形態に言及する場合、研究者はしばしばこの組織を教育集団として捉える過ちを犯してきた。たとえば梅根悟は『教育の歴史』（一九六一年）の中で若者組を教育組織として捉え、その歴史を原初社会にまで遡ぼらせた上で若者集団の入社式の行事（イニシエーション）を「人類の歴史の上にはじめて現れた集団的・組織的な教育」であったと述べている。(4)このような理解のしかたは教育概念の不当な拡大によって生じたものであり、その結果、若者組の特徴は見失われることになった。なぜならば、若者組が存在していた時代には〈教育〉は存在していなかったからである。歴史研究上でのこのような把握は、若者組の性格を曖昧にするばかりでなく、教育の概念も曖昧にするものであるといわなくてはならない。本章では、若者組を近世村落共同体が作り出した世代交代のシステムとして捉え、この組織の中で機能していた共同体社会による次世代形成（しつけ）機能の特徴を明らかにする。

1　若者組と若者たちの形成

(一)　若者組への参加と若者組の組織形態

共同体社会がつくりだした子育てのシステムは「こやらい」という言葉に代表されるといってもよいだろう。「七つまでは神のうち」といわれてきたように小児はこの年齢までは神の世界と人間界の両方に属していると考えられていたのであり、そのような観念をもとに地域社会による子育てのしくみが生活の中で蓄積されてきた。村の一員としての基礎的な能力を養うための〈しつけ〉は子どもが七歳になるのをまって始められた。同時にこの歳になると子どもたちは子ども組と呼ばれた自治的な異年齢集団に参加して、戸外での生活領域を広げてゆく。平素は遊び仲間を形成し、年中行事や祭礼などには独自の祭祀集団として大きな役割を果たすこの組織は、若者組に参加するまでの年齢の者たちの重要な成長の場であった。ここでの集団行動は、やがて若者組のメンバーとなるための基礎的な訓練でもあった。

子どもたちは一五歳の正月に成人式を迎えた。成人式は幼少年期から成人期への移行を促す通過儀礼であり、このとき成人になったしるしに褌をしめたり、前髪をそったりという外形上の変身をともなう地域が多い(5)。この儀式を通過した者は「一人前」の村人として共同体の中で公認されることになった。村の「一人前」は何よりもまずユイやモヤイなどの労働交換を可能にするための基準であった。若い人たちの力や技量は成人式にわざわざためすまでもなく村の中に知れ渡っていたのであるが、稀にはこのとき、労働交換のための最低限の力を獲得しているかどうかが（たとえば四斗俵をかつぐ）ためされる場合もあった。それだけの力のない者は村の一員になる資格がないとされていたのである。

この関門を通過した者は、労働、神事に際して村の正式の構成員として扱われることになり、また結婚する資格も認められた。若者はこの歳から親の保護を離れ、自治的、自律的な年齢集団である若者組の一員としての生活を始める。そして村落共同体の生活の維持のために集団的に行動しながら「一人前」の大人にふさわしいからだと心を形成してゆくことになる。成人式と若者組の加入式は一般に深い関係をもっていることが多い。成人式の行事が若者入りと呼ばれているのはそのためである。

若者組の組織形態は、基本的には村落共同体の生産、生活構造に規定され、地域によってヴァリエーションがある。村の当該年齢層の若者がすべて加入するというのが一般的な形態であるが、長男だけの参加を認めている地域や身分によって制約がある地域もある。[6] いったんここに参加すると、経験年数だけが絶対の階層的秩序を作り出していた。若者組の年齢階梯は、小若士↓中若士↓大若士や、使番↓小若衆↓中老↓宿老などと呼ばれており、その上に最高責任者としての若者頭が位置する。年齢の上の者に対する服従は絶対的なものとされていた。次のように成文化される場合があったほどである。

仲間之諸相談了簡津々之義先輩ニ順し若者輩より多言ヶ間敷儀茂申間敷候事

（宝暦一〇年、若者仲間掟、静岡県賀茂郡安良里村）

若イ者礼儀之事は其前々を相改何程貧敷者にても古参之者を可相守たとへ歴々たりとも新参者古参に随ひ相立可被申候

（文化一〇年、若者身持掟書、愛知県知多郡河和村）[7]

若者組はこのような厳しい年齢階梯集団でありながら、同時に「封建的な江戸時代を背景にしているにもかかわらず、年齢を基準にしているだけにかなり民主的」[8] とも評されるような性格ももっていた。とりわけ同年齢階層の構成員の平等は強く保たれていた。また集団のリーダーである若者頭は「年増り重立候者」すなわち組の最年長者で指導力のある人物が入札や推薦によって選出された。一例をあげる。

末々若者頭譲り候節ハ惣若者参会之上入札数を以て相続可致事

（条目、静岡県磐田郡見付町西坂）[9]

若者組は寝宿や泊り屋と呼ばれる若者宿（共同宿泊所）をもっていた。若者がグループをつくり村内の指導的立場にある人物の家を頼んで宿泊させてもらうケースもあり、この場合はその家は小宿、当主は宿親と呼ばれ、若者たちは宿子と呼ばれている。このような共同宿泊所をもつことで若者組の機能はいっそう有効に発揮されることになった。結婚するまでの間、村の若者たちは昼は各々の家の仕事をするが夕食をすませると宿に集まり、農村では藁仕事、漁村では網の繕いなどをしたり、祭の準備をしたりしながら家長から独立した集団生活を営んだ。娘たちの場合には、娘組や娘宿がつくられていた地域もあったが、一般には苧績宿《おうみ》（苧は麻の古名）、糸挽宿《いとひき》、夜業宿《よなべ》などと呼ばれる夜なべの共同作業の寄合い所をもち、主に女性の「一人前」の重要な要件となっていた衣服をつくる技を習得した。

このような自治的組織が、たとえば五人組制度に見られるような幕藩体制下の支配のための組織とは別の、村落共同体がその必要に応じてつくりだしてきた組織であったことは確かである。このような若者集団の組織形態は、農村部や漁村部ばかりでなく、幕末期になると下級武士層や町人層の生活の中にまで浸透していた。たとえば桑名の下級武士、渡辺平太夫によって記録された孫の育児日記である『桑名日記』には、在に住む武士たちの子育てと民衆の子育ての習俗が重なり合っていたことがいきいきと記されている。在郷武士の生活には若者たちの「若い者宿」や娘たちの「苧うみ」の習俗さえ浸透していたのである。(10)

(二)　若者組の社会的機能と形成機能

若者組の機能は、これを社会的機能と形成機能に大別することができる。もちろんこれらの機能は未分化なものであり、若者たちは社会的機能を集団的に遂行する中で共同体の構成員としてふさわしい技能や行動様式を身につけ「一人前」の大人へと自らを鍛え上げていたのである。

若者組は、村の共同生活を維持し守る組織として警備、防衛、時に戦闘的な性格もあわせもつ集団であった。この集団はまず、火災や海難、洪水、山崩れ、急病人の発生など、村の緊急事態に機敏に対応するための村内組織だった。若者が合宿する理由はなによりも「非常の場合そこにとんで行けば、いつでも若い衆が詰めていて急場に間に合うから」であった[11]。また、道普請、屋根替え、井戸掘りや公儀人足などの共同作業の組織としても、労働力を失った家を救援するような互助組織としても重要な機能を果たしていた。さらに若者組は、共同体の祭事をつかさどり、「共同体の連帯を必要から信仰へ、つまり心情のレベルにまで高める[12]」ための中心的な司祭者集団でもあった。このような社会的機能をもつ若者組は、それ自体が自治的、自律的な組織であったばかりでなく、村落全体の自治においても重要な役割を果たしていた[13]。その自治機能は、統治のためにつくられた五人組のような自治組織とは別の、共同生活の論理に基づく自律的なものである。若者組の評定は「社会道徳の標準[14]」としての公的性格ももっていたのである。足尾鉱毒事件で知られる田中正造は幕末維新期には名主として村を取りまとめていたが、村内に揉めごとが起きた場合「若者連の名で扱いをすれば大概の難問題が片付いた」と回顧している[15]。祭に際して若者が神の代理として村民の行動を評定し、制裁を加えるという習俗も各地に残っている[16]。若者組は、幕藩体制と共同体の生活原理の矛盾が激化したときには、抵抗運動の中核勢力ともなったのである[17]。

このような集団に所属し、集団の一員として行動する中で若者たちは村の公的な原理の体現者となることが期待されていた。それだけでなく若者たちは「農漁村の渡世に必要な技術、思慮、経験、知識」、「即ち彼らの生業に欠くべからざる機敏、機を知るコツの如き[18]」ものをこの共同生活の中で獲得してきたのである。さらに若者組や娘組が結婚前の若い男女の性の管理者であり性教育の担当者であったということも付け加えておかなくてはならない。これらの組織は若者や娘の交流の場をつくりだし、彼らに配偶者を選択させ新しい社会単位(家族)を形成させるという役割も果たしていた。総じて、柳田の言葉を借りるならば、「所謂ニヒセたちは、いつの昔からとも無く、団結して、その教育権の大半を自治していた。彼らは一人ひとりすれば甚だ経験に乏しいが、群の力を以て常に後から入ってくる者を指導していた」[19]のである。

以上のような若者組の行動様式の個々の側面については、民俗学の研究成果に譲るとして、若者組の機能の文化的側面について若干ふれておきたい。

祭儀の中心である若者組は、当然神事として発達した村の伝統芸能の主宰者であり、伝承者であった。各地に残されている伝統芸能の中には大変激しい訓練を経なくては身につかないものが多くみられるように、芸能は同時に若者たちの心身の鍛錬の機会でもあった[20]。このような活動はいわば共同体のハレの場における若者の文化活動であるが、同時にケの生活においても彼らは共同体の文化の伝承者としての役割を果たし続けてきた。彼らは、年中行事や技術の伝承者であるばかりでなく、口承文化の担い手としても大きな役割を果たした。武田正の報告によれば、東北地方にみられる「木小屋」と呼ばれる若者宿では、「木小屋話」として分類できる独自の民話が語り継がれている。その内容は、馬鹿婿話や和尚と小僧話、狡猾者の笑話、世間話から伝説にまで及び、時には藩政の批判を内容とするものまであった。宿では競ってこの種の民話の語りあいが行われていた。民話の語りあいは共同体の生活の深層に横たわる共同幻想の共有の方法だったのである。

若者集団を通して行われる〈しつけ〉が共同体の蓄積してきた伝統的な文化、行動形態や共同体のイデオロギーを新しい世代に伝達し、新しい世代を社会化してゆくことを目的としていたことはいうまでもない。それだけでなく、この集団は外部と交流し情報や文化を摂取しながら共同体自体の文化を変容させる運動体でもあった。いわば共同体の外部に開かれた窓としての役割をもっていたのである。元禄期に都市部で流行した歌舞伎芝居を、買芝居から村民自身が役者になって上演する地芝居へと発展させ、さらに幕府の取り締まり下においてこれを「かくれ芝居」として伝えてきたのは若者組の組織である[21]。明治初期の自由民権運動が盛んだった時代に村内で自発的に新しい文化の学習運動を始めた若者組すらあった。静岡県の場合を例にとれば、次のような事例が民権派の新聞に報道されている。

榛原郡中郁では、大井小三郎が青年夜学校を開いた。参加者は四〇名。「藁打縄索ひ草鞋を造りながら修身談を聞き算術読物夫々機械も備れり（中略）此生徒過半は夜学校終り其儘該所に寝るといふ」[22]。

池田村では、若者たちが祭の寄合いで、毎年の祭礼費で夜学校を建てようと相談。「成るほど然だ今にモウ遠からず国会が立ち民権を競ふ様に成るといふに権兵衛八平がひとつ読めねようでは社会へ対して申し訳がないというものだ」ということで相談がまとまって村内の寺を借りて夜学を開いた。参加者七〇人[23]。

清水港では大分青年者が夜学討論会等に勉強なるが中に最も感心なるは消防組港組の小頭にて藤田太助、山崎常蔵、日比仁右衛門の三名にて輩下の青年等を率いて上一丁目の太助方へ夜学を開き専ら勉強する由と同地より報道あり[24]。

以上のことから若者組が、内部に向かっては共同体の維持の必要に応じた機能をもち、外部に向かっては抵抗運動や学習運動の拠点となる組織であったことがわかる。これらの活動の全体を通して若者たちは村の「一人前」の人間として育っていたのである。エリクソン（E.H. Erikson）が青年期研究の分析概念として利用したアイデンティティ（identity）の概念を用いて若者組を捉えるならば、若者組は若者たちに集団的アイデンティティ（group identity）をきわめてスムーズに習得させていたといってよいだろう。近代の青年に特有のアイデンティティの混乱（identity confusion）やアイデンティティの拡散（identity defusion）の問題は、ここでは起こるべくもなかったのである。

若者たちを導く神もまたこの問題に関わって大きな役割を果たしていたと考えられる。折口信夫は「翁の発生（一九二八年）の中で翁の原型を常世神、常世人として捉え、「此等常世人の、村の若者に成人戒をさずける役をうけ持っていた痕がありありと見えてゐます」と述べて、若者と翁を結びつけた。民衆芸能においてしばしば翁は重要な役割を演じている。若者たちの地芝居の中心的な演目である「三番叟」も折口によれば「翁のもどき役」ということになる。これらの事実には若者たちの集団の学神がおきな、おみなであったことが示唆されているのである。[25]

(三) 若者条目——成文と口伝

若者組関係の文書史料としては現在成文の御条目類が数多く残されている。[26] 従来の若者組研究はこれらの御条目類を基礎史料として行われる場合が多かったが、しかしこの史料が若者組の実態を反映しているとは必ずしもいえない。これらの御条目類は幕末維新期になって成文化されたものが多く、若者条目を調査した『若者制度の研究』(大日本連合青年会編) も「若者組の規律文或は掟は元来不文の申合せ或は口伝えであったに相違ない」[27]ということを認めている。史料批判を通してこの成文化された若者条目の背後にかくれている若者組の実態を浮かび上がらせる必要がある。

実際に若者組の行動原理をなしていたのは、むしろ成文の条目と並行して伝承されてきた不文、口伝の若者心得(イイキカセなどと呼ばれる)であったと考えられる。これらはむしろ積極的に文字に記録することが禁じられている性格のものであった。不文のイイキカセは若者組の一員としてこれを暗唱し、機敏に行動に移せるようになること、すなわち「体でおぼえる」ことが要求される性質のものだったからである。伊豆の賀茂郡朝日村田牛部落の若者は、一五歳になるとその年の正月一一日に古老につきそわれ、御神酒をもって若者入りをした。そのとき若者頭から御条目の読みきかせがあり、その後さらに口伝の心得が伝えられ、新参入者はこの口伝の心得を「堅くつとめます」と誓って加入を許されたという。この部落の若者組の口伝えの条目は次のようなものであった。

一、寺の下より手拭を冠るな
一、三尺帯を締めるな、帯は堅く結べ
一、家業を大事にせよ
一、宿回りを堅くせよ
一、脇出入りをするな
一、出入場へ行ったら一枚蓆より上へあがるな
一、集合を堅くせよ
一、夏六月は堂へ泊まれ
一、冬六月は宿へ泊まれ
一、向う田を通る人を寺の前で見たときは鉢巻きを取りて挨拶せよ
一、女でも歯を染めた人には先に挨拶せよ

さらに使いの者（加入して三年間）に対する特殊な掟もあった。

一、下田祭の船の揚げ卸しについて（下田祭には組員全部船にて赴く例なり）船を卸すときは水下を働け、船を揚げるときは舳のかんこをこげ
一、三年間酒、たばこをのむな
一、草履は造ってはくべし
一、毎月十七日には向う山の松の枝の見える内（日の全く暮れ果てぬ内）に堂へ行きて鐘を撞くべし
一、正月十六日、七月十六日の前日に使い上がりの者は数珠の調べをなし破損の箇所あらば修繕し置くべし

一、正月十六日、七月十六日には早朝に観音堂に集合し、百万遍の数珠をくる（坐して輪になって繰り己れの前へ房の来たりし時押し戴く例あり）

一、九月節句より浜へ土俵を造り毎夜相撲の稽古を為し各所の祭典には赴きて宮相撲をとるべし[28]

若者組の口伝は今日ではほとんど消失してしまっている。その中で池田正司が自らの体験を記録した静岡県賀茂郡宇久須村浜部落の若者組のケースは、口伝の伝達の方法、様式と具体的な内容を知る上で貴重な史料である[29]。池田の記録によれば、この口伝の伝達は次のように行われた。「正月五日に入社式があり、その次の日から宿に入る。次に二八日間毎晩かしこまって座らされ、御条目、並びに口伝条目を二時間以上も暗記させられたものである。この口伝が言はれるようになると、一人前として取り扱われ、その実行が要求され、全く礼法は一変した」。佐藤守の調査[30]によれば、この口伝の口授は、取り極め頭の責任のもとに次のような方法で行われている。小使い士（入会一年目）は先の期間中夕食後五時から六時までの間に番屋に詰め、掃除をし、まだ詰めていない小使い士（二年目）、小使いあがり（三年目）を呼びに行く。集まってきたメンバーは午後九時ごろまで寝部屋で読書をしたり、竹刀の手入れをしたりしてそれぞれ自由に過ごす。九時になると取り極め頭（四年目）三、四人がやってくる。彼らが「床とろうじゃ」というと小使いあがりがこれに続いて同じことを二回繰り返す。三回目に「おい、床とろうじゃ」と大声でいうと一斉に小使い士が共同で床を敷く。敷いた蒲団の端に全員が座り、取り極め頭が他に聞こえないような小さな声で、隣に「お宮」（牛越神社）というと、それをつぎつぎに同じように低い声で小使いあがり→小使い士（二年目）→小使い士（一年目）の順で伝えてゆく。その後、各々がこっそりと牛越神社の拝殿に遅くとも一〇時までに集合する。拝殿の中には砂利が敷いてあり、全員がその上に素足で座る。ここで小使い士（一年目）が「どなたも御条目をおたのみ申します」というと、二年目の小使い士が一年目の者に条目を伝えるのである。

つぎに「お前っちも若い士に入ったんで、子ども心をうっちゃって、臨機口上、商売、宿を貞実につとめ、親にはろう（弄）言をいわないようにするだよ」という前置に続いて口授された口伝の内容の一部を紹介しておく。(31)

○臨機口上

臨機口上は精神を込めて形式に流れないようにするんだよ。例えば朝だら「お早ようござんす」、昼間だら「今日は」、夜だら「おしまいですか」というんだよ。もし近所親類で言いにくい場合であったら朝だら早いとか、昼間だらええ風だと思うとか夜だら「しまったかい」というんだよ。

○商売　百姓

朝食前に着物を着替えて持ってゆく物を揃えておくだよ。行くとき持ってゆく物があったら家の衆にもたせない様お前たちが余計に持ってゆくんだよ。車を曳くときは、お前たちが先にたって曳いて行くんだよ。仕事にかかったら真面目にやって早く仕事を覚えるんだ。休むときは後から休み飯の時に後からかかって始める時は先にたって仕事にかかるんだよ。かえるときもってくるものがあったら、お前ちが余計にもってくるだよ。後始末は、お前ちがするんだよ。

○漁師

仕事をするときは、お前ちが先にたってするんだよ。船をおろすときはお前ちのたって濡れるを惜しまぬ様に一番ひだをもって降ろすだよ。乗るときには上の衆を先にのせてお前ちは後からのるだよ。仕事にかかったら上の衆の言う通り濡れるを惜しまぬよう先にたって働くだよ。船や魚を始末するときは、お前ちが先にたってするだよ。休むときや飯のときは後からかかって先にしごとにかかるだよ。船を上げる時には先に下りて濡れるを惜しまず一番ひだをもって上げるだよ。船を上げる時は、手伝ってくれた人があったら礼をいうだよ。後片づけはお前ちがするだよ。

このほか、番屋（宿）にくる場合、火番（夜警）のやり方、無尽呼ばれの行き方、普請手伝い、人足（共有林の下刈り、道普請等）の出方、使いのふれ方、宿勤めの心得等々、日常生活のすみずみにまでわたって規則や心得が説かれていた。

竹内利美の調査した小豆島の四海村小江部落の若者組の場合も、「イイキカセ」の内容は宇久須村浜の口伝とよく似ているが、「ここは学校と言わず剛志社と言い」で始まっているのが興味深い。[32] 新しい時代を迎えて、この地域の若者集団が自分たちの若者宿に剛志社という名前をつけ、若者宿を学校に匹敵する訓育の機関として捉えようとしていた気構えがうかがえる。ちなみに、前述の宇久須村の場合にも明治に入って若者たちは「夜学生」と自分たちを呼んでいるのである。口伝の「臨機口上」（挨拶のしかた）のなかに標準語を使うことを奨励している部分が見られることも、若者組の活動そのものの中に村の文化や生活の更新機能があることを示していて興味深い。若者組の共同体を守る保守的な性格は、同時に共同体を変える革新的な性格でもあったのである。

(四)　群の〈しつけ〉の方法と吟味、制裁

若者組が共同体の生活を担う新しい世代を形成する機能は、どのような形態をとって表現されていたのであろうか。この形成機能はもとより近代的な〈教育〉の形態をとっていたわけではない。この形成機能は〈しつけ〉の社会的形態の一つと考えることができる。〈しつけ〉のもう一つの形態は家族的形態である。柳田国男は、この〈しつけ〉の社会的形態を「群の教育」と名付けている（本書で用いている教育概念に従えば、これは本来「群によるしつけ」と呼ぶべきものである）。柳田国男・大藤時彦『世相史』（一九四三年）では、「群の教育」の項で、「群の教育の現代教育と比較して気が付く特徴は非難すべき人の行動を直接に取り上げないで、これを側面から間接的に本人をして覚らしむる方法にあった」と指摘し、その方法として「笑いの教育」と「諺による教育」をあげている。

若者組では笑いや諺で処理しきれないような集団の秩序を大きく逸脱した行為に対しては制裁が行われた。制裁に

あたっては共吟味（友、朋、供などの文字があてられる場合もある）などと呼ばれる集会が開かれる場合が多い。先に述べた浜部落の場合、ハチブ（仲間外し）のような重大な決定以外は「取り極め」と呼ばれる集会で処分が決定された。「共喰らい」とも呼ばれているこの集会は、若者集団の調節機能の形態がよく表れている。四、五人の取り極め頭のもとに、三年目、二年目、一年目の組員が順に並び、まず一年目が「どなたも取り極めをおたの申す」と発言する。取り極め頭が「おまえっちゃ、共喰らいしさい」と命じ、直ちに共吟味が始まる。一年目がお互いに相手の悪い点を指摘しあう。弁解は一切許されないという。一年目同士の共喰らいが終わると、取り極め頭は「評どりしない」と二年目に命じ、二年目の者たちが一年目の者たちに対して評決をくだしてゆく。同様の方法で、二年目に対しては三年目が、三年目に対しては四年目の者たちが評決をくだす。このときの罰は重い方から、(1)着物を着たまま海に入る、(2)シャツを着て海に入る、(3)裸で海に入るというものであった。海からあがった者は「寒くも暑くもなかった。まっぴら御免なさい」といって罰から解放されることになる。この様式化された制裁は、夜の一〇時ごろから一、二晩おきに行われたという[33]。

制裁のうちで最も重いのは、仲間はずしとかハチブ（八分）とか呼ばれた集団からの除名処分である。この処分は普通春夏二回開かれる寄合いで決定された。寄合いは若者組の最高決議機関であり、主として、加入、脱退、ハチブについて取り扱うのでハチブ寄合いなどと呼ばれていることもある。ハチブにされた者は一定の制裁期間が経過した後、詫び証文を入れたり、村の信望の厚い人物に仲介を頼んだりするなどの一定の手続きをふんだ上で復帰を認められることになる。「説諭ヲ加ヘ尚改メサレハ協議ノ上除名」という規約をもつ若者組もあるように幾度か説諭、訓戒が繰り返された後、さらに当人の行動が矯正されない場合とか、罪がよほど重い場合に限ってハチブの制裁は実行されたのであり、若者組への復帰も本人に悔悛の情が認められるかどうかが重要な判定基準になっていた。制裁では何より当人の行いや心を正す（逸脱から引き戻す）ことがめざされたのであり、若者全体の世論が当人の悔悛の情の十分であることを認めた場合には臨時総会を開いて罪を免除することもあったという。吟味と制裁は若者集団による行動の自己評価、自己規律のシステムであり、秩序と規範を内面化させる上で重要な役割を果たしてきたといえよう。

2　権力による取り締まりと若者組の変容

(一)　幕藩体制下における若者組

村落共同体秩序の中核たる若者組は、幕藩体制の支配秩序になじまない、治者にとってはまことにやっかいな組織であった。一八二八（文政一一）年、幕府は関東地方の村々の支配取締改革の一環として若者組の禁圧に乗り出した。この若者組禁圧は文政の改革の一つの特色であり、天保の改革によって全国的に拡大することになった。幕府が問題にしていた若者組の行動の内容は、(1)祭礼行事に関すること――神事祭礼の華美、歌舞伎手踊り芝居相撲の興業、集銭行為、労働休日の要求、村役人への圧力、(2)婚姻に関すること――婚礼そのほか祝儀事における酒振舞、村外婚のさいの妨害、婚姻の仲介、(3)遊びに関すること――博奕、夜遊び、宿泊、(4)若者付合を背いたものへの制裁、などであった。[34] 若者組の活動がこの時期きわめて活発であり、しばしば幕藩体制の秩序に抵触していたことがこのような治者側の文書史料を通して窺い知れる。

幕府は若者組を禁圧してそのかわりに村役人と五人組制度を通して支配秩序を村落共同体内部に貫徹させようとした。次の史料は文政取締改革の中で村々から関東取締出役に対して提出させた若者組禁止の村請証文の一つである。

差上申御請証文之事

在々村々之内若者仲間与唱大勢組合神事祭礼等之節人寄ヶ間敷儀催金銀耕作之暇を費其外悪事□□（而已）企中ニ者村役人申付相背候もの□□（有之）不届之儀一躰若者仲間□（与）申号甚以不宜候其為従
公儀五人組を被立置候事ニ有之不束之身行有之候ハヽ五人組ニ而諫言差加右を用不申候ハヽ村役人ニ而猶厳敷申聞右をも不用候ハヽ支配御代官私領者領主地頭役所又者自分共廻リ先江可申出候依之若者仲間与号候事者以来急度相止神事祭礼等も村役人百姓代相談之上取極若者者不及申其外大勢組合都而不宜儀相談為致間敷旨従　御奉行所御沙汰ニ付小前末々迄不洩様申付村役人共方江請印取置可申者是迄之通等閑ニ致置後日ニ相知候ハヽ村役人迄何様之御儀ニも可被仰渡一同承知奉畏候依之組合村々之連印御請証文差上申処如件

文政十一年子年六月

組合役人　㊞
惣右衛門　㊞

関東御取締出役
森　東平殿

（以下二五名略）(35)

しかし、治者の一方的な都合だけで共同体の必要に根ざしていたこの自生的な組織を解体させることは不可能であった。次の史料は、天保の改革でいったん若者組が解散させられたが、二〇年後に村中評議の上ふたたび公然化した若者組の例である。

安政六年　下組若者取極議定書

一、天保年中御改革御趣旨に付御支配様より若連中取崩之被仰付其砌雨乞虫送りの節は十五才より六十才の者にて鉦太皷持歩行いたし候処此度一統相談の上村役人中へ願出十五才より三十才迄の連中取組致し然上は向後故障ヶ間敷事合互に無之様睦ミ

合可致事連中取極左の通り

取極之事

一、博奕賭之勝負並ニ喧嘩口論致す間敷事

一、雨乞虫送り鉦太鼓持歩行之節は共に心付差支無之様可致事

一、年重年番より寄合触立し候節觸の場所迄早速出可申若用事他行の節は最寄の者へ断可申事

一、年番より小若者へ用事申付候節違背致す間敷猶又年重にて小若者へ無礼之振舞申掛候得は中老方へ可申出不始末の儀互に吟味可致事

一、他所より若者用事に付参り候節は小若者にて火茶差出可申事

一、当村より他所へ養子婿入致し若し離別の節は年限迄相勤め可申事

一、入り婿の儀年若之内は不及申重りて婿入り致候とも三ヵ年内の内急度可相勤事

右箇条通り心得違無相守可申候

安政六年未正月改

引別議定書　明治十六年十月改め

一、産神祭禮相撲並ニ高天神幟例月祭等九月三十日各当番相当る事

一、鉦太鼓持歩き節は両□同一に致すべき事

一、他村に狂言見舞等諸掛り入費五分割之事

右取極め通り固相守可申事(36)

このような事情のもとに幕末から維新期にかけて若者条目の成文化が進んだ。いうならば成文化された若者条目は「幕藩秩序の上からの要求で成文化がなされたとみた方が適切(37)」なのであり、治者の側は文字による支配を通して若者組を再編し村落支配の一機構として利用しようとしたのである。新たに成文化されることになった若者条目の多く

は「御公儀様御法度」の遵守と村役人に対する温順を条目の中で強調するという共通点をもっており、なかには儒教倫理が説かれているものもある。若者入りに際しては若者頭がこれを一通り読み聴かせるところが多いが、なかには村役人がこの役を務めるところもあり、そのような場合にはこの条目の性格はいっそう明らかである。幕末期に若者組を慌村復興に役立てようとする動きが村落指導者層からでてきている地域では条目類に通俗道徳の強調が目立つようになっている[38]。

しかし、若者組の行動規範が上から成文化されておしつけられたからといって、文字文化の外側で伝承されてきた「口伝」や「イイキカセ」が消失してしまうことはなかった。文字と非文字の世界を代表するこの二つの行動原理は近代になっても若者組の行動様式のホンネとタテマエの二重構造として並存したのである。たとえば、静岡県田方郡下狩野村加殿の青年団会則の中には一九一三（大正二）年修正段階で、「無文ノ規約ハ此ノ所ニ掲ゲル諸条ト等シク固守スベシ」という項がある[39]。先の浜部落と同様、この時期に至ってもなお成文化された条目以外に口伝による無文の規約が伝承されていたのである。『日本若者史』の執筆者、中山太郎は、成文化された条目の多くは空文化していたのではないかと推測している[40]。

若者組は村内の生活と密接に結びついた集団であったが、地域によってはこの集団の自律的な行動原理が村や家族の利害と矛盾する場合もあった。私たちの調査した長野県飯山市富倉地区の例をとれば[41]、この地域はきわめて生産力が低く、かつ飽和人口を抱え続けてきた山村であった。江戸時代にも中世的な複合大家族制を残存させることによって村の生活を維持してきた。近世的村落共同体は十分に成立していなかったのである。ここでは村の生活・生産構造の枠内に若者集団の活動をとどめておくために、「村定」の形をとって若者たちの行動にさまざまな規制が加えられてきた。たとえば一七三八（元文三）年に「村中相談の上相極」た「村中〆百七名連印」の「村定法極証文」では、「小宿」ならびに「苧績」が禁止されている。

一、五節句其外休日にも昼夜共、若き男女相集め小宿致申者候得ハ、小宿より三貫文づつ過料急度取立可申候
附苧績と申寄合申儀一切任間敷候、二番縮の節、間合不申、手支有之者方にて、苧績に寄申儀は格別之事

続いて、一八二一（文政四）年四月の「定」では若者を親の監視下におこうとする意図がはっきりとうかがえる。

一、男女共若者他村夜遊ニ出間敷候
一、若者共居村ニ而夜遊致候共五ツ限り罷帰親共合届可申候

さらに一八二八（文政一一）年五月の「外様組合相定之事」（外様組合はこの地域三三村の組合村）では、次のように若者の行動が規制された。

一、此の度外様相談之上申合男女若者共神事祭礼角力踊之節衣類之義ハ糸入縞ニ限リ絹布類決而着し申し間敷候事
一、晴天之節日傘抔無用之事
附リ夜宮祭礼之時節□□致し声高ニ而手引合押廻猥ケ致間敷候事
一、若者共他所へ夜遊ニ罷越強訴ケ間鋪義有之他所罷立申御上様江訴出候節者所々当人諸入用引請為致可申候事

この「定」は「其村々之大小百姓江読被聞銘々堅相為慎可申者也」と村役人を通して各村落への徹底がはかられている。(42) 通例に反して村の側が若者組の行動を規制しようとするこの事例を理解するには、この地域で中世的家族形態

の解体が十分に進まず、近世的村落共同体が未成熟であったことを理解しておく必要がある。すなわち、この事例は若者組の活動が近世的村落共同体によって支えられているものであったことを明瞭に示すものである。このような地域でも近世においては新しい若者集団が結成されてきていたことを、若者組の活動を繰り返し抑制しようとする当の村定めから読み取ることができる。若者組は近世社会に生きる若者たち自身にとっても、また遅れながらも近世的村落共同体への移行がゆっくりと進んでいる村社会にとっても、欠くことのできない集団的自己形成組織、新しい村内秩序の組織となっていたのである。(43)

若者組と近世的村落共同体の深い関係は、幕末期に慌村復興をはかった村々の「仕法」にも共通に現れてくる。近世的村落共同体の再編がはかられた村では、若者組の再編もまたはかられているのである。次の史料は二宮尊徳の報徳仕法を導入して慌村復興をはかった「文久元酉年　遠州豊田郡深見村御仕法御請書」(44)の一部である。

一、年若ノ者より、多く村方取締を崩し候訳は、他より大神楽当村へ為舞度申入、又は浄瑠璃かたり、又は遊芸之師など来り候ても、真先年若之者へ申入候類有之事故、急度相慎、休日等には算術、或は農業全書等之本読、専作物耕作之仕方噺合、猶又、御領邑被下置き候農論、塵之山等之御書物拝見仕候得は、其身之為は則村之為となり、当座楽しみ計りにあらず、村内繁昌之基に付、仮初にも悪をさけ、善に近き、右様相心掛、年若之者取締肝要之事

この村の「御仕法御請書」は、「年若ノ者」に対して休日などには算術や農業全書などの本を読んで勉強するようにとすすめ、若者たちを積極的に慌村復興の仕法の中に組み込もうとしていた。

(二)　明治政権下における若者組

維新政権は幕府の若者組取締政策を継承した。次に示すのは一八六九（明治二）年の岩鼻県（現群馬県）の布達である。

於村々若モノ仲間ト唱、党ヲ立仲間規定ト号シ勝手儘之取定等イタシ置、神事祭礼ハ勿論村内吉凶ニ事寄、品々如何之及所業候而已ナラス、動モイタシ候ハヽ、村役人共之申聞ヲモ不相用、屢集会等ヲイタシ、農業ヲモ怠リ候趣相聞不埒ノ事ニ候、以来若者仲間ト唱候儀ハ勿論都而党ヲ立仲間規定等イタシ候儀決而不相成

同県では一八七四（明治七）年にも重ねて「猥ニ若者頭抔名目ヲ立（中略）若者連中、祭礼組抔唱候類一切停止」という布達をだしている。(45) 幕藩体制期と同様、明治期に入っても権力は若者組対策に苦慮していた。明治政権は若者組を公（国家）教育の障害となる非教育、反教育の組織として捉えていた。若者たちの組織が排除の対象ではなく教育（教化）の対象として政策担当者の目に映るようになってくるのは、日露戦争後の国家経営を目的とする地方改良運動の中でのことである。(46) 町村を帝国主義段階に突入した国家を支えるにたる「国家の共同体」にしあげることは戦後経営の不可欠の前提であった。そのための国民掌握の環として村落共同体秩序そのものである若者組を天皇制国家体制の中にいかに組み込んでゆくかということが、この時期の政策担当者の重大な課題となっていた。一九〇六（明治三九）年、時の法務局長官下岡忠治は次のように述べている。

折角学校に於て不完全ながら修得したる道徳教育はこの団体（若者組―引用者）又は之に類似したるものの為に破壊せられて仕舞うのである。若し補習学校を以てこれ等青年者の社交上の中心となし、右の如き誘惑に陥るの弊を防ぎ、互いに切磋琢磨の功に依り郷党一般の徳風を改善することを得ば、非常の利益となることである。(47)

若者の組織を改変して体制内に位置づけようとする政策的努力はこの時期から始まり、やがて国家は「青年修養の為の機関」として位置づけられた青年会や実業補修学校を通して若者たちを国家秩序内に組み込んでゆくことに成功する。この間の事情については稿をあらためることとして[48]、ここではこの時期になぜ国家による若者組の改編が可能になったかという問題を捉えるための分析視角を提出しておこう。

(1)寄生地主制の拡大による村落の社会構造の変化と再編成が進んだこと。明治三〇年代に入ると各地に地主層の主導する青年会、夜学が成立してくる。

(2)町村制度の再編と行政の整備は部落の自治機能を衰弱させた。また部落有林野（入会地）の行政町村への統合は部落の共同作業の重要な部分を消失させた。

(3)かくして若者組は自治組織としての機能を行政町村に剝奪され弱体化し、修養団体としての青年会が入りこんでくる条件がうまれてきた。

(4)加えて、日清、日露戦争の遂行と勝利は、国民（臣民）意識を大衆の間に普及させ、民衆の間に国家への自発性を喚起するための条件が整った。

(5)この時期に強行された国家による神社統廃合は、村落の土着的な氏神、産土神信仰を天照大神を頂点とする国家神道へと一元化することをめざしていた。このような信仰を通してのイデオロギー統制は若者集団の祭祀集団としての性格に変化をもたらさずにはおかなかった。

(6)同じ時期に青年団体、婦人団体を介して進められた「風俗改良」の運動は、村落共同体の年中行事やしきたりとともに若者組や娘組が担当してきた「性」の管理の伝統もまた猥雑な風俗として社会の影の部分に押し込めていった。

これらの諸条件が重なって、若者組はその組織力をしだいに弱め、青年会、青年団にとってかわられることになったのである。若者組は日露戦争後の地方改良運動の中で急速に社会の表面から姿を隠した。それとともに若者集団のもっていた形成力も再編され変容した。この時代に生じた「一人前」の概念の変化に、このときに起きていたことがらが象徴的に現れている。この段階を経て、従来の村の「一人前」の概念の上に国民としての「一人前」の概念が蓋いかぶせられた。この新しい「一人前」概念は、「徴兵検査が済めば一人前」といわれたように、良兵＝良民の育成を目標にして国家が「一人前」の資格検定者となるというものであった。しかしながらいうまでもなく若者組がになっていた共同体の生活の論理に基づく人間形成のシステムがこれで完全に消え去ったわけではなかった。若者組的な集団原理は、村社会が共同体的性格を保持している限りにおいて村の日常生活の中になお存続し続けたし、また青年会や軍隊の内務班の生活のような公的な場面でもこの原理の変容した姿を認めることができる。また最も近代的であったはずの中、高等教育の中にさえも、たとえば寄宿舎生活や課外活動の場面などで観察されるのである。このような場面では、若者組の原理であった年齢階梯や指導と服従の関係が集団生活の自治（自ら治まる自治）の方法として取り込まれたのであった。

若者組のもつ形成力に注目してこれを補習教育や青年会を通して国家的な立場から再編成したのは内務、文部官僚たちであった。これに民間から呼応して運動を進めた人物として山崎延吉、山本滝之助、田沢義輔などの地方改良運動家、青年団指導者たちの名前をあげることができる。彼らはいずれも若者組のもつ訓育的機能への注目から出発してこれを国家的秩序のもとに再編することをめざした。一方、農政官僚から出発した柳田国男は、彼らとはまったく違った視座から若者組の意義を捉え、そのような立場から折に触れて国民教育のあり方に対する批判と提言を繰り返した。ここでは、柳田国男の若者組への視座と国民教育論を紹介しておこう。

柳田は若者組を前代の自治的な社会教育組織として注目した（柳田がこのような場合にも教育という用語を使っていることについては前述した通り）。柳田は、わが国の国民教育はこの「群教育を基礎とすべきであった」のだと判断する。しかし、この群教育も大きな弱点をもっていたと柳田はいう。「個人の独立した判断を抑制し、だまって多数の者のついて行く方へ行く」という点が「村々の若者連中の最も嘆かわしい弱点[49]」だったというのである。この弱点は近代という新しい社会のもとで内側から克服しうる弱点だと柳田は捉えていた。にもかかわらず、この教育組織は政策担当者によって「全く黙殺されておわった[50]」のであり、その結果として、わが国の青年期教育は不幸にして「二通りの青年訓育法」に分裂してしまったというのが柳田の見解である。「一つは勿論前からあるもの、第二の新しいものは書物を読むことを以て特色とし、さうして他の一方の古くからのものを、平凡として軽蔑することが教えられた[51]」。その結果、どのような事態が起こったか。「以前に於ては狭いながら彼らの生活圏内での群生活に必要な知識は尽く成人になる迄に教へ込まれた」のに、書物中心の教育では「本当の社会教育」がことごとく欠落してしまうことになったと柳田は指摘する[52]。柳田においては「二つのものが将来渾融して、一体の国民をなさねばならぬ[53]」こと、すなわち不幸にして分裂させられているこの二通りの教育の方法とその結果現れてきた二つの「教育群」を融合させ統一させることこそが青年期教育の国民的課題として把握されていたのである。このように人間の社会化における「群教育」の意義を捉えなおすことによって国家の用意した教学体制とは別のルートで公教育のあるべき姿を構想することになった柳田の教育論は、実質的に国家の教学体制に対する根底的な批判を裡にはらむことになった。彼の講演の内容が聴衆の中の「右傾の者」によって糾弾され、ついには書斎に憲兵がたずねてくるという事態が生じたのはそのためであった[54]。

民間教育運動の内部でこのような民衆社会の世代交代システムの存在に着目したのは、一九二〇年代の教育改革運動団体「教育の世紀社」に集まった下中弥三郎を始めとする一群の人びとであった[55]。ついで三〇年代の教育改革運動の担い手となった生活綴方教師たちが、公教育の内部にとどまり、生活から乖離していた当時の学校教育と家族や地域社会が保持してきた養育の文化との間に橋を渡そうとする教育実践に取り組みはじめることになる。

注

（1）石川謙『近世日本社会教育史の研究』（東洋図書、一九三八年、二三六頁）。
（2）佐藤守『近代日本青年集団史研究』（御茶の水書房、一九七〇年）はこの分野での労作である。また、地域調査としては高知女子大学社会研究調査部会報告第三集『芳奈の泊屋と若者組』（一九六二年）などがある。
（3）高橋敏「民衆教育の伝統と近代公教育」（『教育学研究』第四三巻第四号、日本教育学会、一九七六年）。
（4）梅根悟『教育の歴史』（新評論、一九六一年、一七頁）。
（5）大間知篤三「成年式」（『日本民俗学大系４』平凡社、一九五九年）など。
（6）民俗学上の通説は全員加入の原則を認めているが、福田アジオのように若者組を将来の戸主の育成にあたった村内組織であるとする見解もある（福田「若者組の諸類型と『家』の構造」『茨城県史研究』第二四号、一九七二年）。
（7）大日本連合青年団編『若者制度の研究――若者条目を通してみたる若者制度』（大日本連合青年団、一九三六年、一二六頁）。
（8）瀬川清子『若者と娘をめぐる民俗』（未来社、一九七二年、二〇一頁）。
（9）前掲、大日本連合青年団編『若者制度の研究』一三一頁。
（10）『桑名日記』（一八三九年二月―一八四八年三月）は、桑名の下級武士渡辺平太夫によって記録された孫の産育日記。『柏崎日記』（一八三九年八月―一八四八年三月）は、柏崎へ赴任した平太夫の養子渡辺勝之助によって書き留められた子育ての記録。いずれも『日本庶民生活資料集成　第一五巻　都市風俗』（三一書房、一九七九年）に収録されている。
『桑名日記』から該当部分を引用しておく。
○天保一一年二月二〇日　鐐こ（孫の愛称）おてつに負ばれて若い者宿の山本へいってくる。

○天保一二年正月二八日　おたきのむこがきたげな。娘共が糸引きにきていたのが皆かくれ、むこのかえるを待ちぶせていて、水かけてやったげな。
○天保一三年九月二〇日　若者宿今日は上田銀三方也。
○天保一四年五月一一日　おなか御代田へ苧うみに行。
○天保一四年一二月一三日　若手はお婆糸仕まふまで綱するて帰る。いかな夜も両人か三人、或いは四、五人来ぬ晩はなし。
(11)　文化庁文化財保護部編『伊豆の若者組の習俗』(民俗資料叢書〈16〉、平凡社、一九七二年、一三七頁)。
(12)　大田堯「若者組」(民間教育史料研究会編『民間教育史研究事典』評論社、一九七五年)。
(13)　平山和彦「若者組の自治領域」(『明治国家の展開と民衆生活』弘文堂、一九七五年)など。
(14)　柳田国男「青年団の自覚を望む」(『定本　柳田国男集』第二九巻、筑摩書房、一九一六年、一五二頁)。
(15)　中山太郎『日本若者史』(春陽堂、一九三〇年、一七七頁)。
(16)　前掲『若者制度の研究』には、このような性格をもった「千葉笑い」や「ザットナー」習俗が紹介されている。
(17)　たとえば前掲高橋「民衆教育の伝統と近代公教育」では、下田の打ち壊し(一八三六年)に際して若者組の果たした役割が分析されている。
(18)　柳田国男・大藤時彦『世相史』(『現代日本文明史』第一八巻、東洋経済新報社、一九四三年)。
(19)　柳田国男「平凡と非凡」(『定本　柳田国男集』第二四巻、一九三八年、四四一頁)。若者組と性教育の問題については、同『婚姻の話』(一九四八年　『定本　柳田国男集』第一五巻所収)、有賀喜左衛門『日本婚姻史論』(日光書院、一九四八年)、大間知篤三『婚姻の民俗』(岩崎美術社、一九六七年)、川島武宜『イデオロギーとしての家族問題』(岩波書店、一九五七年)など参照。
(20)　三隅治雄『日本民俗芸能概論』(東京堂出版、一九七二年)など参照のこと。
(21)　多仁照広「地芝居と若者仲間」(『地方史研究』第一三一号、地方史研究協議会、一九七四年一〇月)。
(22)　『函右日報』第一一〇号雑報欄、明治一二年一〇月八日付、東京大学明治新聞雑誌文庫所蔵。

(23)『東海暁鐘新聞』第一〇号雑報欄、明治一四年一〇月二一日付、東京大学明治新聞雑誌文庫所蔵。
(24)『同右』第三三号雑報欄、明治一四年一二月一日付。
(25) 折口信夫「翁の発生」(『折口信夫全集』第二巻、中央公論社、一九二八年、三三四頁、四一三頁)。
(26) 成文の若者条目を収録した文献としては、前掲『若者制度の研究』(八三点)、『伊豆の若者組の習俗』(四五点) のほか、伊奈森太郎編『愛知県現存若い者文献集』(七四点、愛知県教育会、一九三七年) などがある。
(27) 前掲『若者制度の研究』一六頁。
(28) 前掲『伊豆の若者組の習俗』二〇一―二〇四頁。
(29) 池田正司「静岡県賀茂地方の若者組と青年宿」解説田嶋一 (『民間教育史料研究』第一六号、民間教育史料研究会、一九七九年)。
(30) 前掲、佐藤『近代日本青年集団史研究』二七一―二七八頁。
(31) 前掲、池田「静岡県賀茂地方の若者組と青年宿」。
(32) 前掲、瀬川『若者と娘をめぐる民俗』二一〇頁。
(33) 前掲、佐藤『近代日本青年集団史研究』二七五―二七六頁。
(34) 前掲、多仁「地芝居と若者仲間」。
(35) 神奈川県立図書館郷土資料室所蔵文書。(表題) 相州高座郡若者記録。同様の文書が前掲『若者制度の研究』にも収録されている (四五頁、東京都北多摩郡狛江村文書、二七九頁、東京都世田谷区文書)。
(36) 前掲『若者制度の研究』収録、静岡県小笠郡土方村文書、四八五―四八六頁。
(37) 前掲、高橋「民衆教育の伝統と近代公教育」。
(38)「通俗道徳」の概念は、安丸良夫『日本の近代化と民衆思想』(青木書店、一九四七年) による。
(39) 前掲、高橋『民衆教育の伝統と近代公教育』。
(40) 前掲、中山『日本若者史』一八八頁。

(41)　民間教育史料研究会と一九七六年度大田堯ゼミナール（東京大学大学院教育学研究科教育学特殊演習）は共同で長野県飯山市富倉地区において子育ての習俗調査を行った。その成果は『富倉教育習俗調査報告』として七七年に民間教育史料研究会から刊行された。
(42)　柳原村誌編纂委員会編『柳原村誌』（一九七〇年、飯山市公民館柳原分館、三一六頁、三三三頁）。
(43)　田嶋一「富倉の若者と教育」（前掲『富倉教育習俗調査報告』）。
(44)　『二宮尊徳全集』（二宮尊徳偉業宣揚会、一九三〇年、第二七巻、九二四頁）。
(45)　萩原進『群馬県青年史』（群馬県神道青年会、一九五七年、一四頁）。
(46)　有泉貞夫「明治国家と民衆統合」（岩波講座『日本歴史』第一七巻、一九七六年）、宮地正人「地方改良運動の理論と展開(1)(2)」（『史学雑誌』第七九編第八—九号、一九七〇年）。
(47)　下岡忠治「補習教育」（『斯民』第一巻第三号、中央報徳会、一九〇六年、一〇頁）。
(48)　田嶋一「明治初期から大正期にかけての地域社会を生きた若者と青年たち—若者と青年の教育・形成史（2）」（『國學院大學教育学研究室紀要』第四五号、國學院大學、二〇一一年）。
(49)　前掲、柳田「平凡と非凡」四四七頁。
(50)　前掲、柳田『世相史』一九六—一九八頁。
(51)　前掲、柳田「平凡と非凡」四三七頁。
(52)　前掲、柳田『世相史』一九八頁。
(53)　前掲、柳田「平凡と非凡」四三八頁。
(54)　本田安次「柳田先生のこと」（『定本　柳田国男集』月報24、一九七〇年）。
(55)　今後この問題に取りかかるための手がかりをいくつか提出しておきたい。下中弥三郎を指導者とする啓明会が第一回メーデー（一九二〇年五月）に参加したさいに、デモの先頭に立って行進する下中の脳裏をよぎったのは、兵庫県立杭村で陶工をしていた若き日に若者組のメンバーとして集団行動をした思い出だったと下中は述べている。このことは下中の「万人労働の教育」論の根ざしていた世界を知る上で示唆的である（下中弥三郎「彼の眼に映じた彼」一九二三年、『万人労働の教育　下中弥三郎教育論集』平凡社、一九七四年に再録、二四九―二七一頁）。また、雲雀ヶ丘児童の村小学校（一九二五―二七年）の校長だった上田庄三郎の高知時代の青年を対象とした教育実践も深く民衆的な形成の世界に根ざしたものであった。彼自身の家が若者の「泊まり屋」（若者宿）だったのであり、上田は若者頭としての役割を果たしていた。彼はまた地芝居の役者でもあり、同時に小学校と補習学校の校長でもあった（上田鶴恵「追憶」『綴方生活』復刻版月報第一三号、『綴方生活』復刻版刊行委員会、一九七六年）。また「教育の世紀社」の社友の一人であった赤井米吉は、いうところの「新しい社会主義」を実現する担い手として「昔時の若衆連中の発達したもの」を構想していた（赤井「新教育運動と郷土塾の設立に就いて」『郷土』第二号、刀江書院、一九三一年）。

第二部　〈若者〉と〈青年〉の社会史——近世から近代へ

第1章　共同体の解体と〈青年〉の出現

1　共同体から近代社会へ

青年とは何かという問いに答えるのは今日ますます難しくなっている。歴史への問いかけが、この問いに答える鍵の一つをもたらしてくれるだろう。青年と呼ばれるようになった者たちは、いつからどのような姿をとって出現してきたのだろうか。青年期は近代社会に特有の人生の段階だとするのが今日の青年論の通説であるが、では、どうして近代社会になると青年期が現れてくるのだろうか。まず、そのことから問題にしてみよう。

近代は前近代的な共同体の解体後（または解体しつつある）の社会である。だから、青年は共同体の解体と時を同じくして登場したということになる。そこで私たちは、共同体の解体が青年の登場を促したという仮説をたてることができる。考えてみれば〈教育〉の誕生もそうであった。〈教育〉は共同体の崩壊に対する家族や社会の側からのリアクションとして生成してきた。共同体の崩壊は自立した個人として生きる力をつけてやるための〈教育〉の成立を促し、またそのようにして成立してきた〈教育〉は共同体のほころびを一層拡大する方向に機能した。青年期の登場はこのような〈教育〉成立の事情ときわめてよく似ている。いずれも共同体の崩壊という危機的状況に対する人間の側からの反応として現れてきている。子どもの成育をめぐる家族や社会の側による事態への対応が〈教育〉を誕生させ、若い世代自身による事態への対応が青年期を出現させることになったというわけである。

近代社会のとばくちで、早くも自立のための教育が必要になることを予見したルソー（一七一二―七八年）は、近代社会を生きる人びとのライフサイクルにこれまではなかった新しい段階が生じてくることも鋭く洞察していた。『エミール』（一七六二年）は近代的な子ども観、教育観を描き出して「子ども発見の書」と呼ばれたが、また「第二の誕生」としての青年期を捉えて、「青年発見の書」とも呼ばれるようになったのである。青年期が近代社会の産物であることはアイデンティティ（自我同一性）の概念の創出者であるE・H・エリクソン（一九〇二―一九九四年）によって心理学の領域からあらためて指摘されることになった。

それでは共同体の解体あるいは衰弱と近代社会への移行は、人びとのライフサイクルにどんな変化をもたらすことになったのであろうか。

伝統的な共同体社会では人生（ライフサイクル）は子どもと大人の時代の二段階からなっていた。そこには今日でいう青年期は見られない。多くの場合、一五歳になった若者たちは共同体の行事としての成年式を迎えて、若者と呼ばれる人生の時期に入った。若者という用語は今日でこそ青年の別称のように使われているが、本来、若者と呼ばれていたのは、成年式を終えて大人の世界に参入した者たちだったのである。彼らはこのときから「一人前」として扱われた。若者入りとも呼ばれていた成年式は、子どもから、大人への「変身」を短い時間の内に達成させるしかけにほかならない。通過儀礼としての成年式の中に組み込まれていた「死と再生」を象徴する儀式が、彼らに子どもの世界から大人の世界への跳躍を可能にし、また強制した。彼らはこの儀式を終えると、自分はもう子どもではない、大人になったのだと自覚し、社会もそのように処遇した。娘の場合も初潮とその祝いの行事が、子どもたちを大人の社会に導く通過儀礼となっていた。

こうしてみると、成年式は子ども時代にきりをつけさせ、大人に生まれ変わらせるために共同体が作り上げた巧妙な社会システムだったことがわかる。今日の青年期を特徴づけているアイデンティティ・コンフュージョン（identity confusion. 自我の混乱）、アイデンティティ・クライシス（identity crisis. 自我の危機）、モラトリアム（moratorium. 猶予期間）などの問題は、共同体の内部においては共同体が用意した成年式の通過儀礼によっていっきょに昇華させられていた。通過儀礼の中に潜められた「死と再生」の儀式における時間の凝縮度は驚くほどのものであったといわなければならない。ここでは、時の流れは個人よりも共同体に属するものであった。近代社会の個人主義は、人生の選択の決定権が個人に任された社会であると同時に、時の流れが客観的に計測される時間として個人に分割された社会でもある。数え年と満年齢という年齢の数え方の違いがこのことをよく表している。

共同体の解体は、共同体社会が作り上げた人間形成システムの中に深く組み込まれていた、不安定な思春期、青年期を社会的に解消する仕組みを衰弱させていった。また、共同体の規制の弱体化にともなって、積極的に自分の人生を選び取りたいと願う若者たちも現れてきた。近代社会が広がるとともにしだいに人びとはこの社会システムから自由になった。自由であるということは、大人になるための努力が本人に任されることになったということでもある。

こうして共同体から自由になったとき、人びとは子どもから大人になるにあたって自分で自分の生き方や社会参加の仕方（職業選択）、さらには価値観、人生観、世界観に至るまで自分自身の責任において選びとらなくてはならなくなった。そのために精神の遍歴の時代を経験しなければならなくなった若い世代こそ、青年と呼ばれるようになった者たちである。

共同体から自由になった者たちは、自分とは何かという重大な問いにも直面せざるをえなくなった。かくて青年たちは、青年期の特徴としてエリクソンが指摘しているアイデンティティ・コンフュージョン、アイデンティティ・クライシスの問題を一身上の問題として抱え込むことになったのである。同時にまたアイデンティティを確立し職業を選択するためのモラトリアムの時期がライフサイクルの中に参入してきた。大人になることは個人の手に委ねられたのである。

近代社会は個人主義の名目のもとに、この「二度目の誕生」を各人に任せて社会が面倒をみるようなことのなくなった社会である。青年と呼ばれることになった者たちは、自分の責任において、あるいはせいぜい親たちを彼らの後見人として、大人にならなくてはならない。自我の確立が個人的作業になったことは、生き方を主体的に選択できるということであるとともに、そうしなければ大人になれないというしんどい社会が到来したことでもある。日本の社会においては、この問題はたとえば夏目漱石が、『三四郎』（一九〇八年）、『それから』（一九〇九年）、『門』（一九一〇年）の三部作を始めとする彼の作品において、また森鷗外が『青年』（一九一〇年）を書いて追究した課題であった。自分で自我を確立するためには大変な時間がかかるものとなった。大人社会が複雑になればなるほどそのために必要な時間はますます長くなってきたのである。

ところで、共同体社会では、若者、娘に対しては、親は〈しつけ〉をするものとしての役割を退いていた。親が〈しつけ〉の任にあたるのは、子どもが成年式を迎えるまでの時期に限定されており、成年式を終えて若者入りをした者たちの生活に親が口をさしはさむことは控えるべきこととされていたのである。若者や娘の訓育と形成にあたったのは、若者組や娘組と呼ばれていた自治的集団そのものであった。近代社会は、この自治集団の消失によって、未経験の仕事を親たちが引き受けざるをえなくなった社会でもある。

共同体の崩壊を前にして、あるいはその渦中で子どもの将来についての面倒を見ようとしたのは親と家族であり、ここに〈教育〉が始まったわけだが、もはや子どもではない者たちは、自分で自分の人生を切り拓かなくてはならなかった。共同体の成員としてのなごりをとどめる大人たちは、彼らに早く事理をわきまえた大人になってほしかったのであり、彼らの人生の未決定に対しては好意を示さなかった。親が彼らの面倒をみるようになるのは、家族が所属する階層によって時期がずれるが、おおむね彼らの存在が社会的承認を受けるようになってからのことである。共同体の若者集団が崩壊したとき、いちはやく青年の保護育成の役割をひきうけるようになるのがブルジョワ家族の特徴であるが、それはまた青年が親の庇護のもとに限りなく子どもに近づいてゆく時代の始まりでもあった。

共同体社会と近代社会の移行期では新旧二つの社会は並存し、重なり合って入れ子のような重層構造を取る。このような社会の過渡期では両方の社会に所属する青年が現れる。カマラ・ライエ（一九二八―八〇年）の自伝『アフリカの子』（原題 *L'enfant noir* 一九五三年、日本語訳は偕成社、一九八〇年）は、この共同体と近代社会としての学校の両方に同時に所属して成長した場合の事例である。ライエは、共同体社会の人生では成人式で大人になり、同時に学校社会に所属する者としては青年期を過ごす、いわば二つの世界に切り裂かれた二重の人生を体験することになったのである。

日本の青年たちも、この場合ほど極端なケースは少なかったにしても、近代社会に共同体が温存されていたために、多かれ少なかれ、引き裂かれた人生を送らなければならなかった。日本社会では共同体が政策的に温存され、国家的に再編成されたために、青年の自立は共同体や国家、そのもとでの家父長制家族との確執をともなって、困難を極めることになったといわなければならない。それゆえに、この問題は近代日本文学史上の最大のテーマの一つであり続けたのである。

2　日本社会と〈青年〉

日本の社会に最初に登場した青年たちは、おそらく、洋学の勉学を志して、脱藩したり脱藩に近い行動をとった幕末の若い下級武士たちであったろう。彼らは安定した生活を放棄した代わりに、藩や儒教的な秩序から自由になり、人生の選択の自由を得た者たちであった。福沢諭吉（一八三四―一九〇一年）の『福翁自伝』（一八九八年）の中に描き出されている適塾に集まった青年たちの生活や行動は青年期の特徴を早くも如実に示している。

ついで、自由民権運動の担い手の中に多数の青年が登場する。彼らは旧武士層（士族）だけでなく、豪農、豪商層からも輩出した。彼らはブルジョワ社会の幕を開けようとした新しい社会、国家意識の持ち主たちであり、洋学派の若い武士たちと同様に伝統的な秩序意識や権威から自由な者たちであった。彼らもまた青年であることを行動で示しはじめていた。

一方、共同体の喪失、伝統的価値意識や秩序の崩壊を前に、自己形成の問題により自覚的に内面形成の問題として取り組みはじめた人びとも現れた。この立場はまず内村鑑三を始めとするキリスト教を手がかりに自己形成しようとした人びとによって代表される。彼らもまた近代の黎明期に古い社会の若者として生きることができなくなっていた人たちであった。青年という用語も、これを今日的意味で使いだしたのはこの人びとだとされている。彼らはＹＭＣＡ（Young Men's Christian Association）を基督教青年会と訳し、young man という言葉を訳すに際して、伝統的な用語であった「若者」を捨て「青年」という訳語をこれにあてたのである。(1) その理由は、「若者」という言葉では自分たちの新しい存在のしかたを表現できないと彼らが感じていたからにほかならないであろう。

この「青年」という新しい用語は、すぐに新しい社会階層となった学生、書生の存在と重なって使われるようになっていった。その理由は、学生、書生が青年の特質を最も典型的に体現していたからにほかならない。

坪内逍遙の『当世学生気質』（一八八六年）に描き出されたような、学生や書生の群れが新しい社会階層として東京に形成される明治一〇年代後半から二〇年代になると、地方の少年たちの東京への遊学熱も高まってきた。人生の新しい時期を手に入れたいという欲求は急速に地方にまで波及していったのである。この時期には自力で学生＝青年としての身分を獲得しようとしている者たちをさして少年と呼ぶ少年概念も登場している（本書第三部第1章参照）。「少年易老、学難成」といういいまわしからも推測できるように、元来少年は必ずしも今日のような心身の自然的発達段階を示す概念ではなかったのである。

大人たちや社会の側が青年の登場に気付いたのは、青年たちが現れてからしばらくたってからのことであった。当初、社会はこれを困ったこと、必要悪とする時代から、これを意義のあるものとして追認するようになり、とりわけ国家は青年を社会の中に体制化しようとするようになる。適塾の青年たちが世間からどんなふうに見られていたかということと、戦前の高等教育を受けることになった青年たちとの間にある距離を見ればそのことはわかる。旧制高校生は、弊衣破帽が特権化され、独自のイニシエーションとなったストームを発明し、「栄華の巷低く見て（中略）何事か人生の偉業成さざらん」（旧制第一高等学校寮歌「嗚呼玉杯に花うけて」一九〇二年）ことを夢みて生きることが、社会的に許容されるようになっていた。旧制高校の寮で行われていたストームの慣行の成立は、学校という保護区の中に、新たに特権化された青年たちの共同体が形成されたことを示している。

一方、村の同世代の若者たちには、青年としての内実が備わる以前に、国家の青年として網がかぶせられてしまうという事態が進んだ。若者組は否定され村の若者たちは修養、教化機関として新たに創出された青年会（団）に所属させられたが、彼らは学生に代表される「青年」と区別して「農村青年」「勤労青年」などと呼ばれていた。彼らは教化の対象となったのであり、実際に青年としての扱いを受けることはなかった。「国民の学校」と呼ばれるようになった軍隊生活が村の人びとの人生サイクルの中に組み込まれるようになってくると、「徴兵検査が済めば一人前」という新しい国家的一人前の基準と国家的通俗道徳がゆきわたり、伝統的一人前の通念と競合しこれを駆逐した。国家が作り出そうとしていたのは、国家の若者である。村の若年層を共同体に代わって国家が管理、統制するために、彼らを青年会、青年団という新しい制度で囲い込んだにすぎない。後にマルクス主義の影響下で「無産青年」という概念が登場するが、この概念は国家によって囲い込まれたこの階層の内側で認知されることなく育まれていた青年期への希求と結びついたがゆえに強固な概念となりえたのである。

3　青年期教育の二重構造と社会史の視点

戦前の青年期教育の二重構造については、戦後になって宮原誠一、宮坂広作らにより社会教育の分野で研究が進んだ。(2) この二重構造の解明は、主に政策の分析を通して行われた。

青年の登場を社会史的視点から捉えるとどういうことになるだろうか。社会史のメガネをかけると、そこには三層の青年群が見えてくる。

第一層　共同体の解体の中から現れ、新たに国家によって創出された中等、高等教育機関に在籍し、やがて新中間層の上層部を形成することになる者たちとその子弟、および旧中間層の子弟たちの一群。彼らは、書生、学生として、体制化、エリート化され、モラトリアムを享受し、共同体から離れて生きてゆく術を手に入れることになった者たちである。人生の選択が可能になった結果、この層からは官僚をめざす者から社会改革をめざす者まで現れるが、そのような者まで含んで、彼らは青年として扱われることになる。

まずは、青年期は新中間層上層部を形成する者が通ることになった新しい人生段階となった。為政者は青年期を国家の学校の中で特権的に享受させることによって、新中間層そのものを秩序内に組み込むシステムを作り出した。為政者は制服によって同世代の年齢層から特権の享受者たちを画然と分け、さらに男女もはっきり区別した。青年期は旧制高校の学生像として典型化され定着することになる。彼らは与えられた自由を謳歌した。しかしいったん学生たちがマルクス主義の影響を受けるようになると国家はこれを徹底的に弾圧した。国家の秩序そのものを脅かすこの運動は、国家が学生たちに許容した自由の範囲を逸脱するものだったのである。

一九一〇―二〇年代にかけて、大正デモクラシーを背景とし、拡大してきた都市の新中間層の教育要求を反映して、国家の統制を離れて独自に私立の新学校を創ろうとする試みが現れてくる。新学校の多くは初等教育段階の学校であったが、なかには青年期の教育を課題としたものも現れてきた。羽仁もと子が創立した自由学園（一九二一年―）や西村伊作の文化学院（一九二七年―）などである。これらの学校ではわが国で初めて中等教育の男女共学が行われ、女子にも男子同様に青年期を保障しようとしていた。

第二層　青年でありたいと願い、青年期を求めて共同体から都市社会への脱出を試みて、成功したり成功しなかったりする者たちの一群。第一層のすべては当初ここから現れてきたのであり、第一層の供給源となっていた層である。彼らは第一層への社会移動に成功した者たちの子女たちよりもはるかに深く共同体や伝統的な社会（職人社会など）の内部に生活の基盤をもち、青年期を自力で獲得しなければならなかった者たちである。彼らは第一層の青年たちの生活を青年期のモデルとして理念化する場合が多かった。

東京に書生、学生が群れだしたころ、雑誌『少年園』（一八八八―一八九五年）主幹山縣悌三郎は「笈ヲ負フテ」東京への遊学をめざす地方少年のために『東京遊学案内』（一八九〇年）を刊行して成功する。以後同様の書物が続出し、その伝統は今でも受験雑誌に引き継がれているといってよい。後に「青年団運動の父」と呼ばれるようになる山本滝之助も『少年園』の熱心な購読者の一人であった。少年滝之助が協習会（本部は東京、機関誌『少年子』）という、地方に在住しながら学歴社会への参入をめざす者たちを組織した団体に加入していたように、地方の「有為ノ少年」たちは上京のための情報を熱心に求めていたのであった。彼らの上京熱は立身出世への期待と同時に、それ以上に共同体の内部にいては手に入れることができない自らの青年期獲得への希求から発していたのである。この層の裾野にはやがて『少年世界』（一八九五年創刊、博文館）、『新国民』（一九〇五年創刊、大日本国民中学会）、『少年倶楽部』（一九一四年創刊、大日本雄弁会講談社）などの諸雑誌の購読者層が広範に形成されてくることになる。また師範学校は、この層の少年たちが勉学を続ける条件を提供することによって、在野の優秀な人材を吸い上げることに成功することになった。師範学校の中には特権化された青年期は用意されていなかったので、ここで学ぶ者たちの中からやがて青年運動としての修養団（一九〇六年―、創設者は蓮沼門三）の運動が芽吹くことになる。

山本有三が一九三七（昭和一二）年から『朝日新聞』の新聞小説として発表した「路傍の石」の評判が高かったのは、中学進学を望みながら進学できなかった主人公、吾一の境遇がこの層の青少年たちの境遇を代弁するものであり、自伝的性格を強くもつこの成長小説（ビルドゥングス・ロマン）の主人公の自己形成の軌跡が、この層の青少年に強い共感をもって受けとめられたからにほかならない。この小説の人気は、進学を希望して果たせず、青年期が約束されている中、高等教育機関の外で青年期を実現しなければならない層の広がりを示している。この時代に大工職人の家に生まれ育った中野孝次の自伝的成長小説『麦熟るる日に』（河出書房新社、一九七八年）は、旧制高校に入ることによって青年期を実現したいとする願望が職人の子弟の間にまで広がったことを示している一例である。

第三層　共同体の内部に閉じ込められ、人格や行動の中に若者や娘の特性を色濃く残している者たちの一群。官製青年団によって組織化され、戦前の青年の大部分を占める層である。彼らは青年団のメンバーとして青年というレッテルをはられはしたものの、青年期の実質は剥奪されていたのである。この層から身を起こして、都市の青年、学生をモデルとして青年期を獲得しようともがいていたのが、第二層ということになる。(3)

官製青年団の中に閉じ込められていた第三層にも、産業社会化の進行、共同体の解体や交通形態の発達とともに全体として青年期がゆっくりとしたテンポで始まってくる。一九二〇年代前半に農村に広がっていった土田杏村らを中心とする自由大学の運動は、第二層と第三層の間にいる農村青年を受容者として組織化するものであった。この時期に官製青年団運動とは一線を画する、新しい地域的な青年運動の幕が開きはじめたことを示している。一九二〇年代の末から始まる全国的な青年団自主化の運動は、この階層が階層として青年期の獲得の運動を始めたものとして性格づけることができる。さらに、農民運動や労働運動の展開の中で広範な青年運動が始まってくる。この時代になると青年たちは社会のあらゆる側面に登場しはじめてきたのである。

戦前の日本社会に生きた一〇代半ばから二〇代の青年男子はこの三層のいずれかに属していたと考えてよいだろう。女子の場合についても以上の階層の歴史として把握することができるが、女子は男子に較べて伝統的社会に深く囲い込まれていたのであり、第一層、二層に属した人びとの数は時代とともに増えているとはいえ、男子に比べるとその数ははるかに少なかった。それゆえに青年概念もまた男性中心の概念として形成されざるをえなかったといわなければならない。

いずれにせよ青年らしい青年期を享受することを保障されていたのは、旧制高校生の生活を典型とする第一層だけであったのだ。第二層からわずかばかり第一層に移行することに成功する者が見られたにしてもその数は少なかった。そしてその中に女子の占める比率は低かった。青年としての女子の登場とその社会的承認は男子の場合に比べてはるかに遅れたのである。

4　女性の青年期

幕末維新期の青年群像の中に女性の姿を認めることはできない。自由民権運動の中には影山英子らを始めとする少数の青年期を手に入れた女性が姿を現してくるが、彼女たちはまだ例外的な存在であるといってよいであろう。女子は士族層の家族においても庶民の家族においても伝統的な子ども-大人の二項的秩序の中に埋没していた。東京に学生たちの青年群像が現れはじめていた時代の下町を舞台にした樋口一葉の『たけくらべ』（一八九五年）に生き生きと描き出されているのは、束の間の思春期を足早に送り大人になってゆく少年少女たちの姿であった。

女子の青年期は、横浜に設立されたミス・キダー塾（一八七〇年―、後のフェリス和英女学校）のようなミッション系の学校の中で、まず欧米の青年期概念の移植というかたちをとって現れる。さらにこの系譜は、自由民権運動が切り拓いた思想的潮流と重なって、明治期のわが国の代表的な女子中等教育機関となった明治女学校（一八八五―一九〇八年）を出現させている。木村熊二によって設立され、巌本善治に引き継がれるこの学校の存在を下から支えていたのは、明治初期啓蒙思想の影響を色濃く残していた旧中間層の一部に現れてきた女子教育への要求であった。国家が用意した女子中等教育機関としての高等女学校の教育に期待していなかった階層が存在していたわけである。この学校の解体は、その後この階層の家族の解体と変容が進んだことを意味している。

大正デモクラシー期になると、明治女学校を成立させていたような精神風土の中から、平塚らいてうらの「新しい女」を自称する一群の女性たちが出現し、『青鞜』（一九一一年創刊）の刊行を始めとする思想・文学運動、女性運動を展開することになるが、この運動は当然のことながら、いまだ社会的承認を受けていない女性の青年期の実現をはかろうとするものとなった。彼女たちの自由奔放な恋愛はそのことをよく示している。しかし、当時の日本社会には、この思想運動を日常生活の中で受けとめる社会階層が十分育っていなかったために、彼女たちの行動はスキャンダラスなものとして受けとめられるほかなかった。そして、これを眉を顰めるべきものとして一般社会から隔離し、女性を天皇制家族主義国家の単位としての家父長制家族を守る妻、母として形成しようというのが政府の一貫した女子教育政策であった。

しかしながら、拡大する新中間層の女子教育への要求は、国家の用意する女子中等教育の枠に収まらずに、この階層の人びとによって新しい女子教育の扉が開かれることになった。明治女学校で学び、日本で初めての婦人新聞記者となった羽仁もと子は、家父長的家族に対して、母を中心とする近代家族を意識的に形成し、娘の教育にもそのような立場から意を尽くした。後年娘の側から書かれた家庭教育の記録には、子ども中心のブルジョワ家族の子育ての特質がよく表れている（羽仁説子『私の受けた家庭教育』婦人之友社、一九六三年）。羽仁は、女子の「自主独立の人格」の教育を行う中等教育機関として、自由学園を設立した。同様なことが父親によって行われたのが、西村伊作による文化学院の設立である。女子の青年期を充足させることを意図したこれらの学校は、男子の青年期の保護と充足にも向かうことになった。いずれも、公教育が否定していた中等教育における男女共学を実現することになったのである。

一方、夫婦と子ども中心の近代家族の登場を目前にして、国家主義的な立場からの女子中等教育の再編強化も進んだ。良妻賢母主義の教育は、新中間層の家庭に現れはじめた女子の青年期にあらかじめ網をかけて体制内に保持しようとするものであった。産業革命の進行とともに都市社会を舞台に無視できないほどの広がりで登場してきた近代家族は、家父長制家族イデオロギーを定着させる上での障害となり、国家にとって危険な存在になりかねない。良妻賢母主義の教育は、この階層に属する少女たちの心中からまえもって夫婦家族に向かう心性を摘みとり、これに代えて家父長的な家族のイデオロギーを植え付けようとするものであった。

農村部では小学校を卒えて労働に従事していた娘たちのために、地方改良運動以降男子の青年会に対して処女会や淑女会が部落単位で作られていたが、これが内務文部両大臣の訓令によって町村単位に合併され、「青年女子の修養機関」として女子青年団が作られたのは一九二六年のことである。男子の青年団の場合、同様な訓令が出されたのはこれに先立って一九一五年のことである。

産業革命の進行とそれにともなう社会構造、生活様式の変化に対して、国家は家父長制家族イデオロギーを再編強化することによって、女子にも教育が必要だと考えるようになった家族には良妻賢母主義で対応し、女に教育はいらないとする伝統的な家族のもとで生活している娘たちに対しては官製青年団組織の重い蓋をかぶせてゆくことになったのである。

こうして、女子が青年期を手に入れるに際しては、二重三重の足かせがはめられることになった。女子の場合も、男子の場合と同様に、青年になることの難しさは彼女たちの属する階層によって大きな違いを示している。

自由学園や文化学院などの新しい学校に通い、与えられた青年期を享受することができたのは、都市新中間層上層部と地方地主に代表される旧中間層の子女のうちのほんの一部にすぎなかった。それ以外の大多数の若い女性たちにとって、青年期ははるかかなたの手の届かないものであり、いったん自分の人生を自分で選択しようとすれば、その目的の達成のためには大変な努力が必要となっていた。女工になった少女が青年期を手に入れたいと願ったときの困難は、たとえば、早船ちよの自伝的成長小説『ちさ―女の歴史』（理論社、一九七六年）に描き出されている。地方の旧中間層を出自とする少女の場合は、たとえば、丸岡秀子の自伝『ひとすじの道』（偕成社、一九七六年）に表現されている。そして、下町の娘にとっての青年期を獲得するための周囲とのあつれきは、沢村貞子『私の浅草』（暮しの手帖社、一九七六年）、『貝のうた』（暮しの手帖社、一九七八年）に描き出されている。いずれの作品も、女性にとっては、青年期を手に入れるための障害が男性以上に大きかったことを物語っているのである。

一九一〇年以降の状況を全体的に見ると、いわゆる大正デモクラシー期に女子の中等教育への要求は急速な高まりを見せている。自由主義の影響と経済的な好況およびその裏にある社会不安に促されて、新中間層の親たちを中心に、娘のために万一の場合に備えて教育を施そうという親が多くなったからである。そのような要求に押されて高等女学校の教育内容の充実、知育重視の傾向が強まり、女子専門学校が拡充され、上級学校に進む女子も急増した。女子にとって青年期の確立のための社会的状況は好転しはじめていたといってよい。「男女平等」の教育を主張した市川源蔵を校長とする府立第一高等女学校の教育はそのような時代の雰囲気を代表していた。少女雑誌、婦人雑誌の出版もまた盛んになり、当時人気を集めた吉屋信子『花物語』（洛陽堂、一九二〇年）に描かれているような、モラトリアム期の特徴をよく示している女学生像が多くの少女たちに彼女たちの夢として共有される時代がやって来ていた。

しかし、一九三〇年代に入ってファシズムの時代になると、女子の青年期は再び閉塞状況に陥ることになる。一九三二年、大日本連合婦人会は御茶ノ水家庭寮を開設。これをマスコミが花嫁学校と紹介し、それ以後、花嫁学校、花嫁講習会は一種の流行となり全国の地方都市から農村まで急速に波及していった。花嫁学校はかつての女学校の補習科の新たな装いのもとでの登場であり、良妻賢母主義の普及版、大衆版として性格づけることができよう。義務教育修了後の女子教育はほんの少しだけモダンな装いを凝らした花嫁修業に矮小化され、社会問題や婦人問題、科学の教育は退潮した。

従来から中等女子教育への要求の中には、女子の社会的自立のための教育要求と並行して、男子の高学歴者との結婚に見合う学歴と教養を身につけさせたいという親たちの要求が存在していたわけであるが、これほどあけすけに教育の目的や性格が表現されたこともなかった。大正デモクラシーの社会状況のもとで、いったんはしつけ中心の教育から脱却して、男女平等の教育への道が拓かれはじめたかに見えた女子中等教育は、再び、そしていっそう結婚準備教育に矮小化され、工業社会に向けての社会構造の変動を察知して地方の家族やその子女の中から湧きだしはじめていた新しい質の教育要求は、ファシズム特有の疑似的な自発性に支えられながら、花嫁学校、花嫁講習会などの名目で大衆化通俗化された良妻賢母主義のもとに回収されていく。

このような動向は「婦人よ家庭に帰れ」と説いた当時のナチスの主張とも合致していた。女子の社会的自立と青年期の充足の問題は、到来した日本型ファシズムの時代にいっそう困難の度を増したのである。

注

（1）奈良常五郎『日本ＹＭＣＡ史』（日本ＹＭＣＡ出版部、一九五九年）。なお、青年の用語の日本社会における使用例については、多仁照広『若者仲間の歴史』中「Ⅲ　青年会」（日本青年館、一九八四年）に詳しい。

（2）宮原誠一・宮坂広作「青年期教育の歴史」（『現代教育学』第一六巻、岩波書店、一九六一年）。

（3）田嶋一「明治期から大正期にかけての地域社会を生きた若者と青年たち──若者と青年の教育・形成史（2）」（『國學院大學教育学研究室紀要』第四五号、國學院大學、二〇一一年）。地域社会の青年たちの形成と教育をめぐるモノグラフとして、柏市史編纂委員会編『柏市史　近代編』（柏市教育委員会、二〇〇〇年）に収録した田嶋一「若者たちの活動と村」（第一編第二章第三節）「青年団の活動と中等教育」（第二編第二章第二節）「青年団の活動と中等教育」（第二編第三章第二節）「戦争と青少年の教育」（第四編第三章第二節）など参照。

第2章　〈青年〉の社会史——山本滝之助の場合

前章「共同体の解体と〈青年〉の出現」では、日本社会における青年の存在様態を歴史的に三層に分けて把握する視座を提出した。第一層は学生たちを中心とする青年期を社会的に保障された者たちの層。第二層は共同体の内部にあって青年期を求め続けた層。第三層は共同体秩序の内部にとどまっていた層である。本章で採り上げる山本滝之助（一八七三—一九三一年）は第二層にいる。そして、共同体からの離陸に失敗する。失敗することによって逆に、共同体を基盤としながら、日露戦争後の地方改良運動のもとで国家の青年運動のリーダーとして登場してくることになる人物である。「青年団運動の父」と呼ばれた彼の果たした役割は大きい。一九〇五（明治三八）年八月、第五回全国連合教育会の席上、広島県の一小学校教員であった滝之助は、小学校の教育と補習教育の関係、またその障害となっている若連中について、「小学教育の障害物とは彼の古来より若連中または若い衆などと称したる青年団体」だと述べて、これに対抗する新しい青年会の創出を提案した。青年会は、若連中、若衆組を解体させながら、他方、「国家のための共同体」を作り出すという二重の機能を果たしてゆくことになる。青年会の運動は国家的立場から内務、文部官僚に主導されることによって、山本の当初の本意とは大分ズレたものになってしまうことになったと私は考えるのだが、そのズレの位相は、彼の青年期の過ごし方およびその決算としての彼の「田舎青年」論を、後の青年団運動の展開と重ねて合わせて見ることによって分析可能になるだろう。そのことによって「青年団運動の父」と持ち上げられてきた山本の栄光の陰にある悲しみと不幸にも私たちは気づくことができよう。

本章の課題は、青年山本滝之助の自己形成の過程とその特質を社会史的な視点で明らかにすることである。この作業を通して、私たちは近代日本の青年史を解明する上での重要な手がかりを得ることができるであろう。幸い多仁照広氏による詳細な解説をつけて、滝之助の青年期の日記が刊行されている[1]。この日記には、一九世紀末の日本社会に生きた青年たちの抱え込んでいた諸問題が、一人の青年（でありたいと熱望していた人物）の姿の中に凝縮して現れている。

1　「田舎青年」論と山本滝之助

(一)　「田舎青年」論の特徴

山本滝之助著『田舎青年』は日本の青年論の展開を考える上で、エポックメーキングといってもよい重要な書物である。一八九六（明治二九）年、山本が二四歳のときに自費出版されたこの本は、当初ジャーナリズムでもほとんど注目されず、売れ行きも悪く、その社会的影響力はきわめて小さかった。しかし、その歴史的意味は、それに反してきわめて大きいといわなければならない。

日本社会に現れてきた青年の群れはまず都市に集まって、書生、学生と呼ばれる階層を形成した。そこで、新しく生まれてきた者たちを表現するために創り出された青年という言葉も、さしあたって、学生や書生だけを意味する言葉となった。同書は都市の青年だけに使われていた青年概念を、彼らの独占的、特権的所有から引き離して、すべての青年たちのものにしようとしたものであった。

都市に出ようとしてついにかなわなかった滝之助は、自らの青年としての存在確認のために本書の執筆に着手したのであるが、その行為が、日本の青年の概念、用語を彫琢する上でもっていた意味は、実に大きい。

その内容を概略しておこう。

『田舎青年』の緒言に滝之助は「在来の青年論は、その説きかた青年学生に偏して、田舎青年に適切ならず」と書いているが、この一文が、本書の刊行の意図のアルファでありオメガである。滝之助はいう。

> 田舎青年とは、路傍に捨てられたる青年にして、更にこれを云へば田舎に住める、学校の肩書なく、卒業証書なき青年なり、学生書生にあらざる青年なり、全国青年の大部分を占めながら今や殆ど度外に視られ、論外に釈（すてら―引用者）れたる青年なり。

学生になりたくても学生になれず、さりとて、もはや村の共同体の若衆としての生き方もできない、精神的な居場所を失ってしまっている農村の青年たちをもまた、社会は学生同様に青年として遇せよ、と滝之助は社会に向かって要求した。そのような者たちに青年としての確信を与えたいとも思う。それは滝之助自身の救済のためでもあった。そしてまた、滝之助と同様の境遇に置かれている者たちの数はしだいに多くなってきていた。

滝之助は、青年＝学生論から青年概念を解き放つために、青年の特性を、外見ではなく「精神気象」にありと捉えなおす。そしてその精神気象は人間が「天より受くるところの賦質」であるとする。

天賦の特性であるからには、「されば、青年のうえに青年なく、青年のしたに青年なし」ということになろう。こう捉え返す彼の発想の中には明らかに、福沢諭吉の『学問のすゝめ』の影響が色濃く表れている。彼は、明治期啓蒙主義の天賦人権論を青年論に敷衍させたのである。こうして学生と、学生になれなかった者の間にあった区別（差別）とそこに生じてくる取り残された者たちのコンプレックスをまず取り除こうとした。そのうえで、社会に対して、

「路傍に捨てられたる青年」を青年として遇することを要求し、また、彼らに青年としての自信を与えようとしたのである。

同書執筆以前に見せていた中央への執拗なこだわりは、ここでは逆転して、「中央集権」批判と地域主義の立場が強く表れている。かつて彼が地方の青年としての、自分自身の生き方の指針ともしていた徳富蘇峰の「書を読む遊民」論[2]さえも、ここでは地域主義の視点から批判する立場へと抜け出している。

彼はまた、青年の特性を「進取革新の気象」と捉える。青年は「天性の改良者」「社会の革新家」として把握されると同時に、「国家の継続者」として位置づけられた。このような世代交代論は、彼が徳富蘇峰の『新日本之青年』（一八八七年）や尾崎行雄の『少年論』（一八八七年）から強く影響を受けていたことを示している。「田舎青年」の用語そのものが蘇峰の「田舎紳士」論の影響下で成立していたばかりでなく、両者は社会の革新力としての地位を与えられている点においても共通していたのである。

彼は田舎に埋もれている青年たちの「救済法」として、青年たちの自覚を促し、修養をすすめている。同時に、当時各地に設立されはじめていた青年会に大きな期待をかけていた。彼は各地の青年会の連合組織として、「大日本田舎青年会」を構想するところまで考えを進めていたのである。

一方、彼は同書の中で、共同体的秩序の中で生きている若連中に強い反感を示していた。彼らを国家の観念を欠き「始終卑談猥話」している堕落した者たちと呼んでいる。同書で「田舎青年」と記されている者が、旧来の若者、若衆、若連中などと呼ばれていた階層と区別されているのは明らかである。若者であることを否定し人生を主体的に選択したいと願いながらも、学生たちが手に入れていたモラトリアムも人生の決定権も手に入れることができず、社会的にも青年として認められていなかった者たちに向かって、共同体社会からの離陸を励まし、学生が享受していた青年期を彼らにもまた保障することが同書の狙いであった。青年組織の連合も、各地で孤立して呻吟している者たちを結ぶためのネットワークの創出として構想されたのである。

同書は滝之助自身が青年期を終えるにあたって著した自己確認の書、自己実現の書であり、同時に同じ境遇に置かれた者たちへの励ましと連帯の意思表明の書でもあった。

(二) 滝之助の出自と成育環境

滝之助の成育環境については多仁の解説が詳しい。ここでは解説を手がかりにしながら、彼の出自と成育環境を見ておこう。

滝之助は一八七三（明治六）年、広島県の草深村に生まれた（草深村は一八八九〈明治二二〉年の町村制施行によって、隣村と合併し千年村となった）。草深村は瀬戸内海に突き出した沼隈半島の先端に近い谷間の山村で、半島のつけねにある福山から一五キロほど南下したところにある。山陽鉄道が福山まで延びてこの地が大阪と直接鉄道でつながるようになるのは一八九一（明治二四）年になってからのことである。

滝之助の生家は三反ほどの田畑を所有するけっして豊かとはいえない自小作農家であり、父親は職工として手間賃を稼いで一家の生計をたてていた。姉は養女に出て、滝之助は一人息子として育てられた。

滝之助の生まれた草深村は、明治になってもまだ共同体の性格の色濃く残っていた村であった。荒神講、観音詣、報恩講、盂蘭盆を始めとする共同体社会の年中行事や祭りが村の生活の節目をなし、また若連中の活動もきわめて活発であった。政府の廃仏毀釈の政策によってこの地方でも仏教の信仰は衰弱していたが、山本家は神仏への信仰が厚い家族であった。とくに滝之助は、青年期になると村の浄土真宗の寺院に頻繁に出入りするようになり、仏教への関心を深めている。

両親は、滝之助を釈迦の誕生日にあわせて小学校に入学させたほどであるから、学校による新しい教育に大きな期待をかけていたにちがいなかった。それに応えるように滝之助の学業成績は大変よかった。小学校に通う一方、漢学塾でも学んでおり、儒教的教養は仏教の教養とともに彼の人生観の土壌を形成することになった。

数え年一四歳で小学校を卒えた彼は、中学校への進学を希望したが、家の事情が許さなかった。後年、親戚の子どもの中学進学問題が起きたときに、彼はなんとしても中学に進学させるべきだと主張しているが、これは自身のかなわなかった夢を託したものと見ることができる。

貧しい両親が学校教育にかけた期待は、わずかな田畑に頼らなくとも村でよりよく生きるために、学校が用意してくれる新しい能力＝書記能力を手に入れさせることであったようだ。両親は一人息子に村を出て生きるための能力をつけてほしいと願っていたわけではけっしてない。新国家の成立にともなって地域社会に登場した家業から自由な新しい職種の代表的なものは、役場の吏員と教員である。実際滝之助は両方を経験することになる。しかし、学校という窓口を通していったん広い世界を見てしまった滝之助の夢は、もはやそこに留まることはできなかった。学校で手に入れることができた新しい能力＝学力は、より広い世界への扉を開く鍵でもあった。そして滝之助はきわめて高い学力を手に入れていた。ここに滝之助の悲劇が始まる。

小学校を卒えた滝之助は農業を手伝いながら独学を続けた。滝之助は、中央で出版される新しい本、新聞、雑誌の動向にきわめて敏感であり、町の書店を通して毎月かなりの金額に上る書籍を注文し貪欲に読んでいる。彼の興味は当初広く拡散していて、文学、漢学関係の書籍を中心に一般教養を身につけようとして、ほとんど乱読に近い。英語までも独習していた。

彼は、近在の若者たちと世間話に打ち興じるよりも、離れていても志を同じくする気心の知れた者たちと交流することの方が好きだった。彼らの間では頻繁に手紙のやりとりが行われ、またわざわざ足をのばして会合することも多かった。彼の生活意識は共同体の枠をはるかに越えてしまっていた。この時期、多くの少年たちが高等教育を受け、立身出世することを夢見て東京に遊学するようになっていたが、彼の友人たちの夢もまた、つまるところ東京への遊学であった。彼の周辺にも起きてきていたそのような事態が彼を絶えず刺激し、時に取り残された感情を抱かせ、彼は一人焦燥感を募らせていた。

しかし、彼は一人息子として村を出ることが許されず、村で現実に生活している以上、村の慣行に従わなければならない。一五歳になると彼は若者の仲間に入った。どうやら、滝之助は若者組の一員としての生活にあまり馴染めなかったようである。自分と同世代の若者たちと興じるよりも読書の方が楽しいと思っている滝之助は、新しい時代の波を受けながら、明らかに「若者」ではない存在になりつつあったのである。それに加えて、彼は病弱だった。彼は「若者入り」にあたって若者の一人前の資格である俵一俵が担げなかった。彼が俵を担げたのはようやく二二歳になってからのことである。このことは滝之助が村の一人前の若者としては周囲から容易に認めてもらえなかったことを意味している。伝統的な共同体社会ではそのような者は村から出て生活の道を拓かなければならなかったことを考えてみれば、このことが彼の生活スタイルに与えていた影響は思いのほか大きかったとみておかなければならないだろう。それでも、彼の存在が村の中で認められ、また彼自身も村の中で生きることにある種の自信をもつことができていたのは、彼に国家の成立以降、村社会に必要になってきていた文書作成の卓越した能力があったためである。彼は村の人びとからしばしば役場への書類の代筆を頼まれていたのである。

やがて彼は役場に勤めるようになり、ついで小学校の教員になるが、村の中で生活している以上役場に勤めようと教師であろうと村の若衆の一人であることにはかわりなく、若衆組の一員としての行動からはずれていることは許されなかった。彼は、常に一定の距離を保ちながら若者組の活動に参加しているが、共同体的な秩序の中に埋もれている若者たちへの違和感、反発は彼の心の中に澱《おり》のように溜ってゆく。

意識だけはすでに青年の領域に踏み込みながら、青年期をおくるための社会的保障を手に入れることができず、現実には村の若者の一員として共同体秩序の中で生きなくてはならなかった青年、相当に高い学力をもちながら、しかも若者としては実に貧相な若者にすぎず、村にとどまるかぎり彼の読書人としての能力はまわりからせいぜい公文書作成のために必要になる書記能力の持ち主であるというかぎりで評価されていたにすぎなかった青年、それが青年としての滝之助の姿であった。彼の苦しみはまた、この時代に学生や書生として東京に遊学することができなかった多くの青年の共有した苦しみであった。滝之助は苦しみの多かった青年期を終えるにあたって、「青年論者」としての役割を自分自身に与えることになるのだが、このとき彼は自分自身を含めて、そのような青年の救済の道を拓くことを自分自身の終生の仕事として選び取ろうとしていたのであった。

2　『山本滝之助日記』の分析

(一)　時期区分

滝之助は一八八八（明治二一）年、数え年で一六歳になった正月から日記をつけはじめている。滝之助が、いつから青年期と呼んでいいような時期に入ったかはわからない。しかし、一六歳の正月に書き始められた日記には、青年期の人間の内面的特徴があふれている。滝之助の日記を分析して、彼の日記に顕著に表れているこの時代の青年の自己形成の歴史性を洗い出してみよう。

日記はまず陰暦で書かれ、一八九〇（明治二三）年正月より陽暦になり、また陰暦に戻った後、再び九七（同三〇）年の正月から陽暦になっている。一度目の陽暦への変更は日記を見てもらったある人物から新国家が陽暦を採用していることを指摘されたからである。そこで陽暦に変更したが、やはり日記という生活の記録はこれでは不便だったのか、また陰暦に戻っている。そして次にはより意識的に、村の生活暦と国家暦の間にあるズレとそこから生じる不便を押して、陽暦が採用される。「文明ノ日誌タルニ恥ジザラン」というのがその理由である。こうしてみると、陰暦を使うか、陽暦を採用するかの選択は、並存していた新旧二つの文化への態度決定であったことがわかる（本章では便宜上陽暦で統一する。なお本文中日記の引用の後につけた括弧内の数字は日記の日付である）。

日記を概観して見ると、全体として、青年期の特徴がよく表れている。彼はほとんど毎晩、その日の出来事と、自己の内面生活をていねいに日記につけている。その記録を見ると、彼の青年期は、大きく前期と後期に分けることができる。そして前期と後期の間には、前期から後期へ移行するための時期がはさまっているのを認めることができる。そこで本章では、彼の青年期の時期区分を、青年期前期、中期（移行期）、後期とおさえて分析をしてみたい。

前期は一七歳までの時期で、いわば少年期特有の現実に拘束されない自由な気分が色濃く残っている希望に満ちた時代である。この時期は現実が彼の希望を打ち砕き、失望の時代が幕を開けるまで続く。

中期は、少年期の明るさをいまだ引きずっていた希望の時代が終わり、挫折と失意の時代に入る。この時代は、深い失望の中に投げ込まれ煩悶する時期と、それに続く、その中で後期がやがて用意されてくる時期に分かれる。年齢的には一七―一九歳である。

後期は、あきらめから再生への時期と特徴づけることができる。彼は、挫折の時代の後に、新しい出発を試みる。そして、彼の再生への努力は、二三歳の年、一年間をかけての『田舎青年』の執筆にかけられるのである。『田舎青年』の執筆は彼のアイデンティティ確立の努力であった。この結果、彼は青年期に終止符をうつための確固とした足がかりをつくりだすことに成功する。その後につづいて起きてくる結婚、母の死、離婚、再婚という一連の出来事を経験することによって、彼の青年期は終焉してゆくことになる。

滝之助の青年期の日記の分析を通して、青年期が日本の社会に生成してきた当初における青年の姿と、日本の青年論の新しい展開をもたらすことになった「田舎青年」論成立の経緯の内部事情を、私たちはさらに詳しく知ることができるであろう。

(二)　青年期前期――一六―一七歳

(1)「青年有為ノ士」として

中学進学の夢かなわず、村の若者の一人としての生活が始まったが、滝之助は実によく勉強をしている。『西洋道中膝栗毛』『小学文選』『伝導会雑誌』などを書店から取り寄せ、またのちには『日本』『国民之友』の購読を始め、「英書研究」「算術研学」にも取り組み、滝之助のまなざしは常に村の外の世界に向かっていた。

日記には、ハンカチーフ、ホーテル、シンガーなどの用語が頻繁に現れてくる。また女性をmiss、男性をsirなどと表記したりもしている。友人たちとトランプをするのも彼の楽しみである。滝之助は大変ハイカラぶっていたにちがいない。その分、彼は、村の中で浮いた存在でもあったはずである。滝之助の行動に常に寛容であった父親が、滝之助にそのことで説教するのは、後に彼が家郷からの脱出に心が揺れるようになってからのことである。

滝之助は若連中の一員である。しかし、若連中とは一歩距離を置いている。彼の心を許す友人たちは、同様に外の世界に興味を持ち、「互イニ読書談話」できるような、文明開化の時代の新しい学力をもっている者たちである。滝之助は彼らを「同士青年輩」「青年有為ノ士」などと呼ぶことがある。とくに気を許している友人は上京への志を共にする者たちであった。彼の交遊関係は村の生活範囲をはるかに越えて広がっている。

家の農業を手伝いながら独学をつづける滝之助は、やがて、役場に提出する書類を村人に代わって代書する村の書記的存在として珍重されるようになる。彼の存在自体が、村落共同体の人間形成のシステムに馴染まないものになっていたにもかかわらず彼が村の中で疎外されてしまうことがなかったのは、明治国家が成立して以降、村に必要になってきていたこの書記的能力を滝之助が備えていたからにほかならないだろう。

一六歳の滝之助は、「役場ヨリ使イ来タリシ故、夜亦出勤」（一八八八・四・七）しては、村民の就学猶予願書や、現役志願書を代書して、代書料をもらったりしている。滝之助はやがて役場雇となっている（同・六・六）。彼はほとんど毎日出勤して、村の書記として就学願書、徴兵適齢届、就学の督促状などをつくり、また学校免状授与式に出席するなどして奔走している。宿直もしばしばしている。その合間に読書、友人たちとの交際、共同体の年中行事やさまざまな講への参加、若者仲間の一員としての活動、農業の手伝いなどで忙しく日を送っていることが日記には記録されている。

この時代、滝之助は自分の力が必要とされていることを実感し、それなりに役場の仕事を楽しんでいるように見える。村の生活の折り目折り目に繰り返される報恩講、若連中の催事、左義長を始めとする年中行事なども、この時期の滝之助には単調な日々の生活に変化をもたらす楽しい出来事であった。

彼が勤務を始めた役場は、新聞や官報が揃っている唯一の地域の文化・情報センターとして、村の有識者たちの溜り場ともなっていた。役場に勤めることは滝之助にとっては好都合なことであった。滝之助のもう一つの村内の溜り場は、浄土真宗の寺院、本願寺派北峰山南泉坊である。旧社会を代表する知識人である住職や説教師を始めこの坊に集う人びとからも滝之助は多くの知識や情報を得ていた。彼は、ここで行われる報恩講や仏教講習会にはよく顔を出している。浄土真宗の教義は彼の人生観に大きな影響を与えていたのであり、日記には仏教の衰退を嘆く言葉がしばしば現れている。

この年の秋、滝之助は友人たちと信義会と名付けた演説会を結成した。初会合には、会員三〇名余りが集まり、会の結成の中心となった滝之助は発会の祝詞を述べている（同・一一・三）。憲法発布の当日には、信義会はこの日にあわせて日程を繰り上げて、第三回の演説会を小学校で開いている。この日には「祝憲法発布」「徳義ノ要項」「実業予習的ノ学校」「自治ノ端」「国体ヲ論ジテ教育ノ事ニ及ブ」などの演説が行われた。自由民権運動以来の演説活動の伝統は、地方の青年の間に脈々と受け継がれていたのである。とくに滝之助は演説に強い関心を示している。ある日の彼の日記には、民権派として政治批判の壮士芝居で評判の高かった川上音二郎が福山の朝日座で政談演説をしたことが記録され、川上について「二五回獄内ニ入リシ者」と注釈がつけられている（一八八九・四・八）。滝之助たちは自分たちの演説活動がどのような運動の系譜に属するか知っていたはずである。民権運動の中で盛んになった演説は、社会運動、政治運動の方法であるとともに新しい思想形成の方法、思想表現の形式として確立されていた。演説のこのような性格は、この時代の青年たちにも受け継がれていたのであった。

滝之助の信義会は明らかに村の若連中（奥組丁年社）とは別の、村の境界を越えた青年運動のネットワークを作りだそうとするものであった。彼らの演説活動は、政治運動としての色彩は民権運動のそれに比べればはるかに弱くなっているが、青年が切磋琢磨して自己一身上の思想を形成するための方法としての性格はむしろ強まっていた。このような活動をしているうちに、やがて彼の心には、このまま村で埋もれてしまうわけにはいかないと思う気持ちが芽生え、育ちはじめてきたのであった。

(2)　出郷の野心

滝之助に新たな出郷の可能性を開示したのは、従兄弟がもってきた広島裁判処（ママ）長の書生の一件である。この件について、滝之助は日記に「一生ノ方向トモ称スベキ一大善事」と記した（一八八八・一一・二三）、結局この話は実現しなかったが、滝之助に新しい人生への期待を抱かせた最初の出来事であった。

ほどなく滝之助は、東京に本部をもつ協習会の会員となる（一八八九・二・三〇）。協習会は、志賀重昂を会長とし、機関誌『少年子』を刊行して、遊学をめざす地方の青少年を結集する学習組織であった。この年の旧暦正月元日の日記にある、「霧界」を出て「自由ノ民」にならん、という記述は、この時期の滝之助の気持ちを象徴的に表している。共同体社会は「霧界」であり、「自由」を獲得するためには上京して、まずは書生にならなければならないと滝之助は考えはじめたのである。

滝之助の出郷の気持ちはしだいに強まってゆくことになる。信義会のおり、「寺岡氏ト東京行キノ事ニツイテ談話」(同・三・二〇)し、また、小耳にはさんだ友人の出京は、滝之助の気持ちをいよいよ焦せらせる。「祝スベシ、羨ムベシ」(同・四・一九)。この後「来月十日比ニハ当地出発、出京ノ心積モリナリ」と母親に告げ、母に泣かれて困っている(同・四・二五)。このさき上京を阻む最大の要因となる「家」がこのときに早くも滝之助の前に立ちはだかってきたのである。

滝之助が役場に勤めていた時期は、ちょうど憲法発布を前に地方自治制度の整備が進められていた時期であった。一八八九(明治二二)年四月の市制町村制施行を前後する時期になると、滝之助は役場の仕事に忙殺され、夜業が続いている。この時期の滝之助の上京への希望は、いったん母親の気持ちを思って押さえられることにはなったが、市制町村制施行にともなう雑事で忙殺されながら、こんなことをしていていいのかという取り留めのない焦りが滝之助を苛立たせる。「嗚呼、光陰ハ矢ノ如シ(中略)。学ノ進マザルヲ如何セン(中略)。志ノ成ラザルヲ如何セン(以下略)」(同・六・三)。滝之助にはいまだ志のなんたるかを彼自身確定できないでいる。しかし「余ハ、役場在勤ヲ以テ、在志トナサズ」ということだけは、はっきりしていた(友人宛の書簡、同・六・一二)。新聞を購読し、また役場に行けば官報を熱心に読む彼の関心は、ますます村の生活よりも「国事」に向かっていた。宿直中のある晩、村の大人たちが娘のことで夜更けまで語り合っているのを小耳にはさんだ滝之助は、この熱心さで「国事」を論じてほしいものだと大人たちの関心の狭さを苦々しく思っている。滝之助はいまさらながら村人たちと自分の間の隔たりを感じとるのである。

たまたま役場の仕事で福山へ出た滝之助はそこで一人の青年と出会い、上京への思いを再燃させることになる。彼（渡辺只太郎）は東京で修学中に病気になって帰村していた。二人は、「互ニ赤心ヲ吐イテ、東京辺ノ書生ノ状態、及ビ時事ヲ談」じ、このときより上京をめざし励まし合う友人となった（同・六・一四）。

（3）　最初の挫折

やがて、不満を抱きながらもその日その日をしのいでいた滝之助にとって重大な事件が起こった。市制町村制施行にともなう役場の吏員の人員整理で雇いは全国的に整理されることになり、滝之助もまた職を失うことになったのである。この日の日記に滝之助は、「不覇独立ノ身トコソハ成リニケリ。嬉可シ」と書きつけた（同・六・二四）。

職を失ったその日、たまたま渡辺より滝之助に上京を促す手紙が届いた。「今日ハ実ニ青年ノ悠々家郷ニ齷齪スルトキニアラズ、宜シク一蹴シテ速ヤカニ東上スベシ」。自分もまた近いうちに上京するつもりだ、上京の日時など打ち合わせたいという内容である。滝之助は、渡辺の手紙にいたく「満足」し、「何日ノ日カヨク一蹴東上スルヤ」と記している。そして、数日後には、上京している友人にあてて、どこか書生として自分を引き受けてくれるところはないか、「東京辺ニカナリノトコロアラバ周旋アレ」と依頼の手紙を出している（同・七・六）。書中「余ハ実業ヲ採ルノ意、然ドモ無学ナリ、依テ、今少シ勉学セントス」と書いて初めて実業方面への進出の希望を口外している。

滝之助は、上京への夢を実現するために、「色欲」を押さえ「今後ノ意ヲ勉学ニ注」ごうと決意するに至る（同・六・二八）。この禁欲主義は、漢学塾の師の忠告を受け入れたきわめて儒教主義的な性格の強い禁欲主義であった。

一方、役場の雇いとしての職は失ったものの、滝之助はこのあとも役場に出勤して仕事を続けている。滝之助には、自分の能力と貢献度からすれば、当然、統合された新しい役場に正式の庸吏として雇用されることになるだろうという自負があったと思われる。

しかしやがて滝之助のプライドを大きく傷つける出来事が起こった。別の人物が彼がつくべき職についてしまったのである。そして、滝之助には小使でどうかという話が持ち込まれてきた。滝之助は、「余青年後将ニ有為ノ存志ノ少年」、とても小使の職に甘んじることはできないと、この申し出を一蹴している。公的な人事にまで血縁や家柄が先行する村の人間関係は、滝之助にとって決定的に疎ましいものになったであろう。滝之助の出郷の気持ちはいっきょに高まることになる。そして、出京を阻む事情との間の葛藤も急速に高まってゆく。

(三)　青年期中期――一七―一九歳

(1)　再び上京をめざして

失意と憤慨のうちに役場をやめた滝之助は、上京への画策をしながら、猛烈に勉強を始めた。暇があれば「勉強」「読書」に専念し、日記には「終日読書」の記載もしばしばみられるようになる。彼の情報源は新聞や雑誌であり、「近比《ママ》ハ一ノ新聞紙ヲ見ズ、一ノ雑誌ヲ読マズ、従テ、社会ニ何ノコトアル也ヲ不知。悲也」と書く日もあった（一八八九・八・二三）。

大江義塾で学んだ者が近村に帰郷したという話を聞いて、早速会いに行くのもこの時期である。大江義塾（一八八二・三―一八八六・九）は徳富蘇峰が熊本県大江村に設立し、「自治自由ノ教育」を掲げて民権運動の一大拠点となった民権私塾として知られていた。話ははずみ、早朝に訪ねて帰宅は夜の一〇時になった。「現今ノ景況、政党ノ有様」などの話を聞き、この人物を「後来有為ノ少年ト思ヘタリ」と評している。滝之助はまぶしい思いで対面していたにちがいない（同・七・二五）。勉強熱心な滝之助は、早速大江義塾の主宰者であった徳富蘇峰の『新日本之青年』を手に入れて読みはじめている。蘇峰の平民主義の立場は、滝之助が会員となっていた協習会の主宰者である志賀重昂の国粋主義の立場とともに、この後滝之助の思想形成に大きな影響を与えてゆくことになる。

ついに上京への思いがあふれて、滝之助は協習会の一会員としての立場から志賀に手紙を書き、自分を彼のもとに食客としてむかえてほしい旨依頼をした。協習会の機関誌『少年子』の刊行の趣旨である社会を変革してゆく主体として自己形成をめざす少年たちのために道を講ずるという立場にたって、山村に蟄居する恵まれない一少年の食客志願を許諾してほしい、というのが依頼状の内容であった（同・七・三一）。彼は一面識もない志賀から返事をもらうことはできなかった。

上京への思いに駆られながら、彼は上京への主体的条件をつくるためにいっそう禁欲主義を強めている。盆の祭りの村の若者と娘たちの交際からも身を遠ざけて、一人机に向かい、「正ニ成業ノ途ニ登ラントスルノ時ニ当タリ、之等色情ノ為、志気ヲ亡失スベキノ時ニアラ」ずと記すのである（同・八・一二）。彼はますます村の若者たちの猥雑な世間話に馴染めなくなってゆく。

(2)　小学校の教員になる

出郷の気持ちがせっぱつまることになる事件が続いて起きてくる。

役場をやめてぶらぶらしている滝之助に突然、小学校の教師にならないかという話がかかってきたのである。父親が強く勧めるこの新しい職は「他出」の好機を失わせる晴天の霹靂であった。「障害湧出セリ」。滝之助のこのような反応に対して、ふだんは滝之助の言行に口をはさむことのない温和な父親が、この日めずらしく滝之助に説教をした。滝之助に対して「常ニ高慢心ヲ抱キ、人ニ対シ甚ダ驕慢」だというかんばしからぬ風評が村人の間にたっていると難じ、腰を落ちつけて村の中で生きるようにと強い調子で諭したのであった。

この日から滝之助は、村を出るか、心を入れ替えて教師となるかの一大決心を迫られることになった。彼にとっては、上京を断念して田舎で教員になることなど「唾棄スルトコロ」であった（同・八・二七）。翌日も、「父母共ニ予ノ行為上ニツキ教訓ヲ垂ル」。両親は滝之助に対して、共同体の秩序と価値意識の内部で村の人間として平凡にまっとうに生きることを求めたのであった。親としては滝之助の「無為」を「世人」に対し「不面目」だと思っていたのである。このとき、滝之助は心中、人がどう思おうがかまわない、自分は自分だと考えている。ほんの少し前までこのような不敵なことを考える人間を共同体の内部に見出すことはできなかったであろう。滝之助のケースは、この時代に、共同体秩序を逸脱しはじめた人間が共同体の内部から姿を見せはじめていたことを物語る一つの事例である。

滝之助は上京するために早急に解決しなければならない二つの課題に直面した。一つは受入先を作ること。もう一つは父母を説得して出郷を承認してもらうことである。彼は受入先を作るために、志賀に重ねて食客依頼の返事を督促する手紙を出す。その一方、人を立てて父親を説得してもらおうとする。彼はその人物に対して「当時青年輩二三円ノ為ニ身ヲ屈スル時ニアラザルコト」、「之ヨリ上京、食客ニ食イ込ミ、今後二三年間修学シタキ」ことなど日頃考えていることを率直に語っている。また上京するに当たっては父母に金銭上の助力を求めようとは思わないということも伝えた。しかし、父は「汝ノ存志、一ノ非難スルトコロナシ」と認めた上で、親が老年にさしかかっていること、滝之助が「独リ子」であることを理由に上京を承諾しようとはしなかった。「青年ナルモノ、無為山間ニ屈居スベキ時ニアラズ、正ニ一蹴シテ成業ノ途ニ登ルベキナリ」という滝之助の野心と親の考えは真向から対立していたのである（同・九・五）。

結局滝之助は、志賀からの返事をもらえず、両親を説得することもできず、しぶしぶ教員になることを承諾してしまう。親思いの彼は村を捨てることはできても、結局親を捨てることができなかったのである。滝之助は日記に記す。「恐ルベキハ人情ノ鉄冊ナリ、殊ニ親子ノ情（以下略）」（同・九・一一）、「予モ最早絶望ノ時代トナレリ」（同・九・八）。

失意の滝之助に折しも渡辺より、「我家ヲ逃走」して上京したとの手紙が届き（同・九・一〇）、また友人寺岡も出郷するということを聞く。滝之助の失望は深い。「噫、予ノミ何レゾ夫ヘ如斯ナルカ」、「近比快快トシテ楽シマズ」（同・九・一四）。酒をあまり飲まない滝之助が、「痛ク酒酔セリ」と記す日もあった。

親に説得されて教員になることを承諾してからも彼の心はなお揺れている。時に、「一応就職シ、宜シク明年ヲ待ツテ家郷ヲ逃去セントノ決心」をする日もある（同・一〇・一）。そのような気持ちになった後はまた勉強に精を出している。しかし経済恐慌の到来で、貧しい彼の家の生活はいっそう苦しくなり、「金子拝借（中略）帰途中血涙点々」という状況にまでおちいった（同・一〇・八）。彼の家を離れる条件はますますなくなっていたのである。

こうして彼はついに教員となるわけだが、この仕事に愛着がわかないのは当然であった。辞令書を受け取った日に「引キ裂カント欲スルノ意アリ」（同・一〇・一四）とまで記している。それに反して父母の喜びは大きかった。その後ほどなくして医師の食客になる話が舞い込んできたが、これも父母の反対で立ち消えになっている。「父母ト予ト意見合ハズ。即チ予ハ行カントシ、父母ハ止メントス。予、飽クマデ学校教育従事ヲ非トシテ、医師食客ノ可ナルヲ述ベルモ、一向可カズ」（同・一一・二四）。このころ、ある酒宴の席上で、滝之助は、「我々少年ノ責任義務」と題する演説を行っている。日記にはこの演説中少年の志に対する「父母ノ圧制」についても言及しようかと思ったが止めたと記している（同・一〇・一三）が、ここには両親へのアンビバレントな感情がよく表れている。

(3)　教員としての生活

年が明けて一八九〇（明治二三）年を迎え、教員としての生活が軌道に乗りはじめると、彼は夜学の授業も受け持ち、それなりに忙しい生活が始まった。当初は未だ上京への夢を断ち切れず、上京した渡辺、寺岡らとしきりに文通している。しかししだいに彼の関心が教育にも向き出し、『西国立志編』『日本人』『国民新聞』『頴才新誌』などともに、『教育報知』や『学級教授術』『教育時論』などの教育関係のものも読むようになり、「教育学研究」「分数乗除法研究」にも着手しはじめている。毎日の授業、紀元節や神武天皇祭の学校遥拝式を始めとするさまざまな学校行事や定期試験、証書授与式などの経験を重ねながら、滝之助はしだいに教員の生活に馴染んで行く。このころ、哲学館（後の東洋大学）規則を取り寄せているところを見ると、通信教育で勉強して中等教員の検定試験を受けることを考えはじめていたようである。後にこの考えはさらに進んで、本気で中等教員試験の受験を考えるようになっている。また、友人から師範学校入学の相談を受けると、自分も「内心師範入校ノ気勃勃タリ」（同・一〇・一四）と心が揺れている。

滝之助を永く苦しめることになる眼病の兆しが現れたのもこの時期であった。読書が過ぎて目が霞むようになってきたのであまり読み書きをしないようにしよう、という記述が現れている（同・六・二九）。

滝之助の禁欲主義はいっそう進んでいる。滝之助はこの地方の若連中が伝えてきた祭事のときの跳ね踊り（日記の中では「跳リ」と書かれている）を好み、近在で「跳リ」があれば喜んででかけていたが、この時期には、自分はなんでこんなことをしているのか、と自問するようになり、「世事ヲ思ハサルニモ程コソアレ」（同・八・八）と述べて、踊りに向かう気持ちを押えるようになった。このときの論理は「色情」の禁欲と同様の論理であり、「未来多望ナル少年」にとって、若者たちと一緒になって踊っているのは大業の達成の邪魔になるというのである。「即チ心デ心ヲ制セリ」。そしてまた手の届きそうもない上京への夢を追いながら独り机に向かうのであった（同・九・一）。

それでも村で生きる者として、若者の寄合には出ざるをえない。また、順番が回ってくれば「当家」（持ち回りの若者宿）を引き受け、「勘定酒」と呼ばれているふるまいの席も設けなければならない。彼はせめて夢の中で家郷を脱出する。「昨夜、夢ニ英京倫敦ニ遊ブ」（同・九・二四）。

(4)「草莽ノ寒生」として

国会開設を目前に控えたこの時期には、大同団結運動のもとに旧自由民権派による政談演説が各地で高まりを見せていた。演説好きの滝之助にとっては集会条例（一八八〇年）によって教員の政談演説への参加が禁止されているのが辛い。待ちに待った南泉坊で開かれた政友会のメンバーによる政談演説会には、「教育ノ苦海ニ身ヲ沈メ居ル我々ハ」障子の隙間からこれを漏れ聞くほかはなかったと記している（同・四・四）。帝国議会開設の日には、「草莽ノ寒生何カ言ハン」と記録して、この大情況に参加できない自分をはがゆんでいる（同・一一・二九）。この日学校では国旗を掲げて国会の開設を祝した。

政談演説会に参加できない彼は、この年の一〇月に教員仲間の有志と図って教育談話会を結成した。この会はやがて好友会と名称を変更して続いている。一八九一（明治二四）年の元日、小学校の新年会に続いて開かれた好友会の新年宴会には一一名の来会者があり、各人が演説を試みている。さらにその後に開かれた村の有力者たちの新年会にも、滝之助は招かれて出席し演説をしている。この席上での滝之助の演説は、自分たち「少年」には「中年」とは違う特有の愉快——精神上の愉快がある、それは「前途ノ愉快」である、という内容のものであった。世代としての「中年」の保守傾向に対して「少年」層は社会の革新力として捉えられている。村の有力者たちを前に大変挑発的な演説であったといわなければならない。この世代論は蘇峰が『新日本之青年』の中で展開していた社会変革の世代として青年を捉える青年論の影響を強く受けているものであった。

滝之助は青年という概念をもたない旧世代に向けて、青年の用語を少年にかえて世代論を展開したのである。ここでは少年はほとんど今日の青年の意味で使われている。先の「我々少年ノ責任義務」と題する演説でも事情は同様である。すでに『新日本之青年』を熟読し、またこの直前には彼の青年会に関する最初の論稿「青年会ノ起ルヲ望ム」（一八九〇・一二）を書き上げていたことを考え併せてみれば、滝之助自身がこの時期に青年概念を獲得していたことは間違いない。青年という用語をもっていた滝之助が村人に対してはあえて少年という用語で語りかけていることがこの時代の青年概念の普及の程度を示しているといえよう。

一八九一年一月二四日には前年発布された教育勅語の奉読式が学校で行われ、式後役場の職員と教員が酒宴を開き、この席でもまた演説が行われている。滝之助の演説好きは顕著であるが、滝之助ばかりでなく演説はかなり一般化していたのである。この日の日記で滝之助は「道徳ノ腐敗」が教育勅語の渙発につながったという見解を示している。

この年の四月、滝之助は授業生の検定試験を受けることにした。合格すれば上京の夢はますます遠のくことになる。この矛盾の前に、上京した友人たちに「負クヲ如何セン」、「良心ニ負クヲ如何セン」（一八九一・三・一六）と随分苦しんだ挙句の選択だった。

滝之助は、試験に合格し、本格的に教員としての生活が始まる。「世事総テ意ノ如クナラズ。悲憤慷慨ソノ極ニ達セリ」（同・四・五）と記したのを最後に、彼の日記はこの日から二年に近い間中断されることになる。

㈣　青年期後期

⑴　日記の再開

日記が再開されるのは一八九三（明治二六）年七月である。再開にあたって滝之助は、一八九一年の秋に目を患って医師から読書を禁じられ日記もやめたが病勢はますます悪くなるばかりである、そこで読書と日記を再開するのがむしろ養生の道だと考えた、と述べている。

日記の中止と再開に至る期間はひたすら内面への沈潜と再生への模索の時期であったようだ。日記から離れていた間に、授業生の検定試験に合格（一八九一年五月）し、近在の小学校に赴任して下宿生活を始め、ついで準訓導に昇格（一八九二年五月）、ほどなく故郷の千年村常石尋常小学校に転勤して帰郷（同年九月）、という出来事が起きている。

再開された日記の内容にはとくに彼の生き方の面で大きな変化が現れている。時に気持ちが大きく揺れながらではあるが、家郷を脱出するのではなく、そこに腰を据えて新しい生活スタイルを拓いてゆこうとする姿勢が表面に出てくるようになるのである。

(2)　少年会の創設

一八九四年の正月元旦に書かれた「明治二十七年ニ対スル希望」の筆頭は「本年中ニハ是非共少年会ヲ組織スベシ」というものだった。「大日本少年禁烟会」の組織化、「地方青年会通信」を発行したいという希望がそれに続いている。ここに登場してきた禁煙運動は少年会の活動と関係しているので、少年会の運動を概観する前に、禁煙運動に目をやっておこう。

滝之助は村の若者たちの喫煙の風習を嫌悪していた。彼は相当な投稿マニアであったが、初めて雑誌に掲載された投稿は『少文林』第一〇号に載った「喫烟ノ利害特質」と題する文章である（一八九三・八・八）。滝之助は、学習院で禁烟訓令が出されたことを新聞で読むと意を強くして、早速村の新年宴会で禁煙の演説をしているが、聴衆からは冷たい反応しか返ってこなかった。「若者娘ノトコロニ行クモ、煙草入レナケレバ調子悪シ」、「煙草ハ分別草ナリ」と反論されたことが日記に記録されている（一八九四・一・二）。村社会では煙草を吸い煙管をさすことには「一人前」になったことを示すシンボルとしての意味が与えられていたのである。煙草が「分別草」といわれているのはこのことをよく示している。それに対して滝之助は経済的な、また健康上の理由でこれに反対していたのであり、両者の論理は最初からかみあってはいなかった。滝之助の立場は近代的合理主義の立場である。

滝之助が喫煙を悪弊として反対していたことは、彼が共同体とそこに包摂されていた若者の文化から意識面ではずいぶん離れていたことを物語っている。滝之助の構想した少年会は、そのような立場にたって、小学校を卒えた者たちが若連中の悪弊（と彼が考えるところの習慣）に染まらないよう教化、修養をはかり、彼らを「社会改良ノ主導者」として育成するための団体として性格づけられていた。滝之助は学校や村役場まで巻き込んで少年会の活動を公的なものにしようと試みている。当然、少年会の活動は若連中の活動と競合することになるはずであるが、滝之助にはその自覚はない。

滝之助の画策が実を結んで、勤務先の小学校の学区域で千年少年会が発足したのは、同年四月八日の節句の日のことである。小学校で開かれた発会式には、少年会の趣旨を聞かなくてはこれを卒業生に触れ込むことを認めずといっていた村長を説得し、村長、教師らを動員することに成功して、卒業生一〇〇人余りが参集した。五月一三日の日曜日には在所の草深校でも少年会を発足させた。こちらは三二人出席、賛助員四人と記録されている。

この共同体の人間形成システムに対抗する少年会の活動は、当然のことながら難航した。「僕ノ少年会ハ苦業ダ」（同・五・一九）、「千年少年会冷弾ヲ聞ク」（同・五・二七）などの記述がその後の日記には現れている。第二回少年会には参加者数は二一人に落ち込み、「ヨシ十分、熟スル麦ハ一度厳霜ニ逢フテ可トス」などと書いて自分を励ましている（同・七・三）。

滝之助の関心は小学校教師としての仕事に向かうよりもむしろ、青少年を「社会改良ノ主動力」として形成する社会教育の方面に強く傾斜している。彼はまた一方で地方の有職青年を対象とする『地方青年会雑誌』（仮称）の刊行に意欲を示したり、「沼南少年作文会案」を作成したりして当時の日本にはまだ成立していなかった学校外の青年期教育の領域を拓こうと模索している。このような努力の中には後年の青年団運動のリーダーとしての滝之助が姿を見せはじめている。内務・文部官僚たちが彼の仕事に注目し、彼を青少年運動のイデオローグとして引き上げるのは、もっと後になってからのことである。この時期、村落共同体の人間形成システムに向かい合って、彼はひたすら孤軍奮闘していた。

(3)　日清戦争の開始

共同体社会の人間形成の慣行に矢を放ち袋小路に陥っていた滝之助に、新しい道が意外なところから拓けてくることになった。明治国家による朝鮮への出兵とそれに続く日清戦争の開始である。初めて国民が経験するこの対外戦争を契機として、滝之助の心の中では、個人の生き方を軸にして地域や社会を捉える発想から、国家の運命を主軸として地域や個人の生き方を捉える発想へと、発想の転換が起こる。このときから滝之助は地域にいながらにして国家の動きに巻き込まれていくことになり、少年会の運動も必然的にそれまでの地域的な更生運動の枠を越えて、いまや帝国主義段階に移行しつつある国家の一員としての自覚を涵養するための運動へと移行する。

日清戦争を契機とするこのような転向は蘇峰を始め多くの明治期の知的リーダーたちのたどった軌跡でもあった。国家はこれを機会として、国家意識の涵養に向けて地域の小学校やジャーナリズム、さらには天皇まで総動員しての宣伝活動を開始した。また地域から戦争に向かった出征兵士たちや兵士を送り出した「遠征家族」の言動は庶民生活のレベルでジャーナリズム以上に大きな教育的効果を発揮した。しかし出征兵士がもたらすことができる地域社会の直接的な情報には限界がある。民衆が知りたがっている戦争の最新情報を中央の新聞や雑誌から受けて地域社会に伝える報告者としての役割、これこそ滝之助が引き受けた役割であった。「草莽ノ寒生」滝之助の出番が来たのである。

朝鮮のことは六月五日の日記に初めて現れ、その後頻繁に現れるようになる。「神原喜助ナルモノニ会イ、朝鮮ノ話ヲ聞ク」（一八九四・六・六）。「本日帰兵非常投集。何トナク朝鮮ノ風雲動ク」、「朝鮮事件実ニ面白シ」（同・六・一〇）。

ついに七月四日、日清戦争が始まる。「今日ハ朝鮮出兵ニツキ、祈禱ナリトテ休日」（同・七・四）。以後、日記には戦争の関係の記事が多くなる。滝之助は戦争の動向に大きな関心を寄せ、情報を集めた。村人もまた戦争に強い関心を示し、興奮状態は地方に波及した。初めて経験する対外戦争は国会開設に続く国民的大事件であり、為政者と国民の意識の乖離はこの事件でいっきょに情緒的一体化に向かった。

七月二四日には滝之助の居村でも国威宣揚祈願祭が行われ、八月一日には国威宣揚祭夜籠りが行われた。滝之助は、少年会として戦争に協力するために軍に草履を献納しようと考える。彼はそのために「奔走」し、最初役場を通して陸軍に働きかけるが、不要と断られて「大閉口」している。ついで海軍に八〇〇足の草履を献納することに「漸ク成功」したのだった。海軍省から承認状を受け取った後も親や親類まで動員して草履づくりを続けているが、「草履ノ世話ニハ右往左往」しなければならなかった。近代戦に草履など必要なかったのである。しかしこうした行為によって、滝之助の心情が戦争にますます深入りしていったことは確かなことであった。滝之助は、地域における戦争の積極的支持者になったのである。

第三回少年会に際しては、前日は「明白ノ少年会ニツキ、戦況取調」、当日は「会スルモノ二〇名ニ足ラズ、失望」し、「僕ノ支那ノ戦争ノ話ノミ」（同・八・三〇）となった。少年会は滝之助が戦況を伝えるためのものになってゆく。そしてまた「明日ノ少年会ノタメ、戦況ヲ調ブ」（同・一二・三一）。それだけにとどまらず、滝之助は「亦、近所ノ人々ニ新聞ヲ読ミ聞カス」（同・一二・二四）ようになる。

この間に、滝之助は、天皇の巡幸に際して福山までわざわざ一泊して出向いてもいる。当日の朝床屋によって身ぎれいにしてから、駅まで天皇を迎えに出た。「人如山」（同・九・一五）であった。滝之助の心の中で国家と天皇の存在は戦争を契機にますます肥大してゆく。戦争関係の記述の一部を拾っておこう。「平壌ノ大勝ヲ聞ク、愉快愉快」（同・九・一八）。「平壌大勝ノ祝日トテ、学校臨時休暇」（同・九・二〇）。「遠征ノ士ヲ思フ」（同・一一・七）。「旅順ノ占領ヲ聞ク」（同・一一・二六）。「昨夜、役場ヨリ命アリ、明日ハ戦勝ヲ祝スルタメ、休校スベシト」（同・一一・二七）。

これらの記述からもわかるように、戦争にあたって学校は国家意識の涵養のために大いに利用されたのであり、そして滝之助は教員であった。滝之助の中で、国家はますます大きな比重を占めるようになってゆく。滝之助にとって青年の自己形成の課題は、もはや国家的視点なしではありえないものとなった。

(4)　若連中と滝之助

ところで、彼が若者の行動から一定の距離を取っていたのは、彼の学識の質の問題と同時に、どうやら彼の体力面の問題も大きかったようである。彼は二二歳になったこの年の正月、ようやく四斗俵一俵（六〇キロ）が担げたのである。村では俵一俵担げる力をもっていることこそ、一人前の若者として認められるための最低資格であった。通常一五歳の正月の「若者入り」でこの力が試されていたのであり、これができない者は若者組のメンバーとして認められないのが伝統的な村社会の掟である。このことを考えてみると、彼の体力不足や病弱、失明への不安などは村で生きる上での大きなハンディキャップであり、同時に、コンプレックスとなっていたはずである。それゆえに二二歳になって俵一俵が担げた日に、彼は「嬉シカリシ」と率直に喜びを表現していたのである（一八九四・一・一六）。

村では若連中の活動がきわめて活発であった。勘定酒、祭りのたびの組ごとの「跳リ」、神楽、奉納相撲、寄り合い、結婚のさいの若連中による承認の儀式など、若連中のとりしきる行事が村の日常生活の中に織り込まれ、若連中は共同体の秩序と村の人間形成の習俗の中心として機能していた。俵一俵を担いで晴れて若連中の仲間に入った滝之助であるが、この集団の行動や話題への違和感を取り去ることはできなかった。ある日のこと、勘定酒と呼ばれている若連中の持ち回りの会合が滝之助の自宅でもたれる番にあたっていたので、滝之助は午後学校を休んで応対したが、その日の日記にはただ「無茶ニイガルニハ閉口。八釜シ」と書かれているだけである（同・九・二五）。彼は若衆たちの「猥談」を嫌っていた。彼にとっては国家の大状況こそ青年の議論すべき事柄であるべきだった。

若者たちの喫煙の習慣を廃絶しようとして、少年会を通した直接的な働きかけに結局失敗した彼は、次には国会に働きかけて未成年の禁煙を法律化しようとさえする。「コノ日著リニ帝国議会ヘ請願ヲ思フ。未丁年者ノ喫烟令」(同・一一・二四)と書かれたしばらく後には、実際に請願書を書いて民権派の国会議員となっていた尾崎行雄のもとに送りつけている(同・一二・二九)。この請願は国会に提出されなかったことを後で知ってがっかりすることになるのだが、このときの請願を尾崎に託したのは、単に彼が『少年論』(一八八七年刊)を始めとする尾崎の著作のいくつかを読んでいたというにすぎない。志賀の場合と同様にこのときもまた滝之助の側からの一方的な依頼であったにすぎなかった。

(5)　「田舎青年」のために

こうして、一八九四(明治二七)年は、滝之助にとっては、再生のための雌伏の年として過ぎた。いまだ、新しい自分は見えてこない。この年の最後の日記には、一年を総括して、「我ガ大日本(中略)一躍勇健世界ノ局面ニ飛ビ出シ」、それに対比して「余(中略)一歩一歩死ノ墓場ニ進ムルノミ、鵬鳥志蹉ダシテ遂ニ起タズ雄志勃発ノ当命ノ快少年、今ハ枯梢落冥」と記している(一八九四・一二・三一)。しかし新しい滝之助は、着実にこの失意と落胆の中で育っていたのである。

一八九五(明治二八)年の日記の表紙には「田舎青年ノ卵」という文字が書き込まれ、年頭に当たって滝之助が記している「対二十八年策」の第一は「田舎青年諸豪ノタメ必ズ一書ヲ著サン」であった。ここに田舎青年の用語が創出され、そしてその概念を彼の中でしだいにはっきりとさせる作業が続けられることになる。田舎青年と彼が呼んでいるのはこれまでの経過からもわかるように、地方にとどまって新たな自己形成をめざす「有為ノ士」の別称であり、彼のまわりにいた若い衆を指しているわけではない。ここに至って村社会に居ながらにして青年としての自己実現をはかる方途を見出すのが彼の課題となってきていたのであり、それゆえ自らを「田舎青年ノ卵」と自称したのである。

田舎に居ながらにして離陸する方途を彼は探ろうとしていた。彼はこの年ほぼ一年をかけて最初の著作『田舎青年』を完成させることになる。

第二の策は「飽クマデ未丁年者ノ禁煙ニ向ケテ尽力」することであり、第三の策は「千年少年会ノ発達」であった。彼の村の若者への働きかけは相変わらず効を奏さず、少年会は、二十数人しか集まらないような状態が続き、「少年会ノ前途果タシテ如何」（一八九五・二・一〇）という状況であった。やがて彼の興味は少年会よりも青年論の執筆に集中し、少年会についての記述は少なくなってゆく。同時に少年会も衰退の一途をたどり、「会スル者七八人」というところまで落ち込んでいる（同・六・二七）。

この時期彼は、陸羯南の新聞『日本』を購読しはじめ、外国に対する「実力ノ拡大」を主張する同紙の国粋主義的な論調に大きな思想的影響を受けるようになった。彼の日記には朝鮮問題、清との講和条約、三国干渉などの外政についての対外強硬論がしばしば『日本』から直接書き写されるようになり、また、強硬派のジャーナリズムに対する政府の新聞発行停止処分に憤るようになる。彼の立場は対外拡張主義となり、その立場から自己の日常生活まで律しようとするようになっていた。冬の雨に濡れながら彼は思う。「往清軍ヲ思ヘ、コレシキノコトガト意気揚々タリ」（同・二・一五）。

日清戦後のジャーナリズムに現れた大国日本論を代表する雑誌『太陽』が一八九五年一月に博文館から創刊されると、滝之助は早速これを購読している。彼は第一号を手に入れた日に「露国モ及バザル大分。先ズ我ガ意ヲ得」（同・一・一二）と記した。彼は陸羯南の国粋主義的なアジア論の発想から影響を受けると同時に、『太陽』の刊行によって一躍時代の寵児となった高山樗牛の日本主義、帝国主義論からもかなり影響を受けていたと見られるのである。

二月一八日、威海衛占領の祝賀で学校は休日になり、国民の大国意識はいっそう高まる。その後滝之助は、天皇を奉迎しに生徒をつれて福山に出向き、「草莽ノ臣」の気持ちをいっそう強めている（同・四・二七）。またこのころ、戦場で使われた「破裂弾」を手に入れ、彼の戦争談義にはいっそう熱がこもるようになった。三国干渉を知るや、「露国ノ干渉驚キタリ。体ガビリビリセリ。（中略）正義ニ敵ナシ。徒ニ譲歩スルナカレ」と日記に記している（同・五・五）。日本中が、臥薪嘗胆のスローガンのもとに沸き立っていたとき、滝之助もまた人一倍の感受性で体をビリビリさせる思いでいたのである。

(6)　『田舎青年』の執筆

このような大状況の中で、滝之助は『田舎青年』の執筆に取りかかっていた。自己と直面せざるをえなかったこの作業は、滝之助にとって思いがけず苦しい作業となったようである。日記にはしばしば「大儀ナリ」という言葉が現れる。

しかし彼は執拗に執筆を続けた。当然、彼の教員としての生活への関心は薄くなり、彼は、執筆と出版をしながら生活をしていけないかと夢のようなことも考えるようになっている。ある日など、自分の生き方を考えて「目的確固セス。只此ノ比ハ大日本青年ノ団結上、雑誌ヲ発刊セント思フナリ。イズレニセヨ、余ハ、青年論者ヲ持ツテ得テ居ル。生活ノ方法ハ天我ヲ捨テズ」と日記に書いている（一八九五・五・一二）。以前の演説活動への傾斜ぶりといい、このたびの著述出版活動への願望といい、彼の性格は教育者としてよりもむしろ政治青年としての特質をより強く示しているといってよいだろう。

「青年論者」として身を立てたいという夢を漠然と抱きながら、彼は出版のあてのない青年論の執筆に没頭し、それがまた遅々として進まないおりなどに新聞に『青年機関雑誌』の広告が出たりすると、先を越されるのではないかとひどく焦ったりもしている。「僕ノ青年論、邪魔セシカト不快、何デモ早ク脱稿シナケレバ」（同・六・一八）。早速書店から取り寄せて、検討した結果、「『青年機関』ハ少シモ価ナク心配ナシナリ」と胸を撫で下ろしている場面も日記には現れている（同・七・五）。

ここに至っても人生の目的が「確固セス」と述べる滝之助の心の振幅は大きい。七月末に書きとめた向こう一年間の計画の中では、『大日本地方青年会機関誌』発刊を準備し、いよいよ『田舎青年』出版後、機関誌発刊に取りかかるという計画のほかに、「学校ヲ止メル」という一文がある。養鶏を手がけて生活費を稼ぎながら出版の事業に乗り出したいというのが、彼の夢であった（同・七・三一）。この夢はその後も彼の脳裏から消えることはない。

青年論の執筆とそのための読書は彼の目をいっそう悪くした。彼は失明のおそれにおののくようになる。青年論を上梓したら早速辞職してなんとかせねばならぬと考え、また青年論以外の本を読まないようにしようかとか、手紙も書かないようにしようなどと目の負担を軽くする算段を考えている（同・八・一三）。この時期、彼の体は大変衰弱し、志半ばにして肺病や心臓病、脳病、失明などに倒れる恐れをいつも抱いていた。これらのことがかさなって彼はいっそう村の社会から孤立していった。「他人ノ交渉ヲ絶ツ」といった表現もある。

秋も深まるころになって青年論はようやく清書も終えて完成した（同・一〇・一一）。すでに彼は夏の段階で自費出版の覚悟を決め（同・八・一三）、その費用を蓄えるために、冬用の洋服をつくることもあきらめて節約を始めていた（同・八・三一）。

脱稿なった青年論の出版は、翌年の初め、大阪に向かう彼の漢学の師、岡崎朝一に託した。自費出版のための資金援助は父親に仰いだ。父親の援助は田畑を担保にしての借金によるものだった。滝之助に失敗は許されなかった。しかし、大阪に出た岡崎は出版の目途をなかなかつけることができない。滝之助はいらいらしながら、岡崎に期待するほかはなかった。彼は上阪の決心をする。「辞職ノ決心漸ク確シ、上阪セントス」（一八九六・四・一一）。幸い長期の休暇がとれて彼は辞職せずに上阪することができ、大阪の書店吉岡と交渉の末一〇〇〇部の販売を引き受けてもらうことになり、ようやく自費出版の目途がついた。印刷の上がった『田舎青年』四〇部を担いで帰郷した滝之助は、早速、『日本』『国民之友』『東京日々』を始めとして批評してくれそうな新聞、雑誌、出版社に手当たりしだいに送りつけた。

滝之助は、批評が大変気にかかった。反響はかんばしいものではなかった。『小国民』から送られてきた批評は「糞腹ノ煮エタル批評ナリ」(同・六・二八)。また音沙汰ないものについて、「博文堂、毎日新聞、信の新聞《(ママ)》、福岡新聞、民友社、少年園、皆不都合ナル奴ナリ」(同・七・八)と憤慨している。彼は盛んに出版社に批評の督促をする。が、「一向批評キタラズ。不都合極マル奴原ナリ」(同・七・一一)。彼のプライドは打ち砕かれたが、彼の気負いがようやく彼を支えた。『田舎青年』の出来については彼は自らを持するところがあった。読み返して、「ナカナカナリト自慢ス、可惜。博文館ヨリ出版セザルコト」(同・一〇・二二)と思い、気持ちが落ち込んだときには、自分は『田舎青年』の著者ではないかと自身を励ましてもいる。

結局、彼の著作は中央の論壇から無視されたのである。本の売れ行きもよくはなかった。ただ一つ好意的な批評をしてくれたのは新聞『日本』の書評欄だけであった。

(7)　青年会連合と出版著述業への夢

『田舎青年』へのひそかな自信が、彼に出版、著述業への転身の夢を持続させた。出版がかなった直後には、滝之助の心中には再び教員をやめたいという気持ちが強くなり、父や友人にそのことを話している(一八九六・六・五、一四)。しかし中央の論壇から無視されて、彼の気持ちはやや萎えたようである。そうこうしている間に夏休みも過ぎ、そして新学期が始まったが、彼の記述にはほとんど学校のことは出てこない。明日から学校という日に、ほかの教師に顔を合わせるのが、「多少ノ不面目」という記述があり(同・七・三一)、ついで「何デモ今月限リデ学校ハ御免ナリ」(同・八・九)という一文がある。教員生活から足を洗って著述三昧の生活に入りたいという夢が、今では一冊の本の著者であるという自負をもつ彼の心の中に不死鳥のようによみがえってきたのである。

彼は各地に散在していた青年会を振興し、その連合を図り、青年運動のオルガナイザーになりたいという年来の夢をますます強くもつようになっていく。彼の青年会への期待は、早くは一八九〇（明治二三）年の一二月に起草した「青年会ノ起コルヲ望ム」に表れていた。彼は全国的な青年会連合を創ろうと役場に足繁く通って、各地の青年会の所在を調べはじめた。また青年会振興のための雑誌、新聞の発刊の夢も膨らんでいた。彼は学校への往き帰りに、なんとかして『田舎青年雑誌』『田舎青年新聞』『沼南月報』といった青年向けの新聞や雑誌を刊行し、かたわら著述に従事し、生活費は手元のわずかな田畑と養鶏でやりくりするような生活ができないものだろうかと夢想しているのである（同・九・五、六）。

彼の夢は相変わらず現実の世界に根を張っていなかった。しかし彼の意識の表面上の揺れとは別に、『田舎青年』を執筆して青年についての思索を一応まとめることができた滝之助の人生は、望むと望まざるとにかかわらず、青年期の終わりに近づいていたといわなくてはならないだろう。

(五) 青年期の終焉と青年論を論ずる立場の変化

(1) 妻帯とモラトリアムの喪失

彼の青年期は、結婚によってなしくずし的に終焉を迎えることになる。彼の最初の結婚は、結婚が人生の区切りになるという仕方での結婚ではなかったが、それでもやはり結婚によって彼の村内での社会的地位には変化が生じているし、既婚者としての社会的地位が彼に大人になることを要請することになったはずである。彼の内面でも妻帯は徐々にモラトリアムの期間から彼を外に押し出した。いますぐにでも教師をやめたいというのはかなわぬ希望になり、また、出版事業に手を出したいというのも遠い夢になった。彼にできるのは、教師を続け、その合間にわずかな田畑の世話をしながら、執筆活動を続けることである。彼は相変わらず青年論を書き続けるが、それはもはや彼自身が青年になるための作業ではなく、青年であることをめざす者たちへの働きかけという性格を強くもっていくようになる。こうして彼の青年期は、徐々に収束して行く。

この間の経緯を少し詳しく追ってみることにしよう。

若者たちの結婚の適齢期を滝之助も迎え、結婚の話が持ち込まれたとき、女性問題は青年の修養のために有益ならずと常々考えまた『田舎青年』でもそのように主張していた滝之助は、現在の自分にとって「妻帯好マシカラズ」と記している（一八九六・八・一二）。彼は結婚生活が自らの青年期に終止符を打つことを意味するということを恐らく直感的に気づいていた。彼は妻帯が「予ノ勢力ヲ頓挫スルモノ」であり、自分はこれで「完全ナル村民」になってしまうだろうと記している（同・一〇・九）。しかし、母の病気や「父母ノ老イヲ思ヘハ」妻を迎えざるをえないと覚悟を決める。

一方、理想の生活としての、午前出版業務、午後農業という生活へのあこがれは心の中に保持されたままである（同・一〇・二二）。結婚はそのような夢の阻害要件になるであろうが、夢は夢として持ち続けながら、かたや妻帯を受け入れることができるところまで、滝之助は青年期から知らぬうちに抜け出していた。周囲がすすめる本家の娘との結婚の話は順調に進み、滝之助はあきらめにも似た感情でそれを受け入れたのであった。彼の青年期の遍歴はほぼ終わりに近づいていた。

滝之助は婚約の日、「予ガアル一種ノ生命、正シク今夜ヲ以テ死没セルナリ」と記した（同・一二・二）。結婚式の翌日の日記には「死ンダ方ガ楽ナランノ思アリ」（同・一二・七）とまで書いている。日記には妻となった女性のことはほとんど出てこない。彼はかたくなに独身生活のスタイルを変えようとはしない。しかし、妻帯し、老いた父と病気の母を抱えているという現実は動かしがたく存在しているのであり、ともかく当面は農業に精を出す一方「学校モヤハリ愚図愚図ニ勤メ」ざるをえまいと彼は現実を受け入れるようになる（同・一二・二五）。

(2) 離婚と再婚

この結婚は滝之助にとって自分の選択の結果ではなかった。やがて母親が亡くなって、病人の世話をする女手が必要でなくなると、「愛ナキ夫婦」には破綻が訪れる。彼の心の中には再び青年論の著述の生活への希望が強まり、また出郷の気持ちも頭をもたげてきた。出郷か田舎で一生を終えるかの間で、気持ちはまた揺らぐ。しかし、共同体社会の中で平凡に生きることを要求する親戚からの働きかけや、また、『田舎青年』自費出版に際しての借金返済のためもともと少ない田畑の幾分かを手放してしまい教員としての給料が彼の家族の主たる収入源となったことなどが重なって、もはや彼は青年の身軽さはもっていない。このころ「村長トナリテ親ヲ喜バスモ考ヘナリ」などとも考えるようにもなっている（一八九七・四・二八）。

ほどなく彼は離婚する。その日「今日ヨリハ又青年ナリ。嬉シ」（同・九・五）と日記に書きつけた滝之助は、「逆境青年」と題する著作の執筆に取りかかりはじめた。これは一九〇四年に『地方青年』と題して出版されることになる。

また中学教員の検定試験を受けようと準備を始めるのもこのころのことである。『教育時論』の購読を始め『応用教育学』を読み、また哲学館の教育講義録を取りよせて勉強を始めている。結局検定試験の受験は見送っている。一八九八（明治三一）年の元旦の年頭所感には、一年の計として、「学校ニテハ（中略）授業親切」と記すことになった。結婚生活に失敗した失意の彼を慰めてくれたのは子どもたちであり、また彼も子どもたちの示す好意に教育の場でこたえようとするようになってゆくのである。このときから彼の生涯にわたる一小学校教員としての人生が始まることになるといってよいだろう。同時に少年会への関心もまた現れている。彼は自分の職業をようやくにして選びとったのである。

彼はほどなく、今度は自分の選択の結果として再婚する。こうして彼の青年期は揺れながら幕を閉じていったのである。

滝之助が少年会に託した「社会改良」運動は日露戦争後の戦後経営の一環としての地方改良運動の中で、帝国主義段階の天皇制国家の「地方改良」の原理を求めていた内務、文部官僚によって注目されることになった。こうして自らの青年期を終えた滝之助は補習教育、通俗教育の実践的リーダーとして陽のあたるところに引き出され、彼の社会的活動が始まる。滝之助の始めた「社会改良」運動としての少年会への働きかけが、内務、文部官僚の手によって、新たに国家が創出した青年会、青年団に巧妙にリンクされることになるのである。

ところで、これまで分析してきた彼自身の青年論、青年会論をふりかえってみると、晩年から死後にかけて「青年団運動の父」とも呼ばれるようになった滝之助ではあるが、青年団運動の中に見られる農村青年論、青年像と先の青年としての滝之助の青年論、青年会論の間には大きな隔たりがあることに私たちは気づく。青年団運動は滝之助の青年論とつながっている側面よりも、むしろ少年会をその起源としていると考えた方が論理的である。彼の近代社会に生きようとする人たちの自立と自己実現のための青年論は青年団運動の中では後退し、「社会改良」のための社会教育の領域開拓の試みだけが内務、文部官僚によって「補習教育」「通俗教育」の中にからめとられ再編されたのである。

補習教育と結びつけられた青年団の運動は、その後長い間、第二、第三の山本滝之助を国家によって再編された村落共同体の中に囲い込み、国家の青年を作り出す役割を果たすことになった。村の青年たちが青年期を手に入れようと望むとき、まずこの囲い込みからの脱出に努力しなければならなくなる時代がこの後ほどなくしてやってくることになるのである。

注

（1）多仁照広編著『青年団活動史　山本滝之助日記』第一巻（日本青年館、一九八五年）。

（2）徳富蘇峰「書を読む遊民」（『国民之友』第一三二号、一八九一年一〇月）。

第3章　〈修養〉の成立と展開

本章の課題は、日本の社会における〈修養〉の成立と展開の歴史的な過程についての大きな見取り図を、社会史の視点から描きだしてみることである。

この課題は、おそらく日本の社会における人間形成と教育の文化史・社会史を、この社会に生きてきた人びとの生育史・精神形成史の深層に分け入って解明しようとする作業となるであろう。〈修養〉の歴史は、日本の社会が開国を機に近世から近代への移行期に入った段階で、この社会に生きる人びとが幕藩体制下の身分制社会における身の処し方に代わる新しい時代の自発的で自立（律）的な自己形成の筋道をどのように描きだし、切り拓こうとしたか、ということの歴史である。幕藩体制下の身分制社会に代わる新しい社会は、「四民平等」と「自由」を理念としたてまえとする社会であった。人びとは新しい社会でいかに生きるか、いかに新しい自分を形成するかという課題に直面していた。〈修養〉はそのような社会に誕生した。

修養という言葉は、江戸時代にはほとんど使われることのない言葉であった。この言葉は、明治初期啓蒙思想家の一人、中村正直によって cultivate, cultivation の訳語として採用された。なぜ中村は、この言葉を日本語にするのに修身、修行、養生などよく使われてきた用語を用いずに、当時の日本社会ではほとんど通用していなかった用語を用いたのであろうか。この素朴な問いは、近代化において先行していた西洋社会との遭遇によって引き起こされた「文明開化」の時代の日本社会の知の全体状況や、自己形成に関わる認識の変化についての問題の核心へと、私たちを直ちに導いてくれるように思われる。

ともあれ、修養という用語とその用語が担う概念は、日本社会の近世から近代への転換期に出現し、自発的・自立（律）的に自己形成に立ち向かおうとしていた人びとの多様な意識のあり方を反映し、時代とともに深化、変容しつつ、日本社会の自己教育・自己形成をめぐるきわめて重要な用語・概念に成長した。そのようなものとしての修養の全体像を解明するには、近代への移行という大きな歴史の中の日本社会の文化的条件や精神史のありように関わる多様で複雑な要因を明らかにしていかなくてはならない。

1　〈修養〉の社会史研究に向けて

〈修養〉の成立と展開の重層的、輻輳的な歴史過程を全体として把握し理解するために、ここではまず研究上の視角と作業仮説を整理しておきたい。

(一)　日本における近代的自我の確立の問題と修養

日本社会は、開国とともに近代化において圧倒的に先行していた西洋の文化と直面し、それを支える人間観、社会観、宗教的立場と向き合い、時代の大きな転換点を迎えることになった。この転換点で西洋の文化と出合い、これを理解し、日本社会に導入しようとした人びとの内面で起きていたのは、日本におけるデカルト的問題といってもよいような質の問題である。デカルトは一七世紀に中世的身分社会の人間観・教育観に対し、近代的な自我の形成という問題を追求した。それ以来、西洋社会は近代的、主体的な人間像や契約論的近代社会論を含め、近代社会を成立させる多くの文化資産を蓄積してきた。開国に前後する時期に日本の知識人たちが出合った西洋の社会と文化は、彼らの精神を強く刺激し後押しして、本章の課題に即していえば、社会のあり方と人間の生き方について、また個人の自己形成・自己啓発の道筋について発想の転換を促すことになったのである。

新しい時代を迎えて西洋社会の文化資産を日本に導入しようとした森有礼、中村正直、福沢諭吉、西周、箕作秋坪らは、学術啓蒙団体として明六社（一八七三年）を結成した。中村は、スマイルズ（Samuel Smiles, 一八一二―一九〇四年）の“Self-Help”（一八五九年）を翻訳して『西国立志編原名自助論』（一八七一年、以下『西国立志編』と略記）を出版し、福沢は『学問のすゝめ』（一八七二―七六年）を出版した。いずれも明治期の大ベストセラーになり、社会に大きな影響を与えることになった。『西国立志編』は日本で英書が一冊まるごと翻訳された最初の本である。同書の中で修養という言葉は cultivate, cultivation の訳語として新しい意味を与えられ、広まることになった。

西洋社会の文化資産を日本に導入しようとしていた人びとは、西洋の社会と文化の背後にあるキリスト教にも深い関心をもち、明六社グループに続く若い知識人たちの多くがキリスト教の信徒となった。それゆえ、明治初期の啓蒙思想家が使いはじめた修養という用語は、まずはそれらのキリスト教信徒たちによって引き継がれ、宗教的な色合いをもちつつ、近代的な人格形成に関わる重要な概念となった。この系譜の修養論を後に世俗化・大衆化する上で重要な役割を果たしたのが新渡戸稲造である。

修養を近代的な自我の形成の課題と結びつけようとする考え方は、清沢満之のような既成仏教の改革者たちにも受け継がれることになった。

(二)　近代的な自我の確立と青年期

明治初期は日本社会に初めて青年が登場してきた時代であった。近代になって概念として成立した青年期は、自らの生き方を選び取るための人生のモラトリアムの時期であり、同時に自らのアイデンティティを追求する時期であるという特徴をもっている。中村正直によって翻訳された修養という用語は、近代への移行期を生きはじめた人びとのアイデンティティ形成の問題と深く重なっていたために、この言葉は青年期の自己形成上のキーワードとして、新しく登場してきた一群の青年たちに受け継がれることになった。彼らの多くはキリスト教に強い関心を示し、自己変革の具体的な手がかりをキリスト教に求めようとしていた(1)。

それに続いて、清沢満之のように仏教の改革運動を通して新しい人間形成の道筋を探そうとしていた人たちも修養を重要な概念として育むことになった。日露戦争後には、禅や『論語』を手がかりにしながら自己形成・自己啓発の道を新たに模索しようとする潮流も現れている。修養という用語は、モラトリアムを手に入れた青年たちの自分探し、自分づくりの言葉として広まってゆくことになった。

当初青年という言葉はほぼ学生、書生という言葉と重なって使われていた。しかしながらしだいに青年という言葉は社会に拡がりはじめた。明治の半ば以降、日本の社会では資本主義社会への移行、学校社会化・学歴社会化、地域共同体の弱体化といった一連の変化が急速に進行したが、明治三〇年代になるとその変化の中から一群の「田舎青年」(山本滝之助)たちが青年としての処遇を社会に求めて自己主張を始めた。彼らもまた自分の人生を自分で選び取ることを希求し、人生におけるモラトリアムを求め、〈青年〉として生きることを願いはじめていた。日露戦争後の地方改良運動のもとで、地方の若者たちは青年会、青年団の組織に組み込まれるようになり、初期の青年像は変容しつつ勤労青年の間に拡がっていく。それとともに修養論は、広く勤労青年層に受容されてゆくことになった。

修養論の展開は、日本における青年の成立と展開に大きく関わっているのであり、青年の社会史を抜きにして修養の歴史を語ることはできない。

(三)　修養論を支える言葉と概念の問題

修養が語られる際には「精神」や「人格」などの言葉がよく使われてきた。しかしながら、これらの修養にとって大切な用語は、修養という言葉が現れたときにはまだ成立していなかった。言葉になる以前の思惟・思念は言葉によって心の中からつかみだされ、整理され、論理的に組み立てられて思想として外言化される。修養を論ずる人たちも修養という新しい思想を表現し、説明するための新しい言葉を必要とした。では修養は、自らを語る新しい言葉をどの段階で、どのような内容のものとして手に入れることになったのであろうか。

前近代の日本社会では人格に近い言葉としては、「人」「人となり」「人物」「品」など心と体の間に境界をつくらない言葉が使われていた。初期の翻訳では、そのような伝統的な言葉に対して personality や character の訳語として「品行」「心霊《タマレイ》」「人品」などという言葉が当てられた。やがて、明治の半ばに「人格」という言葉が英語の personality の訳語として作り出され、「精神」という言葉にもドイツ語の Geist に対応する言葉として新しい概念が付与され、人間の内面を捉えるための新たな学問的な用語として社会に広まった。日本社会に急速に普及したこれらの用語と用語が担う概念は、修養論にも大きな影響を与えた。これらの用語は修養論の内部に取り込まれ、修養について論じるキーワードとなった。修養は明治半ばから、「精神の修養」「人格の向上」などという言葉で説明されるようになったのである。「人」を始めとする人間の内面を捉えるためのそれまでのパブリック・ランゲージに代えて、人びとが修養を語る共通のフォーマル・ランゲージを手に入れることによって、修養論は時代の新しい思想として拡がり、多様化した。(2)

修養を語るために使われる言葉の成立と、その言葉が担う概念の検討も、修養の歴史の内面を捉える上で重要な作業となろう。

(四)　修養論の発信者と受信者の世代論・階層論

開国以降、社会の近代化への移行はきわめて急速に進行した。そのために修養論には世代（コーホート）としての特徴が強く表れることになった。同時に、当事者が移行の中心部にいたか周縁にいたかによって生じる階層的な差異の問題がここに重なる。たとえば、開国時にすでに大人になっていた啓蒙派知識人と、幕末維新期に生を享け明治一〇—二〇年代に青年期を迎えた人びとの国家や国民、自己認識などをめぐる意識の様態は、たかだか一世代の違いであっても大きく異なる。また、同じ時代を生きていようとも、学生層と農村の若者たちの間には、人生観や自己認識において、また社会観や近代化への対応において大きな違いが認められる。それゆえに修養論は、修養をめぐる世代論・階層論として総括的に整理することが可能であり、必要な作業となる。

修養をめぐる世代論・階層論の問題は、修養論の発信者と受信者という視点から整理することもできる。

明六社グループに代表される啓蒙派知識人たちは、儒学を素養として西洋の文化を理解した。ついで、維新期に生を享けた人びとは、新しい時代の自分探し、自己形成の問題として修養論を引き継ぎ、深めることになった。内村鑑三、横井時雄ら明治期の一群のキリスト教信徒や、清沢満之ら仏教の改革運動のトレーガーとなった人たちがこれにあたる。また明治の中期から日本の伝統文化への回帰志向が強まると、禅や『論語』に基づく伝統的な文化を手がかりに修養論を立ち上げようとする人たちも現れた。

明治末から大正期には、明治前半期に少年期・青年期を送り、この時期に中・老年期を迎えていた人びとが、メンター（指導者）としての役割を自覚的に遂行するようになり、青年たちに向かって修養を説くことになった。彼らは多くの場合、自分たちの若いころとは異質な「金持三代目の若旦那」（徳富蘇峰）のごとき新しいタイプの青年たちが登場してきたと認識していた。彼らは自分たちの世代の青年像を典型として、日清・日露戦争後の社会に生きる青年たちに向けて自己形成のための修養を説きはじめたのである。

日露戦争後の勤労若年層への青年期の拡大とともに、修養論は後述のように修養（書）ブームを経て密教的、小乗的な段階から顕教的、大乗的な段階へと移行した。この段階における発信者側の代表的な人物は、学者としては新渡戸稲造であり、出版界では大日本雄弁会講談社を立ち上げた野間清治、社会教育の分野では青年団の運動を指導した田沢義鋪などである。師範学校の生徒として修養団の実践運動を展開することになった蓮沼門三もこのグループに入る。この段階で修養論のメンターの役割を果たしたのは、学歴エリートでありながら働く青年の教育に関心を深めた人たちや、働く青年層を出自とし苦学して世に出た人びとである。この時代に急速に厚みを増した勤労青年、大衆的青年層が修養論の大きな受信者集団を形成することになった。

このように発信者と受信者の文化集団としての性格は時代によって大きく異なるのであり、それにともなって修養論の内容にもまた大きな変化が生じたのである。

(五)　修養論と立身・出世・成功の問題

修養論の成立過程が日本の産業革命の進行、学歴社会への本格的移行の過程と重なっている点についての考察も、修養論の内容を理解する上で欠かせない作業である。

近代的な自我の形成の問題は、一方で近代的な人格の確立の問題として哲学的、倫理学的、宗教的な立場から追求されることになると同時に、他方で当初から四民平等の競争社会における社会的成功、立身出世願望と結びついていた。中村正直の翻訳した『西国立志編』は自助の精神の大切さを人びとに伝えると同時に、新しい時代の成功のマニュアルとしても読まれたのである。日本の資本主義社会への移行にともない、「立身出世」は社会的に拡散し大衆化するとともに、競争社会における世俗的な成功を意味する合い言葉としての性格を強めていく。

もともと「立身」は儒学の用語であり、武士たちの地位上昇志向を表現する用語であった。一方「出世」はもともとは仏教用語であったが、町人たちはこの言葉を社会的階層の上昇移動、成功と富貴への願望を表現する言葉として使った。幕藩体制下の武士層の処世論としての「立身」論は、明治初期の啓蒙思想においては近代国家論と結びつき、「一身独立して一国独立す」（福沢諭吉）という立身論に作り替えられた。さらに立身論は日本社会の急速な資本主義化、競争原理の拡がりの中で、庶民の中にあった出世の観念と結びついて近代の「立身出世」論へと変容してゆくことになった。

日清戦争以後、日本社会はほぼ一〇年ごとに対外戦争を経験し、戦争は社会を変え、それぞれの戦間期に特有の時代的特徴が生み出された。日露戦争以後の拝金主義的傾向、成功ブームの中で立身と出世は結びつき、修養論は青年たちの立身出世願望とつながっていく。近代的なアイデンティティ形成の課題は、現実化してきた競争社会、能力主義社会の中に巻き込まれ、修養論もその影響を受けざるをえなかった。修養論のある部分は当初立身と結びつき、ついで大衆化の過程で出世や成功と結びつけられて語られるようになった。ここで起きていた事態は、日清、日露戦争以後社会に拡がった出世や成功を求める気運に修養論が巻き込まれたことによって発生したと考えてよいであろう。このような動向が、どの階層を担い手として、どう展開したか、ということも、修養論の拡がりと多様性を理解する上で重要な視座となる。

修養の歴史は、近代社会そのもののもつ性格、すなわち近代的な自我の確立への志向や自由・平等の理念と、資本主義的競争原理や能力主義が表裏をなして併存する事態が引き起こす、複雑で錯綜した歴史過程も抱え込んでいるのである。

㈥　修養論における他力・自力の思想的系譜と発達論

人が自らを啓発し高めることをめざして自分自身に働きかけようとするとき、発想の前提において大きく分けて二つの立場が現れてくる。絶対的な価値（宗教的価値、文化的価値）や目標の存在を前提とする立場と、価値や目標は相対的であると捉える立場である。前者は自己形成にあたって規範や評価の基準が自分の心の外側にアプリオリなものとして措定されているとする立場をとることになり、後者はその点については個人が自分で責任をもたなくてはならないとする立場をとることになる。価値論と目標論の相違は発達論の相違を生み出すことにもなる。絶対的な価値論の立場では、個人による価値の内面化がめざされ、相対的な価値論の立場では、個人による価値の創出がめざされることになる。発達論に即していえば、ここには、人は（宗教的価値や文化的価値によって）発達させられるのか、あるいは（内発的に）発達するのか、という大きな問題についての二つの異なる見解と、その見解に基づく発達への異なる助成法が現れてくることになる。仏教では早くからこの問題を、救済をめぐる「他力本願」と「自力本願」の立場として捉えていた。

修養の歴史的研究においては、それぞれの系譜の修養論が上記のような問題とどのように絡み合っているのか、ということを明らかにする必要があろう。

明治以前の日本の社会では、人間形成の原理は儒学的な系譜、仏教の系譜、共同体社会の系譜など多様なかたちで存在し機能していた。

儒学においては、真理や目標は「天」や古典の中にあり、それを学び理解する行為が自己形成上の価値論とつながっていた。修身論はそのような枠組みの中で用意された教化主義的形成論である。仏教では浄土真宗が阿弥陀への帰依を強く求め、禅学においては「修行」によって自ら悟りを開くことがめざされた。一方、民衆的な社会の人間形成の目的は郷村社会が生み出した「一人前」の人づくりであった。人びとの価値意識も自己形成の目的論も集団の価値意識、目的論に準拠していた。前近代の日本人は、このような多様な人間形成論が重層的に交差する社会を作り出していた。これを大きく括れば、当事者の心の外側に形成の原因と目的を定立する思想と、心の内部に原因と目的を定立する思想の二つの系譜に分けることができる。仏教の用語を借りるならば他力本願と自力本願の系譜であり、発達論に即していえば、人は発達させられるとする系譜と、人は発達するとする系譜である。

このような他力と自力の発想は、その後展開する修養論にも引き継がれて、それぞれの系譜の修養論の基本的な性格を作り出すことになった。

開国後、儒学の素養のある識者たちは、儒学的な「天」や「上帝」の概念を用いて西洋の近代文明の背後にある「神（God）」の概念を理解しようとした。彼らは儒学の素養を用いて、西洋社会の絶対神の思想や、平等で自立した人間の存在を前提とする契約的社会、国民国家のあり方を読み解き、受容しようとした。彼らの説く修養論は、彼らが理解した西洋的な人間像とつながっている。キリスト教の信徒たちが展開した修養論は、他力本願的な性格を強くもつことになった。浄土真宗の改革運動の中に現れる修養の思想も同様である。

一方、禅林の人間形成論や共同体社会の「一人前」論は、一足遅れて別の系譜の修養論を作り出し、異なったかたちで近代へのアプローチをすることになった。禅学の場合でいえば、自力の思想に基づいた自学自修的修養論が立ち上がり、「一人前」の人間形成論でいえば、よりよい「一人前」に自分自身を仕立て上げるための修養論が立ち上がってくる。

天皇制絶対主義と呼ばれる体制が成立すると、自己の自立的形成の問題はより複雑な様相をとることになった。天皇制は、神道的なアニミズムの相対主義の海に浮かぶ閉じられた絶対主義だったからである。人びとは所属する社会階層ごとに、心の中に曖昧に混在する二つの価値論、目的論の間でバランスをとりつつ、修養に取り組むことになった。日本社会における修養論の内容は、その展開の過程において日本文化の「雑種文化」（加藤周一）としての特性を顕著に示しつつ、きわめて複雑な様相を帯びることになったのである。

(七)　〈心と体〉〈知と徳〉の関係性の認識をめぐる問題

多様に展開した修養論の系譜において、それぞれの修養論が心と体の関連をどう捉えているかということも、修養論の内部構造に光を当てる上で見逃すことのできない観点である。

伝統的な修身論においては、心と体は一つのものとして総合的に把握されていた。「身」という言葉は、「身の丈」「身を立てる」「身の程を知る」「身分」などの言葉の使い方からもわかるように、身体そのものを意味する言葉であると同時に、「心」も含めて人の存在の全体性を捉える言葉でもあった。さらにまた、心の中の「知」と「徳」の領域も一つのものとして捉えられていた。学問することは徳性を涵養することと分かちがたく結びついていたのである。

それに対して、西洋近代の人間の捉え方では、肉体が機械にたとえられることもあったように、心と体を分けて捉える心身二元論的な性格が強く表れていた。同時に「知」と「徳」もまた精神活動の二つの領域に分けて捉えられていた。学校が人間形成における知の領域を担当し、教会が徳の領域を担当してきた西洋社会の伝統は、そのような知徳二元論に由来している。翻訳書から出発した初期の修養論は、そのような西洋発の人間についての新しい理解の仕方を日本社会に持ち込むことになった。中村正直の『西国立志編』では修養という用語は「心霊《タマレイ》ノ修養《ヲサメヤシナフ》」というようにメンタルな領域に限定されて訳出されている場合が多い。中村の修養論を引き継ぐキリスト者や仏教の改革運動の側から修養論を深めた清沢満之らも、修養を「精神」の修養として捉えていた。

日露戦争に前後して、それまでの西洋文化一辺倒の風潮に対する反省から東洋的な文化への回帰・再発見が進み、禅林の思想や『論語』への関心が高まり、伝統的な人間形成の思想が見直されるようになった。このような時代状況を背景として、西洋系の心身二元論に対して、東洋系の心身一元論の立場からの修養論が立ち上がってきた。禅や山岳信仰における「修行」の系譜に連なる「心身一如」の修養論は、身体の修養を重視する修養論を展開した。また儒学の中でもとりわけこの時期に流行した陽明学の「知行合一」の思想的系譜は、当時の学校教育の知育偏重を強く批判し、修養論の大衆化過程において修養を生活と結びつける上で大きな役割を果たした。同時に修養論の大衆化の過程で、若者組に代表される近世的共同体社会の土着的な訓育体系の中に保持されてきた心身一元的な人間観や若者宿の集団的訓育機能を取り込んだ修養論も現れてきた。ここでも学校教育の「知識」偏重が批判され「知恵」や「実行」が強調されて、生活の中に修養が持ち込まれることになった。

心身一元論の系譜の修養論は大正期になると、剣道、弓道、茶道、華道など、〈道〉を究めることをめざす人間形成システムをもつ分野にも拡がった。修養はこれらの分野に成立していた〈型〉の習得を重視する自学自修系の〈上達〉論と結びついたのである。この系譜の修養論の延長上には新たに婦女子の修養論も展開することになった。修養という用語は太平洋戦争後日本社会からほぼ姿を消すことになったが、このような〈型〉の人間形成論が成立している分野では修養（とりわけ精神修養）の用語が保存されることになった。修養論がこの分野に根強く残ることになったのはなぜか。このような問題についても修養の社会史は応えられるものにならなければならないだろう。

いずれにせよ、心身二元論、知徳二元論から出発する修養論の系譜と心身一元論、知徳一元論から出発する修養論の系譜は、戦前の日本社会においてさまざまなバリエーションを生み出しつつ、きわめて複雑で錯綜した関係を作り出しながら展開することになったのである。

(八)　修養論と修身論の位相

学校教育に修身科が設置され徳育の中心教科としての性格を与えられたことによって修養と修身教育の間に生じた、両者の複雑で多様な関係も捉えておく必要がある。

修身科は日本の学校教育が開始された当初から教科の一つとして設定された。開明派知識人が文教政策のリーダーシップをとっていた明治初期の短い期間には、修身科は必修教科の最下位に置かれ、教科書として欧米の倫理（ethics）の教科書が翻訳された。その後、巻き返しを図る守旧派儒学者たちによって、教育は儒教的徳を「脳髄ニ感覚セシメ」（「教学聖旨」一八七九年）るものでなければならないことが主張され、開明派知識人との間に徳育論争が起こっている。この論争に守旧派が勝利して教育勅語（一八九〇年）が発布され、公教育の目的が天皇制（国体）と結びつけられて臣民の養成を図ることにあるとされてからは、修身科は徳育の中心教科に据えられた。

修身はこのような経緯をたどって学校教育の内部に定着し、修身教育は初等・中等教育を中心に戦前の日本の教育の性格を決定づけることになった。一方修養は最初から学校教育の外側で発生し、青年たちを主たる対象として展開していた。両者の間には、修養論の系譜によって、競合・対立的な関係が生じたり、親和・補完的な関係が生じたりした。

両者の位相を読み解く作業は、それぞれの系譜の修養論の内部構造を明らかにする上で有用である。同時に、なぜ修身が学校教育の内側に深く入り込み、修養は学校外の人間形成の場で展開することになったのかという大きな問題も併せて究明する必要がある。

(九)　公教育の中の修養論

〈教育〉が基本的に教える者と教えられる者の存在を前提として教授―学習過程から成り立っているのに対し、〈修養〉においては教え―教えられる関係も教授―学習過程も個体の内部に包摂されている。修養は、自律的に自らの向上を図ることをその本質としていたので、修養論とその運動は学校という特別の教育機関を必要とはしない。しかしながら、二〇世紀初頭の日本社会に拡がった一連の新教育運動・教育改造運動の中から、修養の思想を教育の思想に組み替えて学校教育の中に持ち込もうとした教育者たちが現れた。沢柳政太郎、中村春二、芦田恵之助、木下竹次らによって、修養の思想は自学自修の教育論として学校教育に持ち込まれたのである。いったいなぜ、彼らは修養の思想を学校教育の中に持ち込んだのであろうか。(3) この素朴な問いかけは、日本の公教育の歴史的性格を考察する上できわめて重要な問いかけとなるように思われる。

学校に持ち込まれた修養論のもとでは、公教育で展開していた修身教育とは一線を画す教育実践が繰り広げられた。両者の違いは修養と修身の間に生じていたズレの問題と重なっていたといってよい。修養の思想は企業内教育や青年団運動などの社会教育の領域にも入り、公教育終了後の青年たちを対象とする自学自修の教育論・教育運動としても幅広く展開した。

教え―教えられる関係が自己の内部で循環している修養論を、教え―教えられる関係を個人の外と内に区分することによって成立する教育の世界に持ち込んだときに起きてくる事態を捉えることによって、修養論の人間形成論としての特徴はよりはっきりと浮かび上がってくるはずである。同時に、学校に持ち込まれた修養論は、対峙する修身教育の歴史的な性格とその構造も改めて照らし出すことになるであろう。

(十)　修養論と教養論の関係

教養の思想が修養の思想の内部からその姿を現してきたことは、すでに筒井清忠の研究によって明らかにされている。筒井は、新渡戸稲造が第一高等学校の校長をしていた時期に学生として彼の影響を受けた人びとによって、明治末期に修養から「教養主義への転換」が引き起こされたのだと指摘した。(4)

ではなぜ、青年たちに向かって熱心に修養を説いていた新渡戸の門下生の中から、修養から教養への転換を図ろうとする者が現れてきたのであろうか。彼らによって引き起こされた修養からの教養の分岐は、修養の思想と教養の思想の内部構造とその後の展開を明らかにする上できわめて興味深い問題である。

教養という用語は、もともとは字義通り「教え養う」ことであり、教育とほぼ同義に使われてきた。中村正直は『西国立志編』の中で education を教育とも教養とも訳している。その後教育という言葉が日本社会に定着してからも「教養する」という言葉は学校の外で使われ続けた。

大正期になると、教養をそれまでの使われ方から切り離してこの言葉にまったく新しい意味を付与する人びとが現れた。彼らは culture, cultivate に照応する日本語として、あるいはドイツ語の Bildung に対応する日本語として、教養という言葉を使いはじめたのであった。このときから culture という英語は日本語においては修養と教養の二つの意味に分けて使われることになった。今日では辞書で culture をひくと、①教養、②文化、③修養、④耕作、という日本語が当てられるのが一般的である。③、④の訳語が先発の訳語、①、②の訳語が後発の訳語、ということになる。

このように同じ言葉を起源としながら、一方は「修養する」「修養を積む」という自動詞的な使われ方をするのに対し、もう一方は「教養がある」「教養を身につける」という他動詞的な使われ方をする言葉になった。なぜこのような不思議な現象が生じたのだろうか。culture はなぜ大正期になって二つの意味に分化したのだろうか。まずは日本社会に culture, cultivate をめぐり出所と発想を異にする二つの立場があったことが考えられよう。

こうして明治末から大正期の初めに、インテリとか知識人とか呼ばれる人びとを担い手として、教養が修養から分離し、以後教養と修養の二律背反的様相が際立つようになった。時に一九二〇年代の自由大学運動にもみられるように両者の再統合を模索する動きも現れたが、両者の距離はしだいに拡がることになった。教養派の人びとは修養論は道徳論であるとして、知的な優越感を言外に滲ませつつ、教養と修養をことさらに区別しようとした。教養派の人びとによる修養に対する理解は、当時の修養論の特徴を捉える上で重要な手がかりとなる。同時に彼らの発言は教養自体の意味を逆照射することにもなる。

日露戦争後の修養論ブームを契機として、修養論は働く青年たちの間に実践的な運動として拡がりをみせ、教養論は学歴エリートの青年層の間に拡がった。修養と教養とは、大衆と知識人とにその受容層が分かれることになり、二つの大きな文化潮流が形成されて両者の文化の棲み分けが進んだ。出版事業でみると、講談社と岩波書店がそれぞれの文化潮流を代表する出版社として成長した。講談社文化、岩波文化という言葉さえ生まれたのである。

その後の修養論の展開過程については、一方で教養論との距離を拡げつつ、他方で教養論との再統合を手探りする潮流も現れた。たとえば大正末から昭和初期にかけて拡がった青年会の自主化運動や自由大学運動の中に、両者の再統合の萌芽形態を認めることができる。しかしながらここに現れた可能性は十分に開花することなく、未発のままに、二つの思想はアジア太平洋戦争後まったく異なる運命をたどることになった。

修養と教養はその源流を同じくしつつも、学歴社会の中で棲み分け、時に相反する。両者を突き合わせ分析することによって、私たちは近代になって日本人が総力をあげて取り組み、作り出した自己形成・自己啓発の思想と内容・方法の全体像をいっそう明らかにすることができると思われる。

(十)　修養論におけるジェンダーの問題

修養論の成立は青年の自己形成の問題と深く重なっていた。青年期はまず男性のライフサイクルの中に出現した。そこで修養はまず男性の問題として語られることになった。そのような事情のもとに出発した修養論が、いつから、また、どのようなかたちで女性のライフステージにおいても語られるようになったのか、また女性の修養論と男性の修養論の間にはどのような相違が生じていたのか。これらのジェンダーをめぐる問題も修養の全体像を検討する上で重要な視点である。女性の修養論は大きく捉えれば、近代的な自我の確立よりもよりよき家庭人になるための努力や工夫と結びつけられ、良妻賢母論の一環として語られる場合が多かった。

以上をとりまとめれば、修養という用語と概念は近世社会から近代社会への移行期に登場し、青年たちに自己形成・自己啓発の道筋を提示する上で重要な役割を果たし続けてきたといってよい。この言葉には〈よりよい自分をつくりたい〉という若い人たちの熱い思いが込められてきた。明治末から大正期にかけての時期には修養ブームが起こり、その後、教養論が修養論から分離した。修養は主として勤労青年層の人格形成上のキーワードとして展開し、一方教養は知識人階層の人格形成上のキーワードとして展開した。修養の歴史の大きな見取り図を描くならば、そういうことになろう。そのような展望のもとに、次節以降、修養論の具体的な展開の過程とその内容を考察したい。

2　明治初期啓蒙思想と修養

(一)　修養という言葉

私たちは一般に修養という言葉はかなり古い時代から使われていた日本語だろうという先入観をもっている。ところが、そのような私たちの先入観を裏切って、修養という言葉が一般的に使われるようになったのは、そんなに古いことではない。

王成の研究によれば、修養という用語の起源は道教にあり、朱子によって儒学に持ち込まれた。その論拠として王は、諸橋轍次『大漢和辞典』（一九五五―五九年）では「修養」の意味について朱熹・呂祖謙編『近思録　為学』（一一七六年）中にある用例を取り上げ「もと道家の養生法。転じて、道を修め徳をやしなふこと」と説明していること、また、市川安司も『新釈漢文大系37　近思録』（一九七五年）の注釈で修養を「道家の語で、精神を鍛錬し、元気を養うこと」としていることをあげている。王によれば、もともと道教の用語であった「修養」は儒教を集大成した朱子の用語として後世に伝わることになったのだが、「『修身、斉家、治国、平天下』という儒学の根本の教えの影響が強かったためであろうか、『修身』が儒教の基本理念とされてきたのに対して、〈修養〉はあまり流通しなかった。〈修養〉という概念の流行は近代を待たなければならなかった」のである。(5) 幕末維新期の代表的な和英－英和辞書であるヘボンの『和英語林集成』(初版の刊行は一八六七年)においても「修身」「修行」という日本語は取り上げられているが、「修養」という日本語は見受けられない。(6) このことからも窺い知ることができるように、修養という言葉は用語として存在はしていたが、江戸期においてはほとんど使われることのなかった言葉であった。

このような歴史をもつ修養という用語が、なぜ明治に入って唐突に浮上し、かつ社会に拡がっていったのだろうか。ここではまずその間の経緯と事情を考察したい。

修養という用語の登場は、幕藩体制の終焉とともに新しい社会の幕が開いたことと深く関わっている。幕藩体制の崩壊とともに、封建的な身分制社会は内側から崩れ、開国による新しい時代が始まろうとしていた。日本は近世社会から近代社会へと急激に移行しはじめたのである。

幕藩体制の最後の時期に成人し、新しい時代の知的リーダーとなった人びとは、「文明開化」をスローガンとして西洋をモデルに国家や社会のイメージを構築し、社会を構成する近代的な人間像を構想することになった。「四民平等」が理念とされ、「人民」の概念が成立し、「自由」や「自治」「権利」などの新しい概念がつぎつぎに人びとの思考と行動の基盤に組み込まれる時代が始まろうとしていた。幕末維新期に洋学を学び、西洋の文化に目を向けた開明派知識人たちは、彼らが理解した西洋社会の原理と人間論の日本社会への導入を図り、活発な啓蒙活動を展開した。森有礼、中村正直、福沢諭吉、西周、箕作秋坪らが結成した明六社(一八七三年)は、『明六雑誌』を刊行して「文明開化」の時代の知的リーダーシップをとることになった。彼らをブレーンとした維新政府は日本で初の国家による教育宣言である学制序文（「学事奨励に関する被仰出書」太政官布告、一八七二年）を発布して「学問は身を立るの財本《もとで》」であると述べ、身分に代わって学問（教育）によって人生が決まる時代が始まったことを人びとに伝えた。

明六社に集まった知識人たちは、「文明開化」に大きな役割を果たした。中村正直はスマイルズの“Self-Help”を翻訳して『西国立志編』を刊行し、福沢は『学問のすゝめ』を刊行した。両書は日本の若い人びとに受け入れられ読み継がれることになった。前者は明治期を通して累計一〇〇万部、後者は三〇〇万部が発行されたといわれている。

修養という言葉は、中村が翻訳した『西国立志編』の中で、cultivate, cultivation の訳語として登場した。西周（一八二九―九七年）が訳語とした「哲学」「芸術」「理性」「技術」「科学」などの用語、あるいは「教育」や「発達」など、その後近代化の土台となる多くの重要な用語がこの時期につぎつぎと日本社会に登場した。中村が訳語とした「修養」もこれらの用語と同様、西洋と日本の文化をつなぐ新しい言葉として採用され、日本社会の近代化を進めるための言語装置の一つとして重要な役割を果たすことになったのである。修養という言葉には中村によって新たな意味が与えられ、『西国立志編』の冒頭に掲げられた「天ハ自ラ助クルモノヲ助ク」の格言とともに新しい時代の自助自立の自己形成論を開く梃子としての言葉となった。

中村は続けてミルの“On Liberty”を訳して『自由之理』（一八七二年）を刊行し、スマイルズの“Character”を翻訳して『西洋品行論』（一八七八―八〇年）を刊行した。『自由之理』は日本社会に「自由」の概念を広め、「最大多数の最大幸福」の功利主義思想を紹介し、後の自由民権運動の出発点を用意することになった。また『西洋品行論』は西洋近代社会を支える人間の内面的な資質、人格についての理解を助けることになった。この段階では人格や性格などの用語と概念が日本社会に未成立だったので、中村は character に「品行《カラクトル》」という訳語を用いていた。これらの出版物の中で cultivate, cultivation の訳語として使われた修養という言葉は、「自助」の精神、「自主自立」や「自由」の思想、近代的な功利主義などと結びついて、新しい時代にふさわしい自己形成のキーワードとして人びとに迎えられることになったのである。

こうして修養という用語は、人びとが近代に向けて精神的な自立を図るための言葉となり、文明開化の時代に生きようとしていた人びとに自己形成・自己啓発の新しい道筋を指し示す重要な言葉となった。

(二)　中村正直の思想と修養の概念

修養という言葉の成立をめぐる当初の事情をより詳しく知るためには、エリート儒学者として人生を始めた中村正直が修養という言葉にどのような新しい意味を盛り込むことになったのか、またそもそもなぜ彼はスマイルズの“Self-Help”を翻訳することになったのか、ということを理解しておく必要がある。

中村正直（一八三二—九一年）は、下級武士の子として生まれ、才を認められて昌平坂学問所に学び三一歳で幕府の御儒者となった。早くから蘭学も学び、開国論の立場に立つ開明派儒学者であった中村は、幕府が一八六六（慶応二）年にイギリスに留学させた一二人の留学生の監督役として志願してイギリスに渡り、西洋の社会と文化についての知見を深めた。一八六八（明治元）年、幕府の瓦解によって帰国することになった中村は、帰国に際してイギリスの友人からスマイルズ著“Self-Help”を贈られた。同書は、西洋社会で功成り名を遂げた人びとの若き日における自助的努力のエピソードを中心に構成されていて、個人の努力（セルフ・ヘルプ）次第で人は自分の人生を切り開くことができることを説くものであった。帰りの船の中で同書を熟読し、これからの日本人に必要な自助的生き方を示す重要なテキストとなることを察知した中村は、帰国後すぐに同書の翻訳に取り組み、一八七一（明治四）年に『西国立志編』として出版した。同書は日本で英書が一冊まるごと翻訳・出版された最初のものとなった。

セルフ・ヘルプ（自助）の大切さを説く『西国立志編』は、立志の書であるとともに自己教育についての書であった。原書には educate, education という単語とともに cultivate, cultivation という言葉がよく使われている。中村はeducateに「教育」もしくは「教養」という日本語を当て、cultivateやself educationに「修養」という言葉を当てた。「修養」にはしばしば「ヲサメヤシナフ」とルビがふられた(7)。

『西国立志編』では、「徳性の修養」、「心霊《たまれい》の修養《おさめやしなう》」(mental culture)という文脈で修養という言葉が使われている場合が多い（原本は旧かなづかい、かたかなで訳されているが、本章で用いた講談社学術文庫版では現代かなづかい、ひらがなに改められている）。また「才智のみを養い長ずるは、かえって人の害となることなり。ゆえに凡百（すべての）学問の根本は、端正なる心志の田地にさしはさみ、これを修養すべし」（「第十一編十六　学問は善良の心、端正の行いと一体となるべし」）というような文章もある(8)。中村は「心志の田地」を耕作する言葉としてcultivateに修養という日本語を当てはめた。彼が用いた修養という言葉は、同書の冒頭に掲げられた「天は自ら助くるものを助く」という格言が示すセルフ・ヘルプ（自助）の精神に深く関わっていた。

『西国立志編』の中でcultivateは修養と訳され、cultivationと関わりの深いeducationの方は教養、教育と訳されたが、一方でself educationは修養とも訳されていた。セルフ・ヘルプする人間を作り出すのはcultivationによってであり、またself educationによってであるから、中村はこれを修養という用語で一括して表現したのである。とりわけ同書中とくに「自ら修る」ことをテーマにした「第十一編　自ら修ることを論ず、ならびに難易を論ず」には、修養、教育、教養という言葉が頻出している。「自ら修る」ことの中心概念が「修養」であり、同時に「自ら教育する」ことであり、「自ら教養する」ことであり、これらはすべて重なりあい、響きあって新しい自助的な人間形成の方向を示していた。修養はセルフ・ヘルプの思想と結びつき、セルフ・ヘルプする人間として自らをつくりあげるための重要な自己教育概念として読者に提示されたのだった。

こうして、cultivateは「心志の田地」を耕すことだとされ、修養という言葉に置き換えられることになった。修養は幕藩体制下の日本社会では生まれにくかった「自主自立」を基本理念として、自分で自分をつくる自己形成の新しい考え方を表象する言葉となったのである。後に訳出された『西洋品行論』においても「自ラ治ルハ品行ノ初基ナリ」という文言が現れている。修養は、新しい人間になるためのカラクトル（品行）の形成と重なっていた。自主自立のカラクトルのモデルとされたのは、イギリスの「ジェントルメン」であった。中村は「ジェントルメン」に「君子」の訳語を当てている。

中村は、自助的な人間によって形作られる新しい社会のありようにも大きな関心を示していた。むしろ日本社会の今後へのまなざしが、中村を新しい社会を作り出す人間の育成の課題に向かわせたといってもよい。イギリス留学経験などを通して中村は、西洋的、近代的な国家社会が幕藩体制下の日本社会の仕組みと大きく違っていること、そこには契約論に基づく国家社会論が成立していることを理解していた。彼にとって自助的人間像は近代国家・社会を支える人間像であった。そして修養はそのような人間の形成と結びついていた。

中村は『西国立志編』の「第一編序」でいう。「けだし国は、人衆あい合うの称なり」。「(スマイルズがいうように）国の強弱は、人民の品行に関る」のであり、「故に人々の品行正しければ、(中略）一国協和し、合して一体を成す」。「人衆」とは現代の「市民」にほかならない。ここには福沢が「一身独立して一国独立す」と表現したのと同様の新しい国家と国民の関係認識がある。新しい国家は「品行《カラクトル》」(character）の正しい人衆の集合体なのであり、そのような人衆になるための自己形成論が自助論であり、自助論の核心となる概念が「修養」であった。「人衆あい合う」新しい国を作り出すには、新しい人間が登場する必要があり、その人間こそ「自助」の人間なのである。そして自助の人間、品行正しい人間の形成は、「修養」によって実現される。中村の修養論は日本人が近代国家をどうつくるかという大きな課題とつながっていた。修養論はそのようなレベルで語られる新しい人間の育成論であった。近代国家は近代的個人の集合体である。日本社会を構成する近代的個人＝市民の析出こそ、中村の同書刊行のねらいであった。

中村は続いて『自由之理』『西洋品行論』を訳出している。これらを通して中村は西洋的な自由、新しい社会の中核となる人間像（「ジェントルメン（君子）」）とその精神のあり方を広めようとした。『西国立志編』の「序」で「国」というのは「人衆あい合う」契約社会のことだと述べた中村は、『西洋品行論』第六編の標題を「自ラ治ルハ品行ノ初基ナリ」とした。中村のいう「品行《カラクトル》」は人が自らを治めることから出発するのであり、修養（cultivate）はそのような「品行《カラクトル》」の持ち主としての主体形成のために行われる自己形成上の営為であった。自らを治める人間たちが「あい合う」ことによって初めて、新しい国家は形成されるのである。

『西国立志編』や『自由之理』で中村が修養と訳した cultivate の概念は、いち早く近代化に先行していた西洋の新しい人間形成の道筋を示していた。cultivate の訳語である「修養」は、その後の日本の国家社会を担うべき近代的個人の創出を図る、重い課題を背負った言葉だったのである。

(三)　自己教育の思想における心身二元論と心身一元論

ところでなぜ中村は、カルチベートの訳語に、修身あるいは修行、養生等、すでに日本社会に成立していた言葉を使わなかったのだろうか。

ちなみに当時の代表的な辞書であるJ・C・ヘボン『和英語林集成』を取り上げてみよう。すでに指摘したように、ヘボンの辞書に修養という言葉はない。そこで、cultivate を手がかりに探索してみよう。ヘボンは和－英の部で「修身(mi wo osameru)」を、governing or regulating one's self, *cultivating virtue* と英訳している。「修行(okonai wo osameru)」は the practice, study, or *cultivation of virtue*, science or accomplishments である。また「仕付」を *cultivation*, breeding, training, home instruction in morals and politeness とした。「仕付」は動詞では to *cultivate*, to till, to produce by tillage, to teach; to educate; accustomed, or used to doing である。一方、

英‐和の部では'cultivate'には tagaesu（田返す?―引用者）、tsukuru, shugyō suru, shi-tsukeru という日本語が当てられており、また'cultivation'には tagaeshi, kōsaku, tsukuri, shugyō, shi-tsuke, bummei, kaikwa, baiyō が当てられている。'culture'には gakumon, kyō-iku, fūga（風雅?―引用者）が当てられている(9)。

このようにヘボンは cultivate に当たる日本語をいくつもあげているが、「修養」はこの中に入っていない。一八六七（慶応三）年に初版が刊行され、その後広く利用されていたこの辞書の中では、cultivate, cultivation は修身や修行、仕付といった従来の日本語に対応させられていたのである。同時代に生きた中村が言葉をめぐるこのような事情に疎かったはずはないであろう。中村は cultivate の訳語としてこれらの言葉を採用することを自覚的に避けていたと考えるほかはない。

ではいったいなぜ、中村はこれらの当時普通に使われていた通じやすい日本語を避けて、修養という当時の日本人になじみのなかった言葉を用いたのか。一言でいえば、修身や修行では新しい思想を盛り込めない、と中村が判断していたからであったということであろう。

中村の翻訳した『西国立志編』の中にある「心霊《タマレイ》ノ修養《ヨサメヤシナフ》」などの文言からも窺えるように、修養は今でいう精神活動の領域に特化して限定的に使われていた。『西国立志編』における修養の用例を分析した齋藤智哉も中村の「修養」は「精神性を重視した自己形成の方法」として捉えられていたと指摘している(10)。ここから私たちは、中村が修身という用語に代表されるような、それまでの自修的学修論の系譜に属する用語を選ばなかった理由を推測することができる。儒学者中村正直は、洋学を学び、さらにイギリス留学を通して西洋の心身二元的人間論に接し、これを理解していたと考えてよい。修養というなじみのない言葉の選択は、西洋的心身二元論の立場を前提とするスマイルズの原作の内容を、できるだけ異文化間のねじれが生じないように伝えようとした工夫の所産であったといえよう。ヘボンが対訳に用いた従来の言葉は、いずれも伝統的な東洋的心身一元論に立脚していた。『西国立志編』を貫く西洋の心身論と、日本の伝統的な心身論の間にある大きな違いに、中村は自覚的だったのである。イギリス滞在を通して近代社会の人間形成の原理と近代以前の日本社会の人間形成の原理が基本的に違うことを理解した中村は、日本に近代西洋社会で生まれた人間形成の原理を持ち込もうとしていたのである。

修身や修行、養生などの用語は、伝統的な東洋的心身一元論から発していた。修身の概念の中にある「身」は、心と体を統一的に捉える言葉である。修行の概念においても養生の概念においても心と体は一つのものとして捉えられている。しかるに、中村が出会った西洋の人間論は、心と体を区別して分析的に捉える近代的な心身論から成り立っていた。カルチベートは、なによりも心をカルチベートすることだった。このような心身二元論的な形成論を翻訳するためには、これまでの日本語では齟齬が生じることになる。新しい観念には新しい言葉を与える必要があった。修養はこのときから、日本に新しい人間形成の原理を持ち込む言葉の一つとなった。

ところで、中村が用いていた修養は「修め養う」という動詞として使われているのであり、特定の意味をもった漢字の熟語として使われたわけではない(11)。「修養」が漢字の熟語として特定の意味をもちはじめるには、その後日本の社会に「精神」や「人格」といった修養論を支える周辺概念が成立するまでしばらく待たなくてはならなかった。

「修養」以外で中村の使った用語のその後について触れておくならば、「自由」や「教育」という用語は一般化し、「教養」は大正期に新しい概念として再生する。また「心志ノ田地」「心霊《タマレイ》」など精神活動の領域を表象しようとして工夫した痕跡の見られる用語は「精神」という言葉に合流し、「品行」は「人格」に合流してゆくことになる。その後の日本社会の近代化を支えることになる多くの用語や概念が、イギリス滞在を経て近代国家と近代人の精神のあり方を読み解いた中村によって、来るべき日本社会に向けて差し出されたのである。

㈣『西国立志編』の読者たち

中村の翻訳した『西国立志編』は若い人たちに迎えられ、明治期を代表するベストセラーとなった。人びとはポスト江戸時代の社会の原理、ポスト江戸時代の生き方を具体的に提示する書物として、また「文明開化」の新しい社会を展望する重要な手がかりの一つとして同書を受けとめたのである。人生を自力で切り拓くためには「自助」の精神がいかに大切であるかということを具体的な事例に基づきながら説いた同書は、幕藩体制下の身分制社会から解き放たれ、四民平等の理念のもとに出発した明治維新後の新しい社会で、自分らしい生き方を模索する人びとの格好のテキストとなった。同書によって人びとは、先行する社会におけるセルフ・ヘルプを基本とする人間の生き方について学び、誰でも努力次第で立身出世ができる新しい社会の原理について理解を深めた。

儒学の素養のある者にとっては、彼らが出会ったキリスト教的世界観・人間観はある点で理解しやすいものであった。彼らは西洋の思想を理解する上で重要な God や Heaven の概念を儒教の上帝、天の概念と重ね合わせて理解することになった。これは当時の漢学の素養がある武士層の知識人たちに共通する特徴である。その後多くの知的リーダーが、キリスト教を儒学の素養のもとで理解し、新しい時代の人間として自己形成を図るための手がかりとした。多くの若い知識人がキリスト教そのものを受容することにもなった。中村自身も晩年にはキリスト教（メソジスト派）に改宗している。

中村の訳出した『西国立志編』『自由之理』『西洋品行論』は、福沢の『学問のすゝめ』とともに同時代の若い人たちに多大な影響を与えた。後に石井研堂は『中村正直伝――自助的人物典型』（成功雑誌社、一九〇七年）を刊行して、明治初期に中村の果たした役割を顕彰した。同書の中で石井は、雑誌『成功』（一九〇二―一九一六年）が教育家、宗教者を対象に行った修養の推薦書についてのアンケート調査の結果を紹介している。それによれば、調査に回答した二六名中の半数が、推薦書として自らが少年時代、青年時代に読んだ『西国立志編』と『西洋品行論』をあげていた。回答者の中には「青年時代に最も感激したるは、すまいるす自助論に候」と述べ、また「自分は明治七年にこれを読んで修養に力めた」と記していた者もいた。徳富蘇峰も後年「思ふに今日の中老輩にして苟も社会に立つ程の教養ある者、孰れか西国立志篇の感化を被らざる可き」と述べている[12]。

『西国立志編』の影響は文学にも及んだ。幸田露伴は同書の影響を受けて『努力論』（一九一二年）を著し、国木田独歩は『西国立志編』から『非凡なる凡人』（一九〇三年）の主人公を造形した。さらに同書中の人物小伝は修身教科書に取り込まれて、ジェンナーの種痘の話や陶工柿右衛門の話（陶工パリッシーの話のバリエーション）として教材化されることにもなった。

3　初期修養論の継承と深化

(一)　青年の誕生と初期修養論の継承

中村が用いた修養という用語とその意味は、新しい社会と人間の誕生を希求する若い知識人たちに大きな影響を与え、彼らによって継承されることになった。彼らの中からは西洋文化の核心にあったキリスト教に深い関心を抱き、信仰を介して自己の新しい創出を図る者が輩出した。そのため修養という用語は、まずはキリスト者たちの間で近代的な個人の形成のための手がかりとなる言葉として使われることになった。

この系譜の修養の概念を引き継ぎ、新しい時代の自己形成の道筋について発信した人物としては、徳富蘇峰（一八六三―一九五七年）、植村正久（一八五八―一九二五年）、横井時雄（一八五七―一九二七年。儒学者横井小楠の長男）、松村介石（一八五九―一九三九年）、内村鑑三（一八六一―一九三〇年）、新渡戸稲造（一八六二―一九三三年）などがあげられる。[13]いずれも明治維新直前に生まれた人びとであり、幼少時から「文明開化」の時代を生きることになった人びとである。彼らは修養論の深化・普及に重要な役割を果たした。

これらの人びとは、日本社会に現れた最初の近代的青年としての特徴を示した若い知識人たちでもあった。前近代の社会においては、ライフステージは子どもと大人の二分法で成り立っており、モラトリアムとしての青年期は存在しない。若者や娘と呼ばれるライフステージがあったが、彼らは成人式（子どもから大人への変身を促す通過儀礼）を経て未熟な大人として扱われる者たちであった。子ども期と大人期との間にある移行期（モラトリアム）としての青年期は、近代社会の成立を待って新しいライフステージとして出現することになる。そして彼らは、日本社会に現れた最初の青年たちであった。新しいライフステージを表現するのに「青年」という言葉を作り出し、使いはじめたのも、これらの人びとである。[14]

青年という言葉は、東京基督教青年会を設立（一八八〇年）した植村正久や小崎弘道らによって初めて今日的な意味で使われたといわれる。彼らはYoung Men's Christian Association（ＹＭＣＡ）を日本語に訳すにあたって「若者」という言葉を避け、子どもから大人への移行期にある人間の特質を表現するのにふさわしい言葉として「青年」という言葉を使ったのである。青年という用語を広めるのに大きな役割を果たしたのは、熊本バンドに参加し、同志社で学び、キリスト教知識人グループに属していた徳富蘇峰であった。彼は『第十九世紀日本ノ青年及其教育』（一八八五年）、『新日本之青年』（一八八七年）を刊行し、さらに平民主義を掲げ日本で初めての総合雑誌『国民之友』（一八八七年創刊）を主宰して、青年の用語と概念を普及させた。

こうして、この時期の修養論は、若い知識人たちによって自覚化された青年期と強く結びつけられることになった。彼らは中村正直の「修養」という用語を引き継ぎ、自己形成のキーワードとすることになった。修養という用語は、文明開化期の青年たちの自己形成、自分づくりと緊密に結びついて拡がっていった。

中村正直ら明六社グループの啓蒙思想は、近代人としての自我の確立に向かう人びとを生み出すとともに、政治と教育の近代化運動に乗り出す人びとも生み出した。一方の人びとはキリスト教への関心を深め、もう一方の人びとは中村が紹介した「自由」「自治」の影響を強く受けつつ自由民権運動を担うことになった。自由民権運動の中では「自由」の概念が格段に深まり、また「共立」の中等教育機関が各地に設立された。この運動の内部からも新しい青年たちが生まれてきたのである。[15]

一例を挙げれば、近代的な自我の確立を追求して「内部生命論」(一八九三年)を発表した北村透谷は、自由民権運動にもキリスト教にも関わった人物である。彼に代表されるような個の内面形成の模索を経て、啓蒙期における修養論は、青年のアイデンティティ確立や生き方の自己決定の問題と深く結びつけられて、次の時代に橋渡しされることになった。修養は近代的な独立した人格の確立の問題、とりわけ青年期の自己の主体的内面形成の問題へと急速に収斂した。やがて、明治初期啓蒙思想の流れを汲む人びとは、公教育を舞台に儒教的立場から教化的徳育論を主張した守旧派の人びととの間で一八八〇年代から九〇年代にかけて徳育論争や「教育と宗教の衝突」論争を繰り広げることになる。

(二)　清沢満之の「精神主義」と修養概念の深化

明治の半ば以降、キリスト教以外の宗教改革運動の中からも、修養という用語を引き継いで近代的な人格形成の道筋を構築しようとする人びとが現れた。

その代表的な人物が仏教(浄土真宗)の革新運動の中に修養を持ち込んだ清沢満之(一八六三―一九〇三年)であり、また清沢の大学時代からの友人で、禅学的な立場から修養論を深めた沢柳政太郎(一八六五―一九二七年)である。仏教の革新運動を通して近代的な人格の形成を成し遂げようとした清沢によって、修養の概念は格段に深化することになった。また沢柳は清沢と交流しつつ、禅学の思想の側から修養論を深め、教育界に修養論を持ち込むことになった。

清沢満之は、浄土真宗の革新運動を通して、近代的な自我を確立するための精神運動に取り組んだ。清沢がめざしていたのは「自己の探求」であり、親鸞の絶対他力の思想に基づく自力の思想の深化であった。そのような自律・自力の思想に立って彼は自己形成のための修養の理論化を進めた。

東京帝国大学を卒業後、宗教改革運動に身を投じた清沢は、一八九四（明治二七）年に結核を発病して転地療養をし、それを機に修養について語りはじめた。清沢は、この「休養の機会」を「反観自省」の機会として、「修養の不足」に思い至り、「修養の途に進就する」気持ちを強めた、と述べている(16)。

清沢は、近代的な自我を確立するための方策として修養を捉えていた。清沢の修養は、他力本願の信仰のもとでの「修善」「修行」と結びついていた。安冨信哉の研究によれば清沢の課題は何よりも近代社会を生きぬく人間としての主体性を確立することであり、清沢の修養論は「自力の修善をとおして自己の限界を知り、自己の限界に接して、他力の信仰に帰し」、そのことにより自分が高まっていく、その全体のプロセスを包摂するものであるとされている(17)。

清沢の修養論は、「各個人の道徳進歩」を図るために「自己を省察」するところから出発していた。清沢は精神の独立を、絶対無限者たる阿弥陀如来への帰依によって達成しようとした。清沢が求めていたのは「自家の独立」、精神の独立であり、「自家の独立」は修養を通して追求されるべきものであった。療養以来、修養は清沢にとって自律的な自己をいっそう深く開発するための行為となり、日常生活における禁欲主義、宗教的リゴリズムと結びついて語られることになった。

清沢は『精神界』（一九〇一年創刊）を刊行し、創刊号に論文「精神主義」を掲載した。彼の「精神主義」とは、個人の「完全なる自由」と他力本願の信仰における阿弥陀如来への「絶対服従」を両立させるものであり、信仰を通して自立と自由を基幹とする近代的な自我の確立を追求するものであった。

清沢が使った精神という用語は、鎌倉時代末期に日本に入ってきた漢語（『朱子語類』中の「精神一到、何事不成」）である。清沢以前にもたとえば徳富蘇峰などは精神を心の領域を表象する言葉として使用しているので、清沢の用法はそれを引き継いだものだったといってよい。清沢はドイツ語の Geist や英語の spirit の概念に学びつつ、この言葉を人間の内面を捉える近代的な用語に鍛え上げた。清沢によって精神という用語は個人の内面の自律性、独立性と結びつき、近代的、今日的な意味が与えられることになったのである。これ以降、「精神修養」という言葉が広まるが、この時代の精神という用語の意味はだいたいにおいて清沢の「精神主義」の運動の流れを汲むものである。

修養による「自覚自得」を説き、精神という言葉で近代的人間の内面的特性を表現しようとした清沢の「精神主義」の思想と運動は、多くの若い人たちに影響を与えた。同時に修養も清沢の運動を通して、近代的な自己形成の具体的な方策と概念を意味するものへと発展した。

このような清沢の他力信仰の修養論を禅学の自力信仰の立場で受け止め、教師の社会に持ち込んだのが、清沢の大学時代以来の友人、沢柳政太郎である。『教育者の精神』（一八九五年）や『教師及校長論』（一九〇八年）、『学修法』（一九〇八年）などを始めとする彼の一連の著作を通して、修養は教師論の重要なテーマとなった。[18]

このほかに、主に宗教的な立場から自立的な人間形成論を追求し、修養論の普及に関わった人びとの著作や運動には、西田天香（一八七二―一九六八年）の一燈園（一九〇五年設立）、綱島梁川（一八七三―一九〇七年）の「予が見神の実験」（一九〇五年）、伊藤証信（一八七六―一九六三年）の無我苑の運動などがある。

清沢が本格的に修養に取り組みはじめたころ、当時を代表する宗教者、倫理学者、哲学者等が結集して一八九七年に設立した丁酉倫理会（設立時の名称は丁酉懇話会）も活動を開始していた。丁酉倫理会は学問的な立場から近代的な人格の形成の道筋を模索し、修養の概念の定立と普及に大きな役割を果たした。倫理会を代表する人物の一人である姉崎正治（一八七三―一九四九年）は「倫理的修養といふことをきはめて簡単にまうしますれば、人間の内面の性格、すなわち精神上の資格、精神上の基礎を築くと云ふことが最も大切」であり、また、修養は「精神の内部から」自分自身を養うことであると述べた。さらに「或る一定の教えとして、外部の教権として、人に注入するのでは到底精神の修養となることが出来ぬ」と述べて、修養が教化や注入とは対極にある個人の内発的な動機に基づく行為であることを強調した(19)。

これらの人びとはいずれも幕末維新期に生を享け、前代の成長モデルが消失した社会で大人としてのアイデンティティを確立しなくてはならないという困難な作業に、正面から実践的、実験的に立ち向かった最初の世代である。彼らは、儒教的な文化の中で成人して明治維新に臨んだ先行世代とは異なる生育歴をもつ人びとであった。彼らは総じて時代の転換期にあって、煩悶や苦悩、希望を抱えつつ手探りで人生を切り拓こうとする思索そのものに修養という言葉を当てていたといってよい。

(三)　人格の概念の成立と修養論の進展

「精神」という言葉は近代的な意味をもつ言葉となり、明治中期までには知識層はこの言葉を人間の内面を捉える言葉として使いこなすようになっていた。同じ時期に「人格」という言葉が「精神」と並ぶ重要な意味を与えられて使われはじめた。同時代の人びとが「人格」という日本語を手に入れたことの意味はきわめて大きい。この言葉は人間の内面を捉える言葉として急速に日本社会に普及した。そのことによって、修養論の言説化、理論化が格段に進むことになった。修養論を言説化し、理論的に展開する上では、心の領域を近代的に捉える用語と概念の登場が必要不可欠だったのである。「人格」の登場によって、当時の人びとは人間の内面を総体的に捉え、論理的、分析的に語るための共通の言葉と概念を手に入れた。これ以降、修養は「人格の向上」を図る営為として明確かつシンプルに説明されるようになり、修養論は国民的な拡がりをみせることになった。

北村三子の研究によれば、人格という用語を最初に用いたのは中島力造（一八五八―一九一八年）である。[20]中島はアメリカ留学後（一八九〇年）、東京帝国大学文科大学で心理学、倫理学、論理学を担当した。彼はカントやT・H・グリーンの倫理学を初めて日本に紹介し、翻訳に当たって「人格」「理想」「自己実現」などの言葉を世に送り出した。中島によって訳出されたこれらの語彙は、その後の修養論の展開の上できわめて重要な役割を果たすことになった。

それ以前の日本社会には、パーソナリティに対応する用語・概念は未成立であった。明治初期には人間の内面を捉える言葉としてのパーソナリティやキャラクターの訳語として、「心霊」「品行」「品性」「人品」「徳性」あるいは旧来の「人」「人柄」「人物」などの言葉が当てられていたので概念上の曖昧さや混乱が生じていたが、「人格」という新しい用語の出現によって、同時代の人びとは人間の内面を、輪郭のよりはっきりした共通の言葉で捉えて語ることが可能になった。「精神」の用語と相まって、修養論はパブリック・ランゲージ（母語・限定コード）で語られる段階からフォーマル・ランゲージ（共通語・精密コード）によって語られる段階に移ったのである。修養は常に「人格の向上」と結びつけて語られるようになった。

中島の帝国大学の同僚、井上哲次郎は、彼の代表的な著作の一つである『人格と修養』（一九一五年）の中で修養論にとっての人格論の登場の意味を整理している。井上の所論から人格と修養の関係史を押さえておこう。

井上はまず「人格とはなんぞや」という問いを立てて、読者に説明する。「人格といふことは誰も平生よく言ふことであるけれども、抑々人格とは何う云ふものであるかといふことを明かにして言ふ者は割合に少ない様である」。井上は日本では人格の概念がまだ曖昧なことを指摘し、「人格といふことは昔は一向言はなかつたことで、是はペルソナリティーの訳語に始まるのである」と述べている。その上で井上は、実は日本社会では儒教が人格を問題にしていた学問であったとする。昔の人たちが「学は人の人たる所以を学ぶなり」といっていたときの「人」が人格を意味していたというのである。このように儒教では人格という言葉の代わりに「人」という言葉を用いていたので、人格の取り上げ方はきわめて曖昧となり、「儒教にあつては人格の意義未だ明瞭ならず」という事態が生じていたのだと彼は指摘した。以上のように説明した上で、井上は「人格は修養に依つて発展する」と述べている[21]。井上の理解によれば、「人格」と「修養」は、これらの言葉をもたなかった時代の儒学の限界を乗り越えるための新しい思考装置であるということになる。「教育と宗教の衝突」論争において明治初期啓蒙思想の修養論を継承していた内村らと鋭く対立した経験をもつ井上は、儒学的修養論の代表的な論者の一人となった。

こうして誰もが修養と「人格の向上」を結びつけて語るようになる時代がやってきた。この後修養論から分岐する教養論においても「人格の向上」論はそのまま引き継がれることになった。「人格」は近代人の内面を捉えるための新しい日本語として急速に日本社会に拡がっていったのである。

4　修養論の多様な展開

中村正直は、cultivate を訳するに当たって、「修身」「修行」「養生」「仕付」など当時よく使われていた語彙を使用するのを意識的に避けたようである。中村に採用されなかったそれらの用語とその用語が担う人間形成の文化は、日本社会の伝統的な人間形成論・教育論として継承され、新たな展開をみせた。「修身」は学校教育の中に取り込まれて、公教育における徳育の教科目とその内容を示すものとなった。また「修行」による人間形成の系譜は、明治末から大正期にかけて独自の修養論を民間で展開することになった。同じころ、貝原益軒の『養生訓』（一七一三年）や民間の倫理学、処世学として展開した心学を取り込んだ修養論も現れた。さらにまた共同体の若者集団（若者組）の訓育機能の中に保持されてきた〈しつけ〉の人間形成システムを取り込んだ修養論も現れた。

このような動向を大きく捉えれば、明治初期啓蒙思想の流れを汲む修養論が西洋に由来する心身二元論的人間理解から出発していたのに対し、明治中期から後期にかけて、伝統的な心身一元論的人間論に基づく自学自修の人間形成論の系譜が、あるものは自生的に、またあるものは政治的な意図も含みながら台頭してきたということができる。

この節では、伝統的な心身一元論の人間形成論から発する修養論の思想的系譜を捉えておこう。

(一) 修身の思想と修身教育

明治初期啓蒙思想の系譜の知識人たちは、公教育を舞台に展開した修身教育に強く反発した。内村鑑三を始めとするキリスト教徒や清沢満之、丁酉倫理会に集まる人びとは、修養は内発的なものでなくてはならないとする立場から、修身教育を外発的・注入主義の徳育として批判することになった。明治初期には修身が修養とほぼ同義の用語として使われることもあったが、両者の間にはしだいに大きな溝が生じてきた。明治中期になると、個人の近代的な精神形成と修養を結びつけて説く人びとは、修身論を自分たちの徳育論とは相容れない徳育論として受け止めることになった。

「修身」の語義は、儒学的素養のある人びとにとっては自明なものであった。修身の概念は「修身・斉家・治国・平天下」という大きな思想的枠組みの中でその意味を与えられていた。この思想は、人生を〈子ども期－大人期〉の二分法で捉える前近代的社会で成立していた。近代社会と違ってその社会には青年期はまだ生まれていない。そこでは聖人君子の生き方がモデルとされ、子どもは大人（聖人）の教化、指導の対象であるとする教化論が受け入れられていた。このように修身の思想は人生の二期区分論に立っていたのであり、対して修養の思想はモラトリアムとしての青年期の登場による人生の三期区分論（少年期－青年期－成人期）の上に成り立っていたのであるから、両者の違いは大きい。修身論はこの子ども－大人の二分法と教化論的人間形成論をその後もきわめて強固に保ち続けた。

このような教化論としての性格とその背後にある人生の二期区分論をうちに抱える「修身」という用語を、そのまま近代的な青年期の自己教育・自己形成の方法と内容を表示するための用語として転用することは難しい。修身という用語はその語が担っている歴史の重さによって、青年期の主体形成を個人にゆだねる人間形成論とは折り合わない。ここに中村がcultivateを日本語に訳するときに、当時一般的であった修身の用語を避けた理由の一つがある。

中村が避けた修身という用語は、発足当初の学校教育のカリキュラムの中に持ち込まれた。日本の近代的な公教育制度の出発点となった学制（一八七二年）では教科目の一つとして「修身」がおかれ、教授法、時間配当を示した小学教則では「修身口授（ギョウギノサトシ）」がおかれた。欧米の倫理（ethics）の教科書が直訳され教材化されたが、教授者の不在のために教科目としての存在意義は薄かった。学制に続いて開明派の文教政策のもとで公布された教育令（いわゆる自由教育令、一八七九年）においては、修身科は必修教科の最下位におかれることになった。

その後、自由民権運動の高まりを社会的、政治的背景として、学校教育における徳育のあり方と修身科のカリキュラムをめぐり、欧化主義を批判する守旧派、儒学派からの巻き返しが始まった。一八七九（明治一二）年には明治天皇の侍講、元田永孚が起草した「教学聖旨」が出された。そこでは「道徳ノ学ハ孔子ヲ主」とするべきであるとされ、また「仁義忠孝ノ心」は「脳髄ニ感覚セシメテ培養スル」ことが必要であると述べられていた。改正教育令（一八八〇年）では修身科は筆頭教科に引き上げられ、西村茂樹の『小学修身訓』（一八八〇年）で文部省の新しい修身教科書の方向が示された。その内容は、全体を通して学問・生業・立志・修徳・養智・処事・家倫・交際の項目が立てられ、和漢洋の本からとった格言が収録され、従来の翻訳修身書とは大幅に異なるものとなっていた。「小学校教則綱領」（一八八一年）でも修身は「初等科ニ於テハ主トシテ簡易ノ格言、事実等ニ就キ中等科及高等科ニ於テハ主トシテ稍高尚ノ格言、事実等ニ就テ児童ノ徳性ヲ涵養スヘシ。マタ兼テ作法ヲ授ケンコトヲ要ス」とされた。

一八八二（明治一五）年、元田永孚は勅命によって『幼学綱要』を編集し、「彝倫道徳ハ教育ノ主本」と述べて修身教育の目的は「明倫修徳」にあるとし、孝行、忠節、和順を始めとする二〇の修身教育上の徳目をあげた。この徳目はその後より精選されて教育勅語に引き継がれることになる。

この時期には公教育の中で行われるべき徳育の方針・内容・方法をめぐって、儒教主義的な徳育と近代西洋的な徳育を主張する人びととの間で激しい徳育論争が起きている。元田永孚や西村茂樹など保守派の儒教主義者と福沢諭吉や初代文部大臣森有礼など開明派知識人との間で行われた徳育論争は、教育勅語の公布によって終止符が打たれることになった。

一八九〇（明治二三）年に教育勅語が発布されると、儒教主義的・復古的な修身教育がオーソライズされることになった。一八九一年には「小学校修身教科用図書検定標準」が出され、教育勅語の内容に沿った徳目主義の修身書が作られることになる。同じ年には内村鑑三のいわゆる「不敬事件」が起こり、翌年から「教育と宗教の衝突」論争が始まった。国家主義の立場に立つ哲学者井上哲次郎と個人の内面の自由を守ろうとするキリスト教徒たちの間で行われた「教育と宗教の衝突」論争では、教育における徳育のあり方が鋭く争われた。このような出来事を重ねつつ、個の自立的な自己形成をめざす徳育論を学校教育の中で展開する余地は、急速に失われていった。学校教育の中では、もっぱら臣民としての徳を「脳髄ニ感覚セシメテ培養スル」ことをめざす修身の教育が徳育の中核をなすことになったのである。

この論争は、儒学派の徳の修養論が成立する契機にもなった。内村の論敵となった井上哲次郎は、後に儒学的系譜の修養論の担い手としてその理論化に大きな役割を果たすことになる。井上の場合に見られるように、儒学的思惟に基づき修身教育に親和性をもつ修養論の系譜がこの時期から姿を現してきた。

一九〇四（明治三七）年度からは国定教科書『尋常小学修身書』が用いられることになり、修身教育は忠孝を基本とする徳目の教授を特質とするものとして定着した(22)。修身という用語は明治初期にいったん西洋由来の倫理学的な内容を示す教育用語として使われたが、その後再び伝統的な修身の用法に戻ったのである。「修身」という用語には心身一元の観念が戻り、明治初期啓蒙思想の流れを汲む「修養」との距離は急速に拡がっていくことになった。近代的自我の形成を追求してきた修養論の系譜は、修身論とは対立する要素を含む思想潮流を形成していたのである。

このような事情のもとでも、明治の半ばまではまだ修身という言葉と修養という言葉がほぼ同様の意味で使われる場合がしばしば見受けられた。しかし、明治中・後期にかけて、修身と修養の用法ははっきりと区別されるようになり、青年期の主体形成に関わる用語は、修養に収斂した。たとえば、雑誌『中学世界』は「倫理修身欄」を設けていたが、第六巻第一号（一九〇二年一月）からこの欄は「修養欄」に改称した。『女学世界』でも「修身」欄が一九〇四年二月から「修養」欄に変わった。[23] この時期から、修身は公教育内の（＝少年の）道徳教育に関わる言葉として、修養は公教育外の（＝青年の）自己形成に関わる言葉として、世間でもなるべく区別して使うようになってきたのである。

こうして結果的に修身と修養は公教育の内と外で、基本的に原理を異にする人間の育成概念として棲み分けることになった。修身は公教育の中に組み込まれたために修身教育という概念が成立した。一方修養は公教育の外にとどまり、修養教育という言葉が生まれることはついぞなかった。

(二)　修養論における心身一元論の系譜

日清、日露戦争に勝利して自信を強めた日本社会では、自国の文化を改めて見直す風潮が強まった。『論語』が見直され、禅への関心が社会に拡がったのもこの時期のことである。このような時代に呼応して儒学や禅の思想に立脚する修養論がしだいに大きな流れを形成することになった。

これらの伝統的な人間論・人間形成論から発する修養論の共通の特徴は、精神と肉体を一つの事象（「心身一如」

として捉える立場をとっていることである。この点でこれらの修養論は、精神と肉体を分けて捉え、修養を精神活動の領域で考える明治初期啓蒙思想系の修養論とは明らかに異なる心身論に立つ修養論となっている。この系譜の修養論では、陽明学派の「知行合一」論や禅の「修行」が取り上げられ、また江戸時代中期以降、庶民の間に広まった心学の系譜の処世論や貝原益軒の『養生訓』にも光が当てられることになった。益軒の養生論はこの時代に日本的修養論の遺産として再発見されたのである。医学に関心をもっていた益軒の養生論では、身体の養生が中心におかれ、心の養生は身体の養生に付随している。修養論の歴史的展開を考える上で、精神と身体が統一的に捉えられ、修養のかたちが具体的に示されたことの意味は大きい。剣道や華道、茶道など〈道〉と呼ばれる伝統的な人間形成論をもつ〈型の文化〉に組み込まれることになった修養論もこの系譜に属している。修養には一定の型があったとする唐木順三の修養理解はこのような系譜の修養論を念頭においたものであったといえよう。(24)

禅はもともと修行の伝統をもち、修養的な性格を強くもっていた。禅の内部から新たな修養論が立ち上がってくるのは必然的なことであった。明治中期には『菜根譚』(中国明代に編集された修養書)が知識層の間に流行した。『菜根譚』は三教(儒教、仏教、道教)一致の立場から修養の教材を編集したものであった。また、西洋文化における聖書に匹敵する東洋の書物として『論語』を取り上げる人びとも現れた。(25)日本には鎌倉時代以降、五山(京五山、鎌倉五山)を中心に禅僧によって朱子学、陽明学等の儒学が学習されてきた伝統がある。『論語』への関心の深まりは禅への関心と重なっていた。

一九〇七(明治四〇)年四月には禅学系統の雑誌『修養』(後に『精神修養』と改題)が発刊され、ついで同年六月には陽明学系統の『修養界』が発刊された。(26)これらの雑誌の刊行によって心身一元論の修養論、知徳一元論の修養論が社会に拡がることになった。この修養論の系譜は伝統的な修身論、公教育の中の徳育論と親和性をもつ場合が多い。明治初期啓蒙思想の流れを汲み近代的、自立(律)的な個の確立をめざす修養論の論者は、この系譜の修養論に前近代的な鍛錬論や教化論の要素を見出して対立することになった。

(三)　競合する修養論

明治期後半になると修養論は多種多様なかたちで展開した。それにともなって、近代的な個我の形成をめざす初期啓蒙思想系の修養論と前近代の伝統的な人間形成文化から出発する修養論の間には、修養のあり方をめぐって批判対立関係も際立ってきた。両者の対立や論争の中で、修養論の理論的な整理がそれぞれの系譜において進むことにもなった。

修養についての言説はいつ青年期自己形成の「論」として成立したか、という関心から研究を進めた和崎光太郎は、「〈修養〉論は（中略）一八九〇年代前半の形式的徳育の代替として誕生した」という結論を得ている[27]。和崎によれば、教育勅語の発布（一八九〇年）とそれにともなう修身教育の開始によって、徳の「教え込み」と形式主義への対抗軸として、内発的で自修的な青年期自己形成論としての修養論の成立が促されたということになる。和崎がここで自説の論証のために取り上げているのは、修養書の先駆けとなった松村介石の『修養録』（警醒社、一八九九年）、横井時雄の「道徳の修養に於ける社交の勢力」[28]、徳富蘇峰が『国民之友』に発表した一連の論説である。これらの人びとは、徳を「教え込む」ことに批判的な立場をとり、青年の「自奮自励自修自学」を説き（松村）、「道徳」は自ら「修養」するものであると主張し（横井）、また「少年が杓子定規に似たる、小学校の修身書を教へられて後、如何なる機会ありて彼等に徳義を修養せしむる乎」[29]と述べて（徳富蘇峰）、修身教育の形式主義、教化主義を批判した。和崎がここで取り上げた人びとが、いずれも日本社会に最初に現れた青年たち（青年期の第一世代）であったことは注目に値する。彼らはいずれもまた青年期にキリスト教の信仰を深めた人びとでもあった。この時期のキリスト者は、明治初期啓蒙思想の継承者たちでもあったのである。

教育勅語をめぐって「教育と宗教の衝突」論争を起こした内村鑑三もまた松井、横井、徳富らと同様の立場から発言を続けていた。内村は「基督教で云ふ修養なるものは胆力鍛錬ではありません。また喜怒哀楽の情を自由に支配すると云ふ事でもありません。或は山に立籠り、或は禅寺に入て、身を責め、慾を制するが如きは基督教の修養ではありません。日本や支那で修養と云へば何にやら凡人には出来ないことのやうに思はれて居ます、が、基督教の励む修養なるものはそんな不自然の者ではありません」と述べて修行系の修養論を批判した(30)。

キリスト者以外にも、修身教育の注入主義を批判して、主体的な自己形成の道筋をこれに対置しようとする人びとが現れてきた。このような動向は、既存宗教の近代宗教への改革運動（とりわけ浄土真宗）の潮流とアカデミズムにおける倫理学の潮流において顕著である。

浄土真宗の改革運動に取り組む中で修養論を深めた清沢満之は、公教育の中で修身教育として定着しつつあった他律的な教化としての修身を批判していう。「修身とか、道徳とか云うても、外来の命令、外界の刺戟に応合することを、専要とするもの多し。是より誤謬の生ずるありて、修身道徳と云ふも、其の教訓或は理論を読誦して、以て其の事成れりと思惟するに至る」。清沢は修身道徳が「外来の命令、外界の刺戟」に対して人を「応合」させることにより育成を図ろうとするものであると批判している。清沢はそのような原理に対して「修養」の原理を対置していう。「修養の第一要義は、自己を省察するにあり」。清沢は修養を「自己を省察」する行為であるとした上で、彼の修養論をさらに進めて「内心の決定を省察」するところにまで導いた。清沢はいう。「吾人の禽獣に異る、正に此の省察にあり。吾人は常に精しく内心の決定を省察せざるべからざるなり」。清沢においては、修身と修養の違いは、人を外来の命令、外界の刺激に「応合」させる行為と、「内心の決定」を省察する行為との違いとなっていた。清沢は、自我の形成上における「応合」と「内心の決定」の間には、禽獣と人間の差異にたとえることができるほどの違いが認められるとまで主張している(31)。

哲学者や倫理学者、宗教学者たちは、欧米のキリスト教に匹敵する近代日本の社会的モラルの育成をめざして、丁酉倫理会を結成（一八九七年）した。会の中心人物である姉崎正治は「或る一定の教えとして、外部の教権として、人に注入するのでは到底精神の修養となることが出来ぬ」と述べ、修養が教化や注入とは対極にある個人の内発的動機に基づく行為であることを強調した。姉崎もまた、価値を押しつける教化主義的な道徳教育（修身教育）を強く批判し、修養を近代的な自発的な内面形成の方法として対置した。[32]

このように、伝統的な心身一元論の側からの修身教育論、修養論の系譜が台頭してくると、それに対する批判が、近代的自我の確立を追求していた修養論の系譜から根強く続けられることになった。両者は修養のあり方をめぐって、それぞれ心身一元論と心身二元論、知徳一元論と知徳二元論の立場をとり、「脳髄ニ感覚セシメテ培養スル」徳育の教育方法をめぐって鋭く対峙しつつ、それぞれの修養論の理論と実践を深めてゆくことになった。

5　新しい青年期の登場と修養ブーム

明治三〇年代末から四〇年代にかけて、日本社会には今日修養ブームないしは修養書ブームと呼ばれている顕著な社会現象が発生した。[33]多くの修養書が出版され、『修養』『修養界』などの修養雑誌の刊行も始まった。この時期の代表的な修養書としては松村介石『修養録』（一八九九年）、加藤咄堂『修養論』（一九〇九年）、新渡戸稲造『修養』（一九一一年）、村上専精『通俗修養論』（一九一一年）などがあげられるが、なかでも新渡戸稲造の『修養』はベストセラーとなり長く愛読された。[34]

この時期の修養書ブームとその背景としての修養論ブームの発生にはいくつかの要因が重なり合っていると考えられるが、大きく整理すれば、次のようなことになろう。

(一)　日露戦争後の社会状況

日本は日清戦争後ほぼ一〇年ごとに対外戦争を繰り返し、そのたびに社会の状況は大きく変化した。日清戦争に続く日露戦争の勝利は国民の自意識に大きな変化を生じさせ、自国の文化への関心が深まった。とりわけ日露戦争の勝利は西洋列強の一つに勝利したという高揚感を国民の間に生み出した。同時に戦争による社会の疲弊に日本社会は苦しむことになった。石川啄木は「時代閉塞の現状」（一九一〇年）の中で、学生たちが仕事もなく遊民化しており、さらに学生の何十倍、何百倍の多数の青年たちが教育を受ける機会を奪われている、と憤りを込めて記している。「彼等（学生—引用者）に何十倍、何百倍する多数の青年は、其教育を享ける権利を中途半端で奪はれてしまふではないか」。このような閉塞的な社会状況のもとで、生きることの意義を模索し、また自らの力でよりよい人生を紡ぎ出すことを模索して、多くの若者たちが〈修養〉に向かいはじめた。

(二)　新しいタイプの青年の登場

この時期の青年たちには、それまでの青年とは違う大きな変化が生じていた。明治初期に青年期を送りこの時期には若い人たちを指導する立場になっていた人びと（日本の青年の第一世代）は、ある種の危機感をもって新しい青年たちの様子を観察していた。かつて明治初期に青年の概念を広めるのに貢献した徳富蘇峰は、この時期の青年たちを「金持三代目の若旦那」のようだと表現している。

一八八七（明治二〇）年に『新日本之青年』を著して「青年」という用語を世間に広めた蘇峰は、ほぼ三〇年後の一九一六（大正五）年に前書を「根本的に改作」して『大正の青年と帝国の前途』を刊行した。前者で取り上げられていたのは、蘇峰自身もその一員であった文明開化期の青年であり、後者で取り上げられたのは青年期を迎えた彼らの子息たちの世代である。同じ青年でありながら両者の間には実に大きな違いがある、と蘇峰は考えた。日本の青年たちの様相を一変させたのは、社会構造の変化とそれにともなう人びとの心性の大きな変化であった。日本はこの間に二度の国を挙げての対外戦争に勝利し、戦勝は国民に自信と高揚感と新たな不安をもたらした。日本は帝国主義国家として膨張しはじめ、皇室を中心とする国民国家が確立した。産業革命が進行し、社会構造の資本主義化が加速し、成金が登場した。一方で学歴による新しい競争、格差が世の中に拡がり、「実力」社会から「学歴」社会への構造転換が進み、人を「一人前」の大人に育ててきた郷党社会は衰弱しはじめた。文明開化期に青年期を送った人びとの子息たちは、社会構造や世相が大きく変化する不安定な状況のただ中で少年期を送り、見通しのきかない不安の中で青年期を迎えていたのである。

蘇峰は、この時期の青年を「模範青年」「成功青年」「煩悶青年」「耽溺青年」「無職青年」に分けている。蘇峰は「成功青年」とは、「常世最も繁昌する」成功を焦る青年であり、その成功の内容は多くの場合、金持ちになりたい、という願望にすぎないという。また「煩悶青年」とは、成功熱に浮かされる世の中で自分の生き方を見出せずに煩悶する青年である。「耽溺青年」とは、刹那主義の青年、一切を否定し、一切を無視する青年であり、「無職青年」とは他人に流される青年である。蘇峰によればこの時代の青年は「金持三代目の若旦那」的特性を強く示すようになっており、蘇峰のような青年期第一世代から見ればこれはけっして望ましい状況ではない。

蘇峰のように文明開化期に青年期を送り指導者としての立場に立つようになっていた人びとにとって、このような新青年たちをどう指導するかという問題は自分たちの世代の大きな宿題となっていた。大人になったかつての第一世代青年たちは、こうして、後続の世代の青年たちに向けて修養の必要を説き始めることになった。これがこの時代ににわかに巻き起こった修養書ブームの背景である。

(三) 青年層の拡がり

ところで、蘇峰がここで捉えた一群の青年たちは、主として先行する第一期の青年たちの子息たち(「金持三代目の若旦那」)と新規に参入してきた彼らの社会的後継者たちである。彼らは都市に住み、中・高等教育を受け、人生のモラトリアムを手に入れた青年たちである。しかしながら、この時期には蘇峰の視界にはまだ入ってきていなかったが、啄木が見通していたように、学歴社会の周縁にもう一つの新しい青年層が大きな社会階層として現れてきていた。

明治初期においては、青年とは都市に集まる学生や書生のことを指していた。彼らは、社会的には未熟な大人として扱われていた〈若者〉たちに対して、新たに自分の人生を選び取るためのモラトリアムの時期を手に入れた人びと=〈青年〉である。彼らはある意味で特権的階層であった。しかしながら、中期から後期にかけて、青年という言葉は学生の枠をはみ出して拡大しはじめた。弱体化しつつある郷党社会にとどまっていた多くの若い人たちが、自分の人生を自分で選び取る自由を求めはじめたのである。日清戦争以後の日本社会にはそのような「田舎青年」(山本滝之助)たちの膨大な群れが学歴社会、学生層の周縁に形成されはじめた[35]。彼らこそ、「教育を享ける権利を中途半端で奪はれて」いると啄木が共感しつつ見つめていた青年たちである。青年としての意識は、それまでの青年の実体であった学生、書生層を超えて、働く若者たちの間に急速に拡大した。旧社会の若者の一人として生きることを拒み、自分の人生を自分で選び取りたいと願う若い人たちが急増していた。彼らは、自分たちを〈若者〉としてではなく、〈青年〉として処遇することを社会に対して求めていた。彼らが手に入れたいと願っていたのは、モラトリアムとしての新しいライフステージであった。

この層の中からは通信教育や苦学によって学歴社会の周縁に道を開こうとする多数の青年たちが現れてきた。彼らは雑誌『実業之日本』（一八九七年創刊）や『成功』（一九〇二年創刊）などの購読者層を形成し[36]、また当時拡がりはじめた通信教育の大きなマーケットを形成した。学校と学歴が人材の選別機能を果たす社会になっていることは、誰の目にも明らかであった。上昇志向をもつ青年たちは、学校文化の周辺に蝟集することになったのである。日本社会は「実力」の社会から「学歴」の社会へと移行しはじめていた。学歴や学校で手に入る知識は有用な文化資産としての価値を強くもちはじめていた。上級学校に行くための資産をもたない青年たちは中学講義録を購読し、また各種の資格試験、検定試験向け通信教育に彼らの夢を託した[37]。

蘇峰の目が捉えていた新青年に加えて、これらの青年たちもまたこの時期の修養論の大きな受信者層を形成することになった。彼らの間に拡がった青年としての自意識が、この層の若い人たちを〈修養〉に向かわせることになったのである。

(四)　青年の夢や志の変化

この時期の修養論の性格を理解するには、前述のような青年期の重層性を視野に入れるとともに、この時期の青年を捉えた立身出世論の社会的背景にも目を配る必要がある。

江戸時代の上昇移動願望は、武士層をトレーガーとし、儒学的な思想を基盤とする「立身」願望と、仏教文化から発し町人文化の中に拡がった富貴願望を基盤とする「出世」願望からなっていた[38]。明治初期の修養論は、前者の上昇願望と結びついて拡がったが、明治中期以降の主に働く青年たちの間に拡がった上昇願望は後者の流れを汲んでいる。この時期の「偉くなりたい」という若い人たちの願望には双方の意識が混在しており、しだいに後者の占める割合が増していった。雑誌『実業之日本』や『成功』の成功は、このような社会状況を反映している。また学生層の立身の志も資本主義化の進行にともない、全体として「一身独立して一国独立す」（福沢諭吉）タイプから、一身独立と個人的成功を直に結びつけて捉える自己中心的なものへとすり替わっていた。儒学的立身論は町人的出世論と結びついて資本主義競争社会の新しい立身出世論へと変容した。青年の自己形成論として展開してきた修養論は、この時代の自己本位的な立身出世論と重なることによって変化し、多様化することになった。

(五)　メンターの性格

文明開化期に現れた第一世代の青年たちやその後継者たちが指導者的立場に立つようになり、若い人に対して修養論のメンターとしての役割を自覚的に果たしはじめたのも、日露戦争後の社会の特徴である。この時期の修養論の発信者は、明治初期啓蒙思想家たちの影響下で文明開化期に青年期を迎えた世代であり、また彼らの影響を強く受けながら育った世代である。彼らは明治後期には指導者的立場に立って、青年たちに修養論を伝えるメンターの役割を自ら引き受けることになった。日露戦争後に修養関連の出版物が急増したのはこのためである。

多くの場合、彼らはかつての自分たちと同様に、高度な教育を受けている青年層を対象として修養論を語りはじめたが、やがてそのような人たちの中から働く若い人たちを青年として認め、彼らに向けて「修養」を掲げて働きかける人びとが現れた。新渡戸稲造や田沢義鋪らである。新渡戸も田沢も東京帝国大学の出身者であるが、彼らが働きかけた対象は学校の外にいる勤労青年たちであった。また「田舎青年」の群れの中からも、成人して修養論の発信者となる人びとが現れてきた。山本滝之助、蓮沼門三、野間清治らである。若いころの自分自身と同様の境遇の青年たちに向けて修養論を説く彼らの語り口は、自らの経験を踏まえながら日常生活に即して実践的、具体的な内容を平易に語ろうとする共通の特徴をもっていた。

次節では、この時期に現れた多くの修養論の発信者の中でもとりわけ大きな役割を果たすことになった新渡戸稲造の修養論を取り上げてみよう。

6　新渡戸稲造の修養論

明治三〇年代の終わりから始まった修養ブームは、前近代から近代への不安定な移行期に近代的な自我の確立を希求していた青年たちの自己形成願望を反映し、同時に日露戦争後の拝金主義的な社会風潮を背景として青年たちの間に拡がった「立身」「成功」願望の熱気とも重なっていた。

このような状況下で新渡戸が『実業之日本』（一八九七年創刊、実業之日本社）に連載した修養をめぐるエッセイ「随感随想」は勤労青年たちに受け入れられ、エッセイをまとめて単行本として刊行された『修養』（一九一一年）は当時の修養書のベストセラーとなった。同時に、第一高等学校長としての新渡戸の学識と人柄は、旧制高校で学ぶ学歴エリートの青年たちにとってめざすべき知識人としての人間像（a man of culture）の具体的モデルともなった。

この節では、新渡戸の修養論の特徴を整理し、第一高等学校長であった新渡戸稲造がなぜ修養論の発信者となったのか、さらに彼の修養論を受け止めたのはどのような青年たちであり、彼の言説はどのような社会的影響力をもつことになったのか、ということを検討してみたい。

(一)　新渡戸稲造の修養論の特徴

新渡戸稲造（一八六二―一九三三年）の修養論の特徴は、修養を「修身養心」として説明しているところにある。新渡戸は自著『修養』に付した「総説」の中で、修養は「身と心との健全なる発達を図るのがその目的である」と述べている。

新渡戸はまず「修」について次のように説明する。

「修むるとは身を修むる意」であり、「自己がその意志の力により、自己の一身を支配すること」、「すなわち修身とは克己なることが本となって、肉体情欲のために心を乱さぬよう、心が主となって身体の動作または志の向く所を定め、整然として、順序正しく、方角を誤らぬよう、挙動の乱れぬよう、進み行く意」である。

次いで「養」について次のように説明する。

「養とは心を養うの意」であり、「各自の預かっておる、柔和な、少しく荒く扱えば、息の根も絶えやすい、その代わり、懇切に養えば最もよく馴づく仔羊のごとき心に食物を与え、（中略）あらゆる方法を用いて正道に従い養育するの意」である。

さらに、新渡戸は、「いったい修養といえば個人の人格の向上を旨とし、すなわち孟子のいわゆる心の大を養うが主眼であるは論をまたぬ」とも述べている。『武士道』（一九〇〇年）の著者、新渡戸の修養論は、武士階級の儒学的人間形成論に深く根ざしていた。

このように儒学的世界に根ざしながら、新渡戸の修養論はきわめて実際的、具体的であるという特徴をもっている。「一方には養われたる精神が実行に現われ、すなわち身を修むるに至るに重きを置くから、修養の工夫は実際的、かつ具体的である」とするのである。新渡戸の修養論は儒学的な素養に根ざしつつ、同時に彼が青年期以来学んできた西洋の近代的な社会観、人間観によって支えられていた。そして彼の修養論は、働き苦学する青年たちの役に立つように、実践的な処世、世渡り（コーピング）の心得として発信されていた。

(二)　教育者としての新渡戸

新渡戸は盛岡藩士の家に生まれ、内村鑑三らとともに札幌農学校の二期生として青年期を送った。札幌農学校ではキリスト教の信仰を深めているが、同時に士族としての儒学的素養も積んでいた。後年彼が『武士道』を執筆して海外に日本人の精神文化を伝えようとしたのはその表れである。東京帝国大学で農学を学んだ後、アメリカ、ドイツ留学などを経て、新渡戸は一九〇六（明治三九）年、第一高等学校の校長に就任した。

新渡戸は、この学校で自由で革新的な教育方針のもとに国際的な視野に立って青年の教育に当たり、学生たちに大きな感化を与えることになった。教育者として青年たちと向き合っていた新渡戸は、徳富蘇峰と同様、日露戦争後に広く現れてきた新しいタイプの青年たちの生き方に大きな危惧を抱くようになった。

新渡戸によれば、青年たちの立志の現状は「きわめて危険」な状況にある。社会には立身と金儲けのためにはどんなことをしてもかまわぬという風潮が蔓延し、青年たちの間にも、軍人、大臣、政治家、実業家として成功したいという願望ばかりが拡がり、その結果、「名利」のみを追求しようとする「迷夢」にとらわれている青年たちが大量に現れてきていた。新渡戸はいう。「今の志を立て、軍人、政治家、実業家になりたいという者は、たいていこの迷夢の土台から来る者が多い。冷静に考える者は極めて少ない」。「今日多数の青年が希望していることは、その外面はいかにも堂々として、立派であるが、その内実においては、その本分を忘れ、付帯するところの名と利とを収めんとするのである」。新渡戸はそのような志のありようを「盗賊志望に等しき志の立て方」とまで言い切っている。[39]

(三)　「修養に対する誤解」の拡がり

新渡戸は当時の修養論ブームの全体的な傾向に懸念を表明していた。青年たちの間に看過できない「修養に対する誤解」が拡がっている、と新渡戸には思えたのである。新渡戸によれば「自己の快楽」「自己の幸福」を求めることを目的とする快楽主義、自己中心主義的な考え方が修養論に入り込んできている。これらはいずれも「哀れにも、いわゆるデカダン的で、言うも失礼であるが、標準の異なった僕から見ると、まるで物になっておらぬ、すなわち修まっておらぬ」。[40]新渡戸はこのような「修養に対する誤解」が青年層全体に与える悪影響を危惧した。

同時に新渡戸は、当時の修養ブームの行方にも懸念をもっていた。新渡戸は「近頃、修養修養と呼ぶ声がだいぶ世間に響き渡り、ほとんど一つの流行語のごとくなったについて、僕の懸念することは、今後の成り行きである」と述べている。新渡戸は今後修養論には三つの傾向が現れるのではないかと予測し、警戒している。一つめは「反動」、二つめは「知行の分離」、三つめは「宗教心の発揮」である。これらの傾向はいずれも新渡戸の考える修養の本質から外れるものであった。それに対して新渡戸の説く修養は、あくまでも「身と心との健全なる発達を図る」ことをめざすためのものであり、そのためには修養は自らの生活から遊離してはならないものであった。

修養をめぐる社会的状況に危機感をいだいた新渡戸は、青年の「本分」とは何か、どう生きるべきかについて「実際的、かつ具体的」に語りかけはじめた。そして新渡戸の言葉は、修養の方向を示すものとして多くの青年たちの心に届き、受けとめられることになった(41)。

(四)　新渡戸の修養論とメディア

新渡戸は学問の世界にいた人であったにもかかわらず、新渡戸の修養論は広範な青年たちに受けとめられることになった。その理由を理解するためには、新渡戸の修養論の特徴とともに、新渡戸の修養論を広めたメディアの性格と、そのメディアを新渡戸がどう活用しようとしたか、ということについて知っておく必要がある。

高等教育の場でエリート青年たちの教育に当たっていた新渡戸が勤労青年に向かって修養について語りかけるきっかけとなったのは、実業之日本社の創設者、増田義一が新渡戸に「働く青少年の精神修養と人格鍛錬への力添え」を求めたことによる。新渡戸は、勤労青年を主たる読者層として毎月二回発行されていた『実業之日本』に、当初は農学者としての立場から農学に関わる文章を執筆した。同誌上で新渡戸が勤労青年に向けて初めて修養について語ったのは「修養上に於ける余の実験」である（第一一巻第二号、一九〇七年）。これは記者によるインタビュー記事でありとくに新渡戸が望んで書いたものではなかったが、読者の反響が大きく、これを契機として新渡戸はその後毎号同誌に修養に関わる文章を載せることになった。「如何にして世を渡るべきか」(第一一巻第一四号)、「如何なる方法にて煩悶を解くべきか」(第一一巻第一五号)、「青年の堕落は如何に防ぐべきか」(第一一巻第一六号)等の一連の文章は、『実業之日本』の読者層に迎えられ、多くの勤労青年が新渡戸の言葉に生き方の指針を求めるようになった。

彼の修養をめぐるエッセイ「随感随想」を連載しはじめた雑誌『実業之日本』の売れ行きは上昇し、増田社長は新渡戸に『実業之日本』の編集顧問に就任してくれるよう申し出た(一九〇八年)。新渡戸を顧問として迎えた同誌は売れ行きをさらに拡大させた。「最良の健康最新の知識最強の人格を以て活世界に突進奮闘せんと欲する者の好師友」となることを目的として掲げている同誌は、「新渡戸博士顧問」の雑誌であることを前面に打ち出すようになり、「新渡戸博士が新時代の処世、慰安、向上の新教訓毎号掲載」が同誌の謳い文句の一つとなった。(42)

新渡戸のエッセイ「随感随想」が好評だったので、実業之日本社はこれをまとめて単行本『修養』を刊行した。同書の刊行に当たって新渡戸は新たに「総説」を書き起こし「修養とは何か」についてあらためて説明した。さらに新渡戸は第一章を「青年の特性」とした。新渡戸がこの書で読者対象として設定しているのは「青年」である。この時代に青年という言葉はまずは学生を指していたから、本書も読み手が学生であることを前提として書かれている文章が多い。新渡戸は、できるだけ勤労青年に向けて語りかけようとしているが、新渡戸の口調は当初、中・高等教育機関に在籍している若い人たちに向けた人生訓に傾斜しがちであった。にもかかわらず、本書は勤労青年の広範な支持を受けることになり、『修養』はベストセラーになった(ここに「にもかかわらず」と記したが、「だからこそ」といった方がいいのかもしれない。というのも、読者の中には、働きながらも上級学校で学ぶことへの意欲と夢を持ち続けていた青年たちが多かったのである)。同書は刊行後たちまち版を重ね、一九一一(明治四四)年に刊行されて以来、一九三四(昭和九)年までに実に一四八版を重ねることになった。(43)

(五)　新渡戸が勤労青年に向けて修養を語りはじめた理由

新渡戸は実業之日本社の編集顧問を引き受けた理由について、『実業之日本』誌に「余は何故実業之日本社の編集顧問となりたるか」という文章を書いて自分の考えを説明している(44)。このようなかたちでわざわざ自分の考えを説明しなければならないほどに、新渡戸のような立場にある人物が大衆向け雑誌に関わることは、当時の知識階層の人びとにとって歓迎すべからざる出来事であった。多くの同僚、知人が彼に大衆向け雑誌への執筆をやめるよう忠告し、また批判していたのである(45)。

「余は何故実業之日本社の編集顧問となりたるか」によれば、その理由は新渡戸が「中学を半途退学したり又は中学の教育さへも受けられなかつた人々」に目を向けるようになったからであり、「学問を修めることの出来なかった人に学識と徳藻とを涵養させる機関がない」ということが気がかりだったからである。『実業之日本』は当時発行部数が八万であるから、一部を三人で回し読みしたとして二四万人の若い人たちに学問を与え、慰安を与えることができるはずだ、と新渡戸は考えた。天下の英才を教育する第一高等学校の校長だった新渡戸が勤労青少年を対象とした通俗教育雑誌に執筆することへの一部の同僚、知人からの批判は強かったが、新渡戸はそれに屈しなかった。新渡戸は高尚な原理を平易に砕いて、一般の人に通じるように事実に基づいて説く必要がある、と常々考えていた。大衆教育雑誌『実業之日本』はそのような彼の教育論に格好の実践の場を提供したのである。

新渡戸は『修養』に続いて、『実業之日本』の連載記事「随感随想」を『世渡りの道』（一九一二年）、『自警』（一九一六年）としてまとめて刊行した。これらの書は、『修養』にましていっそう平易な語り口で記述され、より実践的な内容のものとなっている。『修養』にはまだ見受けられていた学生たちへの語りかけはほとんど姿を消し、働く青年たちに向けた実際的で具体的な処世と自己形成の書としての性格がいっそう強まっていた。

(六)　教養に向かう系譜の発生

新渡戸の修養論が勤労青年に迎えられた一方、第一高等学校の校長としての新渡戸は、学生たちに向かっても修養を語り続け、彼らに大きな人格的影響を与えることになった。彼の国際派知識人としての経歴と人格、学識は、高等学校内に多くの新渡戸信奉者を生み出し、学生たちにめざすべき人間像のモデルを提供することになった。なかでも和辻哲郎、森戸辰男、河合栄治郎、阿部次郎、安倍能成など、一高で学んだ青年たちは校長新渡戸から人格上の大きな感化を受けることになった。

彼らは新渡戸との交流を通して新たに彼らが〈教養〉と名付けた知のあり方を生み出すことになった。新渡戸は彼の信奉者にとっての'a man of culture'であった。そして彼の門下生たちはこの culture の概念に教養という言葉を与えたのであった。学歴社会のエリートであった門下生たちは、新渡戸の説く修養論を大衆向け人生訓として自分たちの世界から切り離し、'a man of culture'の人格形成をめざす階層の言葉として新たに教養という用語を編み出したのである。こうして culture は新渡戸稲造という篤学の人格者を介して、〈修養〉と〈教養〉の二つの系に分岐することになった。

7　修養論からの教養論の分岐とその後の展開

(一)　教養論の発生

新渡戸稲造の修養論のもつ社会的影響力の大きさは、その後の修養論の歴史に思いがけない展開を生じさせることになった。新渡戸が説く修養は、勤労青年に受容され、一方第一高等学校長としての新渡戸から大きな人格的影響をうけた学生たちは、その後教養という言葉をキーワードとして青年期の自己形成論の新しい世界を拓くことになったのである。

教養は従来「教え養う」の意味で使われていた言葉であった。明治初期の啓蒙思想家たちが education を教育とも教養とも訳していたように、教養は教育とほぼ同義に使われていた用語であった。しかるに、新渡戸の門下生たちはこの言葉にそれまでの用法とはまったく別の新しい意味を付与して、勤労青年たちに受容された修養論とは別の人格形成論をつくりだすことになった。

修養の出発点である culture の概念は、この段階で修養と教養に分岐することになった。今日使われている多くの英和辞典は、culture に①教養、②文化、③修養、④耕作という日本語を対応させている。今日では一般化している culture のこのような理解のしかたは、この段階から始まったといってよい。明治末から大正期の初めにかけて culture は二種の用語とそれぞれが表象する異なる概念に分化しはじめたのである。

この点についてはすでに筒井清忠が『日本型「教養」の運命』の中で、「大正教養主義は明治後期の修養主義から出立した」という重要な指摘をしている。さらに彼は「日本の学歴エリートの頂点に立つ一高において新渡戸稲造が校長となった明治末期に教養主義への転換が起こった[46]」と指摘している。このことは修養論のその後の展開を捉える上でも、また教養論の性格を考察する上でもきわめて重要な意味をもっている。筒井の指摘を踏まえて、ここでは新渡戸の傘下でなぜ教養論が発生してきたのか、そこではいったいどんなことが起きていたのか、という問題を考察しておこう。

新渡戸は一貫して修養という言葉を使い続けたにもかかわらず、門下生はどうして教養という新しい概念を編み出さなければならなかったのか。この素朴な疑問の中には日本の教養論の性格を理解する鍵が潜んでいる。教養論は、新渡戸のもとで学んだ学生たちが生み出した学歴エリートの新たな自己形成論であった。新渡戸校長のもとで学んだ若い学歴エリートたちは、新渡戸の修養論を手がかりとし、国際的知識人であり信奉すべき人格者としての新渡戸を具体的なモデルとしながら、学歴エリートとしての独自の自己形成の道筋を模索し始めたのである。

筒井によれば「教養」という言葉と理念を「修養」から自立させて最初に使ったのは新渡戸の門下生の一人である和辻哲郎である。和辻は教養の出発点になった論文の中で「青春の時期に最も努むべきこと」は「数千年来人類が築いてきた多くの精神的な宝―芸術、哲学、宗教、歴史―によつて、自らを教養する」ことだと述べた(47)。すなわち、教養は、修養と同様に、「自らを教養する」青年期の自己形成論として出発した。従来の修養論と異なる点は、和辻が「人類が築いてきた多くの精神的な宝」のもつ人間形成上の陶冶的価値に注目していたことである。

以後、教養という言葉は、旧制高校を起点に彼らの成長とともに知識人の青年期形成の中核的概念として定着していくことになる。和辻哲郎、阿部次郎、安倍能成、河合栄治郎など主に旧制高校を卒業し東京帝国大学や京都帝国大学で学んだ学歴エリートとその周辺の人たちによって、教養論は青年期の人格の形成論として展開した。

和辻が述べていたように、教養論においては、どのような「精神的な宝」＝文化的遺産をわが身につけるか、ということが問題になる。教養派の間では人類の「精神的な宝」＝文化的遺産を内面化させることが目的化され、また文化的遺産を陶冶的価値を尺度としてセレクトする作業が始まる。教養として身につけるべき「精神的な宝」がリストアップされることになるのである。

ところで、新渡戸のもとに集まった学生たちの中から教養論が発生したのはなぜか。新渡戸自身が修養に代わる言葉として教養という言葉を使用したことはなかったにもかかわらず、彼の門下生はなぜ新渡戸の修養論を教養論として組み替え再構築することになったのか。教養論はなぜ修養論から離脱しなくてはならなかったのか。

その大きな理由の一つは、大衆とエリートの乖離の問題であろう。「栄華の巷低くみて」（第一高等学校寮歌「嗚呼玉杯に花うけて」より）と嘯くエリート学生の勤労青年へのまなざしの問題である。新渡戸は、当初学歴エリート青年層と勤労青年層の双方に同時に語りかけていたが、新渡戸の修養論は働く青年たちの間に浸透し、新渡戸もまたしだいに働く青年たちに強く訴えかけようとするようになった。この時期に修養は、勤労青年の自己形成のための言葉になりはじめていた。

もう一つの理由は、修養論ブームと修養の大衆化過程で、修養に修行、養生などの人間形成論の伝統的発想が浸透してきたことにより、修養論の大勢が明治初期啓蒙思想以来の西洋的心身二元論から東洋的心身一元論へと急速に傾斜しはじめていたことである。初期の修養論が西洋的な心身二元論を引き継ぐところから始まったことを考えると、ここで起きていたのは、比喩的にいえば、母屋を失った心身二元論的修養論が別の住まいを探し当てることになったといってもいいような事態だったのである。修養論と教養論の分離は、知徳一元論と知徳二元論の分離をともなった。修養論は、東洋的な心身一元、知徳一元の方向に傾斜し、教養論は、西洋的な心身二元、知徳二元の方向に傾斜した。以後両者の距離はしだいに大きくなってゆく。

先に、新渡戸の修養論は思いがけない展開をしたと記したが、すでに新渡戸は、修養論に現れている心配な三つの傾向の二番めに、知行の分離をあげていた。この指摘は『武士道』（一九〇〇年）の著者としての新渡戸の心身論を反映している。教養論の登場は知徳二元論、心身二元論の立場をとるものであり、その点で新渡戸の懸念は的を射ていた。この教養＝新しい修養論を立ち上げた若い人びとは、実のところ、西洋的人間論をベースとして精神と身体の二元論、西洋的知徳二元論の立場をとっていた明治初期啓蒙派知識人たちの修養論の、ある意味でまっとうな後継者たちでもあった。教養の内容が西洋文化に傾いていったのは、故なきことではなかった。

(二)　教養論と修養論の併存と確執

修養と教養は、もとを正せばともにカルチャーという一つの言葉を語源としているのであるから、両者はもともとその内側で深くつながっているはずである。修養の概念は心を耕すという行為に重きをおいて展開し、心を耕した結果として収獲された果実を表象する概念として文化、教養の概念が形成された。教養は、人類が心を耕してきた成果としての文化を、個人が内面化している状態を示す言葉である。この限りでは両者の間に齟齬はなく、相補的関係が成立している。しかしながら、これらの言葉が人間形成論・発達論に持ち込まれると事態はややこしくなる。行為そのもののもつ陶冶的価値に注目し、心を耕す行為を軸に人間の成長、発達を発想する側と、文化のもつ陶冶的価値に着目し、文化の内面化を図ることを軸に発想する側との間には、人間の発達論、教材論、方法論をめぐって大きな違いが生じてくることになるのである。修養は行為であるから、「修養する」あるいは「修養を積む」と表現され、一方教養は、文化として外在化されている人類の「宝」によって人は陶冶されると考えるところから、「教養がある」「教養を身につける」というように表現されることになる。修養と教養は人間形成をめぐって別の原理をもつことになり、修養と教養の間には越えがたい溝が生じてくる。

教養論が文化の陶冶的価値を重視するのに対し、修養論は知識は知恵として実践され身体化されなくては意味がないという方向に向かった。教養論が学問と教育を区別した上で成立していた高等教育と親和的であったのに対し、修養論は学校教育で進行する知と徳の乖離を批判し、知育偏重主義と徳目主義の教育をともに批判した。修養論が近代日本社会が抱えた知性と徳性の乖離現象を徳性の側から乗り越えようとしていたのに対し、教養論は、同じ問題を知性の側から乗り越えようとしていたということができる。

教養と修養の違いは、文学や出版事業の世界にも反映した。

夏目漱石に例をとれば、彼の作品中には修養と教養の双方の用語が現れているが、漱石は禅の思想に関心を深めていたので修養の方が用例が多く、教養の用例はわずかである。漱石自身は修養論、教養論の双方に一定の距離をおきつつ、作品を通して近代的自我を確立する道を文学的に模索した(48)。一方安倍能成、阿部次郎、岩波茂雄、和辻哲郎などの漱石門下の人びとは一斉に教養論へと傾斜していくことになった。漱石の門下生の一人、岩波茂雄の立ち上げた岩波書店は教養派の人びとの活字文化における拠り所となった。彼らはいずれも漱石と同じく第一高等学校、東京帝国大学に籍をおいた人たちであった。

一方、修養論の立場に立つ代表的な文学者の一人に幸田露伴（一八六七―一九四七年）がいる。『努力論』（一九一二年）の著者である幸田露伴は、『西国立志編』の強い影響を受けた作家である。電信技手から文学者となった幸田露伴は、読者に努力による立身の大切さを説き、自助の精神を職人的な世界に持ち込み文学的に表現しようとした。国木田独歩は『非凡なる凡人』（一九〇三年）で主人公を「活ける西国立志編」として描きだした。また『次郎物語』（一九四一―五四年）の作者下村湖人は田沢義鋪の協力者として青年団の修養運動に関わった。大日本雄弁会講談社を創設した野間清治は『キング』を始めとする大衆雑誌を刊行し、修養を前面に掲げて出版事業を展開することになった。野間は苦学して師範学校を卒業した人物であり、若い時期を「田舎青年」の一人として送っていた。

こうして文化人、作家、出版社も教養派と修養派に分かれたのである。

昭和期に入ると、学歴エリート層の中に急速にマルクス主義の思想が拡がることになった。日本のエリート学生文化の変遷に光をあてた竹内洋は、マルクス主義は教養主義の鬼子であると述べ、両者の間には「反目＝共依存関係」が成立していたと指摘している(49)。マルクス主義が弾圧され学生文化から強制排除されるに及んで、教養論は、学問、芸術、古典等の陶冶的価値によって人格は向上するとする文化主義、人格主義への傾斜をいっそう強めることになった。いわゆる大正教養主義から昭和教養主義への展開である。一方、修養論には禅や『論語』などに含まれる東洋的な人間形成の原理や心学の人づくり論、共同体社会の若者組に保存されていた集団的訓育方法などが流れ込み、大衆化が進行するとともに、行為自体のもつ人間形成作用を人格向上の方法論として重んじる傾向がいっそう強まっていった。

昭和教養主義の論者たちは教養論の性格をはっきりさせるために、教養と修養を意識的に対置させ、自覚的に両者を区別しようとする論法をとった。教養派の側がどのように両者の差別化を図っていたかということを理解するために、一九三六（昭和一一）年に刊行され、学生たちに愛読された河合栄治郎編『学生と教養』を取り上げてみよう。

河合は同書の「序」で、これまで軽視されてきた「客観に直面する主観」の形成が必要になっていると述べている。これをまた「自我」の建設とも述べている。同書は、学生が「自我」を建設するための「助言」の書、ガイドブックとして、教養派知識人を動員して編まれた。「学生のために」「教養としての諸学」「学生生活の回顧」「家庭から」の大きなテーマのもとに執筆者が集められている。ちなみに内容と執筆者をあげておくならば「学生のために」を執筆しているのは安倍能成、「教養としての諸学」の項目では「教養としての哲学」（桑木厳翼）以下、「教養と倫理学」（倉田百三）、「教養としての歴史研究」（大類伸）、「教養としての文学」（谷川徹三）、「伝記の学生に対する教養としての意義」（鶴見祐輔）、「教養としての自然科学」（石原純）、「教養としての社会科学」（蠟山政道）が並んでいる。このほかに執筆者として集められているのは、美濃部達吉、河合栄治郎、東畑精一、高田正、木村健康、上田達雄、野上弥生子である。執筆陣は「家庭から」の執筆にただ一人女性として参加している野上弥生子を除いて、すべて第一高等学校、東京帝国大学、京都帝国大学の出身者で占められている。すなわち、〈教養〉の内容は正系の学歴ピラミッドの頂点から発信されていたわけである。

哲学者桑木厳翼（第一高等学校、東京帝国大学卒）は同書の「教養としての哲学」の中で、教養と修養の違いについて次のように述べている。

所謂教養は修養とは同一でない。元来是等の語義其自身は的確には定め難い所があり、恐らくは大体同様のものとも解し得られるであらう。が然し普通の用法に徴すると、修養といへば幾分道徳的修養の意味が強く現れて居るが、教養といへば寧ろ其人の識見を高邁広汎ならしめることの謂のやうに思はれる。尤も道徳的修養とか人格的修養とかを以て学識と全然区別することは適当ではないであらう。世間では往々人格者なるものを以て学者、技術家等と対立せしめて、人格の涵養といふことを全然学問芸術と区別するが、然し世に人格の専門的修養などゝいふことはあるべき理はない。一科の学問芸術に熟達せる人々は大体人格的方面に於ても他に勝れた所を有つて居るものである。所謂「芸に悟る」といふ境地は名人とか天才とか称せられる人々に於て屢々見る所である。其故に修養の中に既に学識も含まれなければならぬから、況して之を教養と区別することも出来ない訳であるが、然し幾分か差別をつければ、前に述べた通り、修養は主として生活の実践的或は活動的方面に関係するが、教養は寧ろ其の理論的或は静観的方面に関係すると言ひ得るであらう。(50)

さらに、「人格の涵養」「人を偉大ならしめる」という目的では教養と修養は同じであるとした上で、両者の違いについて次のように述べている。

即ち教養の場合には、其の学修した知識は必しも其の専門研究に直接に関係するものに限らず、其の習得した技術もまた其人の日常の生活に関係ないものであつても、たゞ其の趣味の満足を得れば足れりとするのである。此の如き教養は其人を偉大ならしめる点に於て結局修養と一致するのであるが、たゞ目的を直接に表現すると否との相違がある訳である。然も其の相違は確かに相違であるから、此に教養の方には修養といふ語から聯想される窮屈な道学先生的規範意識が伴随しない長所を有してゐる。要するに修養には人格高上を直接に目的とする点に於て多少資料の選択等が加はるが、教養に於ては所謂清濁併せ呑む概があるといへよう。(中略)此点に於ては、教養には多くの自由が存するといへるのであらう。(51)

修養は道学的で窮屈であり教養には自由がある、あるいは教養は「たゞ其の興味の満足を得れば足れりとする」などという桑木の議論はいかにも教養主義的である。日本が総力戦に向かいつつある時代に教養を口にしていた人びとは、意識的に精神の「自由」を守ろうとしていた人びとであった。この点で彼らは明治期開明派啓蒙主義者たちの後を継ぐ者であった。とはいうものの教養主義者たちは、江戸期の学問論から持ち越されてきた博学主義の伝統からは自由になれなかった(52)。教養主義には常に西洋文化に対する博学主義がつきまとい続けた。江戸時代の漢学者たちは中国文化を憧憬し、近代の教養主義者たちは西洋文化を憧憬したのである。

教養派の人格形成論は、文化のもつ陶冶的価値に重きをおいた結果、文化を身につけることと人格者であることの見分けが曖昧になり、博学であることが人間的にも優れているとする知の形骸化が進んだ。教養主義は文化主義と人格主義が結びついたところに成立しているので、博識であることと人格者であることの間に混乱が生じたのである。今日に至るまで知識人や有識者、インテリなどの言葉にはここからくる曖昧さが澱のようにつきまとっている。

一方大衆化しつつあった修養論は、より精神主義的傾向と同時に実利主義的傾向を強めることになった。ここでは「出世のための修養」、「学校に行かなくても出世ができる」、「偉くなるためにはひたすら修養」という人生訓がしばしば語られるようになる。大衆化した修養論の中には、擬似共同体社会としての企業の中に持ち込まれたものもある。ここでは修養は労務管理の一環として再編され、企業のブルーカラー層を主たる対象とする運動として展開した。全員が協力して取り組む清掃活動が人格修養と結びつけられるなど、修養論は集団的な訓育論に近づいていくことになった。

教養論の博学主義化と、その一方で進行した修養論の精神論への傾斜は、本来一つであった修養と教養が分離したことによって生じた不幸な事態であった(53)。

(三)　もう一つの教養（教え養う）の系譜

教養派が使い始めた「教養」という用語は当初においては奇妙なものであったに違いない。「教える」という言葉と「養う」という言葉を重ね合わせることによって生じるイメージは、後の教養論の内容から大きく乖離している。教養は「教養する」というように動詞として使われるのが本来の用法である。

先にも指摘した通り、教養は明治初期にあっては教育と同様の意味で使われていたのであり、education は当初、教育とも教養ともまた教授、教訓、仕立て、教導などとも訳されていた。その後教育という用語が学校と結びついて急速に普及するようになると、教養という用語は、他の用語とともに学校外の社会で細々と使われ続けた。そのような教養という言葉の旧来の用法は、修養論の大衆化過程の中であらためて復活することになった。修養が自らを修め養うという自修的な行為を内容としているのに対応して、指導する側からの働きかけを表現するために「教養（教え養う）」という言葉が使われるようになったのである。修養する者への助成的介入の行為を言い表す言葉として復活してきたこの言葉は「少年を教養する」「訓育教養」「少年教養の実際」などの文脈で使われるようになった（本書第二部第4章参照）。

このような歴史的な事情のもとで、教養という用語には明治末から大正期にかけて新しい意味が与えられることになり、これ以降、教養という用語は二つの使い方に分かれていく。すなわち、「教養がある（ない）」という使われ方と、「教養する」という使われ方の二つの系譜である。修養論が失われた現代社会では、「教養する」という教養のもう一つの用法も姿を消してしまい、そのような意味では使われることがない。今日では、「教養する」という言葉の使い方は誤っていると思われかねないほどである。

ところで、教養派の人びとはなぜ教養という用語に新しい人間形成の思想を盛り込もうとしたのであろうか。先の和辻の文章からも窺い知ることができるように、教養の出発点を作ったのは、人類の「精神的な宝」＝陶冶的価値をもつ文化的遺産によって自らを教え養う、とする自己教育の発想であった。ここから新しい教養の概念は立ち上がり、教養という用語はやがて伝統的な用法からは遥かに隔たった独自な意味をもつ言葉として、説明を必要とせずに使われるようになるところまで成熟したのである。

現代に生きる私たちはもはや教養を「教え養う」の系譜で理解することはない。この点では私たちは教養派の無意識、無自覚な後継者ということになるのである。

8　修養論の大衆化・通俗化とその担い手

修養の概念から教養の概念が分かれた後、修養論は勤労青年の自己教育運動を支える人間形成論として展開することになった。すでに述べたように、修養の思想は明治後期から儒教の「知行合一」の思想や禅林の「修行」による人間形成論など、前代の識字層が保持してきた人間形成の文化と結びついて新しい展開を示していたのだが、修養の概念と教養の概念が分離し、修養論が大衆に受容されるようになると、修養論は日本社会にあったもう一つの伝統的な人づくり論とも結びつくことになった。修養論には、民間に保持されてきた共同体社会における「一人前」の人間形成論と若者組（若衆組、若連中）の集団的な訓育システムが取り込まれることになったのである。同時に修養論は、江戸時代後期に庶民の間に広まった心学系の道徳講話とも結びついた。一八世紀の初頭に町人の処世論・道徳論として発生し、郷村部にまで広まっていた心学的な講話・説教は、これ以降、大衆化した修養論の豊かな教材供給源になった。修養論から教養論が分離した後、修養論は民間の人づくり文化を取り込むことによって、さらに大きな変容を遂げることになったのである。

修養の概念を大衆の中に持ち込みこれを運動として展開する役割を果たすことになったのは、蓮沼門三や山本滝之助、野間清治らのように民衆の中から現れて運動のリーダーとなった人たちか、あるいは学歴エリート層に属しながらも在野の青年たちの育成に取り組むことになった田沢義鋪のような人たちであった。

この段階における修養運動を担った代表的な集団として、ここでは蓮沼門三の設立した修養団、田沢義鋪が指導した青年団、さらに、出版界で勤労青年の育成に力を注ぐことになった野間清治と講談社の活動を取り上げて、修養運動のリーダーたちの形成過程と思想、大衆化した修養論、修養運動の特徴を検討したい。

(一)　蓮沼門三と修養団の運動

修養の大衆化を推し進める上で大きな役割を果たした修養団の運動は、師範学校で学ぶ青年たちの自己教育運動として始まった。当初は師範学校の生徒や教員の間に拡がり、その後実業界の指導者たちの支持を得て、勤労青年を巻き込んで運動は大きく拡がった。修養団の運動を理解するためには、まず、運動のリーダーとなった蓮沼門三という人物について理解しておく必要がある。

蓮沼門三（一八八二―一九八〇年）は会津の貧しい農家で育ち、苦学して東京府師範学校（後の青山師範学校）に進んだ。寄宿舎生活を始めた蓮沼は、師範学校の生徒たちの生活態度や道徳観に違和感をもつことになった。日露戦争後の社会に拡がった社会秩序の混乱や倫理意識の退廃は、師範学校の寄宿舎生活にまで及んでいた。また生徒の間には平民主義や社会主義の影響も現れていた。そのような風潮になじめなかった蓮沼は寄宿舎の清掃美化に黙々と取り組んだ。彼の行動に対する賛同者はしだいに増え、寮内に風紀革正会が結成された。会のリーダーとなった蓮沼は、三年生のときに「修養団設立の趣旨」「人格修養の急務」「修養の三主義」の文章を作成して自らの考えを学友同志に示した。その要点は「互に人格を磨き相助け相語らひて児童教養の任を全くし進んで社会の風教を維持」するべく修養団の設立を図るというものであった。

蓮沼は「修養の三主義」の文章の中で「吾ら修養団は、教育者の中堅たるべき師範生の集合なり。しかも師範生中、修養の念あつきものの結合なり。(中略)崇高偉大なる人格の形成を目指す」、「さらば、いかなる修養方法をとるべきか。なにも大袈裟なることにはあらず。ただ一挙手一投足をもかりそめにせず、よく卑近の道徳を実行して善良なる習慣をつくることからはじめよ」と述べている。蓮沼は師範生の「人格の形成」のための修養は「卑近の道徳」の実直な実行から始めるべきものとしたのである。また修養の要として彼は「瞑想」「流汗」「偉人崇拝」をあげた。蓮沼がめざしていたのは、「児童教養(教え養う―引用者)の任」を全うする教師になるための自己啓発運動を、師範学校内部に立ち上げることであった。蓮沼の呼びかけに共感する師範学校生の数は増え、四年生になった蓮沼は修養団を発足させた。一九〇六(明治三九)年の紀元節に合わせて青山師範学校の食堂で行われた修養団の発会式には四〇〇人の師範生が参加したといわれる[54]。

修養団はなによりも「人格向上」をモットーとした。修養団の「旗揚げの歌」には「修養団の旗立てて/千辛万苦耐え忍び/互いに責めつ励ましつ/鞭撻の声勇ましく/ただ修養の血を呑みて/我欲の塵をかき払い/人格向上そのために/ああ尽くさなん励まなん(以下略)」という文句がある[55]。

蓮沼は卒業後、教師をしながら修養団を率い、機関誌『向上』を発刊(一九〇八年)した。初期修養団の運動は教育者を対象として展開した。小幡啓靖の研究によれば、初期修養団の運動は、修養によって「社会改善の原動力」としての教育者の「人格の向上」を実現しようとするものだったのである[56]。

蓮沼の掲げた「修養の三主義」(「瞑想」「流汗」「偉人崇拝」)は修養団運動の柱となり、修養団の運動は白色倫理運動とも呼ばれた。一九〇九(明治四二)年に蓮沼は渋沢栄一と会い、修養団が社会の青年教育者を中心として風儀改善、自己品性の向上を図る運動団体であることを訴え、協力を取り付けることに成功した。これをきっかけとして、

「愛と汗」をモットーとし「総親和、総努力」を説く修養団運動は、多くの著名人、実業界のリーダーを賛助員として獲得していった。修養団の運動は三菱、三井、住友等の財閥関連の企業や大工場を始めとして広く産業界に浸透し、職場の勤労青年の間に拡がることになった。運動の拡大にともない、一九一〇年、蓮沼は三年間の教師生活にピリオドを打ち、修養団運動に専念することになった。

一九一四（大正三）年には、蓮沼は後に「青年団の父」と呼ばれるようになる田沢義鋪と出会い、両者の深い交流が始まった。田沢は、当時静岡県安倍郡の郡長として地域青年の育成に尽力しており、折しも青年団運動に本格的に取りかかろうとしていた時期であった。修養団と青年団の間には、人脈上の太いパイプがつくられたのである。これを機として、田沢とともに青年団の育成に尽力した下村湖人や山本滝之助も修養団に参加し、一方修養団の側からは中村春二が蓮沼とともに田沢の青年団運動に加わった。中村は三菱財閥から資金援助を受けて成蹊実務学校（現成蹊学園）を創立し（一九一二年）、凝念法と呼ばれる禅林の思想をもとにした教育を実践して、修養を学校教育に持ち込むことになった人物である。両者の連携はしだいに深まり、後に修養団は青年団の幹部養成機関としての役割を実質的に果たすようになった。別々の出発点をもつ二つの大衆的修養運動はこうして合流したのである。

一九一九（大正八）年になると、当時頻発していた労使問題の解決を図るために半官半民の調停機関である協調会が発足し、修養団の評議員となっていた田沢義鋪が常務理事となった。一九二一年には第一回労務者講習会が開催されたが、講習会は実質的に修養団の指導のもとに行われた。労務者講習会は頻繁に行われ、この講習会を通して修養団の流汗主義、白色倫理運動は労使協調の運動としていっそう深く企業に浸透していった。

こうして、蓮沼の修養団運動は、産業界、地域社会、教育界へと広まっていった。一九二三（大正一二）年には団員数は一〇万人を数え、財団法人となっている。修養団運動は全国に拡がり、最盛期には団員数は一〇〇万人を数え、延べ団員数は六二〇万人に及んだとされる。

大正中期から昭和初期にかけて、後藤静香(一八八四―一九六九年)が修養団本部の一角に設立した希望社(一九一八年)が修養団運動の女教員バージョンとして発展した。後藤は苦学の末、東京高等師範学校を卒業し、長崎県、香川県で一三年間女子中等教育に携わった後、上京して修養団幹事に就任(のち理事)した人物である。希望社は機関誌『希望』を刊行して女教員の修養運動を展開し、最盛期には『希望』の発行部数は八万部を超えたといわれる(57)。

こうして師範学校の内部から立ち上がった蓮沼の修養運動は、初期には教員を中心に拡がり、その後一方では産業界に拡がり、さらに一方では青年団の運動の中に深く浸透して展開した。また、希望社の運動を通して女教員層にも拡がっていった。蓮沼の修養の思想の特徴は、民衆の生活の中に保持されてきた通俗道徳(「卑近の道徳」)を、当初は教員をめざす人たちの人格形成論の中に、ついで勤労青年の人格形成論の中に修養論として再編して組み込んだところにある。この系譜の修養論は「団」という言葉にもよく表れているように、擬似共同体としての集団の存在を前提として成立しているのが特徴である。これは明治初期啓蒙思想の流れを汲む修養論の系譜と大きく異なる点である。

(二) 田沢義鋪、山本滝之助と青年団の運動

修養団運動のリーダーだった蓮沼門三が師範学校出身であったのに対し、青年団運動のリーダーとなった田沢義鋪(一八八五―一九四四年)は東京帝国大学の卒業生であった。修養の大衆化運動の指導者はおおよそ同じ大衆の中から現れている。彼らの多くは、経済的に恵まれない青年にも修学の途が開けていた師範学校の出身者である。しかるに田沢の場合は学歴エリートでありながら教養派への途を歩まず、いち早く農村青年の育成に取り組み、青年団を組織し、農村に修養論を持ち込む立役者となった。田沢は後年「青年団の父」と呼ばれるようになっている。どうして田沢はそのような途を歩むことになったのであろうか。また彼の修養の思想と運動にはどのような特徴がみられるであろうか。

田沢は、東京帝国大学の学生であった時期に、卒業を前にして、日露戦争後日本の統治下に入った中国東北部を旅行し、戦勝後の日本人の中国に対する傲慢さ、中国人に対する非人道的な取り扱いに大きな衝撃を受けた。この体験は彼に「国民性を人類的立場に立って矯め直す」ための政治と教育の必要性について深く考えさせることになった。

卒業後内務官僚となった田沢はそのような立場から、「国民主義」の課題を追求した。田沢は、郡長として赴任した静岡県安倍郡の青年たちと交流する中で、村社会に残っていた若者組の慣行が村の若い人たちの成長に大きな役割を果たしていることに気づき、若者組への関心を深めた。彼は地域の若者を育成する民間のヒドゥン・カリキュラムを発見したのである。

田沢の関心が若者組に向かいはじめたころ、彼は折しも若者組を青年会に再編するために尽力していた山本滝之助（一八七三―一九三一年）と出会うことになった。両者が出会うことによって、日本の青年団運動は本格的に始まることになったのである。

山本滝之助は広島県の貧しい農家に生まれ、進学の夢かなわず地元の小学校教員となった人物である。失意の山本は二四歳のときに『田舎青年』（自費出版、一八九六年）を発表し、自らも田舎青年の一人として「田舎に住める、学校の肩書きなき、卒業証書なき青年」を青年として処遇せよと社会に訴え、地方の若者たちの青年としての自己形成の課題を追求しはじめた(58)。山本は地元の若連中（若者組）を青年会に改組する運動に着手し、行政に積極的に働きかけ奔走した。山本と出会った田沢は、山本の運動を高く評価し、両者は農村青年の組織化のために力を合わせることになった。彼らは各地につくられはじめていた青年会を糾合して全国的な規模の青年団を設立することをめざし、一九二五（大正一四）年についに大日本連合青年団の結成に至った。田沢と山本の運動には、田沢の同郷の作家下村湖人も協力した。

田沢や山本、下村らがめざした青年団の運動は、若者組の中に保持されてきた集団的訓育機能を行政の力によって再編しようとするものであった。一九一四（大正三）年に田沢が取り組んだ天幕講習会（日本最初の青年宿泊講習）は、彼が郡長としての立場から再発見した地域の若者宿の慣行からヒントを得たものだった。

この天幕講習会は、田沢と蓮沼門三が出会う機会を用意することになった。この講習会に蓮沼と中村春二が見学に来たのである。その後、青年団運動と修養団運動の間には交流が生じ、天幕講習会方式は修養団の運動にも取り込まれてゆく。このような経過をたどって修養団の運動にも若者組の自治的な訓育機能が入り込むことになった。翌年の夏には修養団は全国の師範学校と農林学校が推薦した生徒約八〇人を対象に、福島県檜原湖畔で天幕講習会を開催している。修養団の天幕講習会は以後毎年開かれるようになり、大きな成果を上げ、支部は全国に拡がった。(59)

大正後期には、青年団運動と修養団運動は大きく重なるようになっていた。修養団の「流汗主義」と修養論は農村社会の通俗道徳と重なり、青年団運動に流入した。修養団は青年団の幹部養成機関のごとき役割を果たすようになった。田沢義鋪、山本滝之助、下村湖人らの青年団運動の指導者たちは、いずれも修養団の幹部となっている。

このような経緯のもとに青年団運動と修養団運動が結びつくことによって、青年団の運動の中に修養論が持ち込まれることになった。同時に修養団の運動の中にも若者組のもっていた共同体における自治集団の訓育機能、人間形成機能が流れ込むことになったのである。

田沢の青年団運動は日露戦争後の農村疲弊対策として地方改良運動を展開していた内務省の注目するところとなり、一九一五（大正四）年には内務、文部両大臣名で青年団体に関する訓令（「青年団体ノ指導発達ニ関スル件」）が出された。この訓令は、「青年団体ハ青年修養ノ機関」であると規定し、「其ノ本旨トスル所ハ青年ヲシテ健全ナル国民善良ナル公民タルノ素養ヲ得シムルニ在リ随テ団体員ヲシテ忠孝ノ本義ヲ体シ品性ノ向上ヲ図リ体力ヲ増進シ実際生活ニ適切ナル智能ヲ研キ剛健勤勉克ク国家ノ進運ヲ扶持スルノ精神ト素質トヲ養成セシムル」としていた。

こうして青年団は、国家によってオーソライズされた農村青年の訓育機関となり、この系譜の修養論は小学校を卒業して実社会に出た青年たちの修身教育としての性格を与えられることになった。田沢の青年団運動は一九二五年には大日本連合青年団の結成へと発展した。修養運動は青年団を通して農村部に拡がっていくことになった。一方、蓮沼の修養団運動は教員層、企業や工場の勤労青年層に拡がっていった。社会政策史の観点から地方改良運動を分析した木下順の研究によれば、修養団の運動と青年団の運動は、内務官僚である田沢を常務理事に迎えた協調会の労務者講習会を介して、内務省が主導した社会政策としての地方改良運動の中に深く組み込まれることになったとされる(60)。

ここで、田沢の修養論の特徴を整理しておこう。彼の修養論の特徴は「国民主義」の立場に立って、前近代の若者組の集団生活の中に保持されてきた訓育機能を再編しようとするところにあった。同時に自らが近代的な青年として自己形成をしてきた人物として、田沢の修養論には青年の「自己建設」「自己完成」と結びつけて修養を捉える発想も強く認められる。田沢は『青年如何に生くべきか』（一九三七年）の中で次のように青年に呼びかけている(61)。

修養を忘れた青年は、真の青年と云ふことが出来ぬのである。（中略）一体修養とは何であるか。簡単に云へば、今述べたやうに、自分を伸ばし、自分を磨くことである。他の語で云へば、自己建設、自己完成の努力である。真に生き甲斐のある一生を送り得るやうな自分を作り上げること、即ち真に人生の意義を全うし得る自分を作り上げること、之が即ち修養である。

また『青年修養論　人生篇』（一九三六年）(62)では、「人間は一生修養の意気込みでなければならぬ。ことに青年においては一層修養に努めなければならぬ」と述べ、修養には「正しい目標」すなわち「理想」が必要だと述べた。続けて、そのためには「人生の意義」をはっきりさせなくてはならない、「自分の人生の意義を考へるのは自分でなければならぬ。これを哲学者や宗教家や思想家に任せるわけにはいかない」と述べている。

田沢によれば、金や富も大事ではあるが、それらは人生最後の目標にはなりえない。人生の目的は名誉でもない、快楽主義、物欲の満足でもない。そう述べた上で、田沢は生きることの意味としての「全一」「全一の存在」論を展開している。田沢のいう「全一」とは、「大きな存在」であり、神や仏として捉えられる存在である。田沢は宗教上の争いを引き起こすことを避けようとして、「大いなるもの」とこれを表現している。田沢のいうところの「大いなるもの」には宇宙論的、汎神論的説明が与えられた。「理想」とは「全一の無限の進展」「大いなるものの存在」とつながり、われわれがそこから現れてきたものとしての「大いなるものに仕へる」ことであり、「われならざるものへの愛」であると田沢は説いている。

田沢の論理は、ある点で清沢満之の論理に近い。田沢の修養論も清沢と同様に自律的な自己の確立を起点としていたのである。しかしながら、清沢が阿弥陀如来に田沢のいうところの「全一」にあたるものを求め、絶対彼岸の思想を介して自己と現実に向きあおうとしていたのに対し、絶対彼岸の思想をもたなかった田沢の場合、「大いなるもの」は彼の「国民主義」を介して「道義の国としての日本」と重なり、「理想」は「国家社会への貢献」と重なっていった。田沢の「大いなるもの」論は清沢の絶対彼岸の思想と違い現実との間の歯止めをもっていなかったので、実際には超国家主義の国家論と融合することになったのである。(63)

(三)　野間清治と大日本雄弁会講談社の出版事業

出版事業を通して修養論の大衆化に大きな役割を果たしたのは、野間清治（一八七八—一九三八年）である。大日本雄弁会講談社の創業者野間清治は、主に大衆雑誌を通して修養の用語とその意味するところを民衆の中に持ち込んだ。野間もまた多くの大衆的修養運動のリーダーと同様、師範学校の卒業生である。

野間は苦学の末、一九〇七（明治四〇）年に東京帝国大学法科大学首席書記となり、その後一九一三（大正二）年には雑誌事業に専念するために職を辞した。野間の最初の出版事業は、在職中東京帝国大学内で行われた講演活動の内容を印刷し、学外の青年たちにも手渡そうとするものであった。この取り組みは、中学講義録を始めとする各種講義録を取り寄せ自学自修していた在野の青年たちの学習意欲と知的欲求に応えようとするものであった。彼が出版事業を通して働きかけようとしていた対象は、彼自身の出自と重なっていた。在野の青年たちの自己形成に関心を示した野間の出版事業が、当時ブームになりつつあった勤労青年向けの修養論に傾斜していくのは、自然な成り行きであった。

帝国大学に勤務する野間の周辺で語られていた修養論は、野間がこれを大衆の生活世界に持ち込むことによって大きな変貌を遂げることになった。野間は『少年倶楽部』や『キング』などの雑誌を通して、働く青少年たちに向けて修養論を発信し続けると同時に、自らも講談社内の少年部員たち（世間で給仕、丁稚、小僧などと呼ばれていた勤労青少年を、講談社では少年部員と呼んだ）を対象として、自身の修養論の実験的実践を行ったのである。

講談社少年部の勤労青少年たちは野間の自宅に寄宿し集団生活を送りながら修養に励んだ。「少年部を大正の松下村塾に」が彼らの合い言葉となっていた。少年部員の修養論には陽明学の知行合一の思想が強く反映し、心学が保持してきた講話・説教も修養の教材として活用された。また演説活動や剣道の修練も修養の方法として取り込まれた。さらに少年部員たちの共同合宿生活には、田沢が指導した青年団の運動と同様、「一人前」の村人をつくる上で重要な役割を果たしてきた共同体の伝統的な若者集団（若者組）の訓育方法も取り込まれた。少年部員たちは合宿生活を行っていたので、そこでの人間形成の方法は若者宿で合宿生活を行っていた若者組の習俗と慣行にいっそう類似することになった。

講談社少年部の共同生活の中には、それまで日本の修養の思想の中に現れてきたさまざまな系譜の修養論が流れ込み、野間清治社長の強力なリーダーシップのもとに少年部員たちによって実践された。合宿所は小さな規模ながら、この時期の修養の大衆化の総合的実験場となっていたということができる。この歴史的な実験の顛末については、次章で取り上げることとする。

9　青年の自己教育運動の展開と修養の再編

(一)　農村青年たちの新しい自己教育運動

都市部の勤労青年の間に企業を単位として拡がっていった修養団の修養運動や、日露戦争後の地方改良運動と結びついて郷村部に拡がった青年団の修養運動は、思想善導的、受容的な教化運動としての性格を強めていった。地方改良運動のもとでは、修身教材化された二宮金次郎説話と農村更生を図る二宮尊徳の報徳思想が運動の重要なファクターとして農村青年の修養論に流入している。(64) そのような状況のもとで農村青年たちの中から自発的に新しいタイプの修養論が芽生えてきたことは注目に値する。一九二〇年代に入ると大正デモクラシーを背景として地域の青年会の「自主化」運動が活発化した。青年たちは自前の自己教育運動に取り組む中で、修養の概念を新たに自分たちの自己形成のための概念として作り直そうとしていたのである。

たとえば、青年会の自主化運動が展開した長野県下伊那郡の青年会運動を取り上げてみよう。この地域の青年会の自主化運動の中では、青年たちの自主自立への希求と主体的な自己形成への願望のもとで、修養論の作り直しが進んでいた。

一九二三（大正一二）年に発表された下伊那郡青年会による文書「郡青の本質及び使命」は、青年会を修養団体と規定した上で、「修養とは単に内面的、個人的の狭義における修養のみをいうにあらずして社会進化の原動力となり、文化開発のために行う行事も亦修養の一部ならざるべからず(65)」と述べている。このような動きは、従来のいわゆる官製青年団運動の内部に成立していた受動的受容的な精神修養論とは一線を画する新たな修養論が運動の中に立ち上がりはじめていたことを示すものである。

同じ時期に下伊那地域の青年会で作成された文書にも次のような記述が現れている。

> 修養とは、精神的智識的なものばかりでなく広く社会問題や時事問題の研究も含まれるのでなければ我々青年は、当底《ママ》時代文化に併行して行く事は出来ないのでありまして社会の実際問題に触れて実際的な修養を積んでこそ完全なる修養発達が出来得るものであると信じます。（中略）我々青年は精神的な修養も勿《ママ》であるけれ共実際問題を研究することも須由《ママ》もゆるがせにすべきではありません。(66)

この地域の青年たちは、従来の青年団運動の中にある受動的な修養論ではもはや自分たちを社会的な主体に「修養発達」させることはできないと考えた。青年団の自主化運動の中で、修養論を主体的な自己形成の方法として新たに作り変えようとする動きが表面化していたのである。(67)

長野県下伊那郡竜丘青年会を取り上げて青年会の自主化運動の中で展開した修養について調べた瀬川大は、この青年会の修養の特徴について、第一に両大戦間期を通じて竜丘における青年たちの自己形成原理となっていたこと、第二に青年たちの修養活動が自主的な側面をもっていたこと、第三に修養の目的が村への貢献という要素を強くもっていたことを指摘している。(68)ここで自己形成原理とされているのは、集団に埋没しない判断力をもつ自立した自己の形成ということである。修養団的な流汗主義と前代の若者集団（若者組）の保持していた訓育方法を受け継いでいた農村青年たちの修養論は、青年会・青年団の自主化運動の中で、個人の主体形成と自立を促す自己啓発を内実とする修養論として作り変えられようとしていたのである。同時にこの段階での修養は、個人の形成と集団（地域社会）の発展を一つのものとして捉える方向性を示していた。個人と社会の関係をそのように捉える立場から発想される修養論は、かつて明治啓蒙期の修養論が「一身独立して一国独立す」という思想的立場に連動していたことを私たちに思い起こさせる。個人の独立を一国の独立と結びつけて語るか、地域社会の独立と結びつけて語るかの違いはあっても、両者の修養論には個人と社会の関係認識をめぐり類似の構造が認められるのである。

(二)　教養論と修養論の統合の兆し

青年団の自主化運動の中で進んだ修養論の作り直しの動向と並行して、青年の学習運動の周辺で教養をめぐる新しい動きが現れてきたことも、この時期の特筆すべき現象である。このような動きは自由大学運動とその周辺に顕著に現れた。

自由大学運動は、一九二〇年代の初めから三〇年代の初めにかけて、長野県、新潟県、福島県、群馬県などで展開した民衆の自己教育運動である。土田杏村、高倉輝らプロレット・カルト論の影響を受けた知識人を指導者として、各地に「独立教育機関」として自由大学が設立された[69]。

運動の中心となった土田杏村は、新カント派の哲学を背景とする文化主義的な立場から、教養を人間が「自律した人格」の形成を図るための営みとして実践的に捉え直していた。杏村は人間には基本的な権利として「生涯に亘り永遠に自己教養の機会を持つ」権利があると考えた。彼は教養の思想の中に「人間的権利」「教育の自治」「非教育者の判断の自発的進歩」等の観念を持ち込むことによって、教養の思想を新しく組み替え、そのようなものとしての教養の思想による「地方一般の民衆」の学習運動を計画した。杏村は人間の「自己教養」の権利はすべての人間に保障されなければならないと考えたのである。山口和宏の研究によれば、「自由大学運動とは、この『生涯に亘り永遠に自己教養の機会を持つ』という人間的権利を制度的に保障しようとする運動に他ならない[70]」。

自由大学運動の拠点となった上田自由大学（前身は信濃自由大学。一九二一年創設）は信濃黎明会の修養部から発展したものであった。一九二四（大正一三）年には各地に生まれた自由大学運動を推進するための団体として自由大学協会が結成され、翌二五年には月刊の『自由大学雑誌』が刊行された。ここで起きていたのは、都市部の教養論の担い手たちの一部が、修養論の作り直しが始まった農村青年の内発的学習運動に合流してきたという事態であり、教養文化が修養文化の中に持ち込まれて、教養論と修養論の融解、再統合が試みられたという事態である。

労働しつつ学ぶことをめざした自由大学では、講義は農閑期と夜間に行われた。出講した講師は、土田や高倉を始めとして、出隆、谷川徹三、住谷悦治、山口正太郎など、教育機会の不平等を是正し、教育内容の民衆化を進めることに理解を示した新進の学者たちであった。かつて修養と教養に分離したculture概念は、教養派が修養の概念を基盤とする農村青年の学習運動の中に教養の概念を持ち込むというかたちで合流しはじめた。その舞台となる自由大学は、青年の自発的学習運動団体の修養部が関与して結成されたものであった。自由大学運動の中では、修養と教養の観念は混在し、未整理状態であったとはいえ、ここに修養と教養が結びつく新しい道が開けたことになる。

これまでの先行研究では、自由大学運動の歴史的意義をめぐり、運動のもつ「教養主義的限界」が指摘される場合が多かった。しかしながらそのような研究動向に対して、今日ではその歴史的意義を捉え直そうとする研究動向が現れてきている。山口和宏は、この運動に参加した農村青年たちの記録や回想を分析し、「受講生が異口同音に語るのは〈学問によって視野が広がる感動と喜び〉である」ことを見出し、運動の中にある「教養主義」を単に限界として捉えるのではなく、むしろ積極的に評価するべきであると述べている。山口が指摘するように、この運動は農村青年たちに「自我教育」の大きな可能性を手渡していたのである[71]。渡辺典子もまた、埼玉県入間郡豊岡町に繁田武平によって設立された青年・成人向け学習機関である豊岡大学（一九二五―三九年）の講義内容を分析して、当時の「大学拡張的文化運動」を背景に地域の青年たちの間に〈修養〉と〈教養〉を結ぶ新しい学びのスタイルが生み出されようとしていたことを検証しようとしている[72]。

教養の思想は、一部の知識人たちによって教養論の側から作り直されようとしていたばかりでなく、農村青年たちによって修養論の側からも作り直されはじめていた。農村青年たちによる教養主義の主体的受容は、修養論の再構築を促すことになった。修養と教養の分離を超えて、新しい「自己教育」の思想と方法が誕生しようとしていたのである。日本における cultivate の歴史を考える上で、これは一つの大きな出来事であったといってよい。しかしながらその後の歴史を見ると、この出来事に内包されていた可能性は、十分に成熟することができずに姿を消した未発の可能性であった。

農村社会に持ち込まれた教養の思想は青年会の自主化運動の中にも持ち込まれていた。自主化運動を進めた下伊那郡青年会は、「声明」で「民衆全体の名によって」「青年会の自主と独立」を求め、「青年の教養」について次のように述べている。

青年会の第一の職分は青年の教養である。青年が青年会を組織する所以のものは、青年が青年自身の自治と独立によってその教養指導の機関を持たんがためである。(中略) 青年は飽迄もその有する自主的教養の機関によって自己の教養を築かねばならぬ[73]。

青年会の自主化運動に取り組んだ青年たちは、教養という用語を自己教育運動を説明する用語として受けとめた。彼らは「民衆全体の名によって」青年会を「自主的教養の機関」に変革し、「自己の教養」を築こうとしていた。この運動の中にも、いったん分離した〈修養〉と〈教養〉を改めて一つのものとして捉え直そうとする新たな自己教育論が胚胎している。このような作業がどこまで進み、どのような未発の契機がこの運動の中に孕まれていたかについては、今後きちんと検証する必要があるだろう。

(三)　戦時下における修養論の変容と消失

瀬川の研究によれば、一九三〇年代に入ると竜丘青年会の修養の内容には変化が生じた。世界恐慌の影響下で起きた農村不況のもとで、農村更生と修養が結びつき、青年たちの関心は農本主義に移行し、修養論もまた個人の自立的自己形成よりも全体主義的な農村立て直しの動きの中に巻き込まれていくことになった。さらに日中戦争期に入ると、青年たちの修養論は「村の公共業務の遂行＝個人人格の向上」という方向に傾いていったと瀬川は指摘している(74)。国家の事業を支えるために村の事業を遂行するという目的のもとに、個人の人格形成が位置づけられたのである。自主化運動の中で芽生えた村の青年たちの修養論の新しい可能性は、こうして育まれるべき環境を失った。

自由大学の運動も頓挫した。官憲の弾圧、農村不況による経営難、講義内容の未成熟とマンネリ化、土田の病気、高倉輝の左傾化等が重なって、この労働しつつ学ぶことを実現しようとした新しい教育の試みは幕を閉じた。修養と教養の統合の可能性についてみれば、カリキュラムの開発が進むことにより両者が統合される段階に達する前に、その作業の土台となる運動そのものが幕を閉じたのである。

雑誌文化を通して修養論の大衆化を担った講談社の出版事業においても、一九三〇年代以降、全体主義的傾向の強まる社会的な風潮のもとでは、個人の人格の向上論としての修養論は衰弱せざるをえなかった。修養という言葉は雑誌からしだいに姿を消していった（本書第二部第４章３参照）。

修養に代わって新たに登場したのは、〈修練〉であり〈錬成〉であり〈行〉である。清水康幸は修養運動の中から『道場型』錬成」が派生したとし、その本質を「天皇制権力による民間『修養』の横取り」と位置づけている(75)。

当初、明治初期啓蒙思想運動の中から現れた修養論は、これまで見てきたように、日本社会の近代化過程において多様な筋道をたどって展開した。修養論の系譜によってニュアンスの違いがあったにしても、修養論は個人の内発的な自己形成論、自己教育論としての特徴をなんらかのかたちで保持し続けてきた。社会全体が全体主義（日本型ファシズム）に向かってゆく中では、そのようなものとしての修養論は声をひそめるほかはない。かくして人づくり論、自己形成論としての修養論は、総力戦体制の中で社会の表面からフェードアウトし、全体主義の中に個人を位置づける錬成論、修練論がこれに取って代わることになった。修養は総力戦体制のもとで、日本人の自己形成論の地下水脈として伏流することになったのである。

10　修養と教養の戦後史

一九四五（昭和二〇）年アジア太平洋戦争は終結し、民主主義を基本理念とする国家として、日本社会は再出発することになった。新しい憲法のもとで教育基本法が制定され、教育勅語の失効が国会で決議されて、公教育の目的は、「臣民」の育成をめざす（教育勅語）ものから、個人の「人格の完成」をめざす（教育基本法第一条）ものへと大きく変わった。このときに人びとが経験したのは、社会の原理が共同体を基本とするものから個を基本とするものへと急速に移行したという点において、歴史的な段階が異なるとはいえ、明治維新期に日本人が経験したものと同様のドラスチックな社会原理の転換であった。明治の知識人は修養という用語を生み出し、これを手がかりとして新しい個の時代に対応しようとした。しかるに一九四五年を境に起こった転換では、新しい時代の自己形成・自己啓発論のキーワードとして選ばれたのは、修養ではなく、修養から分離した教養という用語であった。

どうしてそのようなことが起きたのであろうか。なぜこのときに修養は復活しなかったのであろうか。

修養という言葉が使われることのなかった事情は、修身という言葉が日常生活から遠ざけられるようになった事情と重なっている。戦後すぐにアメリカ占領軍の教育管理政策によって修身、日本歴史、地理の授業は停止された。これらの授業は日本の軍国主義、国家主義の教育を担ったものとされたためである。修身や修練という言葉は、戦後社会の民主主義的な価値観からは否定されるべき歴史性をもつ言葉として、人びとの脳裏に刻み込まれた。修養という用語もまた、戦中の全体主義的な文教政策や社会的風潮の記憶と結びつく「古い上着」の一つとして、修練や修身と同類のくくりで人びとの記憶に残ってしまうことになった。戦後生まれの一人の教師の「修養という言葉はなんだかきな臭い言葉だと思っていた」という発言は、そのことをよく示している(76)。

一方教養は、戦時下の社会においても知識人層の自立的な人格形成論としての性格を保持し続けた。そのために教養論を特徴づけていた人格主義、文化主義、国際主義と相まって、教養は戦後の民主主義を担う人間像を描き出すための有用な概念として一躍脚光を浴びることになった。たとえば、一九四七年に公布された教育基本法では、第一条（教育の目的）において「教育は、人格の完成をめざし」と記され、また第八条（政治教育）において「良識ある公民たるに必要な政治的教養は、教育上これを尊重しなければならない」と記されている。教育基本法には制定時に「教養」と「人格」という用語が採用されたのである。教育基本法の原案は教育刷新委員会（委員長は安倍能成）において検討されており、委員会のメンバーの多くは戦中の教養派知識人たちであった。

教育基本法の中に教養という用語が登場していることを始めとして、教養は、戦後の日本人の人格形成に関わる重要な用語となった。教養という言葉は大学教育や出版事業、社会教育などの分野において広く使われるようになり、「良識ある公民」をつくるための価値的な用語として戦後社会を代表する言葉の一つとなった。とりわけ旧制高等学校を組み込んで発足した新制大学は、旧制高校にあった教養の思想を制度化して大学教育の中に持ち込むことになった。大学教育の中に、一般教養科目、あるいは教養学部、教養教育などの新しい概念が成立したのである。

しかるに、教養という言葉の意味は、一九七〇年代以降、大きく揺らぐことになった。教養の概念の輪郭は急速にぼやけ、「教養の解体」、あるいは「教養主義の没落」といわれるような状況が出現する。〈教養とは何か〉という大きな問いが改めてラジカルに問い直されはじめた。このような変化は、日本社会が一九六〇年代に入って高度経済成長期を迎え、並行して「教育爆発」ともいわれるような社会状況が出現し、日本の高等教育が転換期を迎えたことと深く関係している。大学への進学率はこの時期に急速に上昇し、高等教育はエリート教育の段階からマス教育の段階に移りはじめた(77)。旧制高校からもち越されて新制大学の一般教養教育の中に組み込まれていた教養は、マス教育の時代の到来とともに新しい担い手を失いはじめたのである。大学紛争の時代をその境目として、戦前世代から戦後世代にバトンタッチされた教養の概念の混乱が始まった(78)。大学の教養教育はその意義と必要性が改めて議論されるようになり、旧制高校生から新制大学生に手渡された大学生の教養文献一覧のようなものも受け継ぎ手がいなくなった。学歴エリート層の人格形成上の概念として出発した教養の概念の大衆化が始まったのである。教養はどこに向かうのかという現代的な問題は、本章のテーマとつながるもう一つのテーマとして改めて検討してみる必要がある。

一方、修養は戦後の早い時期において、教育公務員特例法（一九四九年）「第三章　研修　第一九条」の条文の中に次のようなかたちで取り上げられていた。

第一九条　教育公務員は、その職責を遂行するために、絶えず研究と修養に努めなければならない。
2　教育公務員の任命権者は、教育公務員の研修について、それに要する施設、研修を奨励するための方途その他研修に関する計画を樹立し、その実施に努めなければならない。（現行法では、第四章　研修第二一条）

この条文中で、修養は研究とともに教育公務員の職責遂行上に必要とされる努力義務として表現され、さらに「研究と修養」は「研修」という言葉に整理された。

研修という言葉は、この後、地方公務員法（一九五〇年）でも用いられた（第三九条）。すでに国家公務員法（一九四七年）にも研修の用語は現れていたので、すべての公務員は「研修」の対象となった。「研修」は社会の常用語となり、企業を始めとして一般社会にも拡がっていった。研修という言葉自体は以前から使われるようになっていたが、これらの法律によって改めて「研究と修養」の省略形として用いられることがはっきりとしたわけである。[79]しかしながら、いったん研修という用語が社会的に確立すると、この用語が研究と修養を合わせたものであるということは忘れられてしまうことになった。研修は、それ自体が固有の意味をもつ独自の概念として日本社会に定着したのである。こうして「修養」は「研修」の中に包摂され、その概念もまた研修の概念の中に溶け込んでしまった。今日では大方の人は「修養」が「研修」の構成要素であることに気づいていないであろう。

修養という言葉がほとんど使われなくなったのは、この言葉が戦時下の全体主義的な雰囲気を漂わせている言葉として人びとの記憶に残ったためである。とりわけ戦争中に青年期を送った人びとの間には、修養のマイナスイメージだけが強く残り、修養の歴史的全体像は見失われてしまった。そのために戦後社会では修養という言葉は人びとが回避してあまり使わない状態が続き、その結果として、今日では忘れ去られた言葉になった。この言葉は、剣道や柔道、茶道などの伝統的な〈道〉の世界や、建学以来修養を教育方針として掲げてきた学校などの中にわずかに残っているにすぎない。

こうして修養という言葉は若い人たちの間ではほとんど死語になってしまった。しかしながら、このことが開国以来この社会に生きる人びとが長い間修養という言葉に込めて求め続けてきた、よりよい自分をつくり出したいという願いとそのための努力や工夫の消失を意味するわけではないことはいうまでもない。修養という言葉に盛り込まれていた自己形成・自己啓発への志向が人間から消えることはないのであり、たとえ修養という言葉は使わないとしても、修養の概念を生み出した人びとの心性と行動のエネルギーは若い人たちの間に保持されている。[80]しかしながらそのことを表象する言葉をもたないということは、自助、自己形成、自己啓発の問題を自覚的に思考の対象として認識したり、共通な社会的課題として議論したりする上できわめて不便なことであり、ときに混乱や不都合も生じていたといわねばならない。

しかるに、二〇〇六（平成一八年）年に行われた教育基本法の改定によって、忘れ去られていたこの言葉に、突然スポットライトが当てられることになった。

新しい教育基本法では、旧法第六条（学校教育）第二項にあった教員についての規定[81]を独立させて、第九条（教員）を新設した。ここでは「法律に定める学校の教員は、自己の崇高な使命を深く自覚し、絶えず研究と修養に励み、その職責の遂行に努めなければならない」とされ、第二項で、「（教員の—引用者）養成と研修の充実が図られなければならない」とされた。新しい教育基本法には、まず「研究と修養」という言葉が登場し、ついで「研修」という言葉が使われているのであり、この言葉の関連は先に紹介した教育公務員特例法における場合と同じである。この点では修養は法律上の用語として新しいものではない。しかし「修養」という言葉が日常生活の中で死語に近い言葉となっている現在において、改めて教育の根本法である教育基本法に「修養」が書き込まれたことの意味は実に大きい。

ここに「修養」は再び日本の社会で重要な役割を担うべき言葉として再登場したのである。今後修養という用語は、まずは教員の養成と研修に直接関わる重要な用語として語られるようになり、しだいに日常的な用語として社会全体に拡がっていくことになるであろう[82]。

「修養」は戦後育ちの世代にとってはほとんど初めて出会う言葉であり、年長者にとっても意味の曖昧な言葉となってきているので、日本社会はあらためて教育基本法に使われた修養という言葉に意味を与えていかなければならないことになった。今後日本社会が修養の思想をどのようなものとして手に入れることができるかという問題は、将来の日本人の自己形成に関わる大きな問題である。修養の思想の内実は、人びとの自己形成への願いと実践の様態の相互作用をもとに、現在とこれからの社会を生きる人びとによって創出されることになる。
そのさい、修養の思想と方法が日本人の近代的な自我の獲得・形成の努力の中から現れてきたこと、多くの青年たちの〈よりよい自分をつくりたい〉という切実な願いと結びついていたこと、また青年会の自主化運動の中に修養論と教養論を統合する未発の契機を認めることができることなど、私たちが歴史の中からあらためて学ばなくてはならない事実は多い。私たちの社会は掘り起こすべき〈修養〉の豊かな鉱脈をもっているのである。

注

（1）たとえば、熊本洋学校に学び、熊本バンドにも参加した徳富蘇峰（一八六三—一九五七年）が『第十九世紀日本ノ青年及其教育』を刊行したのは一八八五（明治一八）年、平民主義の立場から月刊雑誌『国民之友』の刊行を開始したのは一八八七（明治二〇）年である。これらの出版物を通して蘇峰は「青年」の用語と概念を広め、また「修養」の必要を説いた。

（2）パブリック・ランゲージとフォーマル・ランゲージの用語については、B・バーンスティン著、萩原元昭編訳『言語社会化論』（明治図書出版、一九八一年）参照。

（3）先行研究としては、中内敏夫・上野浩道「解説」（『沢柳政太郎全集2　修養と教育』国土社、一九七七年）、齋藤智哉「一九二〇年代の木下竹次の学習法における『修養』」（『國學院雑誌』第一一〇巻第一二号、二〇〇九年）、小幡啓靖「初期修養団における学校教育への問題提起」（『東京大学大学院教育学研究科紀要』第三五巻、一九九五年）、小室弘樹「中村春二の教育思想と凝念法」（東京大学大学院教育学研究科教育学研究室『研究室紀要』第三一号、二〇〇五年）などがある。

（4）筒井清忠『日本型「教養」の運命』（岩波書店、一九九五年、二四頁）。

（5）王成「近代日本における〈修養〉概念の成立」（国際日本文化研究センター紀要『日本研究』第二九集、二〇〇四年、一二二頁）。

（6）J・C・ヘボン『和英語林集成』は、慶応年間から明治にかけてひろく使われた和英‐英和辞書。松村明が復刻版（講談社学術文庫、一九八〇年）に付した解説によれば、同書はわが国英学史上の貴重な文献であると同時に、近代日本語の資料としても重要な価値をもっている。同書が幕末から明治初期へかけて用いられた日本語の語彙を数多く収録しているためである。本章では講談社学術文庫版を用いた。

（7）　齋藤智哉「明治期における『修養』の成立」（野間教育研究所修養研究部会報告要旨、二〇〇六年）、同「中村正直（敬宇）における『修養』」（日本教育学会第六七回大会『発表要旨集録』二〇〇八年）。齋藤智哉によれば、修養という用語は『西国立志編』の中に九例存在し、そのうちの六例がcultureないしcultivationの訳語である。これらの用語は「徳性ノ修養」「心霊ノ修養」と訳されている場合もある。educationには教養、教育という訳語が当てられているが、両者の区別が判然としない例も見られるという。齋藤は、中村が「修養」という言葉にcultureとeducationの両面を見出していたのではないかと推測し、中村が「修養」を精神性を重視した自己形成の方法として捉えていたことが見て取れると述べている。

（8）　サミュエル・スマイルズ著、中村正直訳『西国立志編』（講談社学術文庫、一九八一年）。

（9）　前掲、J・C・ヘボン『和英語林集成』。

（10）　前掲、齋藤、野間教育研究所修養研究部会報告要旨。

（11）　前掲、王成「近代日本における〈修養〉概念の成立」。

（12）　徳富蘇峰『大正の青年と帝国の前途』（民友社、一九一六年、二四三頁）。

（13）　前掲、王成「近代日本における〈修養〉概念の成立」。

（14）　田嶋一「共同体の解体と〈青年〉の出現」（本書第二部第1章）。

（15）　国民教育研究所・「自由民権運動と教育」研究会編『自由民権運動と教育』（草土文化、一九八四年）。片桐芳雄『自由民権期教育史研究』（東京大学出版会、一九九〇年）。

（16）　清沢満之『当用日記』一九〇二年（暁烏敏・西村見暁編『清沢満之全集7』宝蔵館、一九五五年、四七五頁）。

（17）　安冨信哉『清沢満之と個の思想』（法蔵館、一九九九年、一五八頁）。

（18）　前掲、中内・上野「解説」。

(19) 姉崎正治「開会の辞」(『丁酉倫理会講演集』大日本図書、一九〇〇年)。姉崎正治は、東京帝国大学哲学科を卒業後、ドイツ、イギリス、インドに留学し、帰国後、東京帝国大学文科大学に宗教学講座を開き日本の宗教研究の基礎を築いた。浄土真宗、キリスト教を中心に、近代の人格形成と宗教のあり方についての研究を進め、修養論においても学問的な立場に立って近代的な人間の内面形成を探求しようとした。
(20) 北村三子『青年と近代』(世織書房、一九九八年)。
(21) 井上哲次郎『人格と修養』(広文堂書店、一九一五年、一―三〇頁)。
(22) 島薗進「国民文化の中の国家神道――教育勅語と修身教育の展開」(野間教育研究所修養研究部会報告、二〇〇七年)、同『国家神道と日本人』(岩波新書、二〇一〇年)。
(23) 前掲、王成「近代日本における〈修養〉概念の成立」一三五頁。
(24) 唐木順三『現代史への試み』(筑摩書房、一九四九年)。
(25) 王成「修養書における大衆啓蒙をめぐって」(『文学』第七巻第二号、岩波書店、二〇〇六年)。
(26) 前掲、王成「近代日本における〈修養〉概念の成立」。
(27) 和崎光太郎「青年期自己形成概念としての〈修養〉論の誕生」(『日本の教育史学』第五〇集、教育史学会、二〇〇七年)。
(28) 横井時雄・原田助『日本の道徳と基督教』(警醒社、一八九二年)。
(29) 徳富蘇峰「学生の気風」(『国民之友』第一六七号、民友社、一八九二年九月)。
(30) 内村鑑三「基督信徒の修養」(『内村鑑三述　基督教講演集　第一集』警醒社、一九〇三年、七六頁)。
(31) 清沢満之「心霊の修養」(無尽燈社編『修養時感』森江分店、一九〇三年。暁烏敏・西村見暁編『清沢満之全集6』法藏館、一九五三年、二八一―二八三頁)。
(32) 前掲、姉崎「開会の辞」。
(33) 和崎光太郎「世紀転換期における〈修養〉の変容」(『教育史フォーラム』第五号、教育史フォーラム・京都、二〇一〇年)。

(34) 修養書ブームの中で刊行され明治末から大正期にかけて修養書のベストセラーとなった新渡戸稲造著『修養』(一九一一年)初版本の巻末には、発行元の実業之日本社の出版書一覧が分野別に掲載されている。分類項目の中には「修養書類」が独立しており、新しい出版領域としてはきわめて点数が多い。分野別の出版点数を点数順に整理すると以下の通りである。「婦人家庭書類」四七点、「修養書類」四五点、「商業実務書類」三八点、「処世書類」二五点、「史伝地理書類」二二点、「雑書類」一三点、「衛生書類」一二点、「経済産業書類」一一点、「語学数学書類」八点。「婦人家庭書類」は「修養書類」よりも点数が多いが、「修養書類」に分類されるものは男性向けの出版物に限られており、女性向けの修養書に当たるものはこの段階では「婦人家庭書類」に分類されている。当時、修養は主として男性に限定されていたからである。たとえば「修養書類」の欄には『常識の修養』という本があり、「婦人家庭書類」には『常識の養成』がある、という具合である。このことからもわかるように、修養の対象は当初男性に限定されていた。修養が婦女子の世界に拡がるにはしばらく時間がかかるのである。さらに、「処世書類」に分類されている修養関係の出版物もあることを考えると、広い意味で修養に関する出版物の占める比率は、ここに分類されている出版点数の比率を遥かに超えると想定される。なおこの出版目録の分野別出版点数については、実業之日本社が働く青年たちを対象に出版事業を展開した出版社であったことを考慮しなくてはならない。働く青年たちに向けて実に多くの修養書が出版されるようになっていたのである。

(35) 田嶋一「〈青年〉の社会史——山本滝之助の場合」(本書第二部第2章)。

(36) 雑誌『実業之日本』は一八九七(明治三〇)年、実業之日本社から刊行され、雑誌『成功』はアメリカの雑誌『サクセス』をモデルに一九〇二(同三五)年、成功雑誌社から刊行された。これらの雑誌の購読者層をなしたのは、学歴社会の正統のルートから外れた青年たちであった。これらの雑誌は、学歴社会の階段は上れなかったが、それでもなお自分の力で人生を切り拓きたいという青年たちの野心に応えるものだった(雨田英一「近代日本の青年と『成功』・学歴」〈『学習院大学文学部研究年報』第三五集、一九八八年〉)。

(37) この時期の中学講義録を始めとする通信教育ネットワークの拡大は学歴社会の周縁に群れる青年、苦学生たちの増加を示す。上京できず地方で勉学の意欲を高めていた「田舎青年」たちは通信教育を利用した。そのような青年は明治三〇年代の半ばから急速に増加した。通信教育の機関が簇生し、なかでも最大手の大日本国民中学会の会員は一九一四（大正三）年には二〇万人を超えたといわれる。当時の中学校生徒数は一二万人にすぎない（竹内洋『立身出世主義〔増補版〕』世界思想社、二〇〇五年、一三五頁）。

(38) 竹内洋『立志・苦学・出世——受験生の社会史』（講談社現代新書、一九九一年、四八頁）。
(39) 新渡戸稲造『修養』（タチバナ教養文庫、二〇〇二年、六二—六七頁）。
(40) 『同右』二七頁。
(41) 婦女子に向けての修養論は、森下優子「新渡戸稲造と女性の修養」（お茶の水女子大学大学院人間文化研究科編『人間文化論叢』8、二〇〇五年）参照。
(42) 馬静『実業之日本社の研究——近代日本雑誌史研究への序章』（平原社、二〇〇六年）。
(43) 『修養』（タチバナ教養文庫、二〇〇二年）は一九三四（昭和九）年六月に刊行された一四八版を底本としている。
(44) 新渡戸稲造「余は何故実業之日本社の編集顧問となりたるか」（『実業之日本』第一二巻第一号、一九〇九年）。
(45) 前掲、筒井『日本型「教養」の運命』三一頁。
(46) 『同右』二四頁。
(47) 和辻哲郎「総ての芽を培へ」（『中央公論』一九一七年四月号）。
(48) 片岡豊「〈修養〉から〈教養〉へ——漱石『こころ』を読み直す」（野間教育研究所修養研究部会報告、二〇〇七年）。
(49) 竹内洋『教養主義の没落』（中公新書、二〇〇三年、五五頁）。
(50) 河合栄治郎編『学生と教養』（日本評論社、一九三六年、五〇—五一頁）。
(51) 『同右』五一—五二頁。
(52) 小室弘毅「阿部次郎『三太郎の日記』における教養の問題——唐木順三の教養派批判の再検討」（『東京大学大学院教育学研究科紀要』第四〇巻、二〇〇一年）参照。小室論文では大正期教養派の一人とされる阿部次郎の教養の質が検討され、「教養主義」とその後登場する「教養書主義」を分けて捉える必要が論じられている。

(53) 渡辺かよ子「『修養』と『教養』の分離と連関に関する考察」(『教育学研究』第六六巻第三号、一九九九年)。
(54) 山口彰『人生成功のバイブル――人間愛の巨人・蓮沼門三の哲学』(PHP研究所、二〇〇五年)。山口によれば、修養団の団名は、第一高等学校の校長新渡戸稲造が『実業之日本』に連載したエッセイに由来する、とされる。新渡戸が『実業之日本』に修養に関するエッセイを載せはじめるのは一九〇七(明治四〇)年以降であるから、ことの真偽は不明であるが、蓮沼が新渡戸の言説に影響を受けていたのは確かであろう。
(55) 修養団運動八十年史編纂委員会編『修養団運動八十年史　概史』(修養団、一九八五年、三六頁)。
(56) 前掲、小幡「初期修養団における学校教育への問題提起」。
(57) 齋藤智哉「女教員の修養における身体の表象――後藤静香の希望社運動」(『日本教師教育学会年報』第一三号、二〇〇四年)。
(58) 田嶋一「〈青年〉の社会史――山本滝之助の場合」(本書第二部第2章)。
(59) 田沢義鋪記念会『田沢義鋪』(一九五四年、二八―二九頁)。
(60) 木下順「日本社会政策史の探究(上)―地方改良、修養団、協調会―」(『国学院経済学』第四四巻第一号、一九九五年)。
(61) 田沢義鋪『青年如何に生くべきか』(日本青年館、一九三七年、一五六頁)。
(62) 田沢義鋪『青年修養論　人生篇』(日本青年館、一九三六年)は雑誌『青年』(日本青年館)の連載記事をまとめたもの。
(63) 武田清子「青年団教育における国民主義の課題」(『天皇制思想と教育』明治図書出版、一九六四年)。
(64) 二宮尊徳(幼名金次郎、一七八七―一八五六年)の報徳仕法の思想と実践は幕末期の荒村復興に大きな成果をあげたことで知られる。少年期の金次郎の孝行と立身の物語は一九〇四年に国定となった修身教科書において教材化され、一九四五年に国定教科書が廃されるまで重要な徳育教材として使われた。一九一一(明治四四)年には文部省唱歌「二宮金次郎」がつくられ、一九三〇年代になると農村経済更生運動のもとで全国の小学校の校庭に柴を背負いながら読書する像が設置されて、二宮金次郎は日本の子どもの「手本」とされた。
(65) 長野県下伊那青年団史編纂委員会編『下伊那青年運動史』(国土社、一九六〇年、四八頁)。

(66)　下久堅村知久平青年会『美志やのひか里』(一九二三年、七九―九二頁)。
(67)　下久堅青年運動史研究会「長野県下久堅村青年会の『自主化』運動」(『信州白樺』第五九・六〇合併号、一九八四年)。
(68)　瀬川大「両大戦間期における下伊那郡竜丘青年会の修養」(『信濃』第三次第五八巻第二号、二〇〇六年)。なお、瀬川は「明治三〇年代前半における農村青年会の歴史的位置」(『信濃』第三次第六二巻第一一号、二〇一〇年)で、長野県下伊那地域において明治三〇年代前半に展開した下伊那青年会(一八九九―一九〇三年)の運動を取り上げ、この時期に地域社会に生まれた自発的な青年会の階層性と青年の自己形成論としての修養論の特徴を詳細に分析し検討している。この研究は、日露戦争以前の自生的な青年会の性格が日露戦争後の官製青年会(団)の性格とは一線を画するものであったことを明らかにするものである。
(69)　長島伸一「自由大学運動の歴史的意義とその限界」(法政大学経済学部学会『経済志林』第七四巻第一・二合併号、二〇〇六年)。
(70)　山口和宏『土田杏村の近代』(ぺりかん社、二〇〇四年、一九四頁)、同「土田杏村における『教養』の問題」(『日本の教育史学』第三六集、一九九三年)。
(71)　山口和宏「自由大学運動における『教養主義』再考」(『日本社会教育学会紀要』第三〇号、一九九四年)。
(72)　渡辺典子「地域社会における青年・成人の〈教養〉と学習――埼玉県入間郡豊岡大学を中心に」(千葉昌弘・梅村佳代編『地域の教育の歴史』川島書店、二〇〇三年)。なお、ここで用いられている「大学拡張的文化運動」という概念は、「大学拡張」を標榜して大学の外で自主的に展開した思想・文化運動を捉えるために、田中征男によって提起された概念である(田中征男『大学拡張運動の歴史的研究』野間教育研究所紀要第三〇集、一九七八年)。
(73)　下伊那郡青年会声明「反動思想の台頭に鑑み下伊那郡青年会の立場を宣明す」一九二四年(長野県青年団運動史編集委員会編『長野県青年団運動史』長野県連合青年団、一九八五年、三三頁)。
(74)　前掲、瀬川「両大戦間期における下伊那郡竜丘青年会の修養」。
(75)　清水康幸「錬成の先行形態――『道場型』錬成の成立」(寺崎昌男・戦時下教育研究会編『総力戦体制と教育』東京大学

出版会、一九八七年)、同「修養運動と教育」(寺崎昌男・編集委員会編『近代日本における知の配分と国民統合』第一法規出版、一九九三年)。

(76) 田嶋一「『修養』について」(『天頂』天頂俳句会、二〇〇九年一一月号)。

(77) マーチン・トロウ著、天野郁夫・喜多村和之訳『高学歴社会の大学——エリートからマスへ』(東京大学出版会UP選書、一九七六年)。マーチン・トロウによれば、高等教育への進学率が一五%まではエリート教育段階、五〇%まではマス教育段階、これを超えるとユニバーサル教育段階に入り、それぞれの段階で高等教育の性格は大きく異なるとされる。日本社会で進学率が一五%を超えたのは六〇年代半ばのことであり、五〇%を超えたのは二一世紀を迎えてからのことである。

(78) 前掲、竹内『教養主義の没落』。

(79) 研修という用語が法律上で最初に使われたのは国家公務員法（一九四七年）においてである。第三章第五節　能率　第七一条「職員の能率は、充分に発揮され、且つ、その増進がはかられなければならない」をうけて、第七三条（能率増進計画）の1に「職員の研修に関する事項」があげられている。

(80) 福島明子「青年期における〈修養〉体験と自己形成」(野間教育研究所修養研究部会『人間形成と修養に関する総合的研究』野間教育研究所紀要第五一集、二〇一二年）参照。

(81) 旧教育基本法第六条第二項は次の通り。「法律に定める学校の教員は、全体の奉仕者であつて、自己の使命を自覚し、その職責の遂行に努めなければならない。このためには、教員の身分は、尊重され、その待遇の適正が、期せられなければならない」。

(82) たとえば『教師花伝書』(小学館、二〇〇九年）の中で佐藤学は、「教師は自らの内側を律し、豊かにする修養によって、この受難の時代に教師としての人生をまっとうに生きることを可能にする」(七頁）と述べている。修養という言葉が教師の世界に蘇ってきた一つの例である。

第4章　〈修養〉の大衆化——野間清治と講談社の出版事業

大日本雄弁会講談社（以下、講談社と略記）は、出版事業を通して修養することの大切さを読者青少年に説き、大正期から昭和初期にかけての修養論の普及、大衆化に大きな役割を果たした。同社の雑誌やその他の刊行物は、修養という用語を一般青少年の間に普及する役割を果たすとともに、大衆化の過程で初期修養論の概念に変容を生じさせることにもなった。社内に創設された少年部はあたかも修養の道場、実験場の様相を呈し、その成果は誌上でも報告された。

ではいったいどうして、講談社は修養を重要なキーワードとして、講談社文化と呼ばれることもあるような強い志向性をもつ出版事業を行うことになったのか。そこでいわれる修養とはいかなるものであったのか。講談社は愛読者にどのような修養論を届けようとしていたのか。そこで展開した修養論は、思想と実践の両側面においてどのような特徴をもっていたのか。これらのことが、本章で明らかにしようとしていることである。

講談社の修養論の枠組みや方向が定まってくる上では、なんといっても初代社長野間清治の言説の果たした役割が大きい。そこで本章では、まず、野間清治の修養論の成り立ちと特徴を理解しておくこととする。ついで、修養論の大衆化に大きな役割を果たすことになった刊行物・雑誌を取り上げ、そこで展開していた修養論の内容を分析し、最後に、野間清治と講談社の修養論の実践、実験の場としての役割を果たすことになった講談社少年部の活動を取り上げることとする。

1　野間清治における修養論の成立とその特徴

(一)　若い人たちに語りかける野間清治――処世を軸とする修養論の構造

講談社の出版事業は、早い時期から読者に修養を勧める傾向を強く示していた。社の事業のこのような性格は、社長である野間清治（一八七八―一九三八年、以下、野間と略記）の思想を強く反映するものであった。そこで、ここではまず、野間の修養論の構造と特徴を概観しておきたい。

野間は出版事業に乗り出した早い時期から、精力的に若い人たちに向けて彼の人生訓、処世訓、修養論を語りかけた。彼は大正から昭和期にかけての修養論の最も際だった語り手の一人であり、修養論を雑誌購読者層に拡げる重要な仕掛け人となった。彼がそのような立場に立つことを可能にしていたのは、彼を立志伝中の人物にしていたその経歴、成功者としての社会的地位、弁舌の巧みさと風貌、民衆的文化の素養などに加えて、彼が勤労青年の苦学や夢へのシンパシーを過剰なまでに持ち合わせていたからである。さらに講談社の社会教育、大衆教育を軸とした出版事業の成功が背景にあった。

晩年にあたる一九三〇（昭和五）年から三六年にかけて、野間はそれまで青少年に向けて折に触れ語ってきた体験談や人生訓をまとめて編集した冊子を続けて刊行した。

『体験を語る』（大日本雄弁会講談社、一九三〇年六月）
『処世の道』（同右、一九三〇年九月）
『出世の礎』（同右、一九三一年二月）

『修養雑話』（同右、一九三一年三月）
『栄えゆく道』（同右、一九三二年七月）
『野間清治短話集』（同右、一九三三年六月）
『世間雑話』（同右、一九三五年一一月）
『私の半生』（千倉書房、一九三六年七月）(1)

これらの著述の中で、野間はしばしば若かりしころの自分自身の自己形成の道筋に重ねて、若い人たちに修養することの大切さを説いた。そのような傾向は、とりわけ講談社の少年部員に向けて処世訓、人生訓を語る場合に強くみられる。風貌においてもまた雄弁さにおいてもカリスマ性をもつ彼の言説は、彼の周辺の青少年たちに対して大きな感化力をもっていた。

この節では、野間の修養論の構造の基本的枠組みを理解するために、一連の著作の中で野間がどのように修養という言葉を使っているかについて検討し、ついで、彼の経歴の中で修養がどのように彼の思考の中に組み込まれ、彼の言説を特徴づけることになったかを分析したい。

まず、野間の修養論の到達点を整理しておこう。

野間は「修養の理想」について、「神すでに我のうちにおわします」という境遇に立ちたいものである、「神を我が心内に得て、神、我を守らせ給うという境地」に達すること、「これを自己修養の理想とし」たいものである、と語っている。野間が修養によってめざすべきだと考えていた到達点は、ここで彼が神と呼んでいるものと「渾然一体の境地」に達することであり、「最も完全なる、円満なる、至高至大なる、絶対無限なる神を、その心内に所有する」境地に達することであった。「修養もここまでいたらなければならぬと思う」というのである。(2)野間のいうところの神は、特定の神を指しているわけではない。野間にとってその境地は神道でも仏教でもキリスト教でもかまわないのである。野間のいう神とは、人が理想とし、まためざそうとする究極の状態を示している。修養は、そのような境地に至ることをめざす日々の実践的な行為として捉えられていた。

野間は若い人たちに対してしばしば「偉くなる」ということと修養を結びつけて説いているので、野間の修養論は一見功利主義的に見えるが、実は野間の修養の目的論の深奥は彼が想定した「絶対無限」の境地をめざすところにあった。野間の場合「偉い人」という言葉はいわゆる偉人のことであり、同時に当今われわれが使っているような世俗的な意味あいも併せもっていた。野間においては、人間としての完全性をめざすこと（聖）と世間的な評価（俗）は、予定調和的に連動していたのである。「偉くなる」という言葉のそのような用法は当時においてはけっして特殊なものではなかった。

日本の社会に学校教育が整備されはじめた早い時期から、卒業式で「身を立て名をあげ　やよ励めよ」（文部省唱歌「仰げば尊し」一八八四年）と歌われ続けてきたように、「名をあげる」ことは長い間学校に通う子どもたちの努力目標とされてきた。学歴社会化が進むとともに、上級学校は「偉くなる」ための約束手形の発行所としての役割を強めてきた。そのような時代感覚の中で、進学の夢を果たせず早くから社会に出ていた青少年たちに向けて、学校に行かなくても自分の力で切り開くことができる「偉くなる」別の道筋があると説き続けた野間の修養論は、働く若い人たちの心を強く捉えることになったのである。

野間は日本一の販売部数をもつ大衆雑誌とすることをめざして刊行した『キング』の創刊号（一九二五年一月号）に、「如何にして希望を達すべき乎　道《みち》は邇《ちか》きに在《あ》り」と題する論説を寄せている。「道は近きにあり。徒らに高遠なる学問知識を頼むこと勿れ。道を求むるものにとりて、最も貴むべきは実に体験である。真剣なれ。辛抱強かれ。前途に希望を抱けよ。人生観を確立せよ」と説くところから始まるこの論説は、野間がそれまで温めてきた処世訓、修養論を整理して初めて青年たちに向けて伝えようとしたもので、その後繰り返しさまざまな折に再掲出される記念碑的な論説となった。(3) 彼としては、自分の修養論の基本的な枠組みが最もよく表現できている論説であると考えていたのであろう。

この論説の中で野間は修養を「自主的修養」と「他力的修養」の二つからなるとしている。野間は「人事を尽くして天命を待つ」という格言を挙げ、この人事を尽くす、というのが自主的修養であり、天命を待つというのが他力的修養であると解説する。「両者相俟って、共に貴重な修養を成す」というのである。野間の所論によれば、人は自主的修養にかけるほかはない。他力的修養は自主的修養の結果として獲得されると考えている野間は、若い人たちに向かって自主的修養による「安心立命」を説いた。

さらに野間は、自主的修養について次のように説明している。「自主的修養とは自分を主体として立て貫こうという勇敢なる態度のものである。学校が善いから自分が善くなる。先生が善いから自分も善くなる。それも無いではないが、主体は何としても自分である」。

野間の修養論は、「我を主とする」ところから出発して個人の立身を説く一方、修養論の初期の提唱者たちがめざした近代的な個我の確立に向かう方向とは逆のベクトルを早くから示していた。

野間はいう。「『我を主とする』のは、自我を張通す謂いではない。かえってその反対に、周囲のために我を善くせんとするのであるから、周囲を尊重して我を謙遜することである。むしろ『我を没する』ことである」。またいう。「謙遜でなければならない。素直な、へりくだつた心をもって接するとき、善くすべてを理解し、すべてに同情し、すべてを尊敬することができる」。「尊敬の心はさらに一進して感謝の情に到達する」。野間は、修養の向かう先に、人びとが尊敬しあい、感謝しあう、信仰的で平安な人間社会を構想していたのである。

ここで、野間の修養論の全体的な特徴を概観しておこう。

野間の所論には、儒教や仏教、キリスト教、神道などのさまざまな言説が自在に引用されている。彼は自分自身の体験に基づいて自らの処世論、人生論を立ち上げたが、説明に際してはしばしば歴史上の有名な故事格言を引用し、根拠づけている。野間は、さまざまな思想体系の中にある観念や思想、思惟、言葉を自在に切り取り、自らの修養論の文脈の中に組み込んで持論の裏付けとした(4)。

なかでも、儒教の影響は大きい。野間は少年期にも東京遊学中にも漢学塾に通い、さらに東京帝国大学文科大学臨時教員養成所でも国語漢文を専攻しており、儒学の素養は彼の発想、思考の基盤になっていた。儒学は彼にとって最も身近な古典であった。

野間の修養論は彼の漢学的素養に裏打ちされていると同時に、すでに渡部昇一によっても指摘されているように、心学的要素を強くもっていた(5)。彼の修養論には、心学講話の題材が具体的な教材としてしばしば取り上げられていた。また野間の修養論の特徴として、演説や剣道の中に修養の契機を見出していたこと、日常生活、勤労の中での忍耐や克苦に修養の契機を見出していたことがあげられる。さらに彼は、修養には「尊敬」と「感謝」の念を忘れてはならないと説く。また彼の修養論には、明治中期の教育勅語体制成立期に少年期を過ごした者としての尊皇愛国の念が強くみられる。この観念は後に講談社の出版事業と結びついて「雑誌報国」というスローガンに結晶した。

つぎに、彼の人生の歩みに沿って、前述のような修養論が形作られてくる過程と、そこから立ち上がる修養論の特質を解明しておこう。

(二)　野間清治の出自と修養論の土壌

野間の修養論の性格を理解するには、まず、彼の思考の基本的な土台をつくっている彼の出自と、幼少期から青年期に至る生育史を捉えておく必要がある。というのも、野間は常に自分の経験、体験をもとにして思考、判断し行動しようとするタイプの人物であり、ある意味できわめて自省的、経験主義的な人物だからである。

野間は一八七八（明治一一）年、群馬県山田郡新宿村（現桐生市）の小学校教員住宅で野間好雄・文夫妻の次男として生まれた（長男は三歳で逝去）。父方は、上総飯野藩士の家柄、母方も武家の家系で、両家とも幕府方の一員として官軍と戦い多くの犠牲者を出している。父、好雄は一八七六年に飯野村から上京して母、文と結婚した。母は江戸育ちで、幼いときから和学よりも漢学を仕込まれ、剣道、鎖鎌、薙刀の使い手でもあった。

両親は、維新政府からの奉還金を元手に東京で商売を始めたが、士族の商法の例に漏れず失敗し、武芸を生活の糧にして諸国を巡り歩いた。一八七七年ごろには群馬県桐生の在で村人に剣道を教えるようになり、ついで村の小学校の教員となり学校内の教員用住宅に住み込み、そこで清治と妹の二人の子どもを生み育てた。校舎の改築と学校の整備にともない、父親は清治が小学校に入学する前に住み込み教師としての職を失い、それ以後、一家は生活に窮した。

そのような生活の中でも、清治は母からいつも幕末維新期に官軍と戦い、壮烈な死に方をした祖父や叔父、伯父の話を聞かされ、「お前も負けずに偉くなるように」といわれて育てられたという(6)。貧しくとも教育熱心な両親のもとで、尋常小学校を卒業した清治はまだ進学する者があまりいなかった高等小学校に進んだ。「早く偉くなってもらいたい」と願っていた父母は、高等小学校一年のときから清治を漢学塾に通わせた。この塾で野間は『大学』から始めて四書五経、『十八史略』などの素読を習い、漢学的素養を身につけた。

野間は経済的には貧しいが、武家のエートスを色濃く保存している家族の中で育った。少年期の野間には明治初期の士族層に保持されていた儒学的な倫理が所与の生活環境として用意されていたのであり、同時に彼は上州（群馬県）の農村地帯の民衆的、大衆的な生活文化にも囲まれていた。野間の生育歴にみられるこのような文化的環境の二重構造が、後の彼の修養論の基本的な性格を生み出すことになった。

野間は、高等小学校卒業後、伯父を頼って東京に遊学した。上級学校への進学をめざして予備校や英数漢の塾に通い、とくに漢学の勉強に力を入れたという。伯父の家庭は熱心なキリスト教徒だったので、このときに野間はキリスト教の信仰にふれ、信仰をもつ人たちの落ち着いた生活に大いに感化を受けることになった。野間の宗教的なるもの一般に対する肯定的、受容的な立場には、このときの経験が反映している。陸軍幼年学校の入学試験に失敗した野間は、東京遊学を一年で切り上げて帰郷し、地元の尋常小学校の代用教員になった。ついで、野間は代用教員の境遇から抜け出すために一八九六（明治二九）年群馬県立尋常師範学校に入学し、卒業後には小学校の首席訓導として教職に戻った。一九〇二年には、さらなる立身を図り、募集が始まった東京帝国大学文科大学臨時教員養成所に入学した。

この養成所を卒業するまでが、野間の苦学をともなう自分探しの時期であったといえる。この時期の野間における苦学経験は、成人してからの野間が苦学する者たちに示し続けたシンパシーの感情を育むことになった。儒学的倫理観と、それに接ぎ木された時代に特有の国家主義的な道徳意識、そして日常生活の中にあった芝居や落語、講談、浪花節などの民衆的文化――これらが野間の修養論の土壌であり、後に野間が若い人たちに修養を説くさいの教材の豊かな供給源となった。

野間が少年期を過ごした日本社会では、少年たちは一方で国会の開設に前後して社会的に流行した演説を見聞きしながら育ち、他方で教育勅語のもとで修身科を軸に臣民教育政策が強化されてゆく学校で教育を受けながら育った。この時期の日本社会では西洋列強に追いつき一等国になることをめざす政策が国民的支持を得、対外戦争への高揚を背景として天皇制国家の成立に向け国民意識は急速に収斂しつつあった。そのような時代の日本社会で、野間は士族と民衆の間に保持されていた双方の文化を身につけながら少年期から青年期にかけての時期を過ごしたのである。

日清戦争が始まったのは彼が一五歳のときのことであり、二五歳のときには日露戦争が始まっている。彼の青年期は、誕生間もない明治国家が西洋列強に取り囲まれ存亡をかけて立国しようとしていた時期と重なり、日清戦争の勝利から日露戦争の開戦にかけての戦間期の危機意識の中で民衆の間に大日本帝国の臣民としての国民意識が幅広く形成されてきた時期と重なっていた。それはまた、教育勅語の渙発にともない、とりわけ初等教育において学校教育の重点が修身科を中心とした帝国臣民の教育に移りはじめた時期でもあった。新しい国家が帝国列強に伍して自立できるかどうかの緊迫した状況を時代背景として、少年期から青年期にかけての野間の人生へのまなざしは、没落士族層の両親の子どもに寄せる過大な期待を背負いつつ、どのようにして「ひとかどの人物」になるか、というところに向けられていた。そのような時代と環境の中で、青年期の野間は自らのアイデンティティを形成した。

(三) 野間清治と修養論の出合い

日露戦争が始まった一九〇四(明治三七)年、野間は東京帝国大学文科大学臨時教員養成所を卒業した。卒業後、野間は県立沖縄中学校教諭として沖縄県に赴任し、県視学の職を経て、一九〇七年、東京帝国大学法科大学首席書記として再び上京した。上京を目前にして野間は結婚し、彼の人生は波乱に満ちた青年期から、自らの仕事に取りかかる成人期に移行した。

野間が夫人を伴って東京に戻ってきたのは、日露戦争後、成金をめざし一攫千金を夢見る人びとがつくりだす浮わついた風潮が社会に蔓延していた時期であった。その一方で、未成熟な近代社会と弱体化する前近代の伝統的な郷党社会とのはざまで、多くの青年たちが自己形成上の困難に直面し、若い人たちの間には自分たちは何のために生きるのかという実存的な問いが深刻さを増していた。このような社会状況を背景として、修養論が広く若い人たちに受容されはじめ、修養論の出版ブームが到来していた。野間の再上京は、ちょうどこのような修養論の隆盛期と重なっていたのである。

勤めはじめた東京帝国大学法科大学で、野間は多くの知的リーダーと出会うことになった。野間は、「一個の書記としての私が、こうした学者の人格から受けた教化はきわめて多大であった」と述べている。(7) 野間が列挙している「こうした学者」の名前の中には、当時ベストセラーになった『修養』(一九一一年)の著者、新渡戸稲造の名前も挙げられていた。首席書記としての野間は、新渡戸やその周辺の人たちを通して、修養という時代の思想に出合うことになったのである。

このころの思い出として、野間は次のような修養についてのエピソードを書いている。

名士の中には、自分に関する批評や攻撃を喜んで迎え、それによって自分を反省したり激励したりして、その修養に役立てている人もあるということを聞いた。私もそれにならって、いやなこと困ったこと面倒な問題などが表れてきたとき、泣き顔やため息や愚痴などをいわないで、これはいい問題が表れた、神様が修養の問題を与えてくださったのだと考え、ときどき家の者に、「今日はなにか修養になる材料はなかったか」と聞くのである。「修養になるよい問題はなかったか」などと尋ねるのである。それによって、自分が鍛えられ、磨かれるようなものは、なんでも歓迎しようというつもりである。(8)

こうして名士にあやかり自分を磨くための方法として、野間は当時流行した修養を自らの自己形成の方法論に組み込んでいくことになった。この回想には、その後の野間の修養論にみられる顕著な特徴の一端が早くも表れている。野間は修養の手がかりをまず人びとの生活や社会の中に見出そうとしていたのである。

渡部昇一は、野間が「修養の人となり始める」のは、『講談倶楽部』刊行の失敗による雑誌経営の苦しさの中で、知恵がなければ駄目だ、工夫することが重要なのだということに気がついたあたりからのことだ、としている。(9) 野間が時代の思想としての修養論と出合ったのはもう少し前のことであろうが、野間自身の修養論の成立が出版事業に関与したことと深く関わっていることは間違いない。

ここでは、野間の自叙伝である『私の半生』を手がかりにして、野間の出版事業への進出と修養論との出合い、および修養論の成立過程とその特徴を探ってみよう。同書は野間が五七歳(一九三六年)のときに出版されており、この年、野間は日本雑誌協会会長に就任している。同書は、野間が功成り名を遂げた段階で自らの人生を振り返った記録である。

『私の半生』には、野間が師範学校で学んでいた時期にすでに修養という言葉と出会っていたことを示唆するくだりがある。野間は一七歳（一八九六年）で師範学校を受験し合格したものの、学校の勉強にはあまり身が入らず、その代わりに「徳富蘇峰先生の本はたいがい読んだ。中村敬宇先生の『西国立志編』も愛読した」という(10)。中村正直の『西国立志編』は、修養という言葉が近代的な用法で初めて使われた本であり、また徳富蘇峰も同時代の修養論の代表的な論者だった。野間は師範学校生徒時代から修養という言葉に接していたことになる。しかしながら、この段階では野間が主体的に修養と向き合った形跡はまだ認められない。

師範学校時代に続く小学校教員時代に読んだ哲学、倫理、文学、宗教関係の本の著者として、野間は井上哲次郎、井上円了、中島力造、高山樗牛、坪内逍遙、大西祝、内村鑑三等の名前を挙げている。これらの人びとは、修養論や人格論などに当時直接間接に言及していた人びとである。このときの読書内容は、その後の彼の修養論の形成に大いに役立つことになった。

師範学校に入学したときから数えて八年後、東京帝国大学文科大学臨時教員養成所を経て沖縄に赴いた野間は、再び東京帝国大学法科大学首席書記として東京に戻ってきた。野間の戻ってきた東京では、日露戦争後の高揚した社会的雰囲気の中で学生たちの間に弁論熱が再び高まりをみせ、その熱は都会から全国へと拡がっていた。野間の勤務する東京帝国大学内でも弁論部結成に向けて運動が起きた。野間は「演説の大好きな私は、もちろんこの運動に非常な興味を持って、およぶ限りの尽力をした」と述べている(11)。

一九〇九（明治四二）年一一月、東京帝国大学法科大学に緑会弁論部が発足し、発会演説会が開かれた。首席書記の地位にいた野間は、この発会演説会に注目し、その演説をすべて速記させた。このときの演説をもとに「広く世の学生青年のために、演説の好模範を示す雑誌」を起こそうと目論んだからである。野間は誰にでも手に入れやすい雑誌というメディアを利用して、一般の青年たちも大学内の演説を享受できるようにしたいと考えたのであった。今日でいうところの大学のエクステンション事業である。当時誰も考えつかなかったこのような斬新なアイデアは、苦学経験をもつ野間だからこそ考えつくものであったといえよう。

同年、三〇歳の野間は、演説会をもとに企画した雑誌『雄弁』を出版するために、自宅に大日本雄弁会を設立した。雑誌の刊行に奔走した結果、編集を大日本雄弁会が受け持ち、大日本図書株式会社が出版を引き受けることになった。『雄弁』創刊号は、予想を遥かに上回る売れ行きを示し、発行部数は一万四〇〇〇部に達したという。「すばらしい成功」だったと野間は回想している。創刊号には当時の修養ブームを反映して、当時の代表的な修養書の一つ『修養論』（一九〇九年）の著者加藤咄堂の「青年の修養談」も掲載されていた。

演説を出版事業化した野間は、演説と修養を結びつけて捉えるようになった。演説は人間形成上、重要な役割を果たすものであると考え、演説によって青年は修養することができると考えたのである。

『雄弁』の刊行後まもなく、野間は編集同人、誌友を伴い、早稲田に大隈重信を訪ねている。野間は大隈に「自分は雑誌『雄弁』の主幹であること、そして弁論勃興の気運に乗じ、とくに青年の弁論を養い、その修養を高むる目的の下に、同志とともに、微力ながら大いにつくしてみたいと思っている」と話した。それに対して大隈は、明治維新が青年によって成し遂げられたものであることを指摘した上で、次のように応じたと野間は回想している。「彼ら青年をして、未曾有の大事業を成就せしめたるものは、その熱烈なる忠君愛国の魂と、天下何物をも恐れざる年少気鋭の底力であったのである。野間君、我が輩は、君ら若い人々が、ともに心をあわせ力をあわせて、世の青年の教養に、努力しつつあることを喜ばしく思う(12)」。

ここで大隈は「教養」という言葉を使っているが、この用法は修養に対する対語としての用法であることに留意したい。ここでは教養は教育とほぼ同様の語義をもつ言葉として使われているが、とくに修養する主体に対して外から働きかけるという意味が強い。このような言葉の用法における青年の教養は、この後野間の終生の仕事となり、講談社の出版事業の内容を基本的に方向づけることになった。大正期になると教養という言葉には現在の用法につながる新しい意味が与えられて広まり、旧来の用法はあまり見受けられなくなるのだが、講談社内部ではその後もこのような古い教養の用法が生き続けたのである。

『雄弁』の刊行を機に出版事業に手を染めることになった野間は、臨時教員養成所以来、東京帝国大学の内外に作り上げた人的ネットワークを、事業推進のために最大限活用することになった(13)。その後、このグループの人びとの多くが正統派知的エリートとして教養について語る途を歩むことになったのに対し、野間は大衆文化に自覚的に接近し、修養について語り続ける途を選び、修養論の大衆化に大きな役割を果たすことになる。東京帝国大学の関係者としては異端である野間の軌跡は、後述するように野間の出自および青年期の体験と深い関係があると見てよい。

『雄弁』で成功を収めた野間は、次に文部省が一般大衆の通俗教育（学校外教育、社会教育）に乗り出してきていることに注目した。文教政策の動向を「在来の学校教育とは別に、（中略）一般大衆に対し、いかにして、立憲的、愛国的の教育を促進すべきかが、その中でも重要な問題であったらしい」と見越した野間は、寄席や芝居のもっている人に感銘を与え心を動かす力を出版に利用することを思いついた。野間はいう。

寄席芝居等のほかに、これら重要の役割を持っているものになにがあるか。一般民衆に、忠孝仁義の大道を打ちこみ、理想的日本国民たらしむべき適当な機関としてなにがあるか。見渡すところ、どうもそんなものは一つもないではないか。少なくとも、雑誌出版界には、そうしたものが見当たらない(14)。

さらに次のようにも述べている。

あのたくさんある講談のある種のものを読み物にしたら、民衆教育の絶好の資料となるのではなかろうか。それは、概して、武勇仁義の物語である。（中略）これらの物語が、人々に感銘を与えることと、日本精神を高揚せしむることは、じつに想像以上である。(15)

そこで、これらのものを総まとめにまとめて、雑誌として出版しようと思いついたのであります。文部省がたまたま通俗教育の方面に、だんだん力を伸ばそうとしはじめたこの機運に乗じて、一つ大成功を収めてみたいものだ――これが「講談倶楽部」発刊の趣意でありました。(16)

野間は講談ばかりでなく義太夫、浪花節、落語なども新たに読み物にすれば「義理人情を教える」上で、また「日本精神の涵養」の上でいっそう「民衆教化」に大きな力を発揮することができるだろうと考えた。野間は、民衆的な芸能の中に秘められている人を感動させ教化する力と出版事業を結びつければ、これまでにない新しい出版文化を創り出すことができると考えたのである。出版事業と通俗教育と民衆芸能を結びつけるという斬新な発想は、講談、落語、芝居などの民衆芸能がもっている、人を感動させ感化する力を体験として理解していた野間だからこそもちえたものであった、ということができよう。

大日本図書との『講談倶楽部』の発刊についての話し合いは難航した。大日本図書側はそのような雑誌は成功の見通しが立たないと判断したからである。交渉の結果、大日本図書は『雄弁』を野間に譲り渡すことになり、野間はこの雑誌の売り上げを財政的基盤として、新しい雑誌を刊行することになった。野間は新たに講談社を設立し（一九一一年)、『講談倶楽部』を発刊した。しかしながら予期に反してこの雑誌は売れず、講談社は返品の山を抱えて、たちまち経営難に陥ることになった。

このころの経営難をめぐって、野間は自叙伝に「金をもらうより智慧を」という一文を書き残している。そこには経営難の中で野間の心中に生じた修養に向かう気持ちの揺れが記されている。

私もこの方面(人の信望の集め方―引用者)に心を潜め、だいぶ精神の修養を心がけるようにはなったが、しかし、毎日の金融とか、例の襲いくる赤字の敵軍に対しては、その修養が今すぐ役立つわけのものではなかった。

事実自分が困っているとき、金を貸してくれるのは有り難いが、説教などしてくれるのは、たといそれが精神の修養にはなっても、今の自分にさっそくのききめはない、単なる時間つぶしであるとしか思われなかった。ところが、よく考えてみると、説教も金同様、あるいはそれ以上有り難いもので、それらに耳をふさいでいたのは誤りであった。物心両面の工夫が、どうしても大切だとだんだん分かってきた。(17)

この経営難の中で、一九一三(大正二)年、野間は雑誌事業に専念するために法科大学首席書記の職を辞した。東京帝国大学の事務職に就きながら民衆の文化と出版事業を結びつけた野間は、こうして出版文化のもつ新しい可能性に自分の人生をかけることになったのである。野間の大衆向け出版文化活動の旗手としての歩みが、このときから本格的に始まった。学校教育の周縁で学ぶことを渇望している若い人たちに向けて「面白くてためになる」雑誌を提供しようとした野間のその後の軌跡は、修養派の出版文化を創出するための努力と試行錯誤の連続となった。

野間が東京帝国大学の公職を辞して講談社の事業に専心することにした同じ年に、夏目漱石の門下生の一人である岩波茂雄が神田神保町に岩波書店を開設している。岩波書店は翌一九一四年には漱石の『こゝろ』を出版して出版事業に進出した。講談社が在野の青少年を対象に雑誌中心の出版事業を展開することになったのに対し、岩波書店は学生や知識人層を主たる対象として教養書、学術書を刊行する出版事業を展開した。両者は、それぞれ修養と教養をキーワードとして、大正期から昭和期にかけて、世に講談社文化、岩波文化ともいわれるような二つの文化潮流を担う出版社として成長することになった。二つの出版社の性格の違いは、創設者の経歴の違いと符合している。岩波書店の創立者、岩波茂雄は第一高等学校で学び、次いで東京帝国大学哲学科専科で学んだ人物である。岩波書店の出版事業は創業者の履歴と交友関係を反映して、知識人層や学生層と強くつながって展開することになった。

一方、小学校の代用教員から出発し、中学校教員、県視学、帝国大学首席書記へと上昇階段を上り、ひとまず大きな社会的成功を手に入れた野間は、かつての自分と同じ境遇にいる青年たちにまなざしを向けはじめた。野間は自分自身の体験をふまえつつ、青年の生き方や修養について彼らに語りかけはじめることになったのである。野間が働きかけようとした対象は、正系の学校体系の階段を上り立身出世が約束されているエリート青年たちではなく、もっぱら学歴社会における傍系の青年層、働きつつ学ぶ青年たちであった。自分の力で自分自身の青年期と将来の成功をつかみ取らなくてはならない青年たちであった。野間はそのような青年たちの姿を若いころの自分に重ねて見ていた。志があっても恵まれない環境の中にいる青年たちを助成したい、彼らの夢や希望を実現しようとする懸命な努力に手をかしたい、そして同時に、彼らの中に「健全な」日本人としての尊皇愛国の精神を醸成したいという願いが、修養論を説き続ける野間の絶えざるエネルギー源となっていた。野間の修養論は、一等国をめざし日本国民の早急な育成を図ろうとしていた大日本帝国の臣民教育論とも結びつくことになった。

㈣　野間清治の修養論の構成要素と特徴

野間清治の修養論はさまざまな要素の複合体である。ここでは彼の修養論を構成している要素とその修養論の特徴を整理しておきたい。

(1)　野間の思想における儒学的・漢学的伝統

幕末維新期に佐幕の立場をとり時代の激動の中で翻弄された武家の後継者として育てられ、自らも少年期・青年期に好んで漢学を学んだ野間の学問論、実践論の発想には、当然のことながら儒学、漢学の影響が強く認められる。儒学、漢学の素養は彼の学問論、実践論、修養論の中核を形成した。儒学の教えを自らの生活上の指針としようとしていたことについて、成人してからも「私は、『論語』『孟子』を机の上に置いてちょいちょい見るほかに、偉人の伝記なども読んだりして、大いに精神修養に心がけ」たと述べている(18)。

野間は「道は邇《ちか》きに在り」という言葉を好んで用いた。この言葉は『孟子』離婁上篇にある「道は爾《ちか》（邇）きに在り。而して諸《これ》を遠きに求む。事は易きに在り。而して諸を難きに求む」に由来する。また野間は「学ぶ」ことと「思う」ことを対比しつつ、「思う」ことの大切さを若い人たちに向けて繰り返し説いた。この対比は『論語』為政第二の「学んで思はざれば則ち罔《くら》し。思うて学ばざれば則ち殆《あやう》し」に由来している(19)。

また、野間は王陽明の知行合一論に傾倒し、知行合一をめざす学問のありようを「真の学問」と呼び「実学」と呼んでいた。そのために彼の修養論は学んだことを実際に行うことを強調するものとなり、修養論はきわめて実践的な性格のものとなった。野間が講談社の少年社員を組織した少年部の生活では、「実学」と修養を結びつけて「実学修養」という言葉がよく使われた。

野間は青少年に向かって真の学問としての実学論を説いたが、彼の実学論は明治啓蒙期の思想家たちの実学論とは大きく異なっている。幕末期に洋学を学んだ福沢諭吉を始めとする啓蒙派知識人たちは、漢学・儒学を空理虚談をもてあそぶ虚学として排斥した。彼らにとって実学とは洋学にほかならない。しかしながら、少年期から漢学を学んだ野間にとっては、実学は「事上磨錬」「知行合一」の体験の中から生まれる学であり、実践の学である。野間においては真の学問（実学）＝実践の学であり、人は机に向かって学んでいればそれでよいというものではない。野間による実学の強調は当時の学校教育のあり方に対する強い批判意識を背景としていた。野間が指導に当たった講談社少年部の生活では、実学とは『小学』の書を読んでこれを実地に行うことであった。

野間は横井小楠の、学問とは心の修行であり、忍苦の修行によって心神を霊活ならしめることが真の学問であるとする学問論＝実学論の立場を、自覚的に継承しようとしていたのである。[20] 野間は、明治の開明派知識人たちが虚学として退けた学問伝統を、実学として改めて近代に移行しつつある日本社会に再生させたのであり、彼の修養論は近世儒学の学問系譜の中にあった実学論と重なっていた。野間と少年部員の間では、「少年部を大正の松下村塾に」が合い言葉となっていた。

(2)　少年時代の読書経験と、講談・落語等の民衆文化への関心の成立

野間は高等小学校のときに講談本『八犬伝』に出会い、この物語を繰り返して読んだという。この講談本の読書経験は野間の生育史の上で大きな意味をもつことになった。ここから語りの文化への強い関心が生まれ、また本人の語る能力も引き出されることになった。この時代の思い出を、野間は自叙伝の中で次のように述べている。

> 高等四年の頃から、そろそろ演説の真似事を始めた。学校では「日本外史」を教わり、山下先生のところ（漢学塾―引用者）では「五経」の素読についで「十八史略」を習い始めたが、高等卒業までにその一と二と二冊だけ終わった。また、学校で森九郎先生から「八犬伝」の話を聞いたのがもとで、高等三年四年と「八犬伝」を幾度も幾度もはじめから読みかえした。「十八史略」の名文句、とくに「八犬伝」の名文句は、いちいち帳面に書き抜いて、暇さえあればそれを諳んずることにしました。

それに「八犬伝」を読むと、すぐ妹にせがまれてそこの話をする。妹の友達も四、五人一緒になって聞きたいというので、十三歳のいつ頃からか、遊びに行きたいのを引き止められては、毎日の如く読んでは話し、読んでは話して聞かせた。時折は近所の少年を集めて、「八犬伝」の話をする。そんなことで、毎日が演説の練習といっていいか、講談の稽古といっていいか、こうしたことが私の精神修養の上にも、文章演説等の上にも、どんなに為になったか分からない。先生のちょっとしたことでも、それが、生徒の一生を支配する驚くべき偉大な力を持つものであります。(21)

高等小学校の担任教師が『八犬伝』の物語を教えてくれたことをきっかけとして、『八犬伝』に夢中になった野間は、周りの子どもたちにも進んで物語を語り聞かせ、彼らを喜ばせた。野間は語り手としての資質に十分に恵まれていた。

代用教員の時代にも生徒に『八犬伝』を「分かりやすくおもしろく」語り聞かせて生徒を喜ばせ、また師範学校を卒業後赴任した小学校でも「得意の『八犬伝』」を披露し、「これでもう生徒の人望は非常なものになった」と述べている。あるときは、湯治場で講談師に代わって講談を語り、好評だったので湯治客の求めに応じて幾晩も続けてやり、「これは私にも愉快であり、また為にもなった」と回想している。東京帝国大学文科大学臨時教員養成所時代には演説会と寄席に通いつめ、卒業後沖縄中学校に国漢の教師として赴任したさいには、剣道の指南とともに「八犬伝式の物語」で生徒の人気者になったという(22)。野間は優れた語り手としての才能を早くから発揮し、そのような経験を通して講談を始めとする民衆芸能のもつ、人を感動させ教化する力の大きさをよく理解していた。後に、野間が出版事業に着手したとき、講談や落語など民衆の間に語り継がれてきた芸能文化に着目し、通俗教育（社会教育）の教材として活用しようとした発想の原点は、少年時代の『八犬伝』との出会いにあるということができよう。

野間の最初の出版企画は、帝国大学書記時代に大学内で行われた演説を活字にした雑誌『雄弁』の刊行であった。

この企画に成功した野間は、ついで文部省が一般大衆の通俗教育（社会教育）に乗り出してきていることに注目して、『講談倶楽部』を発刊した。野間は人びとに感銘を与え「義理人情を教える」講談を読み物として提供すれば、民衆教化にさらに大きな力を発揮することができるだろうと考えたのである。さらに彼は民衆生活の中に保持されていた講談、落語を始めとする語りの芸能文化を、自己教育＝修養の教材として利用することも思いついた。野間はいう。

これらの材料は、ことごとくみなおもしろく分かりやすく、感激的なものばかりである。これを読むことによって、一般大衆は、精神的の慰安を得、修養もでき、読書力も文章力も常識も、その他いろいろのものを養うことができる。これこそ、民衆教育の立場から、立派な価値を持った最善の読み物ではないか。すなわち、日本人を作る手近な教育ではないか。(23)

野間は、自分自身を振り返って『八犬伝』によって教え込まれた仁、義、礼、智、忠、信、孝、悌が「自分の血の中にとけこんで」自分の「云為行動（言うことと行うこと）」を律しているのであり、その効果は思いの外大きく強いものがある、と述べている。落語や講談などの大衆芸能に囲まれ、それらに大きな関心を示しながら少年期、青年期を過ごした野間は、活字化することによってそれらが新たにもちうる教材としての価値にいち早く気づいたのである。

(3)　演説と修養

語りのパフォーマーとしての資質に恵まれていた野間は、演説にもたぐいまれな才能を発揮した。何よりも彼は演説が好きであった。演説は野間にとっては与えられたテーマのもとでの様式化した語りである。野間は語りの教化力に注目したのと同様に、演説の人間形成力にも注目し、これを教育的に再編しようとした。

少年時代から演説は野間の身近にあった。野間の少年期は、国会の開設に前後して、地域社会にまで演説熱が拡がっていた時代でもあった。そのような時代の熱気の中で少年期を送った野間は「高等四年の頃から、そろそろ演説の真似事を始め」、先生に頼んで討論会を時々開いてもらったと回想している。

日本の社会では演説や討論は、明治一〇年代に各地に拡がった自由民権運動の演説会やその影響を受けた初期師範学校内の演説討論活動によって社会に拡がり、また教育の方法としても拡がった。政府の取り締まりと弾圧による自由民権運動の衰退によって演説活動はいったん下火になったが、やがて国会の開設に前後して再び全国的に演説熱が高まった。野間の少年期は日本の社会に第二次演説ブームが到来したこの時期と重なっていた。この時期に少年野間は演説活動に関心を深め、後に大日本雄弁会を設立する素地がつくられることになったのである。

青年期を通して野間は演説に傾倒した。何よりも野間は自分の言葉で聴衆の心を動かし、聴衆を唸らせるのが好きであった。拍手喝采の中心に自分をおくことを快とした。自叙伝によれば、東京遊学から帰省した一六歳のとき、入営する村の青年たちの送別会で自ら望んで多くの村人を前に初めての演説を行っている。それ以来、演説は彼の自己表現の重要な手段となり、自分の「癖」とまでいうほど演説に打ち込むことになった。

師範学校に在学中、野間は「小学校教師の宗教を信奉するの可否」をテーマとする全校討論会で「小学校教師は宗教を信奉すべし」という立場をとって弁じた。今日でいうところのディベートである。この討論会の背景には当時社会問題化していた「教育と宗教の衝突」論争がある。師範学校時代には前橋中学校、師範学校の生徒たちで前橋青年倶楽部を結成した。「弁舌を練り、識見を高め、以って人格の向上をはかり云々」というのがその趣旨だったと記している(24)。この点についての彼の回想の中で興味深いのは、すでに地方の中学生や師範学校の生徒たちの間に人格という用語が知られ、演説と「人格の向上」が結びつけられていたということである。人格という言葉はパーソナリティの訳語として明治二〇年代の後半に登場したばかりの言葉であった。地方都市の青年たちは東京の新しい知の状況にきわめて鋭敏なアンテナを張っていたのである。

野間の自伝には、東京帝国大学文科大学臨時教員養成所の入学試験に際して、試験の開始を待つ受験生を前に「つい例の癖で、演説してみたいような気持ちに誘われ」、「結果は不明だが、あまり期待をかけずにとにかく最善をつくしたまえ」という趣旨の演説を突然行って周囲の人びとをびっくりさせたというエピソードも記されている。(25) このようなエピソードもまた彼の演説好きの性向を物語るものである。

野間が教員養成所に在学中、哲学館事件（一九〇二年）が起きている。この事件は、私立専門学校哲学館（現東洋大学）が文部省から卒業生への中等教育の教員免許無試験認可の取り消し処分を受けたことによって発生した。その理由が卒業試験の問題と答案に対する当局の一方的な判断に基づくものであったために、この事件は学問、教育の自由をめぐる大きな論争を引き起こした。野間はこの事件に強い関心を示し、関連する演説は聞き逃さないように心がけたと述べている。また寄席にも頻繁に通い、円遊や円喬を好んで聴いた。野間は次のように回想している。

同級の親友古川美代治君と夜店を素見《ひやか》しては、ときどき寄席などへも寄ったものである。根津の寄席には、おもに浪花節がかかって、虎丸とか峰吉とか辰雄とかが人気を呼んでいた。本郷の若竹へも行って、円遊も聞き円喬も聞いた。演説会にはあちこちへ傍聴に出かけて、なるべくよい演説は逃がすまいと心がけた（中島徳蔵、木下尚江、鳩山和夫、安部磯雄、黒岩涙香等の名前が挙げられている—引用者）。（中略）ときどきは本郷の中央会堂にも、壱岐坂の海老名弾正先生の教会にも行って説教を聞いた。村上専精先生その他の仏教家の講演も、大町桂月さんその他の文芸家の講演も聞いた。(26)

一方授業については「不勉強の私には、ただもうたくさんの学科であったと記憶しているだけ」と述べている。野間はやがて「演説は人格である」という確信を強くもつようになり、「演説による修養」を持論とするようになった。「演説練習も人格陶冶のため」に行うべきであり、「『大雄弁家は大人格者でなければならぬ』この考えで演説に心がければ、それによって大いに修養ができることになる。修養ができれば、演説も進むことになる。相互相助けて、いよいよその人は向上すべきはずだ」と人にも説くようになった。(27)

前述したように、野間の出版事業は、演説のもつ人間形成力に注目するところから始まった。雑誌の販売が上向きになり、社員が増えると、演説が修養的な役割を果たすと考えていた野間は、早速社内で演説会を開催した。

一週間に一度は、社内全部集まって演説会を催し、だれでも指名されたら、必ず立って演説しなければならぬことに決めていた。（中略）私は今もなお深く感じているのでありますが、すべての家、すべての店、すべての社の重要な仕事の一つとして、その修養的方面に、あるいは社風店風の建設に、社員店員の進歩向上の方面に、または、一店一社の繁栄発展を図る方面に、三十分でも一時間でも、かくの如き方法が用いられてしかるべきものではないか、いついかなるところにおいても、修養感化の力は、第一必要条件と認むべきものではあるまいかと思っているのであります。(28)

演説と修養を結びつけた野間の着想は、後年講談社少年部の集団生活の中に持ち込まれ、本格的な実験的実践に移されることになった。

(4)　野間の修養論における心学的要素

野間清治の修養論には、渡部昇一がすでに指摘しているように、心学的な要素が強く見られる。『私の半生』には、野間が人間形成における心学的伝統に着目し、これを出版事業として取り上げるきっかけとなった次のようなエピソードが、「仕事に対する母の心遣い」と題して紹介されている。

あるとき、母は新聞片手に、私の部屋に来て、
「清治、これを御覧、お母さんはもうほんとうに感心してしまいましたよ」
見ると、それは「高知新聞」である。それに安芸愛山という名をもって、「親の売り物」というのが書いてある。私もそれを読んで感心した。じつにおもしろくて為になる話である。そこで、その日すぐ安芸愛山氏に書面を出し、その後相談の結果、同氏の著「通俗教育道話」という本を、私どもの社から発行した。それを、「第一」「第二」「第三」ついに「第七」まで、続けて出したのであります。(29)

安芸愛山は高知県の教育会長として県内の通俗教育（社会教育）の場面で活躍していた人物であった。彼は県内各地で心学道話を内容とする通俗教育講演会を開き、心学道話の講釈を通して人の人たる道、実践倫理を説いていた。『高知新聞』に載った彼の心学道話の一つがたまたま野間の母の目にとまったことを契機として、この民間の人づくり文化は講談社の事業内容の中に深く組み込まれることになった。

江戸中期に大坂の町人の学問として始まった心学は、道話の講釈を通して庶民に処世訓や人としての徳を説くものであった。心学者たちの会輔（学びあい）は「修業」と呼ばれた。心学における修業は、道話の教材を深く考究し、心を養生し、一人ひとりが自発的に自らの心を磨く行為として認識されていた。このような修業の思想は、野間の修養論と重なる部分を大きくもっていたのである。講談社は、近世の後半から民衆社会に受容され通俗道徳化しはじめていた心学的教訓を出版文化の中に積極的に取り込もうとした。この面での講談社の事業は、幕藩体制下の倫理学としての性格をもっていた口承の心学道話を、読み物として新たに近代国家成立後の社会に移植しようとしたものであった。

講談社の修養と心学のつながりは、先の『通俗教育道話』（一九一四―一九年）の出版に始まり、やがて講談社が昭和初期の全集ブームの時代に社の総力を挙げて取り組んだ『修養全集』（全一二巻、一九二八―二九年）の編集方針・内容に引き継がれてゆく。野間は、読者に対しても少年部員に対しても心学的な内容と方法に基づく修養を強く勧めることになるが、野間のそのような動向は学校教育を中心に進んでいた教育勅語の内面化、儒教主義的な倫理の通俗的道徳化と重なって、時代の修養論を牽引するものとなった。

心学的な教訓は野間によって勤労青年向け訓話としてしばしば取り上げられることになる一方、学校教育の場面においても修身教科書の教材として数多く取り上げられることになった。

(5)　剣道と修養

野間の先祖は、父方も母方も武に優れた家系であった。父親は高等小学校のころから野間に剣道を教えた。師範学校でも野間は剣道に打ち込み、沖縄中学校に赴任したさいには剣道と講談で生徒の心をつかんだと自負している。

帝国大学書記時代に試合中にアキレス腱を切った野間は、いったんは竹刀を持つのをやめていたが、一人息子の野間恒が小学校に入学したころから恒に剣道の手ほどきを始めた。彼はこの後、少年部の少年たちにも剣道を教えはじめ、剣道の練習は少年部の修養における実践上の方法論の一つとして重視されることになった。剣道では「実学修養」に対して「精神修養」という言葉がしばしば使われている。野間は剣道の練習がもたらす人格形成上、修養上の効果を高く評価したのであった。

一九二三（大正一二）年秋には、小石川区音羽町の自邸内に大規模な剣道場を建設し、剣道の師範を二人おいて指導体制が整えられた。野間道場と世間から称された剣道場の道場訓は次のようなものであった。

剣道は武士道の神髄にして武士道は我国の精華なり。それ剣道は吾人の心身を錬磨して頑健なる体軀と、質実剛健の気風不撓不屈の精神を養ふ。武士道これに依つて生じ、国運これに依つて伸張す。真に武士道の消長は以て我帝国の栄枯盛衰を卜するに足るべし。[30]

道場訓にみられるように、心身の錬磨、質実剛健の気風、不撓不屈の精神の養成が剣道による修養の内容である。野間道場からは優れた剣士が輩出した。一九三四（昭和九）年に開催された皇太子殿下御誕生奉祝天覧試合では野間恒が優勝し、野間道場の名声を世間に高めた。その四年後に恒は病没しているが、彼の遺作となった『剣道読本』（講談社、一九三九年）は文部省の良書推薦図書になり、推薦の辞には「（剣道は）永い歴史的発達の結果武士道的人格修養の場として発展して来たと、剣道と修養との関係につき遺憾なく説き、（中略）剣道の極意奥義を解りやすく述べてゐる」とある。[31]

恒の著作が文部省の良書推薦図書となったという事実は、野間道場において取り組まれてきた剣道と修養のテーマが広く世間に知られ、評価されたことを示している。

(6) 信仰心への畏敬と「感応道交」の教育論

野間には宗教的な経験、宗教的な生き方それ自体を尊重しようとする態度が強く見られる。超越的なもの、大いなるものに向かう宗教的な心性そのものを、人間が絶えず向上しようとする姿勢の表れとして重視したのである。そのような野間の感性をつくった一つのエピソードが『私の半生』には記録されている。高等小学校卒業後一四歳になった野間は、一年間東京の伯父を頼って遊学し、英数漢の私塾や予備校で学んだ。伯父の家庭が熱心なクリスチャンであったので、このときに野間はキリスト教への親近感、好意的な感情を育てることになった。野間はこの点について次のように回想している。

私は今日まで東京の伯父の感化にも感謝しております。クリスチャンの家庭は、私の今まで味わったことのない心持ちよい雰囲気を持っていて、上品であり、深切である。

それまでは、キリスト教といえば、なんとなく毛嫌いしておったのであるが、このときから、キリスト教はいい宗教だということを知った。それは教義の上からでもなく、別段多くを理解したわけでもないが、信者の心持ちや風儀から、そう推測したのであった(32)。

野間の修養論の中に見られる宗教的な敬虔さに対する畏敬の念には、このときの経験が色濃く反映している。このような畏敬の念は、国体や天皇制への野間の立場とも重なっていた。野間のさまざまな宗教や超越的存在を分け隔てなく受け入れようとする心性は、民衆社会に保持されてきた土着的な多神論的アニミズムを土台としているのであり、日本文化の「雑種文化」（加藤周一）的特性をよく示している。

「心持ちや風儀」に人間的な価値を認めようとする野間は、人間の心を育むものとして、制度にとらわれない人間同士の直接的な心の交流を重くみることになった。東京帝国大学文科大学臨時教員養成所の生徒だったときに、野間は教授と生徒の親睦会、泮水会をつくった。泮水会の発会式には、文科大学長井上哲次郎、所長上田万年、ほかに三上参次、芳賀矢一等が出席した。彼らはいずれも後に野間に直接間接に影響を与えることになる人たちである。泮水会の例会には何をおいても出席したという野間は、このときの経験から教育について次のように考えることになった。

一体、教育というものは、むしろ教室以外において、その価値を高め、その効果をあげる多くのものがあるのではなかろうか。

（中略）孔子の門にも教室なく、キリストの門にもまた教室なし、日常坐臥の間における接触は、千言万語に優るものがある。(33)

野間は、この時期に手に余る一人の少年を説諭して立ち直らせることができた経験が「日常坐臥の間における接触」の大切さについて自分に考えさせることになったという。「私は、この一事から、真の教育は形式にあるのではない、形式を超越した霊の交感、禅家のいわゆる感応道交にあることを知った」と述べている。(34)「日常坐臥の間における接触」を至上の教育的関係とし、また真の教育は「形式を超越した霊の交感、禅家のいわゆる感応道交」にありとする、制度や既成の秩序にとらわれない野間の発想は、彼の教育論・修養論の中核に据え置かれることになった。野間は「感応道交」を実践するために、少年部員たちを自宅内に寝起きさせて、可能な限り直接指導することになったのである。

野間の修養論は、儒学的な価値論を軸に、心学、民衆的文化、禅の思想などさまざまな概念体系が保持してきた人間形成論の諸要素を、自在に自らの教育（教養）論、修養論の中に取り込み融合させて成立していた。知行合一、実学修養を説き、たとえ上級の学校に行けなくても本人の心持ちと修養次第で立派な人、偉い人になれると説く野間の言葉は、働く若い人たちの心を大きく揺り動かしたのであった。

2　講談社の出版事業における修養論の展開

(一)　初期刊行物における修養

講談社で刊行した出版物のうち修養に直接結びつく初期刊行物は、一九一四（大正三）年に刊行が始まり、シリーズものとなった安芸愛山著『通俗教育道話』（第一巻―第七巻、大日本雄弁会、一九一四―一九年）、同『通俗常識訓話』（大日本雄弁会、一九一六年）、および一九一五年に刊行された友田宜剛著『修養実訓』（大日本雄弁会）の三書である。

安芸愛山著『通俗教育道話』は、野間清治が心学道話のもつ感化力、教育的効果に着目して、これを読み物として出版した最初のものであった。心学道話の伝統を継承し人倫の道を説く短いエピソードを寄せ集めたリーフレット仕様の同書は、読者に好評だったことと、野間が出版に力を入れたことによって、一九一四年から一九年にかけてほぼ毎年一冊のペースで七巻まで刊行された。

著者の安芸愛山は高知県の教育会長をつとめ、県内の通俗教育（社会教育）の担い手として心学道話を内容とする通俗講演を県内各地で開き、心学道話の講釈を通して人の人たる道、実践倫理を説いていた人物である。安芸は、心学道話の伝統を通俗教育（社会教育）の場面に持ち込み、これを社会改良講話と呼んだ。安芸と野間の結びつきは、『高知新聞』に掲載された彼の社会改良講話の一つがたまたま野間の母親の目にとまったことから始まった。母親から話を聞いた野間は安芸の活動に着目し、心学道話系社会改良講話のもつ教化力、感化力を高く評価することになり、彼の講話を読み物として刊行することにしたのである。従来主として講話、講釈という口承文芸の形態をとっていた近世の心学道話は、こうして野間によって、紙を媒体とする活字出版文化に移し替えられることになった。

『通俗教育道話』の広告は『少年倶楽部』第一巻第二号（一九一四年一二月号）の裏表紙全面に大きく掲載され、それ以降長期にわたって同誌上に広告が掲載されることになった。広告では「大好評第三版出来」となっており、同書が世間に迎えられていたことが窺える。広告文には「蓋し青年男女の好読物なると同時に教育家が唯一の参考書たり」と記されており、同書が青年を対象とすると同時に、通俗教育の担い手たちの講話教材としてもつくられていたことがわかる。好評を博した同書のシリーズは一九二三（大正一二）年には第一巻から第七巻まで合冊され、新たに単行本として刊行された。

本シリーズの好評を背景に、社は『通俗教育道話』の姉妹編ともいうべき安芸愛山『通俗常識訓話』を出版した。同書は冒頭の第一話で「養生の法に三つあり」と述べて、「体の養生」「心の養生」「家庭の養生」について説明し、貝原益軒の養生論を紹介することから始まっていた。安芸の著作の巻頭に益軒の『養生訓』（一七一三年）が取り上げられていた事実は、益軒の養生論が近世から近代へと受け継がれ、この時期の人間形成論の内部に重要な要素として組み込まれていたことを示している。

こうして、近世中期から後期にかけて、人倫の学として民衆の間に広く行き渡っていた心学道話の系譜は、野間および講談社の雑誌における修養論の教材の豊かな供給源となった。安芸の著作にみられるような心学的発想と「心の養生」論は、その後の『少年倶楽部』や『キング』の編集内容に大きな影響を与えることになり、また後に講談社が総力を挙げて刊行した『修養全集』にも引き継がれることになった。

安芸愛山の『通俗教育道話』『通俗常識訓話』は、この後長期にわたり修養の推薦書物として『少年倶楽部』『キング』誌上に毎号宣伝が掲出されることになる。旧来の心学道話と「教育道話」を比べてみると、人の道を説き、徳性を涵養することの大切さを説くことにおいては両者は共通している。旧来の心学道話は幕藩体制下の共同体社会における生活者としての生き方を説くものであった。それに対して、ネーション（国家・国民）とナショナリズムの成立を背景とする新心学道話＝通俗教育道話は、明治維新以降、若い人びとの地域移動、階層移動への希求（立身出世願望）が強まる中で、若い人たちに国民、帝国臣民としての自覚を強く促すようになっている点が新しい。市場社会化、学歴社会化の進行とともに排他的な自由競争が激しさを増す中で、国家、地域社会、家族、および個人のアイデンティティを下支えできる心性、徳性の涵養を図ることが、日本社会の大きな政治的・教育的課題となってきていたのである。

大日本雄弁会は一九一五（大正四）年には友田宜剛の『修養実訓』を刊行した。同書は安芸愛山の『通俗教育道話』

の広告と並んで、『少年倶楽部』誌上で大きく宣伝されることになった。前年すでに『青年の修養』（至誠堂書店）を出版していた友田は、当時陸軍中央幼年学校教官（後陸軍士官学校教授）であり、修辞法、作文教育についての専門家であった。彼はかつて野間が東京帝国大学臨時教員養成所で学んだときの作文の授業の担当教官でもあり、両者のつながりはこのときに生じたものと思われる。

同書の新刊広告によって、『少年倶楽部』の誌上には初めて修養という用語が登場することになった。同誌に掲載された広告には次のような文章が添えられている。

> 心に進修の気概なきものは、此書を読む可からず。心に君国を思ふ念なき者は此書を読む可からず。心に高遠な理想を懐かざる者は此書を読む可からず。心に大に為すことあらんと志ざさざる者は此書を読む可からず。心に煩悶苦悩ありても、それを解決せんと願はざる者は此書を読む可からず。心に堅忍不抜の力を備へんと願はざる者は此書を読む可からず、と著者自ら云ふ。以て本書の真価を知れ[35]！

こうして修養は「進修の気概」、「君国を思ふ念」、「高遠な理想」、「大に為すことあらん」とする志、「煩悶苦悩」の解決、「堅忍不抜の力」など、よりよい自分をつくろうとする心の持ち方と関わっていることが、同書の広告文中で示されたのであった。

広告にはさらに、大文字で「賜天覧台覧」の文字が印刷され、後には「新時代青年の修養は新しき修養書に依らざる可からずや」という一文も付け加えられた[36]。同書は新時代の青年のために書かれた新しい修養書というふれこみで宣伝されていたのであり、このことからもわかるように修養という用語はこの段階ではもっぱら青年のために使われた言葉であった。

修養という用語が『少年倶楽部』誌上にこのような登場の仕方をしたことについては、その背景を理解しておく必要がある。初期においては、修養という言葉も修養の必要性も直接少年たちに向けて発信されることはなかった。『少年倶楽部』の誌上に修養という言葉が現れてくる際には、もっぱら青年に向けて発信された情報が将来の青年たる少年たちに向けて紹介（宣伝）されるというかたちをとっていた。この段階では修養は少年に向けて語られる言葉ではなかったのである。

この本の著者である友田は後に作文教育の指導者として頭角を現し、作文教育関連の著作を多く世に残すことになる。『修養実訓』の宣伝は、やがて同人の『官立学校入学準備作文速成』（大日本雄弁会、一九一五年）と並記されるようになり、ほどなくこれに取って代わられ姿を消すことになった。陸軍中央幼年学校教官の著した修養論を『少年倶楽部』の読者に広告宣伝することの有効性について、編集部の一定の判断があったものと思われる。

(二)　初期『少年倶楽部』と修養──「面白くて利益《ため》になる雑誌」の刊行をめざして

『少年倶楽部』の刊行が始まって二年めの四月号には「本誌の編集方針」という表題の文章が同誌上に掲載された(37)。この文章は『少年倶楽部』の編集方針の変更について野間自身が世間に発表し、競合する他社の少年向け雑誌との差別化を図ろうとしたものであった。

野間はこの中で、刊行当初の『少年倶楽部』の性格について、他の少年雑誌と同様に「児童の能力の斉等的発達といふことを一番重んじなければなるまい」という立場から編集にあたった、と述べている。これまでは他の雑誌と同様に「学校教育と同じ考へを以て」、すなわち学校教育と重複し補完するような内容で雑誌の編集にあたってきたのだが、しかるに「近頃に至つてその考へは少しく変更」することになった、と野間はいう。野間と編集部は、『少年倶楽部』を「今の学校教育においてなさうと欲してなほ十分になす事の出来ない」分野において「学校教育を補助する」雑誌にする必要がある、と考えることになったというのである。続けて、徳育、精神教育の分野が学校教育において成果の上がっていない分野であるとして、新しい編集方針のもとでは今後『少年倶楽部』を徳育、精神教育に力点をおく雑誌にしてゆくこととする、と述べている。この点について野間は次のように説明している。

今の学校教育に於いてなそうと欲してなお十分になす事の出来ないのは、多くの実際教育家の説によれば精神教育であります。故に出来ることならば雑誌を以て、この精神教育を助けてみたい。或いは忍耐力とか、或いは勇気とか、或いは恭謙とか、或いは感恩とか、種々なる徳性を養うことに力を尽くしてみたい。（中略）徳育に力を尽くしてみたいと思ふのであります。

これに続けて野間は、「而して我らは、徳育の中心信条として『偉大なる人』にならねばならぬということを標榜して、少年に対しやうと思ふ」と述べて、同誌を少年たちに「偉大なる人」にならねばならぬという気持ちを培うための雑誌にすることを表明し、さらに少年たちに付与すべき徳の内容について次のように説明した。

少年に対して、皇国の大精神、我が国教育の主眼たるところの忠君愛国の思想、ひいては我が国民の特徴たる大和魂。而して前にも申述べた如く是非己は「偉大なる人」とならねばどうしても死ぬことが出来ない、草木と共に朽ち果てることは出来ないといふ一生を通じてその児童を鞭撻するところの心棒を形造るために最も大きな力を注ぎたいと思ふのであります。

さらに野間は、雑誌は「児童自らが進んで愉快に読む」、「面白く読む中に知らず知らずにある種類の教育を受くるといふことでなければならぬ」という。そのためには「面白いといふ顔つきで利益《ため》になるといふ荷を背負っているやうな材料を収集」する必要があるのであり、雑誌は「歴史的の面白き優れたる話を以て、大部分を満たす」ということが適当であろうと思う、と述べている。

野間の心中においては、「偉大なる人」になるという人生の目的意識と個人の徳性の涵養は、予定調和的に結びついていた。そして「偉大なる人」になるためには歴史上の人物から学ぶのが適当である、と考えていた。その上で、野間は自分たちの作る雑誌を「面白く読む中に知らず知らずにある種類の教育を受くる」というものにしたいと考えた。野間はそのようなかたちで自分たちの雑誌と他の少年雑誌との違いを際立たせようとしたのである。この段階で、その後の『少年倶楽部』の編集方針の大本が定まったといってよい。

留意しておかなければならないのは、この段階ではまだ修養という言葉は使われていないことである。ここではそれに近い用語として「精神教育」という言葉が使われている。「精神教育」は教育する側からの用語であり、これを被教育者を主体に捉え直したときに修養という言葉が浮上してくることになるはずである。「偉い人」になるためには修養が必要であり、『少年倶楽部』はそのために大いに役立つ雑誌である、と後に喧伝されることになる本誌の基本的な性格は、すでにこの「編集方針」の中に姿を現していたと見ることができる。しかしながらこの時期にはまだ少年に向けて直接的に修養という言葉が使われることはなかった。後に青年向け大衆雑誌『キング』の刊行趣旨を説明するさいの重要なキーワードとなる修養という用語は、この段階では個我の確立を課題とする青年たちにとってこそ意味がある言葉だとされていたからである。

このような事情のもとに、一九一四（大正三）年から一八年ごろまでの初期『少年倶楽部』誌上には、読者である少年に向けて直接に修養を説く記事は見受けられない。この言葉は青年向けの刊行物の宣伝広告が掲載されたときに例外的に現れてくるだけである。先述の友田宜剛著『修養実訓』と安芸愛山著『通俗教育道話』、同『通俗常識訓話』の広告文をここで再び取り上げてみよう。

先に述べたように、『少年倶楽部』誌上では刊行の初期から修養に関わる二つの書物の宣伝に力が入れられていた。

同誌に修養という用語が初めて登場するのは、友田宜剛著『修養実訓』の宣伝広告である。広告文に「新時代青年の修養は新しき修養書に依らざる可からずや」という一文がつけられていたように、同書は青年に向けて書かれた修養書であった。また『修養実訓』とならんで宣伝されていた安芸愛山の『通俗教育道話』の広告には初期は修養という言葉は使われていない。安芸の著作の広告において修養という言葉が使われるようになるのは、『少年倶楽部』第三巻第三号（一九一六年）に掲載された安芸愛山著『通俗常識訓話』の広告文中であり、同書は「常識の修養」のための書であることが述べられていた。ここでは「常識を養成せざるべからず」という文章に続けて「常識の修養」という文言が現れている。すなわち、常識の養成＝常識の修養ということであり、ここでは養成と修養は同義である。ついで、『第三通俗教育道話』の宣伝（『少年倶楽部』第三巻第六号）には、「第一」「第二」の宣伝にはなかった修養書という用語が現れてきている。しかしながら、修養という言葉はその後三号続いただけで同書の宣伝から外され、『第四通俗教育道話』の広告（『少年倶楽部』第三巻第一一号）にも修養という言葉は使われていない。この段階で『修養実訓』の宣伝スペースは小さくなり、やがて消失した。誌上に修養の用語が復活するのは『少年倶楽部』第四巻第八号（一九一七年）に掲載された『第四通俗教育道話』の広告文の中でのことである。ここでは同書が「肩の凝らない面白い修養書」と表現されたが、同誌第五巻第五号（一九一八年）の『第五通俗教育道話』の宣伝では再び修養の用語は姿を消している。その後同誌第五巻第九号以降、五冊の『通俗教育道話』をまとめて広告する中で、改めて同書が修養書として紹介され、「多大なる利益と教訓を得られる」本であると記されている。また、『少年倶楽部』第五巻第九号には講談社から新たに刊行された『トルストイ　一日一訓』の広告が掲載されており、この本の紹介には「心身の修養を計らんとするもの、将《は》た何人も備へざるべからず」という広告文がつけられていた。このように修養という言葉は、少年向け雑誌上では青年向け刊行物の広告文中に限って、現れたり消えたりしていたのである。

　このように誌上に修養という用語が現れたり消えたりしている理由は定かではないが、このころ少年に向けて修養という言葉を使うことを編集者たちはためらっていたように思われる。修養という用語はわずかに青年向けの本の宣伝の中に現れたり消えたりしているだけで、本文の中には修養という言葉は使われていない。この言葉は少年たちの心の世界になじまない、と当時の編集者が判断したと考えられる。内容的に修養の領域に近い記事は「訓話」のジャンルにまとめられていた。少年においては訓話の読書経験が青年期における修養に対応させられていたということができよう。ここまでいえることは、修養はこの段階ではもっぱら青年向けの用語だったということである。少年向けの雑誌にこの用語を登場させるのがためらわれていたのは、大人たちの側に、修養はもっぱら青年たちの取り組むべき行為であり、少年たちの心の世界になじむものではないとする判断があったからであろう。少年たちは、青年向けの修養書の広告を通して、これから向かうべき自らの青年期をかいま見ていただけであり、実際のところ、修養という言葉を少年自らが使う、ということはまずなかった。少年たちの投稿文にもそのような言葉で自らの心のありようを表現しようとする気配は見受けられない。

このような状況にも、やがて変化が起きる。大衆雑誌『キング』の刊行をはさんで、次に少年たちも直接に修養論の対象となる時代がやってくることになるのである。

(三)　雑誌『キング』の刊行と修養

一九二四（大正一三）年一二月に社が総力を挙げて刊行した大衆雑誌『キング』は、当初から「修養」を前面に掲げる雑誌となった。創刊号（一九二五年一月号）にはその後連載物となる「如何にして希望を達すべき乎」の第一回が掲載された。この連載物は各界の名士が青年に向けて希望を実現する心得、方策を開陳するという趣向のシリーズとして企画されたものであるが、その第一回を担当したのは、ほかならぬ野間自身であった。

『キング』創刊号に掲載された野間の「如何にして希望を達すべき乎　道《みち》は邇《ちか》きに在《あ》り」は、野間の修養についての考え方の原型を読者に伝える論説として、その後折に触れさまざまな場面で紹介されることになる文章である。この論説によって、野間はそれまで温めてきた学問、修養に対する自らの見解の基本的な骨組みを読者に提示した。

少し丁寧にこの論説の内容を紹介しておこう。標題の「道は邇きに在り」は、孟子の言に依拠しており、全体の内容は次のような見出しのもとに構成されている。

「一　道は邇きに在り」

（野間はここで体験の重要性を説いている。陽明学の知行合一論が理論的背景をなしている。）

「二　学問頼むに足らず」

（野間はここでは「今日の学問といふものは、所謂機械的文明の知識を授けることは出来るであらうが、人間を造る力がない。学べば学ぶだけ高く高くと舞ひ上がつて、実生活からはいよいよ遠ざかつて行く」と述べ、そのようなことになるのは「本心の修養に思ひを凝らさない結果である」とする。野間は当節の学問には人間を造る力はない、修養に思いを致さなければ人格の形成の上で学問はむしろ害になる、と説く。彼の主張は『論語』を下敷きとしており、この後もことあるごとに「学ぶ」ことと「思ふ」ことを対比して「思ふ」ことの大切さについて説くことになる。）

「三　頼むべきは真剣味」

「四　頼むべきは三年の辛抱」

「五　根本は前途の希望」

「六　希望は人生観より」

「七　我を主とする修養」

（野間はここでは修養に自主的修養と他力的修養があること、および自主的修養が重要であることについて説いている。野間は「人事を尽くして天命を待つ」の故事をあげ、ここにいう人事を尽くすことが自主的修養であり、しかる後に天命を待つことが他力的修養である、として「両者相俟つて共に貴重な修養を成す」としている。）

「八　謙遜と感謝」

「如何にして希望を達すべき乎　道は邇きに在り」で野間が説いていたのは、学歴社会の周縁にいて向上心を失わずにいる若者たち（『キング』の購読者層）に、それぞれの人生の希望（「偉い人」になりたいという素朴な願望）を達成するための筋道を提示することであった。野間はここで、「学問頼むに足らず」といい、「学ぶ」ことよりも「思ふ」ことの方が大切であると強く説いた。野間がここで批判の対象としているのは当時の学問のあり方やそれと連関する学校教育である。野間にはとりわけ実生活から離れ、知育（机上の学習）に偏る学校教育と学歴主義に対する強い批判意識があった。野間はこの後、折をみては「学問よりは人物である」、「頭脳の善し悪しよりは誠実勤勉である」[38]というメッセージを青年たちに送り続けることになった。野間は、若者たちが「ひとかどの人物」になりたいという希望を達成するためには、努力、辛抱、誠実、勤勉、謙譲、感謝等の徳目を臆せず実行し続けることが大切であると説いた。野間が強調していたのは、これらの価値的態度、価値的行為に向かう主体的な自己を形成、確立することであり、そのために不断に自己を律し続けることを野間は修養と呼んだのである。ここでは修養は希望、向上、立身などの言葉と密接に結びつけられていた。

「如何にして希望を達すべき乎」の第二回には、渋沢栄一「予が信ずる成功の要訣」が掲載された。渋沢はこの中で勤労青年、苦学する青年たちに向けて、国家社会の立場に立つこと、誠実であること、善悪正邪の判断ができるようになること、勤勉努力、忠信孝悌、私欲に打ち勝つこと、任務を自覚することなどを説いている。渋沢の論も野間と同様に漢学的素養を下敷きにして、自身の体験を踏まえつつ、若い人たちに「成功の要訣」を伝えようとするものであった。

「如何にして希望を達すべき乎」と並行して連載された「立身出世物語」では、第一号に野田卯太郎が取り上げられた。初の政党内閣の逓信相となり後に政友会副総裁となった野田は、二歳で父と死別し、苦学して閣僚にまでなった立志伝中の人物である。第二号では「丁稚から東洋一の時計王」というタイトルで服部金太郎翁物語を掲載している。第三号は、貧しい少年時代から身を起こし法相にまでなった横田千之助の伝記。第四号は伊藤内閣のもとで農商務相、法相を歴任した金子堅太郎の青少年時代。第五号は下級武士の家に生まれて貧しい少年時代を送り、苦学の後、日露戦争後のポーツマス講和会議における日本側全権委員にまでなった小村寿太郎の伝記。第六号は福沢諭吉伝である。このように貧しい少年時代を送り、苦学して立身し成功した人たちの物語が、とくに刻苦・忍耐・努力等の徳目的側面に光をあてて取り上げられた。

社はすでにこれに先行して、苦学して成功した一六人の人物の伝記を集めた『新人物立志伝　苦学力行』（大日本雄弁会、一九二三年）も刊行していた。『キング』誌上に載せられた広告には「奮励一番赤貧より、身を起こし、当代に活躍せる諸名士の立志成功伝！　何れも血と涙とに彩れし奮闘努力の跡、正に是立志成功の一大指針」、「読め!!　成功の秘訣!!!」という宣伝文句がつけられている。さらに「東京苦学案内」が付録としてつけられており、本書はまさしく小学校を卒業して苦学の道を歩もうとしつつある青少年たちへの人生のガイドブック、応援の書となっていた。

『キング』第二号には「青年十訓」が掲載された。「十訓」では修養が第一に掲げられ「一、今が修養の真っ盛りと知れ」とされている。以下「十訓」の内容は次の通り。「二、人生この春は再び来たらず。三、過つて酒に煙草に身を損ずるな。四、この時期の覚悟次第で生涯の立身。五、先輩を先に立て己は後備軍。六、疑を受けるは出世の妨げ。七、心を汚すな身を清くせよ。八、夜遊びは何等の益なし。九、両親を安心させるが何より大切。十、友達の良否がやがて我身の上」。

併せて「処女十訓」も掲載され、こちらは次のようになっている。「一、娘時代は人生の二百十日。二、注意して疑を受けるな。三、疑を防ぐにじやらじやらするな。四、適度な化粧厚いより薄いがよい。五、夜の一人歩きは絶対禁物。六、愛嬌たつぷり会釈を惜しむな。七、思ひきり働け。媒人《なかうど》が見てゐる。八、ひまがあれば親の肩をたたけ。九、ふき掃除を甲斐甲斐しくせよ。十、器量を誇るより心を見せよ」。

男女それぞれの「十訓」からわかるのは、この段階では修養が男子青年に限定して説かれていること、また、きわめて通俗的、守旧的な徳目群と並べられて説かれていることである。その後『キング』誌上には「修養一口話」の欄が設けられたが、その内容は各界の著名人が男子青年に向けて処世の教訓を説くもので、「心の富める家」「鸚鵡の感謝」「人の好意」「小鳥と聖者」「三徳兼備」「車中の紳士」「腹の学問」「正直者か野蛮人か」「老祖母の活教訓」「売らぬ念仏」等、故事に例をとったり、あるいは日常生活での通俗道徳を訓話化して説いたりする、きわめて心学道話的な色彩の強いものとなっていた(39)。

続いて『キング』第三号（一九二五年）には「キング十徳」が掲載された。『キング』編集部から読者に向けて宣伝用に発信されたメッセージである。ここでもまた修養が「十徳」の第一に掲げられた。

キング十徳
一、キングを読む人は楽しみながら修養が出来る。
二、キングを読む人は常識が発達し人中に出て恥をかかぬ。
三、キングを読む人は頭が磨け知らぬ間に人柄がりつぱになる。
四、キングを読む人は居ながら面白い娯楽慰安が得られる。
五、キングを読む人は感奮興起し立身出世が出来る。
六、キングを読む家庭は家円満幸福になる。

七、キングを読む町村は風紀が良くなり繁栄す。
八、キングは国民の趣味を高尚にし文化を盛んにする。
九、キングの至る処道徳起こり平和を齎《もた》らす。
十、キングは世界から凡ゆる悪思想を掃討する。

第八号（一九二五年）では、編集部から読者に向けて二つの「切に祈る」と題するメッセージが、目次頁を折り返した一番目立つところに掲載された。メッセージの一つめは「愛読者諸君のために切に祈る」という見出しのもとに「愛読者諸君が、人格を高め、才能を磨き、運命を開拓し、立身成功せられんことを切に祈る！」というものであった。ここでのキーワードは希望、人格の向上、立身成功などである。二つめは「国家社会のために切に祈る」という見出しのもとに「善行美徳を奨め、良風美俗を興し、国家社会の繁栄興隆に資せんことを切に祈る」、「文化の普及」「人類の進歩」をめざすとともに「国民精神の神髄を高潮し、国体の精華を世界に輝かさんことを切に祈る」、という内容であった。

『キング』は早くから読者に修養に役立つ雑誌、教訓的な雑誌として受け入れられた。同誌は読者の投書欄を大きく取り、投稿葉書の内容に丁寧なコメントを付け加えることによって読者の声を雑誌の編集に生かそうとする編集戦略を採っていた。『キング』の読者欄は当初から充実したものとなり、読者欄には地方在住の青年たちから同誌の編集方針を評価する多くの声が上がってきていた。たとえば一九二六（大正一五）年二月号に掲載された「読書倶楽部」を覗くと、次のような投稿文が並んでいる。

・「（『キング』を読むと―引用者）精神修養は趣味が伴つて愉快に実行することが出来る」（野武士）
・「精神修養機関は全くキングより外ないと思ひます」（佐賀、大西秋水）

・「本誌が国民の教科書として全国に普及したら皆の常識も一段高くなるに違ひない」（山口、高林俊夫）
・「今疲弊しきつてゐる農村の何一つ娯楽を持たない農民へ教訓と慰安を与へてゐる」（徳島県大津村、松田実）
・「このキングによつて始めて私たちの心は知らず知らず教化されて行きます」（静岡、山梨稔）

(四)『キング』創刊前後の『少年倶楽部』と修養論の展開

『キング』創刊当初には、同誌の購読者層と『少年倶楽部』の購読者層が一部重なるという現象が起きていた。ほどなくこのような事態を解消するために、両誌の購読者層を年齢によって意識的に分ける編集がなされるようになった。さらに『少年倶楽部』（一九二二年一二月創刊）、『幼年倶楽部』（一九二五年一一月創刊）の刊行によって、『少年倶楽部』編集部が想定する購読者層は、小学校六年生を中心に、下は四、五年生から上は高等小学校在学生や継続して読み続ける一部の中学生、実社会で働き始めた少年たちに絞られてくる。このような経緯の中で、『キング』の修養論は、しだいに『少年倶楽部』読者中の年長者層に向けても発信されるようになっていった。

このころから『少年倶楽部』誌上では、苦学して立身出世をした先人たちの立志伝や同様の内容をもつ訓話、小説などが、これまで以上に目立つようになってきた。『少年倶楽部』第一一巻第一〇号（一九二四年）には「学校へ行けぬ事を悲しむのは弱虫だ」というタイトルをもつ記事が掲載された。この記事は単行本として刊行された『新人物立志伝　苦学力行』の広告を兼ねており、同書は貧しい境遇にありながら苦学をして成功した人たちの立志伝を集めて刊行されたものであった。記事は、貧しくて進学できない少年たちを「学校に行かなくても幾らでも成功は出来る」と励まし、同書を「生きた成功学の修養書」と紹介している。続いて『少年倶楽部』第一二巻第一号（一九二四年）に付録としてつけられた「現代名士立志奮闘成功美談」では、たとえば「新聞配達から司法大臣　横田千之助氏の苦学」「貧困のドン底から奮起した伊東深水画伯」「藍玉を売りながら苦学した実業王　渋沢栄一」「玄関番から陸軍大

将　田中義一」等の立志伝が掲載された。修養は学歴に頼ることができない少年たちの人生の成功と直接結びつけられて語られることになったのである。

続いて『少年倶楽部』第一二巻四号（一九二五年）に掲載された小村欣一（立志伝でしばしば取り上げられていた小村寿太郎の長男、貴族院議員）の「少年訓話　私の少年諸君に対する希望」と題する寄稿文も、同様のメッセージを少年たちに発信するものであった。小村はここで「（人間として望ましい性質は）少年の時代に各々の心がけや修養でどんなにでもなるものです」と述べている。しかしながら、どうすれば修養することができるかについては、他の修養をすすめる記事と同様にここでも明らかにされていない。少年たちに対する修養のすすめの具体的な内容、方法については、せいぜい立志伝や偉人伝から成功の要諦を感知させ、自修させようとするもので、少年向け修養論はいまだ方法論や内容論にまで踏み込んで展開されていたとはいえなかった。この点を補おうとする編集部の工夫は、たとえば次のようなかたちで表れている。

『少年倶楽部』第一二巻第五号には「小事を忽《ゆるがせ》にする者は断じて成功せず」という見出しをつけて「成功請合二十ヶ条」が掲出された。ここでは「一、朝、人から起こされるやうなことがあつても二つ返事ですぐと飛び起きる質の子供」から始まって、「毎日きまりきつた仕事は決して人の指図を待たないでやる」、「心に決めたことはきつと遂行する」、「人との約束事などは決してたがへぬ」、「命令を尊重する」、「仕事を面倒に考へない」、「長者に対して服従し信用されずにはおかぬとつとめる質の子供」、「物事に注意深い。そして丹念である」等の実践的日常道徳や規範意識、人間関係のもち方などについての項目が並んでいる。そして最後に「暇さへあれば書物なり雑誌を見て知識を進め修養を積まうと心がける。したがつて友達にもこんなのを選ぼうと心掛ける子供」があげられている。

修養は、ここで掲げられている各項目を実践できるような自分を「暇さへあれば書物なり雑誌を見て知識を進め」つくりあげようとする、自学自修的で実践的な行為であるとされた。内容的には近世の心学道話が取り上げていたような実践的な徳や自律の力を身につけることが要求されていたといえよう。

『少年倶楽部』の内容は、創刊二年めの四月号に掲載した「本誌の編集方針」を踏まえつつ、主に尋常小学校、高等小学校を卒業しただけで実社会に出ようとしている（あるいはすでに一歩踏み出した）読者に向けて、学歴に頼らずに「成功」し「偉くなる」ための道筋を示す、という方向にバイアスがかかっていくことになった。『少年倶楽部』における修養はそのような文脈の中に組み込まれたのである。

(五)『修養全集』『講談全集』の刊行

昭和初期には出版界に全集ブームが到来した。一九二六（大正一五）年には改造社から『現代日本文学全集』、新潮社から『世界文学全集』、平凡社から『現代大衆文学全集』『世界美術全集』、岩波書店から『漱石全集』、春陽堂から『明治大正文学全集』と、各社から競って全集が刊行された。一九二七（昭和二）年、講談社は社内に全集部を設置し、競合する他社に少し出遅れて全集の編纂に取り組んだ。社ではテーマを修養と講談に絞り、昭和天皇の即位の御大典記念出版事業（御大典記念七大事業）の一環としてこの仕事に取り組むことになった。野間は自叙伝で「全日本の同胞全体を、修養ある人、道徳ある人物、日本精神、大和魂の人になっていただきたい、という所願」で全集の刊行に踏み切ったと回想している[40]。

しかしながら講談社の全集の刊行が始まった一九二八年には、全集ブームはすでに峠を越え、出版界には第一次文庫ブームが到来しつつあった。一九二七年の岩波文庫の刊行を皮切りに改造文庫、春陽堂文庫、新潮文庫の刊行が相次ぎ、世の中は廉価でハンディな文庫本の時代に入りつつあった。そのような難しい時期に、講談社の全集は配本を開始したのであった。

『野間清治伝』の著者中村孝也によれば、『修養全集』の着想は、一九二三（大正一二）年段階から野間の胸中にあったとされる。中村によれば野間は「東西古今に亙り、世人の修養となるべきものを蒐輯して立派な修養全集を作ることと、如何なる場合にも、それさへ見れば何でもわかるといふやうな、独逸のレグラム式五十銭叢書の如きものを刊行したい念願を懐抱」していたのだが、野間が著作権その他の問題に悩んでいるうちに全集ブームがやってきてしまったのだという。(41) 一九二七年に始まった社の全集刊行企画は昭和天皇の御大典記念出版事業の企画と重なることになり、重量級全集の時期遅れの刊行というかたちをとることになった。廉価本の隆盛という時代の趨勢の中で、野間は一巻一円という格安の値段で全集を読者に提供することにした。

『修養全集』の第一巻は一九二八年一〇月に発売され、翌二九年一〇月をもって全一二巻の刊行を完了した。各巻の題目は次の通りである。第一巻　聖賢偉傑物語、第二巻　東西感動美談集、第三巻　金言名句人生画訓、第四巻　寓話道話お伽噺、第五巻　修養文芸名作選、第六巻　滑稽諧謔教訓集、第七巻　経典名著感話集、第八巻　古今逸話特選集、第九巻　訓話説教演説集、第一〇巻　立志奮闘物語、第一一巻　処世常識宝典、第一二巻　日本の誇。

『修養全集』第一巻として刊行された『聖賢偉傑物語』には巻頭に「賛助員芳名」として八九人の各界著名人の名を並べ、続けて野間が「衷情を披瀝して満天下に訴ふ」という表題の巻頭言を寄せて、全集刊行の趣旨を説明した。野間はこの一文を「修養は人生の一大事縁であります」という言葉から始め、「曠世の大才、その学問は一代に秀で、その徳行は万世の儀表たるものも、能く究めて見ますと、それは実に惨憺たる修養錬磨の努力によつて、自ら立派な人格を養ひ上げたものであります」、「『修養全集』十二巻は、即ち是れ私共、至誠報国の熱情の一大結晶であります」と続け、最後に「偉人出でよ、大人格者出でよ、皇国の前途に弥々栄光あれと祈りつゝ　野間清治識」と結んでいる。

野間の挨拶文に続けて、編集部が全集刊行の意義と経緯を説明し（「全集部一同謹白」）、この大事業は文明の発達に対して道義の観念が衰弱しつつある時代状況に対して「修養と道義の再建」「国家の隆興」をめざすものであると記している。講談社の修養論は御大典記念事業の取り組みを機に、「至誠報国」の大命題にいっそう深く呑み込まれることになった。

この全集がそれまでの社の修養論に見られる心学的系譜を引き継ぎ集大成するものとなっていたことは、第一巻『聖賢偉傑物語』の口絵に象徴的に表現されていた。当代を代表する日本画家の一人中村不折の筆になる口絵には孔子、釈迦、キリストの三者が会談している場面が描かれていて、全集が神道・儒教・仏教の三教合一説を採る心学の学問的伝統を引き継いでいることを物語っている。渡部昇一は野間の修養論の中にある心学的要素について「宗教・宗派を問わず、その教えの中で『理に近きもの』を見つけ、それを『自分の心』という青銅の鏡を光らす磨き砂のようにして使うこと、これを野間清治は『修養』と名付けたのである」と述べ、全集第一巻の口絵にはそれがよく表現されていると指摘している。(42)

『修養全集』の刊行に並行して『講談全集』も一九二八年一〇月に第一巻を刊行し、翌二九年九月に全一二巻を完結した。内容は、水戸黄門、赤穂義士、荒木又右衛門、乃木将軍、塚原卜伝、千葉周作等の講談を読み物としたものであった。

『修養全集』の刊行は、野間によれば「遺憾ながらその結果は大失敗」に終わった。売れ行きは予想の半分に留まり、社内には返品が山をなした。「大失敗」の原因について当事者である野間自身は、自叙伝の中で、全集は安くしすぎたためにかえって売れなかったと分析している。背革に羊の皮を使うなど装丁にこったにもかかわらず大部数の売れ行きを見込んで各巻一円という破格の値段で売り出したのだが、販売による利があがらないために書店が取り扱いたがらないという思いもかけなかった事態が発生してしまったのだと野間は説明している。(43)一方佐藤卓己は『「キング」の時代』の中で、失敗の原因について企画そのものが「ブームに乗り遅れた大赤字の企画」だったと分析している。佐藤によれば、本書は総計で三一二万一九八九部発行され、残本の多くは『報知新聞』の拡販材として無料配布されたという。(44)

この時期の野間は、修養の時代が過ぎ去ろうとしている社会状況にありながらも、かつ廉価本の時代が到来しつつある出版事情を承知しながらも、重量級の修養全集の刊行に社運をかけるほど修養の国民生活への普及に熱を入れていたのであった。

(六)　一九三〇年代の『少年倶楽部』における修養

一九三〇（昭和五）年に前後する段階になると、『少年倶楽部』の記事の中にもだいぶ修養を説く記事が増えてきている。しかしながらこの段階に至ってもなお修養という言葉は青年・成人の用語であり、修養は大人が子どもたちに説くものとなっていることに注意しておく必要がある。読者である少年たちの投稿文の中には修養の言葉は見あたらない。

この時期の『少年倶楽部』には毎号「久平新聞」の欄が掲載されている。少年給仕久平が取材し編集する誌上新聞というかたちをとって、講談社の社内の様子や雑誌の編集の仕事内容、少年部員たちの働く状況をリアルに読者に報告するというスタイルの記事である。久平は講談社の少年部員の一人とされている。久平を読者の目として社内に持ち込み、少年倶楽部編集部と一般読者を直接結びつける戦略がとられたのである。

一九二九年には講談社に採用された少年部員の人数は二二〇名を超えるほどになっていた。久平もその一員とされている講談社少年部員たちの生活、労働、修養の様子が『少年倶楽部』誌上に紹介されるまでになった。同誌一九三〇年一月号には「この熱誠、この努力、この意気込み」という見出しのもとで、写真入りで少年部員たちの働いている様子、修養に励む様子などを紹介する特集記事が組まれた。そこでは、『少年倶楽部』を発行している講談社には当時五六〇名を超える社員がおり「雑誌報国」の大願に燃えてがんばっていること、また、読者と同じ年頃の少年部員も二二〇名余りいること、それらの少年部員は全国の「模範少年」の中から厳選されていることなどが紹介されている。特集記事は「それらの少年部員が如何に修養し、如何に努力し、如何に愉快に働いてゐるか」を写真入りで大きく報じるものとなっていた。

同誌同号には、「少年倶楽部を読む少年は」という標題の記事も掲載されている。ここでは「学校の成績が目立ってよくなります」、「友達から尊敬される少年になります」、「文章もお話もめきめき上達します」、「どんな辛いこともすぐ愉快になります」、「読めば読むほど知恵が増します」、「偉い人になるいろいろな修養が出来ます」など、『少年倶楽部』を読むことによる利が謳われ、最後に「男らしい元気な少年になります」と括られていた。何のために修養をするのかという問いに対して、「偉い人」になるという少年の努力目標がここでもはっきりと提示されていた。『少年倶楽部』の編集部は読者である少年たちに向けて、立派な人、偉い人をめざして修養するのだというメッセージを送り続けたのである。

一九三〇年三月号には、「少年倶楽部宣誓」が掲載された。編集者（大人）から少年に向けてのメッセージの内容は、次のように、少年たち自身による「宣誓」というかたちに置き換えられている。

少年倶楽部宣誓

一、皇室を尊び、御国を愛します。
一、父母を大切に、兄弟仲良くします。
一、先生を敬ひ、目上の教へに従ひます。
一、友達には誠を尽くし、互ひに励みあひます。
一、すべての人に親切、動植物もいたわります。
一、偉人の徳を慕ひ、撓まず修養に努めます。

一、広く学び深く考へ、知識を豊かにします。
一、言葉も行ひも正直に男らしくします。
一、いつも快活、丈夫な身体に鍛へます。
一、元気一ぱい、勇んで困難にあたります。

この「宣誓」には「この宣誓は、少年倶楽部誌友の一大愛国運動です。堅く守って立派な日本人になりませう」という編集部のコメントまでつけられていた。

続いて「少年訓話」として陸軍大臣宇垣一成による「『腹』と『腕』と『誠』」が掲載された。「吾が大日本帝国の光輝ある将来を、双肩に担へる全国の少年諸君に告げる」という言葉で始まる陸軍大将の訓話は、次のように少年たちに大日本帝国の少年たるにふさわしい自己形成の方向を示していた。

少年諸君よ、諸君が成長してどの方面に成功を志さうとも、まづ第一に「腕」と「腹」を養ひ、真に元気ある少年となれ。ここに個人としても成功の基があり、さらに国家興隆の礎が堅く築かれる。(中略)「腕」を養ふには、何うすれば好いか。いかなる小さい事をも、真面目に考へ真剣の力を揮って成し遂げよ。かくて諸君の「腕」は鍛へられ、将来の大事を必ず成功し得るのである。「腹」を養ふには何うすれば好いか。いかなる誘惑をも退け艱難をも堪へ忍んで、中途に挫けるな。かくて諸君の「腹」は強固なる意志を築き上げ、将来の大人物に必ず成り得るのである。

こう述べて、「腕」と「腹」を強調する一方で、宇垣は「才智はその次のものである。第二のものである」と続けている。陸軍大臣のこのような論理は、野間が『少年倶楽部』創刊時に少年に向かって説いていた学校教育における知と徳の乖離批判とそれを乗り越える知行合一論を、新たな全体主義的状況のもとで再編し引き継ごうとするものであった。宇垣は続けて、このようなことは諸君が古今の偉人の伝記を読んだときにもわかるはずだという。宇垣は「何が偉人を偉人ならしめたか」を考えよと説いて、偉人の伝記から深く学ぶことの重要性を示唆したのである。それまでも『少年倶楽部』は古今の偉人伝を多く取り上げていたが、宇垣の訓話はこの傾向をいっそう推し進めるものであった。

この訓話を受けて一九三〇年四月号には巻頭論文として松尾甚一郎「少年は偉人伝を読め」が載せられた。松尾はここで、古今の偉人は皆、偉人伝を読んで発奮し偉人になったと述べ、少年たちに「腕の中に偉人の種子を蒔く」ことを勧めている。ここで写真入りで取り上げられているのは、ワシントン、リンカーン、松田源治拓務大臣、アレキサンダー、シーザー、ウエリントン、ムッソリーニ、加藤寛治海軍大将、一戸兵衛陸軍大将である。編集部はこの論説に、次のようなコメントをつけた。

松尾甚一郎先生は、多年いろいろな偉人の伝記を研究なすつて、その結果、昔から偉人と仰がれてゐる人物は、すべて偉人伝英雄伝を読んで発奮してゐることを発見なさいました。しかもその感激発奮の時期が殆ど全部十三四歳の少年時代なのに気づかれ、「このときこそ偉人の伝記を読むべきだ」と非常な熱意をもつて本誌にこの文をお寄せ下すつたのです。心にしめてお読み下さい。そして、あなたも偉人になつて下さい。

偉人伝はこれ以降、本誌の中での比重がますます増していく。

同号では『少年倶楽部』が二〇〇号を迎えるのを期して、編集部は同誌の雑誌としての性格をあらためて鮮明にしようとした。編集部は「少年倶楽部は何の為に発行されてゐるのか?」と自問し、「少年倶楽部は、日本の少年を良くする為に出してゐる雑誌です」と自答し、「ですから、この少年倶楽部を読んで、修養に力める少年は、きつときつと偉い人物になるのです」と述べている。少年たちに発信されたメッセージは、ここでも再び〈偉い人になるために修養する〉である。

このようなメッセージを読者としての少年たちはどう受け止めていたのであろうか。このことを理解するためには、何よりも「偉くなる」「偉い人」という言葉が当時どのような意味をもっていたかを理解しておく必要がある。偉人伝が少年向けの刊行物の重要なジャンルの一つになっていた時代に、少年たちに人生のモデルを提供する「偉人」とはどのような存在であったのかを理解することが、「偉くなる」ということの当時もっていた意味を理解するための重要な糸口の一つとなるであろう。

一九三〇年三月号には「兄より妹へ」と題する広告記事が載せられている。これは女学校の試験を受けようとしている妹に向けて、離れて都会に住む（おそらく上級学校で学んでいる）兄が、これからは『少年倶楽部』を毎月送ってあげようと約束している手紙のかたちをとっている。手紙の中で兄は妹に、「兄さんはいつも修養が大切だと思つてゐる。学校の勉強も大切だ。それから良い雑誌を読むことも大切だ」と述べている。修養は青年の世界からしだいに少年の世界に拡がると同時に、男子の世界から女子の世界へと拡がったのである。

(七)　フェードアウトする修養論

『キング』誌上に頻出し、『少年倶楽部』に波及した修養という用語は、昭和一〇年代に入るとまず『キング』誌上から姿を消しはじめ、ついで『少年倶楽部』誌上でも見受けられなくなっていく。なぜ「修養」という言葉は大衆向け雑誌から相次いでフェードアウトしてゆくことになったのであろうか。その背後ではいったいどのような事態が進行していたのであろうか。

昭和一〇年代に入ると、『キング』誌上には修養を意識的に前面に押し出す記事や作品は見あたらなくなり、修養という用語もほとんど見受けられなくなる。この時代に購読者層の青年たちの修養ばなれは急速に進んだ。修養は青年たちを引きつける言葉ではなくなっていた。明治中期から大正期にかけて拡がった個の追求の時代は終わりつつあった。満州事変（一九三一年）以降、軍部の発言力が増し、社会全体に報国をスローガンとする全体主義的傾向が強まり、その一方で人びとの間に刹那的、享楽主義的な風潮も拡がりはじめていた。青年たちの読書傾向はそのような時代の風潮を敏感に反映した。この時代、読者は雑誌に娯楽性を求めるようになっていた。

『キング』一九三六（昭和一一）年六月号には野間自身の処世論・修養論を編んで講談社から刊行された七冊の単行本（『世間雑話』『体験を語る』『処世の道』『修養雑話』『出世の礎』『野間清治短話集』『栄えゆく道』）の広告が掲載されているが、その広告の文句は、「下記七著の特徴は＝修養処世の書ではあるが、トテモ興味深く、チットも堅苦しくないことである」というものであった。修養の書は面白くなく、堅苦しい、と一般に受け止められ、敬遠される事態が進んでいたことをこの広告文はよく示している。同じ広告中の野間著『修養雑話』の広告文には「修養と題しても興味深く」という説明がつけられている。ここにも、修養と題する本は面白くない、という読者の受け止め方が拡がっていたことが窺われる。

この時期になると、読者投稿欄の「読者倶楽部」でも、修養についてふれているものはきわめて希になっている。投稿の多くは小説の面白さ、娯楽記事の楽しさについて語るものであった。たとえば、一九三六年四月号の「読者倶楽部」は二六名の「愛読者便り」を載せているが、修養についてふれたのはたったの一名だけであり、次の六月号の「読者倶楽部」でも二六名の「愛読者便り」中、修養という言葉を使っているのは一名にすぎない。読者は修養よりも慰安を雑誌に求めるようになっていた。そのような読者の志向にあわせて、『キング』はこの時代に修養雑誌から娯楽雑誌へと大きく舵を切った。

ところが、この時期の婦女子向けの雑誌は婦女子の修養の必要を強調するようになっていた。『キング』の本体から修養という用語が姿を消したのに対して、『キング』一九三六年四月号に掲載されている見開き二頁の『婦人倶楽部』の宣伝広告には、修養という言葉が都合四回も現れている。(45) 男子青年向けの修養雑誌はすでに魅力を失っていたわけであるが、婦女子向けの雑誌においては修養を前面に打ち出すことに意味が与えられたのである。男子の自己形成の方法論として展開した修養論は、この時代には、婦女子が美徳を身につけるための方法論へと転換し変容したのであった。

一方『少年倶楽部』では、『キング』よりも一足遅れて誌上に登場した修養という用語は、一足遅れて誌上からフェードアウトすることになった。修養論は、前述のように一九三〇年代になると、『少年倶楽部』の誌上に頻出するようになった。『キング』の読者層である青年たちの間に修養よりも娯楽を求める風潮が拡がってゆく状況のもとで、雑誌の編集者たちが婦女子とともに少年層に修養論の主たる対象を移したためである。『少年倶楽部』には、修養のために同誌の購読を勧めるという表現が一九三五（昭和一〇）年段階になってもまだ見受けられるが、しかしこの場面でも修養論はしだいにフェードアウトしていくことになった。

『少年倶楽部』は昭和期に入ると徐々に読者の対象年齢を引き下げているが、そのような傾向は昭和一〇年代に入ると顕著になった。田河水泡の人気漫画「のらくろ」（一九三一年一月号―一九四一年一〇月号）を始めとして漫画の占める割合が大幅に増え、文章も内容もより平易な年少者向け雑誌としての性格を強めていく。

『少年倶楽部』一九三五年四月号には「右手に教科書、左手に少年倶楽部」と題する、編集部から読者に向けての次のようなメッセージが載せられた。

わが少年倶楽部は、創刊以来二十二年といふ、尊い、古い歴史をもつてゐます。それだけに、学校からも家庭からも、実に深い信頼を受けてゐるのです。（中略）「右手に教科書左手に少年倶楽部」と評判されてゐますが、まつたくその通り、少年倶楽部は教科書とともに併せ読む雑誌、一月でも欠くことの出来ない大切な課外読本です。（中略）小学生も中学生も、男性とも女性とも、もし少年倶楽部をつづけて読んでゐないと、大変な損をします。小学校を卒へて、世の中へ出て働いたり、お家の手伝ゐをする人は、今度は少年倶楽部を教科書として、大いに修養し、また大いに楽しんでください。

この文章からは、『少年倶楽部』が小学生を主たる読者として編集されるようになっており、学校を離れた少年たちにも修養のための教科書として利用できるものにしたいとする作り手の意図が伝わってくる。以前の『少年倶楽部』が主として高等小学校在学中、ないしは中学生、給仕、奉公人と呼ばれるような青年期前期の層を主たる読者対象として編集されていたのに対して、対象がより年少者に向けてスライドしたのである。

このような状況のもとで、あるいは、だからこそ、といった方が適切なのかも知れないが、野間は昭和一〇年代に入ってもますます講談社少年部の少年たちに対する修養に力を入れていた。野間と講談社員による少年部の少年たちの修養と教養（教え養う）への働きかけは、一九三八（昭和一三）年に野間が急逝するまで続いた。しかしながら野間の死去に加えて、社長を引き継いだ一人息子の恒が日をおかずして病没する不幸が重なり、少年部は内外にわたって支えを失うことになった。修養を軸とする少年部員の共同生活はこの段階で指導者を失い実質的に終焉した。

すでにこの時期には戦時の社会状況で少年たちは少国民として扱われるようになっていた。日中戦争の開始（一九三七年）とともに国民精神総動員運動が始まり、一九三八年には国家総動員法が定められ、社会は戦時下の総力戦体制へと急速に移行した。国民精神総動員運動のもとでの国民形成論は、修養論の内部に当初から内在していた個人を出発点とする発想、あるいはさらにその奥に潜む主体的な自己形成論と折り合うことができるものではなくなっていた。修養論はもともと近代社会に生きる個人の人格形成を問題とするものだったからである。

一九四〇（昭和一五）年段階になると、『少年倶楽部』からも修養の用語はほぼ消えている。この年の四月号には、学校の新年度に合わせて「優等生教室」と銘打つ東京市本郷小学校長のインタビュー記事「さあ一歩前進だ！　上の学校へ進むにはこの心構へで、世の中へ出るにはこの決心で」が掲載された。インタビューの中で校長は小学校の最後の一年間を過ごそうとしている少年たちに向かって、「勉強と共に人格を磨け」と語りかけ、人格を磨くには偉人伝を読むことが一番よいのだから偉人の伝記に学びながら「自ら一段と修養をつんで自尊心を持つ」ようにしてほしいと述べていた。年間を通して修養の用例はわずかにこの一例だけである。

この記事に続けて編集部は『国民こぞって国策協力』さあ、一せいにやりませう」というタイトルをもつ記事を少年倶楽部編集局名で掲載した。そこでは、講談社の九つの雑誌が一緒になって「国策協力運動」を始めたことが紹介され、運動の要点は「簡素生活の実行」であることが述べられていた。そして「簡素生活を上手にやれば、精神もりつぱになります」と説かれていた。ここには個人の内面生活から出発する「修養」の発想はもはや見受けられない。戦時下で個人の生活は国策協力運動に巻き込まれ、報国を掲げる雑誌では、読者に人格の向上を呼びかけることよりも国策への協力を呼びかけることの方が優先されることになった。日本の社会は国民精神総動員運動の勃興、国家総動員法の制定などによる総力戦体制への移行が急速に進む中で大きく揺れ動きはじめていた。子どもたちには一人の少年であることよりも少国民であることが求められ、個人的な人格向上への希求は少なくとも意識の表層では封印された。この段階になると修養という言葉はほとんどフェードアウトしてしまったのである。

一九四三（昭和一八）、四四年段階には、修養という用語はもはや誌面から完全に消えてしまっている。その代わりに頻出するようになるのは鍛錬、修練、訓練などの用語である。明治期末から大正期、昭和初期へと担い手を代え、変容を遂げながら引き継がれてきた修養論の潮流は、ここにいったん社会の表面からも人びとの意識の表層からも姿を消すことになった。個人の立場から発して修養による自分づくりに励む時代は去り、それに代わって全体の立場から発して鍛錬や修練（錬）に励むことが要求される時代がやってきたのである。

3　講談社少年部における修養の実践的展開――「模範少年」の育成をめざして

講談社の野間社長と社員は、社内に学校に頼らずに少年たちを養成する「相当の方法」を考案し、実行しようとした。彼らはしばしば教育という言葉を使う代わりに「教え養う」という意味で教養という言葉を使っているが、その教養（教え養う）の課程は「実学修養」の観念を中心に据え、集団生活のもつ人間形成力を有効に組織しようとするものであった。少年部は大正期から昭和初期にかけて、修養概念の大衆化過程における修養のきわめて実験的な実践集団となった。野間社長を始めとして講談社の関係者はしばしば「講談社は学校である」(46)といい、また講談社大学という言葉を用いた。このような言い回しは、講談社を学校に匹敵する教育の場にしたいという彼らの願いや、すでにそうなっているという自負の表現であった。場合によっては、日本の社会に今ある学校とは異なるもう一つの教育の体系を作り出したいという願望をこめた言葉として使われた。彼らは、当時の学校教育が知識の教授に偏り、生徒が頭で理解しさえすればそれでよしとする傾向をもっていることを強く批判し、また被学校教育歴を人物評価の指標とする学歴社会のあり方も批判して、学校教育とは別立ての「人」の育成を中心にした教養（教え養う）と評価の体系を構築しようとした。同時に学歴主義の社会の内側に実力主義による立身の道を回復させ、併存させようとした。そして少なくとも社内においてはその試みは大きな成果を上げることになった。ここでは、そのような実験的な企ての実態をできるだけ明らかにしておきたい。

(一)　少年部の創設――有為の少年を直接育成しようとした野間清治の試み

講談社は、一九一三（大正二）年から社員の下で働く少年たちを雇いはじめた。古参の社員の一人は、野間が少年たちの採用に乗り出したのは、『雄弁』の刊行のために大日本図書株式会社を訪ねたおりに同社が少年たちを採用・養成している様子を見聞したことに起因するものであろうと推測している。(47)

当時は下働きの少年たちは一般に丁稚、小僧、給仕などと呼ばれていた。講談社が雇い入れた少年たちも実質は給仕、小僧として雇われてはいたが、野間はこれらの呼称を避けて彼らを「少年」と呼んだ。その理由を、『野間清治伝』の著者中村孝也は、野間が人間に差別をつけることを嫌ったからであり、世間の慣行に反して野間は彼らを名前で呼ばずにきちんと名字で呼び、社員も彼らを少年君と呼ぶか、名字で呼んでいたと記している。(48)

「少年」という言葉のここでの用法については注意が必要である。「少年」という言葉はここではライフステージを示す言葉としてではなく、ソシアルステージを示す言葉として使われているのであり、給仕・見習いの職階に属する若い人たちを示す言葉として使われている。英語のボーイやフランス語のギャルソンという言葉にも同様の用法がある。社内の職階において「少年」と呼ばれた者たちは正規の社員のもとで雑用を担当する給仕・見習いの者たちだったのであり、そのような「少年」たちの集団が後に少年部と呼ばれることになったのであった。少年部は尋常小学校を卒業した者から二〇歳を過ぎてもなお見習いの立場にいる勤労「少年」たちによって構成されていた。『少年倶楽部』における「少年」が、ライフステージを表す用語として使われているのに対して、少年部における「少年」はソシアルステージを表す言葉として用いられていたので、両者の概念にはズレが生じていることになる。(49)後述するように少年部が修養の実験的実践の場となりえたのは、以上のような事情に基づいている。

一九二一（大正一〇）年、病を得て自宅で静養することになった野間は、それまで本郷団子坂にあった自宅兼本社の敷地から、本社移転を予定して購入してあった広大な音羽の敷地に転居した。これを機として、野間は少年社員を自宅に住まわせて彼らの教育に力を入れようと考えた。この間の事情について、野間は次のように回想している。

自ら進んでやる精神と、責任観念の訓練、その他人物を練り上げる修養等は、若い、陶治性に富んでいる時代が最もよいといわれているので、この試験の一つとして、私はこの引きこもって静養している間に、少年社員の教育をやってみたいと考え、今までよりは幾分組織的に、とくにこの方面に力を注いだ。(50)

野間は「じつは前々、小さくてもよいから私流儀の学校を一つ興してみたいような考えもあったが、それは後々のことにして、しばらくこの少年部に十分力を入れてみよう」と考え、また「これも一種の学校くらいの気持ちでやってみよう」と考えて、まず少年たちに日常的な雑務や剣道、演説の練習をさせることにした。野間は次のように回想している。

間もなく、一坪いくらという高価な地面に畑を作ったりして、こんなことをさせるのは、主人の利益のためというのではない、まったく我らの教育のため、我らの修養のために、主人がこうまでしてくれるのだと理解するようになりました。私は日頃少年一同が、これら勤労の汗の中から、みんな健全な発達を遂げ、ほんとうに体も心もすくすくと伸びて、立派な立派な人間になってもらいたい、と熱望していた。私の熱望するが如く、だんだん少年が目に見えてよくなるので、近所からの評判も、社会における評判もよくなっていった。(51)

こうして野間は少年社員の指導に見通しをつけることになった。野間の回想録から、それまで主として出版物を通して少年たちに働きかけてきた野間が、静養中、目の前の少年たちの養成に興味、関心を深めていった経過がわかる。養成の中心には、当時野間が関心を深めつつあった修養がキーワードとして据えられた。こうして、自己一身上の問題として修養に取り組んだ野間の関心は、少年社員たちの修養という新たな問題へと向かいはじめたのである。

野間は一九一三（大正二）年から社に雇い入れはじめた少年社員を、半数は本郷区団子坂の本社に残し、半数は野間の家族とともに小石川区の音羽本邸に起居させ、一定の期間で両者の役割を交代させることにした。団子坂の本社にいる少年たちには社の実務に従事させ、音羽本邸の少年たちには邸内の掃除や敷地内に作った畑で農作業に従事させ、また修養会を開き剣道の練習もさせた。静養のために終日を音羽で過ごすことになった野間は、少年社員を対象に、それまで心に温めていた少年たちの訓育に本格的に乗り出したのである。

『野間清治伝』の著者中村孝也は同書中の「少年部小史」で、少年部の歴史を三期に分けて捉えている。第一期が一九一三（大正二）年から大正末年まで、第二期が昭和初年から、第三期が音羽町に全社が移転し、野間が小石川区関口台町に転居した一九三四（昭和九）年八月から野間が他界するまで、である[52]。『講談社の歩んだ五十年（昭和編）』（講談社、一九五九年）もこの時期区分を踏襲している。本章でもこの時期区分を目安として分析を進めることとする。

中村孝也の「少年部小史」によれば、社は一九一三年から数名ずつ少年を雇い入れた。当初は、野間の出身地である群馬県桐生の周辺の尋常小学校に声をかけ、優秀でありながら貧しさゆえに進学できない子どもたちを推薦してもらい、採用した。野間は彼らを自宅居間に集めて毎晩修養会を開き、野間自身が直接育成、指導にあたる熱のいれようだった。五、六名の少年が入社するようになった一九一九年からは少年部の名称が使われるようになり、少年たちは少年部員と呼ばれるようになった[53]。

この時期の少年部についての記述は、少年部編『誠志録』（一九二六年）中の「少年部史」が一番詳しい。この記録は当事者である少年部によって記録されたものである。以下、『誠志録』中の「少年部史」によって、初期から中期にかけての少年部成立の経緯を概略しておこう[54]。

少年部は当初「組織立つたものでもなく只管社長様奥様の御膝下にあつて個々各々親しく御薫陶を賜つて居た」と

ころから始まり、少年部なるもののかたちが現れてきたのは一九一七―一八年のころであった。一九一九年には五名の少年が入社した。翌年には総勢一〇名となり、毎月一回の懇親会が始まった。「(懇親会では)新旧相互して懇談し先輩の体験談乃至は工夫、改良、研究、改善、所感、演説の練習等交互の向上進歩を期する上に可成の熱心なる者があつた。即ち之が現吾等の会の前身である」。

同年三月には、「社長様の御言葉を体し多額の資金を賜り少年少女相互慶弔慰問を主とする報徳会」が創設され、少年部の基礎が固まった。

一九二一年七月には野間宅が音羽に移転し、これ以降少年を二分して、一、二ヶ月交代で半分は本邸詰めとなし、半分は本社に勤務することとなった。『誠志録』中の「少年部史」ではこの点について、「本社に於ては実際業務に修養を求め音羽本邸にありては専念心身錬磨の修道場として社長様直接の御指導を賜るの光栄を許され」たと記述している。二〇名余りの少年たちは、鶏声会(早起き会)を組織して「心身の修練尚ほ日も足らぬ有様」だったという。

一九二二(大正一一)年にはさらに二〇名の少年部員を加え、新規に週間修養、臨時朝学会、夜学会が開催されるようになった。「社長様を首め社員皆様より親しく御訓育を賜り旁々研究会など起し週一回例会を催し各自少年部としての恥しからぬ行為動作言語操行等に研究考慮、工夫之が善化改良を計った次第である」。

一九二三年には新入少年三〇名を加え、少年部は六〇名の集団となった。この年関東大震災においては、社が震災直後に刊行した『大正大震災大火災』を、少年部員たちが発売と同時に全国七〇〇〇の書店に配達し、販売に大きな役割を果たした。

一九二四年にはさらに少年部員五〇名を採用。「社長様偉大なる御信念より」剣道部を創設。師範を一人迎え、また社長直々に指導に当たった。この年も少年部員が全国の書店を訪問した。

一九二五年には新入少年部員六〇名。本邸敷地内に剣道の大道場を建設して、新たにもう一人師範を迎えた。

一九二六年には新入少年部員三〇名を加え、総数は一五〇名。『誠志録』中の「少年部史」は「働く事即ち修養なり感謝なりとの信条にて常に最高道徳境に立脚した覚醒向上の一日は実に貴き希望への一日であり第一歩であり」と記し、さらにまた、少年部から数多くの先輩たちが本社正社員として採用されていることを紹介して、「少年部の如何に真剣に修養するかを立証するに十分である」と記している。

同書は最後を「冀くはこの大正の松下村塾よ　自重自戒今後大いなる人物の排《ママ》出国家の大業に参じ為すある者たらなん事を祈つて止まない」と締め括っている。自分たちの生活を幕末の松下村塾になぞらえ、「大正の松下村塾たらしめよう」というのが、野間と少年部員との合い言葉であり、目標であり、また理想であった。寄宿舎のある野間の自宅は、少年部員を日本全国の少年の「模範少年」として育てる実験場の様相を呈した。

『野間清治伝』の著者中村孝也は、少年部教育においては『小学』を教範とし、王陽明の知行合一論が実践の指針となっていたと述べて次のように指摘している。

少年教育の初歩は実に徹底した小学の書の体得であった。知行合一の教育であった。そして次第に身心の鍛錬を行って行くのであった。（中略）彼と少年達とはこれを称して実学といった。(55)

少年時代に四書五経を学び、臨時教員養成所でも国語漢文を専攻した野間の発想には儒学の影響が強く認められる。彼の訓話の中には儒教に依拠したものが多いのであるが、とくに王陽明の知行合一論は、彼が繰り返し少年たちに向かって説いた行動規範であった。

(二) 野間恒の少年部入部——世間を驚かせた出来事

一九二一(大正一〇)年七月、野間の家族は本郷区駒込の団子坂から小石川区音羽に転居し、一九二二年から少年部員の採用はそれまでの縁故採用から公募による採用に移った。それに先だって、『少年倶楽部』一九二一年九月号に初めて「少年少女募集」の社告が掲載された。対象は尋常小学校の卒業生とされ、「相当の方法をもってこれを指導教育して、行く行くは本社の社員としては勿論、立派に実業界に独立して活動するに足るべき人物に仕上げたい」と広告していた。

少年部員の縁故採用から公募制に踏み切った一九二二年は、講談社にとって周囲の人たちを驚かす大きな出来事が発生した年でもあった。野間は一人息子の恒が小学校を卒業するに当たり、中学に進学させずに、講談社の少年部に入社させたのである。成績優秀で誰もが上級学校への進学を疑っていなかった恒を、進学させずに少年部員と一緒に育成するという野間の決断は、周りの人びとを大いに驚かせるものであった(56)。

野間はつねづね「中等学校に入らなくとも偉くなれる」と説いて、進学できない貧しい少年たちを励まし続けてきた。『少年倶楽部』一九二二年三月号は、特別大付録として中学校入試についての別冊付録をつけたが、その巻頭に野間は「貧乏で中学校へ行けぬ少年は如何したらよいか」という表題の文章を載せた。『少年倶楽部』は中学校に進学を希望している読者のために進学の情報を提供していたが、その一方で野間の心中には、貧しくて中等教育を受けることができない読者を励まし、希望を与えたいとする強い思いがあった。

そのような事情を背景として、野間は恒の尋常小学校卒業に際して、恒を野間が激励のメッセージを送り続けてきた少年たちと同様の環境の中で育成することにした。野間は、学校に行かなくても努力次第でいかようにも立派な人間になれるという持論を、わが子を実験台として実践的に立証しようとしたのであった。恒はこうして少年部員の一員となり、少年たちの自治的年齢階梯集団の共同生活に組み込まれることになった。少年部編『誠志録』の中で社員の一人は「社長は常に『少年部は吾社の宝である』と仰せられる。而して唯一人の御令息も、この少年部に編入して、他の少年と全く同一の修養を積まれてゐられます、言はゞ二百数十名の少年は悉く社長の子であると思はれる程であります」と記述している。(57)

少年部は一九二二年には二〇名を加え、週間修養、臨時朝学会、夜学会などを行い、野間や社員が訓話を中心に少年たちの育成にあたった。一九二三年には新たに三〇名が入社して、総勢六〇名となり、『キング』が創刊された二四年にはさらに五〇名が入社した。翌二五年には六〇名が入社している。少年を育成する「相当の方法」（公募社告）が、野間の構想のもとに少年部員たちの集団生活の実験を踏まえてしだいに整ってきていた。

少年部の自学自修活動の中には、実学の実践に加えて、早くから演説活動が重要な修養の方法として位置づけられていたが、剣道もまた重要な修養の方法としてしだいにその比重を高めることになった。武の家系を出自とする野間は、剣道のもつ人間形成力を高く評価していたので、少年社員の修養鍛錬の方法の一つとして剣道を導入したのである。中村孝也は『野間清治伝』の中で「畢竟野間家の武道は人間を作ることを眼目とし、道場を修養場とし、修養の為めに剣道を修めたのであり、それが野間道場の特質であった」と述べている。(58) 剣道では「実学修養」に対して「精神修養」という用語がしばしば使われるようになった。

一九二四（大正一三）年、少年部に剣道部が創設され、翌二五年には音羽本邸内に大道場が完成し、師範二名体制がとられて少年部活動における剣道練習の比重は大きくなった。少年部に参加してから剣道を始めた野間恒は、演説においても剣道においても非凡な能力を顕した。一九三四（昭和九）年に開かれた皇太子殿下御誕生奉祝天覧試合で恒は優勝し、修養における剣道の役割は不動のものとなった。

この時期の少年部の教育内容の一端は、野間の意を受けて少年部員が自分たちで作った修養のテキストからも窺うことができる。一九二五（大正一四）年八月、少年部員にガリ版刷り簡易製本の『心身修養藻屑集』が配付された。「序」によれば、同書の元本は、伊予国の禅僧明護院真海上人が蒐集した金言道歌の類をまとめた『真海藻屑集』である。元本をたまたま手にした野間は、その心学的教化内容を高く評価して、少年部員の修養のために内容の一部を抜粋して少年部に示した。少年部ではそれをガリ版で印刷して修養のテキストとして少年部員に配付したのである。

本書の「序」で少年部の担当者は次のように述べている。

> 吾敬愛する社長様之を繙かれて（中略）吾等修養の一助ともなれかしとて吾が少年部に与へさせ給ふ。（中略）茲に之を拝写し小冊子となし各自に相頒ちて日夜諷誦し以つて益々其の徳を磨き主恩に答へまつらむと欲する次第である。

「熟読精読」「心読躰読」して「吾等が座右之銘修養の糧」としたいとされている本書の内容は、民間に伝えられてきた人間としての道を説く心得、格言、金言、道歌の類から構成されている。(59) 巻頭は、「真海上人坐右銘」であり、「仁義忠孝は天下国家の重宝」、「信用は資本　時間は金なり」、「商業の武器は誠実にあり」、「忍耐は成功の父　辛抱は万事成就の母なり」などの心学的教訓が並んでいる。

続けて、「日々の心得五ヶ条」として、「よき事のまねをして悪しきまねはなすべからず」、「朝は早く起て人におこされる様な根性にては相すまず」などの教訓が記され、さらに徳川家康の有名な家訓「人の一生は重荷を負ふて遠き道を行が如し急ぐべからず」の全文が掲載されている。また「奉公人の心得」「水戸黄門光国公《ママ》条目」「津島家の心得草」「道歌訓」「孔子の十哲」「西郷南洲遺訓」などが取り上げられ、金言・教訓として世間に伝えられてきた言葉がほとんど脈絡なしに集められている。野間は民間に伝えられてきたこれらの心得、格言、金言、教訓などに大きな教育的価値を見出し、これを教材化して少年に与え、少年たちも与えられたテキストを自己形成、修養の重要な手がかりとして活用しようとしたのであった。

『心身修養藻屑集』には、本文と同様ガリ版刷りの「少年部心得」が添付されている。その内容は少年部員の心得、共同生活上の諸注意、規約等、少年たちが憶えて実行しなくてはならない日常生活および業務上の指針である。心得の冒頭には「こんな少年は偉くなる」と題して、以下のような項目が列挙されている。

一、何時見ても瞳の輝いて居る少年、
二、偉くならうとして起き、偉くならうとして寝る少年、
三、用事を命ぜられたるとき微笑を以て之を迎へ人が厭がる仕事まで最もよくする少年、
四、受話器に向ふ場合御辞儀をする少年、
五、過失をかくさず過って改むるに憚らざる少年、
六、誰とでも堂々議論しても先方に十分の尊敬を払ひ得る少年、
七、常に神仏を信仰し感謝の生活をなし得る少年、
八、故郷の父母兄弟等に時々便りする少年、
九、怒を敵と思ひよく堪忍の出来る少年、
十、消極、積極常に健康に注意する少年、

ついで、以下のような生活上の心得、規約が列記されている。

一般心得、起床、点呼、掃除、食事、風呂に行った場合、使、会、就寝、返品、箱車、寝具、履物、便所掃除、便所使用、自転車、自転車乗用、合羽、提灯、注文、服装、電話、言葉遣、所持品十訓。

列記された項目は、主として前半が音羽の野間邸における共同生活の心構え、後半が団子坂の本社で実務に携わる

者たちの心構えである。これらの内部心得、内部規律は、憶えて実行することが求められていた。これらを体得し実践すること自体が少年部員にとっての修養とされたのである。

これらの項目は内容においても形態においても、近世の若者組が伝えてきた口伝、若者条目、若者心得に類似している。少年部の組織は、心得の様態ばかりでなく、集団の組織形態、行動形態においても全体として近世の若者組的性格を強く保持していた。少年部の共同生活の中には、伝統的な人間形成、訓育システムが再編されて持ち込まれていたということができる。野間と少年たちの間に結ばれていた擬制的親子関係、養育目標としての「一人前」の発想、異年齢自治集団の組織化、規約の体得と実行、体で覚える行動体系等、いずれも旧共同体社会の内部に保持されてきた伝統的人間形成システムの流れを汲むものである。同時に商人・職人世界の伝統もここには持ち込まれていた。父親的権威を体現している野間は同時に、社長様、旦那様とも呼ばれていた。少年たちの残した記録からは、少年たちが野間家、講談社に奉公しているという気持ちを強くもっていたこと、そのような自覚は尋常小学校卒という学歴をもつ彼らの自意識の内側から沸き起こってくるものであったことが伝わってくる。家族や故郷を離れて単身上京した少年たちにとって、少年部は擬制的共同体、擬制的大家族として機能した。少年たちは少年部の一員になれたことを恩恵として受け止め、感謝の念を強く抱きつつ、修養に励んでいたのである。

(三)　少年部員たちの作文集――キーワードとしての修養

一九二六（大正一五）年、大日本雄弁会講談社少年部編のガリ版刷り文集『誠志録』が刊行された。「はしがき」に「謹みてこの一巻を故山の父母にさゝぐ」と記されている通り、同書は故郷の父母に向けてつくられた少年部員たちの近況報告作文集である。少年部の指導に当たっていた社員たちもここに稿を寄せている。この文集からは、修養に励んでいた当時の部員たちの生の声と社員たちの指導者としての意識が伝わってくる。

編集に当たった少年部指導担当社員は「はしがき」で次のように述べている。

幸にして之が御皆様の御手もとに配布され御判読の栄を賜りその中より何等かの輝と潤ひとを見出され更に社長様の御崇高なる御人格（中略）絶大なる社の大精神乃至は少年部の信条各自の決心日頃の生活状態等御参酌し給ひ大愛する御子弟の上に更に一段の御鞭撻と御声援とを垂れさせ賜はらばこの上もない満悦を感ずる次第であります。

冊子の冒頭には野間の「道は近きにあり」が掲載された。『キング』創刊号に載った野間の文章に手を加えたものである。

ついで、二〇名の社員が部員たちの生活ぶりを故郷の親たちに向けて伝えている。表題の一部を取り上げておくと、「本社の現在及将来併少年部の将来」（赤石喜平）、「社長様と少年部」（吉田和四郎）、「父兄としての皆様へ——附本社少年教養の趣旨」（赤石喜平）、「少年部日常見たまゝ」（加藤謙一）、「子供の教養の根本は親にあり」（伊藤新作）、「少年の教養」（長谷川卓郎）、「慈雨に注がれて」（高橋窘一）、「少年部の将来」（笛木悌治）などである。

社員たちの寄稿で特徴的なのは、表題からもわかるように、社員の文章の中に教養という用語が頻出していることである。ここで使われている教養という用語は、いわゆる教養主義派の教養の概念とは別の系譜の教養であり、文字通り「教え養う」という意味で使われている。ここでは教養という言葉には修養という言葉と対になる意味が与えられているのである。同書の中では教育や教導、教化、訓育という言葉が使われることもあるが、教養の使用頻度が一番高い。教養訓育、訓育教養というように使われることもあった。

たとえば次のような文脈で教養は使われている。

・「人間は身体と精神が両立して発達しなければ、本当に偉大なる発展は望めないのであります。社長は深く茲に意を注がれ少年教養の二大眼目とし車の両輪の如く心身の鍛錬を並行して努められてゐます」（調査部　森安勇[60]）。
・「本社は本社の理想的教養方針によりまして少年少女諸氏を指導致します」（音羽本邸事務室　西野季治[61]）。
・「我が野間社長は元教育者出身でありまして、少年の教養には特別の趣味を有して居ります。事業を為す側ら天下の秀才を集めて、之れを訓練して、有為の人材を養ひたいとの希望之れが本社少年部となつたのであります」（編輯部　長谷川卓郎[62]）。
・「されば父兄の皆様！　あなた様方の愛する御子弟は此の名社長の教養の下に極めて安穏にして幸福なる日を送られつゝ修養道にいそしみ立身出世の基礎を造つてをられるのであります」（音羽事務室　大内進[63]）。

修養と教養は表裏一体の関係となっていた。ここでは、修養する少年たちに向けて助成的に働きかける行為が教養と表現されている。社員たちはこの時期、少年たちへの助成的行為を言い表すのに、教育という言葉を避け、教養という言葉を積極的に用いていた。大正期に修養から分離した教養派の教養概念に対して、伏在していたもう一つのより旧い教養の系譜が掘り起こされ、修養とセットになる概念として使われたのである。

冊子には社員の寄稿に続いて、少年部員たちが故郷の父母や恩師、友人に宛てて少年部の生活の近況や抱負、修養の実際などを綴った一四六名分の手紙文が載せられている。それらの作文は、少年部の少年たちの活動や日常生活、修養の実際を少年自身がどう受け止めていたか、彼らがどんな夢や希望をもち、毎日をどう過ごしていたか、などについて理解するための格好の記録となっている。

ここに表題の一部を紹介しておこう（執筆者名略）。

「少年部精神」「少年部の一日」「大正の松下村塾たらしめん」「真剣でなければならぬ」「しばらくの辛抱」「反省より念願へ」「高からんと欲せば」「有難い社長様」「青年の覚悟」「社長様の御心に感激して」「人格の養成」「修養は大資本なり」「社の為は親に孝なり」「感謝」「働く事即ち修養」「大成せんと欲する者は」「実学に依つて」「忍耐心は大

切である」「希望を達成する為めに」「人格は不滅の資本なり」「至善と本務」「奮闘は成功の母なり」「斃れて後止む」「小我を捨て大我に合す」「清い心を以て」「邪心に克つ」「自己凝視する力」「何事もしばしの辛抱」「如何にして御大恩に添ふべきや」。

少年たちの文章の中では、修養が中心に取り上げられていることはいうまでもない。たとえば冒頭の「少年部精神」（小池金作）では、修養という言葉が都合五回使用されている。そのほかの少年たちの作文でも修養はキーワードとなっている。

少年たちにとって修養とは、将来の希望を実現するために、あるいは偉い人、立派な人、尊敬される人になるために自分自身をつくりあげていくための日々の行為そのものであった。修養は、感謝や忍耐、辛抱、努力、奮闘、反省、善行、真剣、克己などの言葉によって示される生活上の心得や態度と深く結びついていた。少年たちにとって修養は、学歴社会の中でいったんは閉じられているようにみえた将来への扉を開く夢の観念装置であった。そして修養は社長様（寮生活では旦那様と呼ばれていた）の「御恩」に感謝し報いる「報恩」の努力とも重なっていた。

㈣　少年部活動の展開と実学修養

既述のように、中村孝也『野間清治伝』は少年部史の第二期を昭和初年からとしている。昭和期に入り少年部はいっそう拡大し、それまでの経験と蓄積をもとに集団組織的な自治生活が円滑に展開し、安定期を迎えた。

この時期には少年部員たちは採用試験によって安定的に入社してくるようになり、採用時には社員が前橋市（群馬県）に出張して採用試験を行った。新入少年社員数は一九二七（昭和二）年四七名、二八年六七名、二九年六二名、三〇年四八名、三一年六二名、三二年六一名、三三年四九名、三四年五三名。少年社員の多くは野間の出身地である群馬県から採用されていた。知名度が高まった少年部への入社志望者は激増し、採用予定に対して一〇〇〇名に近い志願者が集まるようになっていたといわれる。『野間清治伝』によれば、少年部に入ることは中学校に入学するよりも至難になっていたのであり、小学校の一番から五番程度の成績を有し身体壮健な者が選ばれるようになっていたという。少年社員たちは少年部を講談社大学と称して、自学と修養に励んだ。少年部では一九三二（昭和七）年から中等学校の卒業生も若干名採用するようになった。

少年部では毎年の慣例行事として、少年少女大会を開いていた。大会は本社詰めと音羽本邸詰めの少年少女全員が一堂に会する貴重な機会となっており、野間夫妻、社員、来賓を招待して、少年部員が自主的に企画運営した。一九二七年の少年少女大会は、この年の新入部員四七名の歓迎会と野間恒（「第二の旦那様」）の一八歳の誕生祝いを兼ねて、四月二四日音羽本邸において盛大に行われた。当日の記録は、『大日本雄弁会講談社少年少女大会記録』として後日少年部によってとりまとめられた。

この年の大会は少年部員二〇〇名に野間夫妻と来賓を加え、三〇〇名近くの規模で（前年は一五〇名規模）、午前一時まで行われた。大会の催し物は演説、朗読、謎掛け、浪曲、講談、剣舞、杖術、踊り、手品、ハーモニカ演奏等であり、学校で行われる学芸会と類似した内容である。大会の記録の編者は当日の様子について、「向上心に燃えて奮闘し修養する弐百人が一堂に会して、師とも仰ぎ父とも慕ひ懐しむ社長様と奥様を中心に楽しく面白く一日を過しましたことを思ふと涙ぐましい程の感激を覚えます」と記している。[64]

この日の大会では最初に「恒様御誕辰の佳き日を迎へて」（掛川尚雄）と題する「祝賀演説」が行われた。弁士である少年部員は同じ少年部員である野間恒を讃し、恒は「将来の日本文化と国民の幸福とを双肩に担って立たせらるべき御方」であり、「私達一同その徳足らず、その力及ばずとは云ひ乍ら益々修養練磨、以て自己の完成に努め、而うして将来恒様の手となり足となつてこの大事業の為に、一臂の力を尽くしたいと思ひます」と述べた。[65]少年部員たちにとって、ともに修養している恒は新しい時代のリーダーたるべき人物であった。そして少年部員の修養は、自分自身のためであるとともに、社のため、旦那様のため、恒のためでもあった。

大会の記録からは、少年部員にとって野間は「旦那様」でありながら慈愛に満ちた父であり、夫人は「奥様」でありながら母であり、少年部員たちは兄弟であり、そして恒は「坊ちゃん」でありながら敬愛すべき特別の誇らしい兄弟であったことがよく伝わってくる。「野間王国」の建設と「雑誌報国」の実現の夢は、社員と同様に少年部員にも共有されていた。

少年部は少年たちにとって、野間夫妻を中心とする擬似大家族としての性格を備えていた。少年部員の意識形態は江戸期の商家に成立していた一族意識、共同体意識の形態に類似している。少年部員は野間を旦那様と呼び、しばしば自分たちを奉公人として捉えていた。出版社という近代的企業形態の中に前近代的な雇用システムが再編されて持ち込まれ、そのシステムの中にある人間形成力が有効に引き出されていたのである。

ところで、当時の少年部員たちは、自分たちが取り組んでいる修養についてどのように理解していたであろうか。入社三年めを迎えた一人の少年部員は当日の演説「実学の道」（原沢与二）の中で、この点について次のように述べている。(66)

「物は考へ様一つである、不親切にも有難い処がある。残酷にも感謝すべき事がある。」とは常に旦那様の仰せられる処でありますが、かうして考へて見ますする時に私共が日々やつて居る仕事の悉くが、たとへ便所掃除にしても、鶏飼ひにしても、風呂焚きにしても、お使ひにしても、荷造りにしても、薪作りにしても実に意義深い物であると思ひます。

続けてこの部員は、便所掃除をするにも智仁勇が必要であるとして、「畢竟修養とは智仁勇の三者を錬り磨く事であると思ひます」と述べ、さらに次のように続けた。

さうであつたとしたならば智仁勇は便所掃除を完全にやらうと思つた処からも恵まれゝば鶏を上手に飼つて卵を沢山生ませようと苦心する処にも培はれ、風呂焚をうまくやらうと思ふ中からも得られる。朝起きてから夜寝る迄、一つとして修養ならぬ物はない、総てが修養であると思ふのであります。（中略）今や世をあげて本を読まなければ偉くなれない、中等学校へ出なければ大学へ出なければと、学問知識にのみ捉れて居る秋に当り、私達のみは偉大神の如き旦那様の懐に抱かれ、天下に比類なき実学修養団の大旆を振翳し、日々この実務の中から、真の修養を体得しつゝ行くと云ふ事は確かに天下の驚異であり、思つても愉快ではありませんか。（中略）この実務の中から処世の妙諦を見出し将来の大成を期し、而して「活眼を開けば環境皆即ち我師なり」の、事実を天下に示さうではありませんか。それが私達の旦那様に対する唯一最上の報恩の道でもあると私は思ふのであります。

この演説を大会の記録に収録するに際して、編集担当者は「吾が少年部の本領たる『仕事即修養』の真理を平易に説いて妙」というコメントをつけた(67)。「実学修養」「仕事即修養」は、彼らの合い言葉になっていたのである。この演説には、中学校に進学できなかった少年たちが、自負心をもって実学修養（実務に励むことを通して修養する）に邁進しようとする姿勢がよく表れている。彼らにとって修養とは、与えられた仕事に二心なく励むことにほかならなかった。そうすることによって上級学校で学ぶ者たちに負けることなく自分を成長させることができると信じたのである。

最後に野間の「御話」で大会は幕を閉じた。野間は少年部が学校に引けをとらない教育の場として機能していることを確信していた。野間は新入の少年たちに次のように語りかけている。

新しい諸君に一言申しますが、流石に厳選に厳選を重ねて、さうして少年部に採用せられただけに、皆よい少年ばかりである。

（中略）新入の少年は今まで学校にあつて、一年一年と試験をうけて進級して学校を卒業したのであるが、こゝでは学校のやうに試験といつて別にないけれども、毎日毎日が試験である。さうして一年にして二年級にも三年級にも進む事が出来る。（中略）去年入つたものでも一昨年入つたものと同じ程度まで進んだものもある。油断せずに努力さへするならば、いくらでも進むことが出来る。これが大変に本社の面白い点である。どうか此上とも真面目に熱心に働き一心不乱に修養を積んで貰ひたい。(68)

熱心に働くことが修養につながる（「仕事即修養」）という修養観を、野間は新入部員に向けて強く伝えようとしていたのである。

一九二九（昭和四）年段階の少年部の活動の様子は、『少年倶楽部』一九三〇年一月号で全国の少年たちに向けて報じられた。少年部の紹介記事は「この熱誠、この努力、この意気込み」の見出しで、読者と同じ年頃の二二〇名を超える少年部員が、五六〇名を超える社員と一緒に「雑誌報国」の大願に燃えてがんばっていることを伝え、少年部員は「全国の模範少年の中より厳選することになつてゐます」と述べて採用の情報を読者に伝えていた。さらに「少年部員が如何に修養し、如何に努力し、如何に愉快に働いてゐるか」を紹介するために少年部員の生活の様子を撮った一二葉の写真を解説付きで掲載した。

写真は、本社で働く少年部員の様子（本の仕分け、自転車での配達風景、発送のための荷造りなど）や、音羽邸での生活風景（修養会の様子、剣道の練習風景、練習後の野間による講評の様子、畑仕事など）を写したもので、それぞれにたとえば「剣道と共に盛に行はれるのは毎晩の修養会です。演説は精神を練る大事なものとして奨励され、修養会には一人残らず演壇に立つて熱弁を揮ふのです」というような解説がつけられていた。このときの演題は「私がもし書店の主人であつたらば」というものであった。『少年倶楽部』の誌面を通して、修養に励む少年部員たちが「模範少年」として全国の読者に大きく報道されたのである。

(五)『少年部員教養の実際』と教養の内容

少年部が最盛期を迎えた段階における少年部の組織形態、活動内容は、大日本雄弁会講談社刊『少年部員教養の実際』によって知ることができる。同書には発行年月日が記されていないが、同書中に社長の一人息子・野間恒（一九〇九年生まれ）も少年部員であり、本年二三歳になると紹介されているところから、同書は一九三一（昭和六）年を前後する時期に編集されたものであることがわかる。少年部の活動状況を伝える数多くの写真が各所に配された一〇〇頁を超えるこの冊子は、保護者向けの入社・入部案内のガイドブックとして作られ、関係者に無料配布されたものと思われる。

同書の表題となっている「少年部員教養の実際」という言葉の意味は、講談社における少年の教養（教え養う）の実際について、ということであって、少年が身につけるべき教養（culture）についていっているわけではない。同書には少年部員を教養（教え養う）する者の立場から少年部の組織形態、日常生活の様子などが詳細に説明されている。同書の刊行は、少年部がこの段階で社内組織として十分に整備されたことを示している。

同書の内容は「大日本雄弁会講談社の理想と事業」「少年部員教養の実際」「少年部員募集案内」「大日本雄弁会講談社に対する批評の一部」「社員少年部員に関する名家の感想」の各章で構成されている。

同書では、まず保護者に向かって「講談社は学校である」と説明している。また、少年部員の中から「大学出身者と肩を並べて」社員として働くようになる者がいること、[69]「学校にはいらなくとも偉くなる道」があることについて説明し、[70]少年部員には本社社員への道が大きく開けていることも強調している。日本社会に拡がった当時の学歴社会の中にあって、講談社は少年部を育てることによって学校教育とは別系の企業内教育システムを作り上げ、人材育成を図るコースを成立させていた。そのような企業内人材養成システムを背景にして、社では「皆様の御子弟に御入社を」と呼びかけ、優秀であるにもかかわらず経済的な理由で上級学校への進学をあきらめざるをえない少年たちを社に迎えようとしたのである。

「大日本雄弁会講談社の理想と事業」の章では「一三、何が本当の学問か」の項目をたて、少年部を「社の特色」をなすものであるとして、次のように説明している。

一三、何が本当の学問か

最後に、我社の特色たる少年部について申上げます。

只今社には三百余名の少年が居る。十四、五歳から、二十五歳前後まで小学校を出た者、中等学校を卒業した者、経歴はいろいろですが、これが社長の総指揮の下に、特殊な教養をうけて居ります。

横井小楠先生曰く、

「学問とは何ぞやといへば、全く我が心の修行である。（後略）」

忍苦の修行によつて、心神を霊活ならしめる、それが真の学問であると、小楠先生は言はれるのであります。

社長の理想も、そこにある。で実際に役だつ本当の人間をつくりたいとの希望の下に、此の少年部を起しました。令息恒君も、小学校を卒へたる時は卒業式に総代として答辞を読んだ位で、学問の素性もよいのであるが、大いに考ふるところがあつて社長の膝下に置いて、社長自身が教育し、少年部の一人として、彼等と寝食を共にせしめて居ります。

少年部の組織は、これを二班に分ち、一は社長邸に居り、一は本社に勤め、一定の時期の後、双方入れかへになります。社長邸に於ては、毎朝六時起床、朝の挨拶の後、拭き掃除、野菜の栽培、庭園の手入、其他さまざまの労作にたづさはる。午後は剣道の稽古です。（中略）心身の錬磨が主眼であります。

夜は修養会にうつる。これは、その日彼等の携はつた仕事について、お互に批評するのであります。例へば、誰の薪の割方は拙かつたとか、誰の挨拶の仕方は言葉が足らぬとか、某の取次の口上はハツキリしてよかつたとか、某の来客に対する態度は落着があつて宜しいとか、いゝ事、悪い事を、互に褒め合ひ戒め合つて、或は模範とし、或は他山の石とします。ついで、其日読んだものについて意見をのべるとか、其日感じた所を演説するとか、その又演説について研究するとか、いろいろやります。社長夫妻も、時々顔を出しますが、大体少年部は自治組織になつてゐて、彼等自身がすべてを計画します。その主なるものが交代に主範となつて、作業の分担を定め、社長はその相談に応じて、彼是注意を与へるのであります。(中略)

一方本社詰の少年は、同じく朝六時に起床すると、一同社長の写真に向って朝の挨拶をなし、直ちに活動に入る。掃除をする者、使にゆく者、雑誌書籍を受入発送をする者、郵便物を扱ふ者、投書の区分、原稿の判読、帳簿の整理、取引の実習、雑誌の批評、文書の草案、受附、筆耕、――編輯及び営業に関する事務一切の手伝をいたします。日曜と祭日とには、都合の出来るだけ、本邸と同じく修養会を開きます。かくて夜十時に招集点呼、今日の活動についての反省と、明日の仕事に対する研究を了へて後、朝と同じく社長の写真に向って夕の挨拶をなし、入浴をすまして床に入ります。(71)

「少年部員教養の実際」の章では寄宿舎生活について次のように説明している。

入社の少年が決定すれば、少年部では分隊といふものを新に作ります。これは古参少年三名位に新入少年七名位をもつて一分隊とし、各分隊毎に一名宛の分隊長を決めます。分隊長及古参少年は、自分の分隊をよくする責任を負ひ、朝夕の寝起から、食事、仕事、修養会、剣道等々の一切に亙って先輩として宛《あたか》も兄が弟に対する如く、親切にすべて面倒を見てやります。(72)

この時期、少年部は一〇名ずつの分隊をつくり、分隊長を責任者とし、これを訓育集団の単位として「実学修養」に取り組ませていた。少年部は異年齢自治集団のもつ訓育機能を有効に引き出すように組織されていた。このような訓育方法は、近世郷村社会において若者組、若衆組、若連中などと呼ばれていた地域の自治的異年齢集団の中で培われてきたものである。明治以降になると軍の兵営生活や師範学校の寄宿舎生活、青年団の活動などに集団的な訓育方法として再編されて取り込まれていた。講談社は民間の会社として、この伝統的な人材養成システムを近代的企業の中に有効に取り入れることに成功したといえよう。少年部の組織形態、運営形態には若者組的要素がきわめて強く表れており、少年部はその形態からいえば職能集団の内部に再編された擬似的若者組であるといってもよい。

音羽本邸の少年たちの四月ごろの日課はだいたい次のようなものであると紹介されている。

一、起床　午前五時四十五分
一、朝掃除　同六時より七時迄
一、剣道　同六時半より八時迄（古参少年中都合つくもの）
一、朝学　午前七時より八時迄
一、朝食　午前八時
一、作業始め　同八時四十分
一、剣道基本　同十一時二十分より正午迄（新入少年のみ）
一、昼食　正午
一、自由時間　午後一時迄
一、作業始め　同一時
一、剣道　同四時より五時半まで
一、終業　同六時
一、講評　同六時より六時半迄
一、夕食　同六時半
一、修養会　同七時半より九時半

一、入浴就寝　同九時半より(73)

少年部員の一日のスケジュールは、きわめてタイトであり、終日作業、集団活動が続いた。本書には「『作業によつて、人物を練り、魂を磨く』之が本社少年部の教養の本領であります」と記されている。さらに「二百人の少年を大学に」入れるのと同様な人間形成力が発揮されているのだとも記されている。(74)「少年部員募集案内」の章では「教養の実際」として、(イ)修養会、(ロ)少年少女大会、(ハ)剣道教授、(ニ)剣道大会があげられた上で、次のように付け加えられている。

一、少年教育は社長親ら之に当り、外に社員中より指導係若干名を選び、且少年中の先輩優秀のものが、共に仕事に携はりながら訓練指導いたします。

一、少年は総べて社内住込であります。

一、現在は小石川音羽町三丁目なる本邸と、本郷駒込坂下町なる本社とに分宿して居ります。音羽の本邸に在るものと、本郷の本社にあるものとの日々の勤は、自然変つて居りますが、時々交替させます。(75)

さらに、「待遇」の項で、少年部員の給料等についての説明があり、「入社志望者心得」の項では、少年部員の応募資格として「(イ)年齢満十四歳以上二十歳以下の者。(ロ)学力尋常小学校卒業以上の者。(ハ)身体強健で誠実勤勉の者。(ニ)五年以上勤続出来るもの」の要件があげられ、部員は応募者の中から選抜採用することが明記されている。

最後に掲載された「社員少年部員に関する名家の感想」の章では、原稿の受け渡しなどを通して少年部員と直接に接する機会のある著名人や作家たちが、少年部員の礼儀作法やしつけられ方などについてきわめて好意的な批評を寄せている。

このころになると修養は錬磨と結びつき、二つの言葉が結合して生じた修錬という用語もしばしば使われるようになっていた。

労作といひ、剣道といひ、其事が目的ではなく、心身の錬磨が主眼であります。（中略）自ら実務に当つて、労作し、修錬し、而して多くの人々に揉まれるのであるから、少年部に入つて三四ヶ月も経つと、人物がころりと変つて来ます。口の利き方、電話のかけ方、手紙の書き方、来客の応接、事物の観察、等々、忽ちの中に、進歩の跡が歴々と見えて来る。自助自成の力ほど恐しいものはありませぬ。(76)

「本当の学問」であるとされた「実学」は生活の中に生きる知識や知恵の体系を実践的に習得することであり、「実学修養」は、そのような行為を弛まず行うことによって自らを錬磨することを意味した。野間は「学校に入らなくとも偉くなる道」のあることを説き続け、社内に学歴社会とは別の立身出世の体系を創出した。この体系は、講談社の内部できわめて有効に機能しはじめ、多くの少年部出身の幹部を生み出したのである。そのことが少年部員の意気を高め、少年部は関係者が「講談社大学」と自称するほどの役割を果たすものとなった。

『少年部員教養の実際』の刊行に続けて『少年部の常識と心得』（大日本雄弁会講談社少年部編、一九三二年一二月）が作成された。同書は一九二五（大正一四）年にガリ版刷りで刊行された『少年部心得』の内容を引き継ぎ、発展させて活字印刷で刊行されたもので、少年部員の対内的、対外的活動の心得のひとまずの完成型といってよい。少年部の活動内容から少年部員の心構えや作法に至るまですべてマニュアル化されたのである。同書の作成には少年部指導係の社員が関与しており、先の『少年部員教養の実際』と対をなす刊行物となっている。

同書の内容は、少年部員が心得ておかなくてはならない社の業務、野間邸での共同生活の送り方から社外での行動の心得と諸注意にまでわたっている。たとえば「修養会について」の心得では「出来るだけ大きな収穫を得ようと心掛けること」、「手帳と鉛筆を持参し、ここはと感じたやうな処は書き留めておく位にすること」、「指名されたやうな場合は、上手下手を問はず勇敢に立つて演じること」、「他人が即席演説等をやつて居るとき、自分がやるのであつたら『あの時はかう、あゝいふ場合はかう』といふ風に、聞く間にも常に練習研究に心掛けること」、「如何なる場合でも、人を軽蔑するといふことはよくない」などという具合である。(77) このような心得の内容は、近世若者組に伝えられてきた共同生活上の自己規律としての「口伝条目」の内容にきわめて近いものになっていたということができる。

(六)　野間清治の急逝と『初代社長様御遺訓少年読本』の刊行

講談社では社業の発展を背景に、本社を本郷区駒込坂下町（団子坂）から小石川区音羽町の野間本邸の場所に移転する計画が進み、一九三一（昭和六）年に野間は自宅を目白（小石川区関口台町）に移した。三二年から跡地に本社ビルを建てる工事が始まり、三四年七月に新社屋が完成して、本社は団子坂から音羽に移った。中村孝也『野間清治伝』では、このときを少年部第三期の始まりとしている。部員の採用は、第二期よりもさらに増えた。採用者数は一九三五年八七名、三六年七〇名、三七年七一名。在籍少年は時に四〇〇名にも及んだ。(78)

しかしながら一九三八年一〇月、野間は狭心症により突然他界し、続けて同年一一月には少年部の中心にいた恒が病没し、指導者を失った少年部の活動は大きな痛手を受けることになった。加えて日中戦争（一九三七年）の開始にともない入社人員は減少し、壮丁者として召集される少年部員が相次ぎ、(79) 少年部の活動には戦争が大きく影を落としはじめた。少年部ができてからこの間、延べにして千数百名の少年部員が野間の薫陶を受け、その中から数多くの少年部出身の幹部社員が生まれ、また社内に少年部指導係の社員たちがおかれていたとはいえ、カリスマ的指導者を失った少年部の活動は急速に衰退していった。

一九四〇（昭和一五）年、社内の関係者たちは、野間が生前少年部員たちに講じた修養的訓話を寄せ集めて一冊の読本《とくほん》を編んだ。指導者を失った少年部の部員たちの心のよりどころ（「修養の守り本尊」）をつくるための試みであった。非売品として少年部員たちに配られたこの読本には、『初代社長様御遺訓少年読本』という表題がつけられた。同書の冒頭には「本書の読方」と題する次のような一文が掲載された。

> 目だけで読んだのでは駄目である。頭だけで読んだのでは駄目である。血で読み、肉で読み、身体全体で読み、全霊を傾けて読むのでなければ、本当にこの読本を読んだとはいひ得ない。この本を修養の守本尊として、肌身離さぬくらゐに愛読熱読すれば、必ず必ず社長様の期待されるやうな立派な少年となり、立派な社員となることが出来る。かくしてはじめて社長様の御恩、社の御恩にお酬いすることが出来るといふものである。

同書は「暗誦するくらゐにまで」読み込み、その内容が知らず知らず実践できるようになる（知行一致）までに修養することが求められていた。野間亡き後、野間の修養論の内容は、御遺訓として一人ひとりの少年部員の心の中に引き取られなくてはならなかったのである。

『野間清治伝』の著者中村孝也は『初代社長様御遺訓少年読本』に序文を寄せて、野間の遺訓がどのように少年の心を導いてくれるものであるかを示そうとした。彼の文章には、訓話を読むことが人間の人格形成に作用するとする考え方がよく表れている。中村は同書の読み方は「聖書読み」と呼ばれる読み方と同様である、という。

> どこから読みはじめても、役にたつ教訓の言葉が、あとからあとからと引きつゞいて出て来る。一語一句、ことごとく自分の

行くべき道を指し示してくれる。(中略) 一語一句が心の奥底まで泌みわたつてしまふ。それが生きて自分を働かせてくれる。しかも正しく働かせてくれる。(中略)（本書は）著者の不断の修養と深刻なる人生体験の裡から涌いて出た清水を掬みあつめて、水槽に湛へたやうなものである。一滴また一滴、そこには著者の魂がこもつてゐる。生命が躍動してゐる。これを飲み、これを味はふならば、著者の魂は自分の魂を導き、著者の生命は自分の生命に力づけて、知らぬ間に、著者が六十年の努力を重ねて登り得た人生の高峰に、自分を登らせてくれるであらう。(中略) 一語一句、諸君を導き、諸君を励まし、諸君に力づけて、正しい人生行路を進行せしめるに違ひがない。

このように、すぐれた教訓は人を導き、励まし力づけ、正しい人生を送らせてくれるものであるとされ、修養とは先人のおしえ（訓）に従い自身の人格的な向上を図る主体的な行為そのものであるとされた。野間の言葉は、死後そのおしえを引き継ごうとする者たちの間で聖別化されたのであった。

遺訓として『少年読本』の巻頭を飾ったのは、野間が修養についてまとめた最初の論説「如何にして希望を達すべきか　道は邇きにあり」であった。『キング』創刊に際して執筆され、これまでさまざまな機会に紹介されてきたこの論説は、同書の編集に当たった人たちにも野間の修養論を代表するものとして受け止められていたということになる。

同書の中からこの段階の修養論を特徴づける野間の二つの訓話を取り上げておこう。

一つは「主人と我等」という表題をもつ訓話である(80)。

ここで野間は、少年部の修養会で行われた一人の少年の演説を聴いて「心中歓喜に堪へなかった」と述べて、その演説を紹介している。少年弁士はここで、「諸君、一つお互に目覚めて、徹頭徹尾、この家のため、主人のためといふ考へで、主人の心を以て我等の心とし、主人の感じを以て、我々の感じとするまでに修行しようではないか」と論じていた。このエピソードは、修養論の大衆化過程の一つの帰結点を示しているといえよう。カリスマ性を強くもつ指導者のもとで進行した修養論の大衆化過程においては、当初修養論がもっていた個我の自立への指向性は弱まり、それに代わって指導者の思念を実践し集団的行動に参加してアイデンティティの形成を図ろうとする傾向が強まったのである。

もう一つは「四つの錬磨」という表題をもつ訓話である(81)。野間は王陽明が人物を築き上げる方法として説いた「事上磨錬」の説を紹介しつつ、人間修養上の要訣は四つの錬磨——書上錬磨、事上錬磨、人上錬磨、天上錬磨——である、と述べる。「書上錬磨」は学校で行われている錬磨であり、「事上錬磨」は実際の仕事に当たっての錬磨であり、「人上錬磨」は人と人との交際の中で行われる錬磨であり、「天上錬磨」は天、自然、神仏などについての錬磨である。野間はいう。「凡そ人間が一廉《ひとかど》の者になるまでには、深浅こそあれ、兎に角、この四つのものによつて錬磨されなければならない」。

野間がここで述べている錬磨の概念は、修養と結びつき修養錬磨という言葉を成立させることになった。この言葉は修錬と約《つづ》められ、戦時下の社会に拡散してゆくことになる。一方修養という用語は反比例的にフェードアウトする。個人の人格向上論から出発した修養という語はしだいに使われなくなり、それに代わって個人が集団の背後に消えてしまう傾向を強くもつ修錬のような言葉が急速に社会に拡がっていった。

戦時下の人間形成論の中核となった行の思想や錬成論が社会を席巻することになる時代はすぐ近くにまで来ていた。そして戦時下日本社会では、修養論が錬成論に呑み込まれ塗りつぶされてしまうことになる事態が、誰も気がつかないうちに進んでいたのである。

注

（1）野間清治の自叙伝『私の半生』と修養論をまとめた『修養雑話』は、野間清治生誕一二〇年を記念し、野間教育研究所特別紀要『私の半生・修養雑話』として合冊して復刻された（一九九九年）。復刻にあたっては、現代かなづかいが採用され、漢字も旧字が新字に変更されている。本章では、『私の半生』および『修養雑話』からの引用は野間教育研究所特別紀要『私の半生・修養雑話』によるものとする。

（2）野間清治『処世の道』中「神人瑣談」より「修養の理想」および「私淑の究境」（一九三〇年。前掲『私の半生・修養雑話』五三八―五三九頁）。

（3）『キング』創刊号に初出のこの論説文は、『出世の礎』（一九三一年）に収録されたほか、社内向けにつくられた『誠志録』（一九二六年）や、死後編集された『初代社長様御遺訓少年読本』（一九四〇年）にも野間の修養論を代表する論説として巻頭に収録された。

（4）中村孝也『野間清治伝』（野間清治伝記編纂会、一九四四年、一〇二九頁）。

（5）渡部昇一『「仕事の達人」の哲学――野間清治に学ぶ運命好転の法則』（致知出版社、二〇〇三年）。

（6）前掲、野間『私の半生・修養雑話』二七頁。前掲、中村『野間清治伝』第一篇「家系」。

（7）前掲、野間『私の半生・修養雑話』一六八頁。

（8）『同右』二四一―二四二頁。

（9）前掲、渡部『「仕事の達人」の哲学――野間清治に学ぶ運命好転の法則』一五〇頁。

（10）前掲、野間『私の半生・修養雑話』六八頁。

（11）『同右』二一一頁。

（12）『同右』二三六頁。

（13）筒井清忠は雑誌『雄弁』が大学アカデミズムの周辺から出発したこと、青木得三、前田多門、鶴見祐輔など、新渡戸稲造と親しかった人びとが野間を支えていたことを指摘している（『日本型「教養」の運命』岩波書店、一九九五年、四〇頁）。

(14) 前掲、野間『私の半生・修養雑話』二五一頁。
(15) 『同右』二五一頁。
(16) 『同右』二五二頁。
(17) 『同右』二七四—二七五頁。
(18) 『同右』三三二頁。
(19) 前掲、中村『野間清治伝』一〇二八—二九頁。
(20) 『同右』八八六頁。
(21) 前掲、野間『私の半生・修養雑話』四四—四五頁。
(22) 『同右』六〇、七五、八四、一〇四頁。
(23) 『同右』二五二頁。
(24) 『同右』七一頁。
(25) 『同右』八六—八七頁。
(26) 『同右』九二頁。
(27) 『同右』一〇九頁。
(28) 『同右』三三九頁。
(29) 『同右』三八六頁。
(30) 前掲、中村『野間清治伝』九三五—九三六頁。
(31) 『同右』九四三頁。
(32) 前掲、野間『私の半生・修養雑話』五四頁。
(33) 『同右』九〇頁。
(34) 『同右』九〇頁。

(35)『少年倶楽部』第二巻第一〇号（一九一五年）。
(36)『同右』第三巻第三号（一九一六年）。
(37)『同右』第二巻第四号（一九一五年）。
(38) 野間清治「力は展びて年は明けゆく」（『キング』一九二六年一月号）。
(39)「特別付録　修養一口話」（『キング』一九二五年一〇月号）。
(40) 前掲、野間『私の半生・修養雑話』四八八頁。
(41) 前掲、中村『野間清治伝』六四七―六四八頁。
(42) 渡部昇一「野間清治の人と思想」（前掲、野間『私の半生・修養雑話』八頁）。
(43) 前掲、野間『私の半生・修養雑話』四九〇―四九一頁。
(44) 佐藤卓己『『キング』の時代』（岩波書店、二〇〇二年、一八四頁）。
(45)『キング』一九三六年四月号、たとえば「婦人に必要な修養と趣味と研究の三つを、程よく兼ね備へてゐる模範的な婦人雑誌」（日本女子大教授・正田淑子）、「婦人倶楽部を見ると隅から隅まで、よくもこれ迄にと思ふほど修養と娯楽とがじつに微妙にうまく織り込まれてゐる編集ぶりに感心してゐます」（子爵・三島章道）など、識者による推薦文が掲載されている。
(46) たとえば、少年部の活動を社会に紹介するためにつくられた小冊子には、「講談社は学校である」という小見出しをもつ記事がある（『少年部員教養の実際』大日本雄弁会講談社、私家版、講談社蔵、七五頁）。なお、本書には発行年は記載されていないが、本文中の記述より一九三一年ごろに刊行されたものと推定される。
(47) 社史編纂委員会編『講談社の歩んだ五十年（昭和編）』（堀江常吉談、講談社、一九五九年、一一頁）。
(48) 前掲、中村『野間清治伝』八七五―八七六頁。
(49) 田嶋一「〈少年〉概念の成立と少年期の成立――雑誌『少年世界』の分析を通して」（本書第三部第1章）。
(50) 前掲、野間『私の半生・修養雑話』四四四頁。
(51)『同右』四四五頁。

(52) 前掲、中村『野間清治伝』八七九―八八三頁。
(53) 『同右』八七九―八八〇頁。
(54) 大日本雄弁会講談社少年部編『誠志録』(ガリ版印刷、私家版、講談社蔵、一九二六年)。
(55) 前掲、中村『野間清治伝』八八五―八八六頁。
(56) 前掲、社史編纂委員会編『講談社の歩んだ五十年(昭和編)』五―七頁。
(57) 前掲、大日本雄弁会講談社少年部編『誠志録』(調査部森安勇による記事、一三頁)。
(58) 前掲、中村『野間清治伝』九二二頁。
(59) 『心身修養藻屑集』「序」(ガリ版印刷、私家版、講談社蔵、一九二五年)。
(60) 前掲、大日本雄弁会講談社少年部編『誠志録』一三頁。
(61) 『同右』二九頁。
(62) 『同右』四一頁。
(63) 『同右』五二頁。
(64) 少年部編『大日本雄弁会講談社少年少女大会記録』「序にかえて」(私家版、講談社蔵、一九二八年四月)。
(65) 『同右』四―六頁。
(66) 『同右』二四―二七頁。
(67) 『同右』二七頁。
(68) 『同右』一四四―一四六頁。
(69) 前掲『少年部員教養の実際』四一頁。
(70) 『同右』四八頁。
(71) 『同右』三七―四一頁。
(72) 『同右』中「皆様の御子弟に御入社を」五六頁。

(73)『同右』中「彼等の日課」五六―五七頁。
(74)『同右』六二頁。
(75)『同右』中「少年部員募集案内」八六頁。
(76)『同右』三九―四〇頁。
(77) 大日本雄弁会講談社少年部編『少年部の常識と心得』(私家版、講談社蔵、一九三二年、一八七頁)。
(78) 前掲、中村『野間清治伝』八八三頁。
(79)『同右』八八三頁。
(80)『初代社長様御遺訓少年読本』(大日本雄弁会講談社、私家版、講談社蔵、一九四〇年、四五頁)。
(81)『同右』一八八頁。

第三部　近代化の進行と教育文化

第1章　〈少年〉概念の成立と少年期の出現――雑誌『少年世界』の分析を通して

私たちは今日、少年期と青年期をライフサイクルにおける生理的および心理的な成長発達の過程を区分する一組の整合的な概念として使用するようになっているが、両者は実は歴史的にみればそのなりたちの由来を別にする概念であり、青年概念の成立当初においては両者の関係は未整理で複雑な構造をもっていたようである。社会の近代化にともなってまず成立したのは近代的〈青年〉の概念であった(1)。そして青年概念の成立と定着は、近代的少年概念の成立を促すことになった。今日では青年概念と対をなしている少年の概念、および少女の概念はいったいいかなる経緯で成立してきたのであろうか。本章では、この問題を一八九五（明治二八）年に発刊された雑誌『少年世界』を手がかりに追究してみたい。雑誌『少年世界』の刊行は、ちょうど青年の概念が日本社会に広がってゆく時期に重なっている。この少年向け雑誌の分析を通して、私たちは、少年とは何であったのか、また、近代社会の到来、青年期の登場とともに近代的な少年概念はどのようにして生成してくるのかという問題の解き口を手に入れることができるのである(2)。

1　雑誌『少年世界』編集者の意図と読者層

一八七〇年代から一八八〇年代にかけて新しい社会の近代化の方策をめぐり、政治、経済、教育の諸分野にわたって国民の主権をかけて政府と激しく対立をしてきた自由民権運動は、政府による弾圧と取り締まりによって後退し、日清戦争を契機として、帝国主義段階における国民意識と大国意識が急速に人びとの心を捉えはじめていた。為政者ばかりでなく国民の多くもこの戦争を自分たちの国の運命を決する戦争として認識した。明治維新、自由民権運動と、続けて国内世論を大きく二つに分けて争っていた日本社会にはこのとき初めて対外的危機意識を背景にして国民意識が下から盛り上がろうとしていた。政府はこの機会を捉えてこの草の根の国民意識を絶対主義的立憲君主制を支える臣民意識へと収斂させようとしていた。

一八九五（明治二八）年一月、博文館は同社が発刊していた諸雑誌を『太陽』と『少年世界』の二誌に整理統合することにした。この博文館の事業再編の時期はちょうど日清戦争と重なっていた。国民の目が初めての大規模な対外戦争に釘づけになっていた時期である。

この時期の国民意識の涵養にジャーナリズムの果たした役割は大きかった。とりわけ新興の出版社、博文館は戦況を報じる絵入り雑誌を売り出して成功をおさめた。『征清畫談』（『幼年雑誌』の号外）、『日清戦争実記』（「各方面の戦況を描奇曲尽」することをうたって月三回発行）がそれである。瓦版や錦絵が開拓してきた事件の映像化の手法を近代的な出版事業に持ち込んだこの企画は、読者に迎えられ博文館の経営は大いに潤うことになった。このような時流の中で博文館はこれまで場当たり的にだしてきた雑誌を整理することによって事業の合理化と拡大を図ることにしたのである。

『少年世界』創刊号（明治二八年一月一日発行）には「愛読者諸君ニ謹告ス」と題して次のような社告が載せられている。

本館従来刊行ノ諸雑誌ハ総テ昨年十二月限リ廃刊シ本年一月ヨリ『太陽』並ニ『少年世界』ト題スル二雑誌発刊仕リ候ニ付是迄

愛読諸君ヨリ御払込ノ前金過剰之分ハ

幼年雑誌
日本之少年
学生筆戦場
｝愛読者諸君ニハ『少年世界』発送

日本商業雑誌
日本農業雑誌
日本大家論集
日本之法律
婦女雑誌
文芸共進会
｝愛読者諸君ニハ『太陽』発送

右之通リ送本仕候間倍旧ノ御愛顧希上候売捌所ヨリ御購読ノ諸君ヘモ前記ノ如ク代用配達可仕候間左様御承知引被下度候（以下略）

『少年世界』と並行して企画された新雑誌『太陽』は、日清戦争の勝利を背景として高山樗牛に代表される大国主義的論説を掲げて読者を獲得することになった。当然のことながらその兄弟誌である『少年世界』もまた同様な性格を強く示している。表紙に地球儀をデザインした細密な銅版画をあしらった創刊号の冒頭には、佐々木信綱の「寄海　祝」と題することほぎの歌が載せられた。この歌の先頭には交差する陸軍の日章旗と海軍の旭日旗が描かれ、その旗のもとには「天皇陛下万歳　皇后陛下万歳　帝国万歳」の文字を中央にして右に「皇后陛下万歳　海軍万歳」、左に「皇太后陛下万歳　陸軍万歳」という言葉がいずれも大文字で鮮やかに印刷されていた。信綱の歌は「わが大君の御めぐみは／千尋の海より猶ひろく／わが国民（くにたみ）のまこゝろは／千尋の海より猶深し／わが日の旗のみひかりは／さ霧のうちに閉じられし／高麗唐土（こまもろこし）のうなばらの／闇をひらきて照したり／光さそふ日の旗は／世界の湊にかゞやけり／おそれうやまふ心もて／世界の民はむかふなり（以下略）」とうたって、天皇を戴くアジアの新興国家の大国意識を宣揚するものであった。

『少年世界』創刊号の論説は、「征清の盛挙」をたたえ、「東洋文明の継承者」、「新強国の小国民たるに背かざれ」と少年たちに呼びかけていた。続いて第二号（明治二八年一月一五日発行）の論説は「第二の維新」という見出しで日本が日清戦争に勝利して世界の第一等国になったこと、本誌は日本帝国国民たるべき少年の育成をめざすことをあげし、ついで「立身の機」と題して、第二維新のこの機こそ功名立身をはかる好機であると少年たちの立身への意欲をかきたてていた。さらに「雪中の苦学」と題して、苦学することによって道はいかようにも開けると説いて、少年たちに苦学を勧めていた。ここには、この雑誌の基本的な性格がほぼ出揃っているといってよい。苦学し、身を立て名をあげ、そして日本帝国を支える人物になれという筋書きである。少年たちの人生にかける夢や希望を、一方では社会階層の上昇移動に、もう一方では日本帝国の命運と結びつけながら、広く世界と科学に目を開かせてゆこうというのがこの雑誌に与えられていた性格である。出版社と編集者たちのこのような意図は新しい時代の情報を渇望していた少年たちに喜んで迎えられた。本誌は毎月一日と一五日の二回の頻度で発行された。

この雑誌の購読者には経済的に恵まれた家庭の子女が多かったのは当然であった。しかし見逃せないのは、この雑誌が、勉学の意欲には燃えているが経済的な事情やさまざまの事情で困難な状況におかれている少年たちを、「苦学」という用語をキーワードとしながら励まそうとしていたことである。雑誌のそのような性格はとくに発刊当初に際立っている。

その一例として第一巻第四号（明治二八年二月一五日発行）より掲載が始まった「二葉の香」欄を取り上げてみよう。創刊後ほどなくして、本誌には、篤志の少年少女を表彰する名誉賞が設立された。知、徳、体のいずれかに秀でた人物に出版社が名誉賞牌を授与し、彼らの志を顕彰しようというものである。ここで顕彰される少年像こそ編集者たちの思い描く望ましい少年像であったということができる。この賞に応募できる資格は、

①満六歳以上、一七歳未満の少年（この年齢層が少年と呼ばれていること、および女子もここに含まれていたことについては後述するが、この点はこの時期にこの雑誌で使われている少年概念の内包外延を示すものとして注目しておく必要がある）。

②学術優等、品行方正にして学童の模範となるもの。

③父母に孝、朋友に信にして、少年の亀鑑たるもの。

④商家、工場の徒弟にして忠勤勉励著しきもの。

である。名誉賞牌授与者は、学校長、区長、監督等の証明を受けた上で、本誌で顕彰されることとなった。名誉賞に輝いた少年、少女たちを紹介する「少年亀鑑得牌者列伝」は第一巻第六号（明治二八年三月一五日発行）から始まり、この連載は一八九五年いっぱい続いた。この欄には、成績優等、品行方正にして家貧しく苦学している少年や少女たちが、少年少女の鏡としてつぎつぎに紹介されている。初回に掲載された事例を一つあげておこう。

其二　深井寅次郎君

君は京都府下宇治郡宇治村字を六地蔵と云へるところの人本年十七歳なり。天資温順、幼より学を好む。六歳の時始めて六地蔵尋常小学に入りしより、爾来学術優等、常に同窓の首席を占め、先年その大試験答案を、京都府教育品展覧会に出品せしに、その成績優等の廉を以て、賞状を得たり。明治三十三年、宇治郡第二高等小学校に入り、全学生試筆会に於て、高点を得、木南校長より、特別優等賞品を受たり。十四歳の時不幸にして父を失ひ、家計上ついに退学の不得止に至りしも、尚商業の間、独習勉学、一日も学を廃せしことなし。君又母に仕て孝悌、友に交わりて真実、夙に少年の亀鑑を以てその名郷閭に鈔々たり。（宇

治村会議員中村丑之助君証明）

このような企画のほかに、雑誌には、貧しい環境の中から勉学によって身を起こした東西の偉人、成功者たちの「立志伝」、「苦学少年」時代の列伝がしばしば登場していた。これらの記事はこの少年雑誌の内容の初期から中期にかけての重要なジャンルを形成してゆくことになった。「立志」は明治中期に生きた少年たちにとって、努力と運次第で手に入るかもしれない物語であった。少年向け雑誌の購読者層の学習意欲は新しい世界への知的好奇心に支えられていたと同時に、「立志」への希望とも結びついていた。

編集陣による「苦学」の奨励は、主に経済的な理由で上級学校に順調に進学できないものたちに勉学を続けることを勧める励ましと説諭である。ここでは「苦学」すること自体に一定の価値が付与されていた。このような「苦学」概念は、一八八〇年代に地方の若い人たちの気持ちを東京に向かわせた「遊学」の概念とはかなり異質な性格の概念であるといってよいだろう。「遊学」は社会の流動性が高い、いわば不安定な社会の産物であった。九〇年代に入ると、為政者や指導者たちは社会的な安定性を強く望むようになっており、地方の有為の青年たちの多くが「遊学」のために「笈を負つて」上京するという事態に少しでも歯止めをかけようとしていた。その方策として「家」に留まり、家族の生活を支えながら頑張るという「苦学」イデオロギーの大衆化がはかられたのである。「苦学」の強調は、これまで青雲の志に燃える多くの青少年たちが家や故郷を捨てて上京する道を選んできたことに対する為政者や指導者たちの危機意識と、社会的な安定をはかろうとする意図の反映であったと思われる。学校体系の整備と学校による人材の選別が進みつつあったこの時代は、同時にまた教育勅語や民法の制定、家父長的家族イデオロギーの成立を通して、制度、政策両面での心の管理が進行した時期でもあった。「苦学」は「孝」イデオロギーと深く結びつけられていたのである。

こうして「苦学」の用語は、学力による人材選別のルートがすべてのものに約束されているという幻想を貧しい少年たちに与え続けるためのキーワードになった。「独習」、「苦学」の道が開けているということが、学校体系が整備されつつある時代にその階段を幸福にのぼってゆくことを諦めざるをえない一部の少年たちに、それでもなお自分の人生を自分の力で切り開いてゆけるかもしれないという夢を与えた。この時期に在宅学習を呼びかける通信教育が教育産業として成立し、多くの「苦学」する少年少女たちに受け入れられてゆくのである。『少年世界』にはその関連の広告記事がたくさん見られる。苦学少年たちにとって、この雑誌こそ、自分たちのよき理解者であり、また、同じ境遇におかれたものたちと交信しあう励ましの場であり、唯一の情報源であった。愛読者欄にはこのような少年たちの自己紹介をかねた交信の希望記事を多数見受けることができる。

こうしてこの雑誌は、一方で啓蒙的な科学雑誌、情報誌としての性格を保持しながら、同時に読者に少年としての望ましい生き方を語るものになっていたが、ここで語られる望ましい少年像は、立身を主軸に据えながら、同時に本誌の刊行に先行して国家が用意した教育勅語（一八九〇年）の徳目に重なるものともなっていた。先の名誉賞の応募資格条件には「父母に孝、朋友に信」が挙げられている。先の表彰者の紹介文にも「母に仕えて孝悌」という文章がある。顕彰された少年少女の健気な生き方は、いずれも教育勅語の徳目の側から切り取られ価値づけられた。徳目の実態化、教材化が誌上で進行していたのである。ここには国民の徳の内容が教育勅語の徳目にからめとられてゆく具体的な仕掛けのひとつが姿を見せているのであり、これはまた新たに研究が必要とされる興味深いテーマ（教育勅語の徳目の浸透過程）を私たちになげかけるものである。

2 〈少年〉概念の混乱と整理

ところで『少年世界』で使われている「少年」はいったいどんな意味を与えられていたのであろうか。いいかえればこの時期「少年」とはいったい何だったのであろうか。

博文館が雑誌を整理したとき、成人向けの『太陽』とそれ以外の読者層に対する雑誌を『少年世界』として一括したことは、少年という用語が知的な成人になるまえの人生の段階を括る用語であったことを物語っている。先に述べた「双葉の香」の投稿規定が一七歳までの者とされているのもこのことを裏付けている。

この時代の少年概念の広がりを示す例をあげておこう。後年に青年団運動のリーダーとして名を挙げることになる山本滝之助の場合。博文館から出ていた投稿誌『学生筆戦場』の購読者であった山本は同誌が『少年世界』に整理統合されたとき、継続してこの新雑誌の購読者になった。このとき山本は二三歳。広島県の山村で郷里の小学校の教員になっていた。彼の日記からは、山本が新雑誌『少年世界』の投稿欄に早速投稿し、創刊号を首を長くして待っていた様子が読み取れる。一八九五年一月一日付で発行された創刊号が取次の尾道の本屋を通して沼隅半島の彼の手元に届いたのは一月七日のことであった。同日の山本の日記には『少年世界』に六銭支出した記録があり、続けて次のように記されている。

早朝、秀一子少年世界ノ来レルヲ持参ス。（中略）少年世界到達スルニ及ヒ、僕ノ投書見ヅハ失望。(3)

『少年世界』と一緒に本屋にたのんでおいた『太陽』も数日後には届いている。次の記事は『少年世界』第二号を入手した日の彼の日記である。

少年世界ニモ投書見ェス。失望セリ。併シムシロ幸イナランノミ。(4)

彼は『少年世界』も含めていくつかの雑誌にしきりに投稿していたのだが、彼の作品はなかなか採用されなかった。山本が投稿が載らなくて幸いだったといっているのは、おそらく、この雑誌の購読をやめる踏ん切りがついたということなのかも知れない。山本の経済状態から何冊もの雑誌をとるのは不可能だったのである。しばらく『少年世界』の代金支払いの記録が定期的に続いた後、五月三〇日の日記には「少年世界ハ戻サントス」と書かれている。(5)このとき滝之助は『少年世界』の購読をやめたのである。山本が購読をやめた理由としては、経済上の問題のほかに、二つのことが考えられる。

一つは同じ博文館が発刊した『太陽』を並行して購読していたことである。このとき滝之助はすでに二三歳になっていた。年齢からいっても、滝之助のインテリジェンスからいっても、彼は『太陽』が対象にした購読者層に含まれていたのである。もう一つは日記に表れている投稿の件である。投稿マニアだった滝之助は、『少年世界』に統合された『学生筆戦場』の読者であるとともに、同種の投稿雑誌『少文林』(大阪、文林会発行)の読者でもあった。彼はなかなか自分の文章を採用してくれない『少年世界』への投稿をやめて『少文林』の方に力を注ぐことにしたのである。

このような出来事が起きていた同じ一八九五年の年明け、山本は新しい日記の表紙に「青年ノ卵」という文字を書き記し「田舎青年諸豪ノタメ必ズ一書ヲ著サン」ことを新年度の計画の一つとした。山本はこのときからほぼ一年間をかけて『田舎青年』を執筆し自費出版することになる。当時「青年」といえば都会の学生、書生たちのことであった。山本は本書によって、地方にも「青年」が現れてきていることを主張し、その存在の社会的認定を要求したのである。山本は自身を共同体の中で生きる「若者」と区別し、「青年」と自己規定をした。このような自覚に到達していた山本が同時に『少年世界』の購読者になり、さらに投稿までしていた事実は、この当時〈少年〉と〈青年〉概念が大きく重なっていたことを示している。この時期、一人の人間が〈少年〉であり、同時に〈青年〉であるということができたのである。(6)

青年の概念が未成立で、伝統的な〈若者〉の概念と用語が行き渡っていた時代にあっては、〈少年〉は〈中年〉と組になった用語としてもちいられていた。「少年易老学難成、一寸光陰不可軽」（朱子）というときの「少年」とは、勉学の途上にある者、知的成人になる前の段階にいる者、いうことである。この少年概念は、近代的少年概念とは隔たっている。

先に紹介した山本の例にとどまらず、『少年世界』の誌上でもこの概念の移行過程を示す用語使用上の混乱がしばしばみられるが、そのような例の一つを挙げよう。『少年世界』第七巻第三号（明治三五年四月）は、「新旧両主筆の少年時代」と題する一枚の写真を掲載した。主筆の巌谷小波がベルリン大学東洋語学校に日本語教師として赴任したので、かわって硯友社時代の彼の文学仲間である江見水陰が主筆になったことを記念して載せられたものである。写真の二人の青年は、硯友社時代の若き巌谷小波（一九歳）と江見水陰（二〇歳）。着流し姿の二人は一見して書生の風采である。雑誌はこの明らかに近代的青年のはしりである書生風の青年の写真を「少年時代」と銘打って紹介したのである。ここでいう少年時代とは、二人が文学者として世にでる前の、いわば修行時代という意味である。ここでは少年概念は明らかに伝統的な用法にのっとっている。

『少年世界』の編集陣はこの雑誌を大人向けの雑誌（『太陽』）の読者になる以前の若年層に向けて編集した。当然のことながら女子もその対象とされていた。女子も含めることによって、〈少年〉概念は、伝統的な用法を踏み台にして、ここでいったんさらに拡大したことになる。女子向けに書かれた記事も多いし、投稿欄の「少年文壇」には女子の投稿も多い。女子も含めて小学生から、『太陽』の購読者になるまでのものがすべて少年という網で括られたのである。時に山本の例にも見られるように二〇歳を超える者までがこれを購読した。「双葉の香」の該当者が六〜一七歳とされているところから、編集者たちが想定していた一応の正規の購読者層はこの年齢層と見てよいだろう。一七歳というのは学齢でいえば中学校を終える年齢である。下限の六歳という年齢はおそらく、『尋常小学　幼年雑誌』が整理統合された雑誌の中に入っていたせいであったろう。『尋常小学　幼年雑誌』は小学生向けの雑誌だったから、新しい雑誌は、当然この購読者たちも引き継いだわけである。付言しておくと、〈幼年〉という言葉の用法も今日の用法とずれていて興味深い。現存する慶應幼稚舎という学校が、私たちの想像を裏切って小学校であるのは、この系統の言葉の用法を継いでいるからであろう。〈少年〉の概念がやがて確立してくると〈幼年〉はそれに先行するライフサイクル上の時期区分を示す概念として変容していくことになる。

『少年世界』は当初このような広い購読者層に向けて誌面作りをしていたから、その内容も、小学校低学年向けの読み物から、女子向けの読み物、さらには青年といった方がよいような年齢層に向けられた記事まで含んで、多様で未整理のものであった。この状態はすぐに整理されて、内容は、「幼年欄」「少年欄」「少女欄」に区分されてくる。そして、この状態がしばらく続くのである。

しかし、読者対象を幅広く設定した誌面作りが当の読者たちの不評を買うのは当然のことであった。やがて読者の側から紙面の整理をしてほしいという声が、とくに中学生を中心とする年長者たちの側からあがってくることになった。四年目になるとこの問題をめぐる読者と編集者の間のやりとり、読者間のやりとりが継続的に投書欄を舞台に表れてきている。少し丁寧にその経過を見ておこう。論争の口火を切ったのは、第四巻第一〇号（明治三一年五月一日発行）の「少年演壇」欄に掲載された「お伽噺のために本誌のネウチを下げ候」という内容の投稿文である。(7) この投稿をめぐって、この後数号にわたって、読者の側からの支持と反論の投書が掲載された。いうまでもなく、支持していたのは、年長の読者たちであり、また反論していたのは、小波のお伽話を始めとする年少者向けの読み物を楽しみにしていた読者層であった(8)。続けて第四巻第一四号（明治三一年六月一五日発行）には「少年世界の少女談について」という題の投書が載せられた。年長の読者から寄せられたこの投書の内容は、本誌は少年雑誌なのだから少女向けの作品の掲載をやめてほしいというもの。その投稿に対する主筆巌谷小波の「評」は、では少女は少年ではないというのか（「少年世界なるが故に少女談掲載は不可なりとはいかゞの意か、少女は少年にあらずとの謂いか」）という反論に近いものであった。このやりとりは当時の少年概念の多様性を垣間見せて大変興味深い。投稿者が用語の用法上「少年」と「少女」を区別したのに対し、小波はこの時点では明らかに「少女」を「少年」に含めた少年概念を使っている。同じ号に「漣山人に与ふ」と題する匿名の投稿も掲載された。「漣山人」とは小波の別号である。文中で投稿の主は、これは弟たちにねだられて『少年世界』を買い与えている者としての意見であると述べている。趣旨は「坊様たちの御機嫌」とりに終わっている小波自身の「滑稽作」を本誌からはずすべきだというもの。お伽話を「根も葉も花も実もないくだらないお伽小説」と罵倒し、「少年に適当の立志談とか、英雄談とか、冒険談とか、どうでも少年輩の見て志を奮起致す様な作こそ即ち大日本の為にも相成可申と存候」と雑誌の編輯方針の変更を迫っていた。小波はこの批判に対して、『太陽』誌上に同様の批判に対する反論を掲載した旨を記し(9)、さらに、大人もかつては子どもだったことを貴兄もまた忘れないようにしてほしいと述べている。小波の発言からはお伽話が幼年層に迎えられているという作者の自負が読みとれる。実際のところ、小波のお伽話を評価し、廃止論者を批判、非難する親や年少の読者からの投書が相次いだのである。

お伽話は年少の読者から熱烈な支持を受けていたのであり、さらにまた編集主幹がこの欄の執筆担当であるからには、中学生を中心とした年長者グループからお伽話や幼年向け記事に多くの頁をさくことに対する批判が起きてきても、本誌としてはこれを切り離すわけにはいかなかった。編集者たちは結局、雑誌の性格の変更を求めていた当の読者層をこの雑誌から切り離すことで事態の収拾をはかった。一八九八(明治三一)年九月に新たに博文館から『中学世界』が刊行され、この問題にはピリオドが打たれたのである。『中学世界』が刊行された直後の『少年世界』には、「お伽話存廃について」と題する編集部の見解が載せられている(第四巻第二二号、明治三一年一〇月一日)。このたびの『中学世界』の発刊によって、『少年世界』は幼、少年層を主たる購読者とする雑誌としての性格をもつことになったので、これまで誌上で繰り返されたお伽話存廃をめぐる論争は、論争それ自体に意味がなくなったから、この論争に終止符を打ちたい、という趣旨のものであった。加えて、本号に投稿してきた賛成論者一三人、廃止論者八人の名前が掲載されている。(10) こうして『少年世界』から、比較的高い学力を有する青年期前期の購読者層(学校体系でいうと中学生に当たる)は、切り離されることになった。その結果、『少年世界』は「聊か程度を低め、主として小学および幼稚園程度」の者を読者対象とする雑誌として再出発することになった。

この後、さらに博文館は『幼年世界』(一九〇〇年一月)、『少女世界』(一九〇六年九月)を新たに刊行し、小学校低学年および女子をこの雑誌から切り離した。『少年世界』の購読層としては小学校中学年から高学年、および高等小学校(年齢でいえば一〇歳前後から一二、三歳)の男子が想定されることになったのである。ただし『幼年世界』は一年で廃刊になっている。おそらく幼年向け商業雑誌が成立することがまだ無理だったのだろう。一九〇六年一月に博文館は再び幼年向けの雑誌として『幼年画報』を発行しているから、この間に幼年雑誌の市場が形成されてきたことが窺える。小学校低学年、および少女向け専門雑誌の刊行が商業ベースにのる時代が到来したのである。小さな子どもたちに雑誌を購入してやる親たちがある数で現れ、また同様に少女たちに本を与える親たちが現れはじめたということになる。そしてこのような状況が、同時に少年の概念の外延をはっきりさせはじめた。

このような経過で、『少年世界』は購読者層をしだいに狭めていったが、それは同時にこの誌上における〈少年〉概念の創出の過程でもあった。こうして〈少年〉概念は私たちの時代に使われているものにしだいに近くなってきた。(11)

3　〈少年〉たちの人生選択と学校

『少年世界』は第一号から、「学校案内」欄を設けて、少年たちに上級学校の入学資格やそこでの教育内容、卒業後の進路などについての情報を提供した。「学校案内」が陸軍士官学校から始まり、ついで第二号では東京商船学校が紹介されたのは、この雑誌の性格の一面を表している。第三号は日本中学校。この私立学校は杉浦重剛が校長をしている官立の上級学校への予備教育機関であった。以下、東京工業学校、学習院、日本美術学校、海軍兵学校、商工中学校、同志社、攻玉社、専修学校、國學院と続いている。

地方の少年たちの間には、東京に集中していた専門教育機関、予備教育機関に対する進学の希望は強かったが、しかし、この時期にはまだ東京にどんな学校があり、どんな入学資格が必要なのか、ということは少年たちの間に十分に知られていなかった。そこで、この雑誌はそのような情報の提供にかなり力を入れたのである。「学校案内」に続いて「遊覧案内」が設けられていたのも、読者の東京への関心にこたえるためであった。

ところで、第二次伊藤内閣（一八九二―九六年）のもとで井上毅が文部大臣に就任（一八九三―九四年）すると、彼は、日本の産業の近代化をめざして実業教育の整備拡張を図ることになった。[12]井上の文教政策を受けて日清戦争（一八九四―九五年）後の日本社会では、専門教育、実業教育の整備が格段に進みはじめていた。教育と産業の結合が図られ、そのもとでの学校の社会的人材選抜機能が中等教育段階でも働き始めるようになると、地方の少年たちの上級学校への進学要求の質には新しい傾向があらわれてくることになった。少年たちの学校への関心は、希望する職種に就くためにはどこの学校を選ぶべきか、あるいは、それぞれの学校は将来どのような社会的地位を約束してくれるものなのか、という現実的な方向に強く傾き始めたのである。このような時代に『少年世界』は少年たちの進路指導の役割を積極的に果たそうとすることになった。雑誌のそのような傾向は、当然雑誌の編集内容にも反映した。雑誌は、次第に上級学校への進学を望んでいる読者向けのものになり、またその内容も学校教育を補完するという性格が強くなっていたのである。

おそらく、進学を前提として進路を考えることのできる階層は、この時期非常に限られていたであろう。小学校を卒業した後も勉強を続けることができたのは、かなり裕福な家庭の子女である。この雑誌の購読者の中核はしだいにそのような家庭の子どもたちに占められるようになっていくのであるが、しかし、苦学しても上級学校に進学したい、あるいは上級学校に進学したのと同様の学識を独学で身につけて将来に希望をつなぎたいという少年たちもまた、この雑誌を読み続けていた。同誌に大日本中学会や大日本女学会を始めとする通信教育機関の宣伝広告が頻繁に掲載されるようになるのはこのためである。家庭の事情で学校には進学できないが、将来を夢見て勉強を続けたいという少年たちの数が膨大なものであったことが、この雑誌の投書欄や広告から読みとれる。

やがて、同誌はさらに受験者向けの雑誌としての性格を強めていくようになり、購読者の中心は尋常小学校五、六年生、あるいは高等小学一、二年生で中学校進学をめざす者たちで占められるようになってゆく。進学したいができないという階層はしだいに陰の読者になっていくのである。この間、博文館の雑誌経営は『少年世界』から『中学世界』を切り離し、『女学世界』、『幼年画報』を独立させ、さらに『実業少年』（一九〇八年四月）を刊行し、ますます、『少年世界』の性格を限定、専門化していくことになった。『実業少年』はそれまで本誌の陰の読者層であった若年就業者層に向けて刊行された。

明治天皇崩御のさいの『少年世界』（第八巻第一二号、大正元年九月）の表紙絵は、学生帽をかぶり詰め襟の学生服を着て袖に喪章をつけた、いかにも中学生とおぼしき少年が『少年世界』を読んでいるというものである。この図像は、この時期の『少年世界』の編集意図とそれに対応する読者層の願望をよく表わしているものであったといえよう。

『少年世界』はここに行き着いたのである。官界ばかりでなく実業界でも、学歴が資格の取得や就職の条件とされる時代がやってきていた。

〈青年〉よりも一足遅れで近代社会に産声をあげた近代〈少年〉たちは、こうして人びとの日常の生活の中にしだいに大きなウェイトを占めはじめた学校という名の社会制度にしだいに深く組み込まれながら、その社会的・心理的・歴史的性格が彫琢されてゆくことになる。本章では触れることがなかったが、近代的〈少年〉〈少女〉の概念に学校とともに内実を与えてゆくのは、ちょうどこの時期から日本社会に階層として登場してくる近代家族である。近代家族と子どもというテーマは、〈少年〉〈少女〉の歴史性とその内実を解明するためのもう一つの重要な切り口を私たちに用意してくれることになるはずである。

注

（1）本書第二部第1章「共同体の解体と〈青年〉の出現」で考察した。
（2）『少年世界』は一九九〇年四月より名著普及会から復刻版が刊行された。
（3）多仁照広編著『青年団活動史　山本滝之助日記』第一巻（日本青年館、一九八五年、一九一頁）。
（4）『同右』一九三頁。
（5）『同右』二一二頁。
（6）山本の田舎青年論の書かれた事情とその歴史的意味については本書第二部第2章「青年の社会史――山本滝之助の場合」で考察した。
（7）投稿文の全文。

少年世界主筆に望む

三重県鈴鹿郡　鈴　木　正　義

久しく御疎遠に打ち過ぎ候、貴社益々御繁栄欣喜雀躍此事に候、不肖謹んで少年世界編輯人岩谷季雄先生に懇願奉り候、世の中の開化につれ新聞雑誌の発行するは多く候中に、博文館発行少年世界の如きは吾々学生に有益なる書なることは言を待たず候、就ては本年大改新に際し、伽話を御廃しなされ候ては如何に候、僅々十八頁位の伽話のために、本誌のネウチを下げ候ては残念至極に候、それも幼年の雑誌に候へば兎も角も、少しく高等の学科をおさむる少年の世界にいへば、伽話もあまり　必要ならざることと存じ候、我が郷の学生等は言い居り候、東都博文館発行の少年世界は、記事と云ひ論説と云ひ遠く少国民等の及ぶ所には非ず、されども惜しい哉文中御伽話の多きことなれば、失礼を顧みず、不肖の言を給わんことを。多罪

(8)　お伽話の掲載を支持する立場から小学生が寄せた投書の一例（第四巻第一九号、明治三一年八月一五日）。

お伽話及び少女談廃止論に就いて申上げます。

京都修徳尋常小学校四年生　井　上　藤　次　郎

近頃の少年世界演壇部にて或一部の少年読者方が、どういふ御思召に哉無暗に御伽話を止めろとか少女談を廃せよとか八ケ間敷御仰って御出になりますが、是は余り無理な御説と思います。と言ふのは、読者方が追々御成人になつて、相応に学力が出来たからとて、俄かに青年風をふかして種々の難題を並べ立て、私たち少年共の面白く楽しんでいるのを御妨げ遊さなくつても善いでは御座いませんか。（中略）デ諸君方は青年に相応な雑誌も沢山ありますから、是等の書を御読み遊ばした方が宜しいかと思ひます。

(9)　漣山人「メルヘンに就いて」（『太陽』第四巻第一〇号、明治三一年五月五日発行、博文館）。『太陽』誌上でなされた小波に対する批判は、子どもたちの読物は「忠君愛国の気象国家的観念」を鼓舞するものでなくてはならないとする立場から、彼の「御伽話少年文学」作品が「想像偏少」であり、「小天地の面白み」にすぎず、「積極的有益」「大々的理論」に欠けているとするもの。この国家主義的立場からの批判に対する小波の反論は、小波の少年論および少年文学論を如実に示している。ここで小波は彼の「御伽話少年文学」がグリムやアンデルセンのメルヘンと同列の作品

であり、そしてメルヘンというものは忠君愛国の気象、国家的観念の鼓吹を本来の責務とするものではないと説明する。小波は続けて、現今の「少年教育」は「稚木を矯め度がり、森的大樹木を養成するよりは、盆栽的小花卉を培養するに汲々」としているとして、そのような「少年教育」から少年を解放し、「少年の頭脳に余裕を与へ、其胸宇を豁大ならしめん手段」として自分はメルヘンをかいているのだと述べている。小波は批判者に対して「父兄がおとなしくさせんとする子供を、小生はわんぱくにさせ、学校で利巧にする少年を、此方は馬鹿にする様なもの」と挑発的に反論した。

(10) お伽話存廃について

記者曰嚮きに鈴木正義君一度お伽話廃止論を唱へてより甲論乙駁前後其所論を投寄せらるゝ如山去れど今回本館は中学世界を発行し以て中学校程度の読者が需要に応じ本誌は幼稚園小学校の読者を包囲することゝ定めたれば従ってお伽話の論も此に消滅せざるを得ず故に此には賛否両論者の姓名のみを掲ぐることゝはなしつ

○お伽話賛成論者（一三名、省略―執筆者）

○お伽話廃止論者（八名、省略）

(11) 田嶋一「『少年世界』と明治中期の「少年」たち(1)(2)(3)」（『名著サプリメント』第二八号、一九八九年、第三四号、一九九〇年、第三六号、一九九〇年、名著普及会）、尾崎秀樹・田嶋一ほか「〈座談会〉明治の「少年」――『少年世界』の復刻をめぐって」（『同』第四九号、一九九一年）、田嶋一「教育問題としての『少年世界』――指導意識と学習意欲」（復刻版『少年世界』解説、名著普及会、一九九一年）など参照。

(12) 田嶋一「井上毅の教育・学問論と教育政策――伝統と近代のはざまで」（梧陰文庫研究会編『明治国家形成と井上毅』木鐸社、一九九二年）。

第2章　一九二〇―三〇年代における児童文化論・児童文化運動の展開

「児童に就いての社会的配慮」の質と度合の中にこそ、児童文化の性格が浮彫されていると言うことが出来るであろう（『生活学校』一九三八年五月号巻頭言「児童文化の性格」より）。

1　児童文化の概念

一九三八（昭和一三）年の初め、雑誌『生活学校』編集部は「児童文化を語る」というテーマの座談会を企画した。赤本漫画や少年向け雑誌が大量に出回り「児童文化のインフレ時代」（座談会での発言）と形容されるような時代が到来していたにもかかわらず、それではいったい児童文化とは何かということになると、その概念はこの時期いまだ未熟で混乱していた。戸塚廉を中心とするいわゆる第二期『生活学校』編集グループがこの座談会を企画したのは、児童文化の概念を整理し、このような文化的動向に教育運動としての方向性を与えようとしたためと思われる。その意図は座談会の記録が載せられている『生活学校』の巻頭言に窺うことができる。「児童文化の性格」と題されている巻頭言は次のように述べている。

文学、美術、音楽、演劇、映画、ラジオ等に、児童の為のあるいは児童の産みだすとゆう程の意味で、児童という言葉をつけ、一般にはそれを総括的に「児童文化」とよんでいる。ところで、個々の文化内容の児童版的なものは、割合に問題にされるが、児童文化を全体として考察すること、つまり児童文化形態・児童文化の性格を明かにするとゆう方面はあまり考えられていないようだ。(1)

つまり「児童文化を全体として考察すること」、「児童文化の性格を明かにする」ことが、この座談会の仕掛人であり座談会では記録係にまわっている戸塚廉の意図するところであった。座談会に出席しているのは第二次『生活学校』の編集グループを構成していた旧プロレタリア教育運動関係者の側から石田三郎（本名石田宇三郎、座談会での肩書きは教育評論家）、黒滝成至（本名黒滝雷助、同じく言語問題研究家）、高山一郎（本名増田貫一、社会教育協会）、『生活学校』準同人で雑誌『教育』編集部にいた菅忠道（岩波『教育』編集部）、プロレタリア児童文学理論の開拓者槇本楠郎（児童文学作家）、プロレタリア作家同盟の松田解子（作家）、児童心理学の立場から児童文化に関心を深め、またその発達論が当時の教育関係者の関心を引きはじめていた波多野完治（法政大学講師）、生活綴方運動の側から民衆詩派詩人の百田宗治（『綴方学校』主宰）、学校劇の運動の側から落合聡三郎（学校劇協会理事）、ほかに小学校の現場から二人の教師（山田文子、安田一格）が出席している。

出席者の多くが一九三七年五月に結成された教育科学研究会に直接参加していたか、この運動の周辺にいた人びとであった。いずれも児童文化に深い関心をよせ、あるいは直接この運動に関わってきた人びとであったが、この座談会はこれらの人びとの児童文化についての考え方が実に多様であることを改めてうきぼりにした。

座談会は高山が司会に回り「児童文化とは何か」という問題を議論するところから始まった。

民衆詩派の詩人として児童生活詩の領域を拓き『綴方学校』を主宰していた百田がまず口火を切っている。百田はいう。

児童文化をどういう風に見るか。子どもの生活自体で見て行くという意味か。それとも、こうあるべきだ。こうなければと言う、大人の標的、大人のイデーで見ていくのか？

出席者への質問という形をとってはいるものの、百田の一見平明に見えるこの発言は、その実、きわめて論争的な性格のものだったとみなければならない。この時期すでに生活綴方運動とプロレタリア教育運動の間で始まっていた生活教育論争に深く連動し、「生活」や「労働」をめぐる両者の見解の相違とつながる、文化と発達をめぐる見解の相違がここで論議の俎上に据えられようとしていたのである。(2)

百田の発言を受けて、菅が児童文化と呼ばれてきたものには二つのものがあると応じている。

ひとつは百田先生などのやっていられる綴方、或は赤い鳥時代やっていたような子供自身から生み出される文化を引き伸ばして行こうとする考え方、いまひとつは、なるほど子供はいまは子供であるが、やがて青年になり、大人の後継者になるのですから、そうした考え方の当然の帰結として子供の文化を親なり国家なりが、大きな社会面から考えてやらなければならぬとゆう考え方です。

この菅の発言は「生活」や「労働」という言葉と同様に「児童文化」という言葉が教育運動の中で二つの意味をもつようになってしまったという事態を説明している。百田が出席者とりわけプロレタリア文化運動関係者との間に巻き起こそうとしていた議論の内容は、菅のいう二つの児童文化の問題をどう整理してゆくかという問題提起であった。綴方運動を進めてきた百田の立場からすれば、この席に集まっている人たち、とりわけ旧プロレタリア教育関係者は、子どもたちが創りだす文化、あるいは子どもたちの生活の中にある文化を児童文化運動、教育運動の中にどう位置づけようとしているのか、という問題提起だったのである。知られているように、生活綴方運動は、子どもたちの生活の中に公教育が見失っていた、あるいは否定してきた生活文化を発見し、これを子ども自身に表現させて学校に持ち込んできた。この立場から百田の「『児童自身の文化』というものに重点をおきたい」という発言はなされていた。

これに対して、座談会ではプロレタリア教育運動関係者の側からの大人たちの指導性に重点をおく立場からの発言が目立つ。児童文化運動は大人が子どもに与える文化の質を問題にするのだという議論は、当時、ラジオ、演劇、映画、雑誌など子ども向けの商業ベースに乗った商品文化が氾濫しはじめていたという社会的状況があったにしろ、それに対する苦言としてのみ語られていたのではなかった。プロレタリア教育運動の側からの子どもの社会化の問題がここには深く横たわっていたのである。この中で松田解子の発言は他の論者とは一線を画していて注目される。松田は他の人たちが議論しているようには大人と子どもの世界は分けられないのではないか、大人と子どもが共通にもっている世界から問題を捉えてゆかなくてはならないのではないかと主張する。松田が、後述する池袋児童の村小学校に自分の子どもを通わせ、また同校の閉校に無念の思いを抱いて立ち会った父母の一人であったことを考え合わせてみると、松田のこの発言は児童文学者としての発言であったと同時に、池袋児童の村小学校内で展開した生活教育の内側からの発言でもあったことが推察されよう。

心理学者の波多野完治は、社会が子どもを発達させるという立場にたつ発達論や教育を生産力の再生産と捉える理論的立場によって旧プロレタリア教育運動の人びとからも注目されはじめていた人物であったが、ここではディズニーのミッキーマウスを取り上げてファンタジー論を展開している。子どもの空想性をネガティブに捉えていた槇本の児童文学論を意識しての発言と思われる。波多野は私たちの研究会で行った聞き取りに答えて自分の基本的な考え方は百田とほぼ同様であり、槇本の作品の公式主義には反感をもっていたと述べている(3)。

ところで、ここで争われていた、児童文化の創り手を大人と子どものどちらに求めるかということをめぐる見解の相違は、突き詰めていくと児童を発達する存在として捉えるのか発達させられる存在として捉えるのかという児童観発達論の相違を引きだしてくる。そう捉えるとこれは児童文化論という形をとった一つの発達論争であったということにもなる。

座談会と前後して雑誌『生活学校』および『教育』誌上では、生活綴方教師と旧プロレタリア教育運動の人たちに留岡清男や城戸幡太郎、波多野完治などの教科研の人びとを加えて生活教育論争が繰り広げられていた。一方、座談会が開かれたのと同じ年に内務省警保局図書課は「児童読物改善に関する指示要項」を発表して「低俗」な図書浄化運動に乗り出した。児童文化に対する国家統制の始まりである。翌三九年には文部省が文部省推進図書の制度をつくった。このような体制側の動きは当時の児童文化関係者たちからも好意的に迎えられ、「悪書追放」の立場から百田、城戸、波多野たちもこの動きの中に巻き込まれてゆくことになった。

一九三〇年を前後する時期の児童文化をめぐる情勢はこのようなものであった。この章では、この時代に前後する時期の児童文化論、文化運動の諸系譜、さらにそれらを支えた児童観、発達観の諸相に光をあて、日本社会の児童論、児童文化論、発達論の内容、構造の究明を進めたい。

2　よい文化を与えたいという立場

一九一八（大正七）年鈴木三重吉が「日本で最初の組織的計画的児童文化運動」と銘打って児童文芸雑誌『赤い鳥』を創刊した事情はよく知られている。日本には自分の子どもに与えたいような童話がまだないと考えた三重吉は、日本の子どもたちによい読み物を与える文学運動を始めたのである。彼は『赤い鳥』創刊のための呼びかけのパンフレット（「赤い鳥の標榜語」）の中で「世間の小さな人たちの為に芸術として価値のある純麗な童話と童謡を創作する最初の運動」を起こすのだと述べていた。このエピソードと雑誌の成功は、巌谷小波に代表されてきたそれまでのお伽話を素材にした教訓的な読み物を低俗だと感じる親たちが、日本の社会に階層として現れてきたことを示している。

この雑誌を支えたのは、産業革命以降、都市部で階層社会を形成しはじめていた新中間層の家庭であった。第一次世界大戦後の日本の社会には文化の国際化の波が押し寄せ、同じ階層を担い手として、国際的な新教育運動の影響を受けながら私立学校を中心とする新しい教育運動も広がりはじめていた。(4)

この階層に属する人びとの子どもたちを見る目は、それまでの日本社会の伝統的な子ども観の中には見られないものだった。先の三重吉の文章の中では子どもたちは愛情を込めて「小さな人たち」と呼ばれている。この階層の親たちは「小さな人たち」の世界を彼らなりのやり方で発見したわけである。

彼らにとってこの「小さな人たち」は清純で無垢でかよわい存在であった。子どもをこのような存在として捉える捉え方には、ワーズワースの「子どもは大人の父なりき」（'The Child is father of the Man.'）という詩の一節に象徴されるような、西欧社会に登場してきたロマンティシズムの児童観の影響を認めることができる。「七つまでは神のうち」といわれてきたような日本社会の伝統的な児童観と、キリスト教の原罪論的児童観の対極に現れてきた西欧の新しい児童観は、この階層の人びとの心のなかで結びつき、童心主義と呼ばれることになる新しい児童観を形成した。一九二〇年代を迎える日本の社会には、未だ汚れを知らぬ幼子の心と大人の汚れた社会を対比させ、子どもの世界を守り育ててやることを自らの義務と感じるような大人たちが、『赤い鳥』や相次いでだされた『金の船』『童話』『金の鳥』などの児童文芸雑誌を成功させるまでに厚い層をなして登場してきたのである。こうして「純麗な」文化を子どもたちに与えたいという立場から児童文化運動の幕が開いた。

『赤い鳥』が刊行されて一〇年後の一九二八（昭和三）年、日本両親再教育協会という団体が結成され『子供研究講座』（全一〇巻、一九二八―一九二九年）を刊行している。会長の後藤新平は刊行の趣旨を述べて、帝国主義段階の国家にふさわしく日本の両親を再教育する必要があることを強調しているが、その論拠となる児童観は完全に童心主義の洗礼をうけている。後藤はいう。

子供ほど純真無垢のものはありません。一点の飾りも無ければ偽りもない、子供の国は天国であり、極楽であります。しかるに長ずるに随っては知恵も延びるが、悪才も育つ。
そこで子供の本能を守り育てつつ、天賦の才をはたらかし、末は立派な一人前の人格者に仕立て上げることは、何といふても両親は直接の責任者であります。(5)

講座刊行後、会は講座の購読者層を対象に『いとし児』（一九二九―四三年）を発行することになった。『赤い鳥』の運動が文学運動の側から発生、展開したのに対し、同じ階層を基礎として教育運動の領域で同様に子どもたちによい文化を与えることをめざしたのが、自由教育系の教育運動である。新カント派の哲学をバックボーンとして理想主義の立場にたち、篠原助市の「批判的教育学」を理論的支柱とするこの教育運動の性格は、沢柳政太郎によって一九一七（大正六）年東京牛込に設立された私立成城小学校によく表れている。

この学校は何よりもまず「個性尊重の教育」をスローガンとして、親たちに子どもをこの新しい学校に入学させるよう呼びかけた。同時にこの学校は訓導を公募したが、この学校にふさわしい訓導の資質として創設者たちが求めていたのは「子供を愛好し、子どもの気分興味欲望を理解し同情しうる程の敏感な心を持っている者」だった（「私立成城小学校創設趣意」）。ここであげられている子どもの個性、気分、興味、欲望などの言葉に込められている意味や、それらの言葉をつかって子どもの心の内側を理解しようとするパラダイムは、『赤い鳥』を受け入れた親たちのそれと同質のものだったとみてよい。先の趣意書はいう。今では東京の「中流以上の家庭に育った新入生で月刊の絵入雑誌を見ていない者」はおそらくありますまい、と。この私立学校はこのような子どもたちとその親たちを支持者として「個人の性情能力に適合した教育」を進める新教育運動に乗り出したのである。

この学校は子どもの発達を自然の理性化の過程として描き出す篠原の教育理論のもとに、子どもを理性的存在に高めるために科学芸術を教材として初等教育の場に持ち込み、これによって子どもの発達を図ろうとする実験的実践を重ねて行くことになる。この学校の実験学校としての課題は沢柳が文部官僚だった時代に執筆した『実際的教育学』（一九〇九年）の中に早くも表れていた。ここで沢柳は従来の教育学が哲学的観念論や心理学の応用学にすぎないことを批判し、これからは「教育の事実」に基づく教育研究、児童の発達研究を起こす必要があるということを強く主張していた。民間に出て自ら創設した成城小学校の中には教育問題研究会が組織され、機関誌『教育問題研究』（一九二〇—三三年）が刊行された。この「自由教育」の実験学校が果たした役割は大きい。後述するように、沢柳に要請されてこの学校の訓導となった山下徳治によって、やがて自由教育系の新教育運動の成果は三〇年代後半に展開した教育科学研究運動に引き継がれてゆくことになるのである。

新カント派の理想主義的な自由教育のほかに白樺派の教員たちによって進められた教育運動も子どもによい文化を与えることをめざすものだった。この運動は武者小路実篤らの雑誌『白樺』の文学運動に参加した教員たちによって担われた。彼らは「真なるもの、善なるもの、美なるもの」に触れることによって人格は陶冶されるという考え方の持ち主であった。「真」「善」「美」は大人や子どもの世界を越えて絶対的に存在すると捉えられていたから、彼らの教育実践は、自分たちが感動した文学作品や芸術作品を直接子どもたちに与え、そこにある価値を共有するという方向に向かった。この教育を受けた作家の臼井吉見が後年語っているように「芸術だとか生命だとか人類だとか永遠だとかいうような言葉が小学校の子どもたちに向ってしばしば語られた」のである(6)。

『赤い鳥』系統の児童文化運動と自由教育系の教育運動は、ともによい文化、本物の文化を大人が子どもに与えるという発想において共通していた。しかし同時に両者の間には子どもというものの捉え方をめぐって大きな違いが生じてもいた。前者は存在の心理的側面を強調して大人と子どもの世界を画然と分ける方向に向かったし、後者は絶対的超越的な価値の前に大人も子どももともに生きるものとして捉える方向に進んだ。後者にはさらに人間の理性的存在としての価値を重視し科学を介して人間の発達に働きかけようとする方向と、人間性の本質をより情緒的美的側面において捉え芸術を介して人間性を豊かにするための教育を追求しようとする方向が現れてくる。これらの運動は、全体として日本における最初の本格的な子どもの発見と呼ぶのにふさわしい特徴を有している。

いずれも公教育のあり方を批判しこれと衝突することになったが、このなかで最も激しく学校的秩序とせりあい抑圧されたのは白樺派の教師たちによる運動であった。徳育中心の公教育の核心の最も感性的な部分で競合確執を引き起こしたからである。公教育の中に一時確かな地歩を占めたかにみえた理想主義系の自由教育も、その公教育における担い手の一人であった手塚岸衛の場合に見られるように、やがて公教育の場から締め出され私立学校に実践の場を移してゆく。戦時下、国家が科学的能力の大衆化に取り組まざるをえなくなる段階でこの運動の成果は公教育の中に取り込まれてゆくことになる。また、商業雑誌として刊行された『赤い鳥』の運命は、ひとえにこの雑誌の購読者層の帰趨にかかっていたといってよかった。この児童観を支える社会階層が消えるときがこの雑誌の消えるときとなるであろう。ファシズムの時代がやってくると実際この雑誌の売れ行きは減少の一途をたどり、やがて廃刊に追い込まれることになったのである。

3　文化の製作者として子どもを捉える立場

一九二〇年代に入ると、子どもには大人の生活や文化に解消されない独自の生活や文化があるということが発見されてくるとともに、加えて、そのような文化の製作者として子どもをポジティブに捉えようとする立場が徐々に姿を現してくることになった。先に述べたように『赤い鳥』系統の運動の中では子どもは文化の享受者としてネガティブに捉えられていた。白秋が指導した児童自由詩の場合のように製作者として子どもが登場する場合も、その可能性は童心主義の枠の中に閉じ込められ、やがて停滞した。この枠を破るには、童心主義とは別の角度からの子どもの発見が必要だったのである。

子どもを創造の主体として捉える立場がまず顕著に現れてきたのは美術教育の分野であった。他の分野に先立って美術教育の分野で子ども自身による表現のもつ豊かさや芸術性、子どもの物を見る目の大人のそれに解消されない独自性が発見されてきた理由は、私たちにも理解しやすい。この分野の改革運動は白樺派の教育運動が盛んだった長野県で始まった(7)。

一九一九（大正八）年、ソビエトから帰って来た山本鼎は長野県の一小学校で『自由画展覧会』を開いた。ソビエトで山本は児童の自由画と農民美術の振興を自分の使命として自覚したのである。山本がここで発見したのが児童と農民の芸術であったことは大変興味深い。いずれも文化芸術とは無縁の存在とされてきた周辺の者たちであった。山本が対象を忠実に写し取るだけの臨画中心の図画教育を批判してこれを「不自由画」と呼び、これに対して「自由画」を提唱したのは、彼が子どもには素晴らしい観察力があり自由闊達な表現力が潜在していることを発見したからである。子どもの内部にそのような力が認められれば、子どもに自分のもっているものを表現させることが教育の仕事だということになる。山本はいう。

いじけた臨本を与えれば、児童の眼と手は其通りいじけてしまいます。児童の眼を豊富な自然界の方へ誘えば、彼らの心と手は生き生きとして来るのです。(8)

一九二一年、山本は片上伸や北原白秋らと日本自由教育協会を結成し雑誌『芸術自由教育』を創刊した。一九二三年、教育の世紀社が結成され、その実験学校である池袋児童の村小学校（一九二四—三六年）が開校すると子どもの発見はさらに新しい段階を迎えることになった。このグループは子ども集団の創りだす社会を発見し、その中で成長発達する子どもたちの姿と正面から向き合ってこれに働きかける働きかけ方を編み出そうとしたのである。

この教育改革運動の中で、子どもたちを社会的存在として認識しようとする発想が格段に深められてゆくことになる。確かにそれまでも国家的立場から教育政策を近代化の一環として考えていた人びとは当初から子どもを社会的存在として捉えていたし、また二〇世紀初頭のいわゆる富の教育論者たちや新学校の経営者たちも子どもを社会的存在として捉えた。しかしそれはあくまで国家や産業社会の構成員としての社会的側面が問題になっていたにすぎなかった。このようないわば外からの発見に対して、子ども集団の力学のなかで子どもの発達の社会性を発見してくるこのたびの発見は、子どもと子ども社会の内からの発見とも表現できる性格のものだった。

子どもの内からの発見の初期に重要な役割を果したのが、教育の世紀社結成時の中心人物の一人、下中弥三郎である。兵庫県の農村の伝統的な若者集団のリーダーだった下中は、苦学の後、埼玉師範学校教諭になると啓明会を結成（一九一九年）して教育改造運動に参加した。

下中は日本社会の歪みを産業化、資本主義化がもたらしたものだとして、それに代わる近代化モデルをマニュファクチュア段階の農村を手がかりに構想し、この構想の側から教育問題を解決しようとした。若者仲間のリーダーとしての下中の原体験が下中の教育発想のベースには認められる。彼の著書『万人労働の教育』（一九二三年）において、農村社会の教育的なエトスは農村中学、農民自由大学まで含む公教育制度構想と結びつけられ、教育改造の理念にまで高められることになった。民衆の生活の側から教育を改造しようとする発想が、教育を受ける権利を人間の権利とし教育の保障を社会の義務として教育の実質的な機会均等を要求する（啓明会「教育改造の四綱領」一九二〇年）という近代的な人権思想と結びついて展開していたことは注目に価する。(9) 教育の側からの民衆の生活文化の発見は子どもの新しい発見への扉を開くものともなった。

下中と組んで教育の世紀社を結成した同人は、野口援太郎、志垣寛、為藤五郎である。下中以外のメンバーは社友となった人たちも含めて自由教育系の人びとであった。とりわけ野口は姫路師範学校長として自由教育を推し進め、沢柳と深いつながりをもつ人物である。すでに私立学校の運営にも乗り出していた自由教育派の経験を土台として、この団体は実験学校の設立に着手した。新しい教育発想はその中からしだいに生活教育の様相をはっきりさせはじめることとなった。自由教育は生活教育のいわばゆりかごとなったのである。

こうして開設されたのが池袋児童の村小学校を始めとする三校の児童の村小学校である。これらの学校の創立の理念の中には学校によってニュアンスの違いは認められるが、自由教育の理念とともに下中によって引き出されてきたそれとは性格を異にする発想が強く持ち込まれていた。とりわけ東京池袋に開校された池袋児童の村小学校にその特徴はよく現れていた。実験学校の設立に先立って教育の世紀社の機関誌『教育の世紀』に掲載された「児童の村のプラン」にはこのことがよく現れている。教育方法論の面において自由教育系新教育の個性の尊重論、自由論の発想が強く、学校学級の運営論の面では「民衆自治」の原則が強調されている。児童の自治は「職員自治」、「父兄自治」とともに、学校運営の原則とされた教育の「民衆自治」の一環として位置づけられることになった。このようなかたちで子どもの生活が学校によって認められたことはそれまでなかった。プランは、この学校は「未発未見の新天地の開拓を目指す」と宣言している。[10]

児童の村小学校はこのように民衆の自治的世界を発見し、それにつなげて未発の子どもたちの世界とその文化を学校的形態の中へ掬い上げようとしていた。しかしこのことは実践の場面に下されると簡単なことではなかった。下中によって実験学校の中に持ち込まれたこの新しい発想を実践の場におろし、子どもたちに自治と自由を保障する教育を模索してゆく仕事を中心的に進めることになるのが、池袋児童の村小学校の訓導となった野村芳兵衛である。「児童の自発活動」、「内発の興味」の尊重、「徹底的個人主義」「真の自由」などといったこの教育運動団体のスローガンを正面から受け止め、教室のなかで実現しようとして子どもたちと向き合った野村の心の中で、教育についての考え方と子どもへのまなざしの転換が起きてくる。

野村の宇宙論・生命観は下中と同様、共同体的な調和への強い傾向を示すとともに、加えて野村は親鸞主義者であり、野村の人間をみる目は「同行」の思想に支えられていた。子どもたちに自由と自治を全面的に保障しようとした池袋児童の村小学校の子ども集団の行動のなかに当初現れてきた、学校的秩序意識からみれば勝手気儘、放縦としかみられてこなかったようなカオス的な状態は、彼の浄土信仰的生命論をくぐらせることによって改めて教育的意味と形を与えられることになった。

野村によって捉えられた子どもの姿は、もはや大人の縮図でもなければ童心主義のそれでもない。これまでとりわけ学校において蓋をされてきた子どもの特有の心性は、子どもの「野性」という表現を与えられ、人類の原初的心性として発見され肯定されることになった。彼はいう。「子どもは野蛮人だ。子どもの血には原始人の血が躍っている」。[11]

こうして子どものいたずらや気まぐれは子どもであることの権利として認められることになった。「生命がみずから育とうとする力」が信頼され、既成の大人のわくにとじこめられない「無限の可能性」をもつものとして子どもたちは初めて認められ解放されたのである。つづいて野村は「旧教育を葬る日の私」を書いて公教育を支配する朱子学的観念論や自由教育のカント的観念論とはっきりと訣別することを宣言することになる。[12]

さらに野村は自らの浄土信仰を思想的な拠り所としながら彼の教育実践から導き出した教育論を、その著書『新教育に於る学級経営』（一九二六年）で「生命信順」の思想、「合掌」の思想、「協力意志」論として結晶させた。教育的営為を成立させ発達を指導する原理の、「支配」の原理から「協力」の原理への転換。これが池袋児童の村小学校でその初期に起きた出来事である。野村学級では子どもたちが協力協同して教材づくりや学級新聞づくりに取り組むなかで、「協働」の概念が作られ育まれた。こうしてこの学校の内側で子ども観・児童文化論の作り直しという歴史的な事件が進行してゆくことになる。

生活指導という用語の最初の使用者といわれている峰地光重も初期池袋児童の村小学校の教育実践に参加をした教師の一人である。また高知でＳＮＫ協会を結成して教育改造運動に乗り出していた小砂丘忠義も、一九二五（大正一四）年、上京してこの運動に加わった。彼は池袋児童の村小学校で展開していた教育運動に密接につながりながら、いわゆる第二次『綴方生活』およびその子雑誌である『鑑賞文選』を主宰し、「原始子供」論を掲げて運動の内外に現れてきた児童像の内容を豊かにする上で大きな役割を果たした。この新しい子ども把握は『教育の世紀』『綴方生活』を介して『赤い鳥』系の児童観に違和感をもっていた農村の教師たちに広く受け入れられ、やがて生活綴方運動に引き継がれ深められてゆくことになる。

ところで野村は池袋児童の村小学校でもういちど教育思想の転換を経験することになる。彼の思想は一九三三（昭和八）年に刊行した『生活学校と学習統制』で「宗教的生命主義から客観的功利主義へ」（竹内常一）といわれるような大きな展開を示したのである。この段階で「科学こそ生活の力だ」と考えるようになった野村は、竹内の言葉に従えば「観念的生活指導から科学的生活訓練へと生活指導の方法を展開させねばならなくなった」[13]のである。

この段階の野村は「科学的認識による、社会人の協働自治を目的とし、協働自治を方法とする」生活訓練を教育の場で実践化しようとしていた。子どもは学校の中で、「協働自治」の訓練を行う社会人として捉えられることになる。ここでも大人と子どもという二分論はない。大人も子どももともに浄土信仰的な絶対的彼岸の前で道行の途上にある「同行」者として「協働」する存在なのである。彼の彼岸思想は初期の宗教的なものから、やがて「国体」の思想へと横滑りしてゆくことになる。野村の生活訓練論に魅かれて上京してきた戸塚廉が、やがて野村から思想的に離れてゆくことになったのはこのためである。野村の思想と実践が客観主義的な生命哲学に立脚していたところからくるこのような限界をもっていたとはいえ、彼の生活訓練論は「現代民主主義教育の構造を先取りしていたといえなくはない」(竹内)といわれるところまで池袋児童の村小学校の実践を導いたのであった(14)。

4　社会的実践主体として子どもを捉える立場

池袋児童の村小学校の内外で子どもを生活に則して発見する出来事が進行しているのに前後して、新たな角度から子どもを社会的存在として捉える教育運動も始まっている。一九二〇年代の末から新興教育、無産者教育と称して登場してきたプロレタリア教育運動である。

一九三〇(昭和五)年三月、プロレタリア科学研究所(略称「プロ科」一九二九年結成)所員本庄陸男、浅野研真はプロレタリア教育科学研究所を設立。続いて八月には二回目のソビエト訪問から帰った山下徳治が新興教育研究所(略称「新教」)を設立。同一一月、日本教育労働者組合(略称「教労」)も山下の自宅を会場として非合法に創立大会を開催、プロレタリア教育運動は本格化した。三二年八月には新興教育研究所は新興教育同盟準備会に発展改組する。

この運動の中でこれまでのような大人に対する子ども一般という形での子ども把握とは視角を異にするプロレタリ

ア児童、無産児童という児童把握が現れてくることになる。この系譜の展開を見ておこう。

二〇年代に入ると労農運動、部落解放運動が活発になり各地で争議が起き、争議の中で子どもたちの同盟休校が行われるようになった。このような動きは、当初大人の目的に子どもの組織を利用するという傾向が見られたが、やがて子どもたちを大人と同様に社会的実践主体とみる児童観がここから姿を現し、集団主義教育の教育組織としてのピオニール（労農少年団）の恒常的な組織化への途が開かれてくる。

二〇年代の半ばには『無産者新聞』や『文芸戦線』『前衛』などの雑誌が相次いで子どものための欄を設けた。二八年一〇月、新興童話作家連盟が結成され、『童話運動』を創刊。同誌は「プロレタリア児童教化雑誌」を名のって児童文学の紹介やピオニールの紹介を積極的に行った。二九年には無産者芸術連盟が機関誌『戦旗』の子ども版『少年戦旗』を創刊。同誌はプロレタリア教育文化運動の中で産みだされた初めての子ども向けの雑誌となった。

ピオニールの運動はやがてプロレタリア教育運動の担い手によって公教育の内部にも組織されるようになる。神奈川の黒滝雷助による松の花ピオニール、脇田英彦の馬入ピオニールなどである。また「新教」「教労」の運動に参加した教師たちによって『ピオニールとくほん』『ピオニールの友』『ピオニーロ夏休み帖』などのテキストもつくられた。

ここには、無産階級の子どもは階級闘争の中で集団自治の能力をもったものとして組織され、政治闘争のもつ教育力そのものによって陶冶されるという集団主義教育の児童認識と教育論が成立している。政治運動の中で大人も子どももともに教育されるという考え方はわが国では自由民権運動の中で一部に成立し、この運動の敗退とともに長い間失われていたものである。わが国の最初の国民的教育運動でもあった自由民権運動の中に現れていた政治と教育をめぐるこのような発想は、その担い手を代えて天皇制国家に対する階級闘争のなかで再び芽吹いてきたのである。

プロレタリア教育運動の中では、子どもを社会的実践主体として捉える児童観のもとで集団的自治的な生活訓練が展開された一方、子どもにつけてやるべき学力の質についての学力論や教育課程論にも注目すべき展開が見られた。「教労」や「新教」に参加した教師たちは、労働者や貧しい農民の子女の学力知能が一般に低劣だといわれる原因を子どもの素質に帰着させるのは間違いであり、環境の問題を重視すべきだと考え、国定教科書による教育を批判し無産者教授教程と呼ばれる教育課程の自主編成を進めることになった。「教労」神奈川支部の脇田英彦が一九三三―三五年の間に獄中で書いた手記は、文化と教育内容の階級性を明らかにし科学と教育の結合によって子どもたちの科学的な認識の発達を図ろうとするものであり、この運動の教育課程論における到達点を示すものとなっている。

このような動きの中で新興教育同盟準備会はその基本的任務の一つとして労働者農民の「初歩的一般教育の欲求の充実のための闘争」を挙げた。やがてこの方針はプロレタリア教育文化運動の統一戦線として結成された日本プロレタリア文化連盟（略称「コップ」一九三一年一一月結成）全体の任務であるという理由で撤回され、また同準備会も「コップ」内プロレタリア科学同盟に「解消」されてしまうことになった（「新興教育同盟準備会のコップ各同盟、特に科学同盟への発展的解消に関する決議」、一九三三年）。運動に対する官憲の激しい弾圧と、このような方針の転換は、脇田によってつかみだされていたような教育の内容論を組織的に発展させてゆくことを不可能にさせた。

このような状況の中にあって、この運動が内包していた科学と教育の結合の可能性とそれを支える児童観を新たなステージで追求しつづけてゆくことになったのが戸塚廉である。戸塚が池袋児童の村小学校に参加することによって、生活教育の教育発想とプロレタリア教育運動の中で教育労働の独自性を提唱していた人びとの教育発想の間には教育史上大きな意義をもつ橋が架けられることになった。

戸塚廉は一九三二（昭和七）年新興教育同盟準備会静岡支部を結成。三三年検挙、教員免許状褫《ち》奪の処分を受け、三四年上京、池袋児童の村小学校の教員グループに加わった。三五年、同校内の生活教育研究会から発刊された『生活学校』の編集を野村芳兵衛から依頼され、三六年一〇月同誌を同校の機関誌から一般誌へと切り替えた。これ以降同誌は研究史上第二次『生活学校』と呼ばれる時期を迎える。戸塚は同誌上で生活教育論争をしくみ、同誌は生活綴方運動と旧プロレタリア教育運動の中のいわゆる〝教育労働の独自性〟派の人びとの交流の場となった。のちにこの論争には教育科学研究会のメンバーも参加してくることになる。

静岡時代の戸塚は、新興教育同盟準備会の掲げた「初歩的一般教育の充実のための闘争」という方針を、公教育の場で子どもたちに基礎的学力と科学的精神を養成することと受け止め、実践しようとした。その特徴は学習集団を組織するさいに、子どもたちの〝いたずら〟に着目して彼らの生活の中で発揮されている知恵やちからを認め、これを公教育の場に持ち込んで子どもたちの自然発生的な生活集団を、科学を学ぶ自治的な学習訓育集団に組織しようとしたところにある。

雑誌『教育の世紀』の購読を通して早くから池袋児童の村小学校の実践に注目し、著作を通して野村に私淑、同時に新興教育同盟準備会の方針を彼なりに読み解いてこの運動に参加をした彼の思想と実践は、当初から両者の切り拓いた教育発想の一元的結合を模索する方向に向かう可能性を示していた。自宅の二階を開放した「子供クラブ」「村の子供図書館」の実践、後年「いたずら教室」と呼ぶことになった学級づくりなどにそのことは窺える。この時代の彼の教育実践はコップ小林多喜二賞の候補にもなった。

戸塚は支部結成に先立って『耕作者』となづけた機関紙をもつ教育改革派のゆるやかな教員グループを結成していたが、このグループから相次いで二人の人物が児童の村に参加することになった。戸塚と戸塚に『教育の世紀』の購読をすすめた牧沢伊平である。

牧沢は師範学校を卒業したばかりの新任の戸塚に思想的に大きな影響を与え、人道主義的観念論の持ち主だった戸塚に社会主義への目を開かせてゆくことになった人物である。アナーキズムに強い傾斜を示していた牧沢は、「少年寮」となづけた集団生活を組織して、共同体の中に伝承されてきた子ども組や若者組に見られる自治的生活の新たな組織化を通して生活と教育の結合の道を拓こうとした。彼は戸塚に先立って三三年に池袋児童の村小学校の教員グループに参加しているが、彼が参加した時期には同校は彼を魅きつけていた下中的アナーキズムの時代を終えて、主事になった野村の「協働意志」論による新たな教育実践の模索が進んでいた。ために牧沢はほどなくこのグループから離脱することになる。

　教員免許状褫奪処分を受けた戸塚が池袋児童の村小学校に参加したのは、何よりも当時同校の主事野村が『生活訓練と道徳教育』（一九三二年）を刊行し、学習と生活訓練を子どもの自治を組織化することによって結合させる途を実践的に追求しはじめていたからである。しかしながら戸塚は、野村の宗教的客観的観念論が「国体」論へと収斂していくようになる段階で野村から離れてゆくことになる。戸塚の社会観と教育への発想は、野村の宗教的客観的観念論に対してはるかにマルクス主義の影響を強く受けていたのである。

　こうして彼は野村から客観的観念論が産みだした児童文化運動の学校・学級内的形態をうけつぎ、これをプロレタリア教育運動が用意しはじめていた教育発想につなげることによって教育運動と児童文化運動を新しい段階にひきあげる牽引車となった。それが第二次『生活学校』の編集者となる彼が自らに課していた仕事である。

　『生活学校』は創刊号（一九三五年一月）で「児童文化運動の近況」と題する戸塚の文章を載せ、児童文化に対する関心の高さを示していた。戸塚はここで「子供が子供として大人から発見されはじめてから十数年になる」と述べ、この間児童文化運動は当初のロマンティシズムを経てリアリズムの立場に立つようになったと捉えている。少し長くなるが三〇年代半ばの文化状況を表しているので引用しておこう。

　それはその当事者の如何なる主観的心境にも拘らず客観的には、あるときは男女教師の生理的なセンチメンタリズムの慰安者であったり、『児童中心』を見世物にする興行家的教育者のピエロであったりしたけれども、やはり社会進歩の流れに正しい位置を占めたものはそうしたごみや芥によってせきとめられてしまうということはないもので、児童文化運動の正流も、ギーッと底を流れているようである。鈴木三重吉氏や北原白秋氏によって開かれてきた児童文化運動にしても、坪内博士を先達とする児童劇運動にしても、石井、花柳等々の諸家による児童舞踊、山田氏等による音楽にしても、やはり健実な発展を見せている。出発の当初に於る多分なロマンティシズムは多難な社会的経験を経て、今やその正しい目標をリアリズムに発見し、それへの追求に目も足らざるものがある。

戸塚は運動がリアリズムを基調とするものになってきた一例として雑誌『児童』や『児童問題研究』の刊行をあげ、また「最近の著しい傾向」として「従来の様に児童文化が、大人の芸術家の落伍者によって担当されるもの、一段低いものの様に思われていた傾向を捨てて、真摯な本格的また根本的な文化運動として自覚されて来たことである」と述べ、その例として、音楽、演劇、文学、舞踊、映画などの諸領域における児童文化の「健実な発展」について紹介した。さらに戸塚は「全国に無知の大衆として文化社会から見捨てられている小学校教師をいかにして引き上げ本当に文化社会の児童文化建設の担当者として引きあげるかの問題」をこれからの児童文化運動の課題として提起していた。これ以降『生活学校』には児童文化運動に関する記事が連載されている。戸塚が「子供図書館」、「青年図書館」、「農村子供倶楽部」の実践報告、牧沢が「少年寮」の実践を報告したほか、児童保護法の問題や児童の健康問題が六回にわたって取り上げられた。

『生活学校』誌上には児童文化をめぐって、教師が質の高い文化を子どもたちに与えようとする取り組みと、学級を単位として子ども集団の自治的生活の内側に文化を産みだす力を再組織しようとする取り組みの二つの方向が現れてくることになった。両者を教師の指導性を介して統合しうる概念を求めて編み出されることになったのが「学級文化」という用語であった。『生活学校』三六年一一月号から「学級文化交流の頁」が特設されると、この用語はあっという間に関係者の間に広がり、実践を指導する重要なキー概念となった。この欄に登場して学級文化の報告記事を書いているのは、学級新聞や文集づくりを進めた村山俊太郎、国分一太郎、柏崎栄、近藤益雄など、生活綴方教師たちを始めとする生活教育の推進者たちである。

さらに戸塚は教室でテキストとして使える子ども向けの雑誌がほしいという読者の声にこたえて『子どもの文化』と題する雑誌の刊行を企画した。綴方教師の一人は次のように戸塚に話したという。「僕たちは教育の技術についてはそんなに困つてはいない。しかし、それを生かしてくれる生き生きとした適当な材料がないのに困っている。恐らく生活学校の読者はみんなそうだろうと思う」。このような性格をもつ雑誌としてはそれまで小砂丘忠義が編集していた各学年用の『綴方読本』（一九三〇―三七年）があった。戸塚の構想する新しい雑誌は同誌のスタイルを踏襲しながらもこれよりも大人による指導性がずっと強いものとなっている。戸塚はこのテキストを「子どもの生活を組織する最も基本的なものを厳選して、何度も読み返し、先生や父母と共に吟味して研究してゆく教室や家庭のテキスト」として性格づけたのである。

それでは「子どもの生活を組織する最も基本的なもの」を戸塚はどのような内容のものとして構想していたのであろうか。この点について戸塚は次のようにいう。

> 子供の本や雑誌の多くのものは、子供に飴ばかりしやぶらせている。子供に夢を与えることも結構だろうが、夢ばかり見させておくことは大問題だ。子供たちはもうすぐ社会に出て働く人間になる。従つて、その準備としての公民的社会的な健康な常識、科学的な知識、科学的な物の見方考え方、職業に対する基本的な知識と作業的創造的な訓練が必要だ。ただ純情や正直だけでなく、そういつた行動に結びつき技術と結合した精神こそが、今国家から求められている総動員に値する精神だ。

現在考えている大体の構成としてはまずグラフ四ページ。毎月の自然界の観察と理科の結びつきをする話。毎月の行事や故事に結びつけた文化史の話、その月の教材の最も基本的なものに結びつけた科学の話、公民的社会的知識（例えば、時局の常識、子供等の将来入ってゆく産業、農工商等の産業の具体的な話、表面的一般的なものでなくその産業で働いている子どものルポルタージュとか技師や職工やお百姓からきいた話など）子供の日常の生活の仕方（新しい意味の子供の倫理）例えば喧嘩の仕方、交友、孝行等々も新しい見方から取り上げたいと思う。一般の創作童話の美しいものをもちろんのせてゆくが、新しい取り上げかたとして、以上に書いたような、子供の現実生活を組織してゆくとゆう角度から、積極的なテーマを作家と協議して最もぴったりしたものを作りだしてゆくようにしたいと思う。これは現在の最も活動的な作家諸氏の早くから希望していたところなのだ。この他に高倉氏によって、非常に興味深くローマ字のページが作られることになっている。三、四号読むうちに、知らぬまにローマ字をおぼえてしまうような仕組になっているのだ。読者諸兄からの各地の子供生活のレポートも重要なものとして予定している。漫画は小山内龍氏等新漫画派集団の人々、挿画は「ランドセル」の熊谷氏、「先生と生徒」の岩松氏夫妻、松山文雄氏その他が予定されている。

各地方の代表的な児童文の選定についてはあらためて相談にのっていただきたいと思う。ともかくも、自分の指導している子供の最も立派だと思われる作品を一遍づつ二月二十五日までに送ってほしい。

戸塚は続けて、本誌は教師たちの実践上の「道具」となり「武器」となるものであるから読者との協同編集で進めたいと呼びかけている。そしてなるべくたくさんの子どもたちの手に渡るように定価は「うんと切り詰めて」一冊一〇銭にすること、三九年四月に創刊号の発行を計画していることを告げていた(15)。

残念ながらこの雑誌は、親雑誌である『生活学校』が経営状態の悪化で廃刊に追い込まれたために、日の目を見ることはなかった。この構想だけが戦前の児童雑誌の未完の到達点を示すことになったのである。戦後戸塚は『親子新聞』を発行してこの構想を個人的に追求することになった(16)。

5　子ども研究の進展と発達論的な視点

学問研究の分野で児童文化や子どもの心身の発達に関する研究が本格的に始まったのもこの時期の特徴である。社会学、民俗学、歴史学、人文地理学などの学問研究が人びとの生活史・誌に取り組むようになると、常民、民衆、無産者、女、子ども、日常生活など、これまでの「国家ノ須要」に応じてきた学問研究からは抜けおちていた制度と自然のマージナルな領域が研究対象として浮かび上がってくることになった。史的唯物論の立場にたつ社会科学の展開はこの時期とりわけ著しく、またそれらの新しい研究動向と交流して心理学の領域でも新しいタイプの子ども研究が始まることになった。

たとえば民俗学の領域では柳田国男や大藤ゆきなどの産育習俗、子どもの遊びや言葉などについての調査研究。社会学の領域では日本大学社会学科に集った『社会学徒』（一九二七―四四年）を機関誌とするグループによるフランスの社会学、人口動態誌の研究の導入。歴史学ではこのグループから現れた桜井庄太郎の児童文化史研究。地理学者小田内通敏の新しい人文地理学と結びついて郷土教育を進めた尾高豊作らの郷土教育連盟の動向。反ファシズムと科学的精神を民衆のものにしようとする理論活動を展開した唯物論研究会（一九三二年結成）に結集してゆくことになる人びとの研究活動。心理学の方面では法政大学心理学研究室の城戸幡太郎を中心にそのまわりに集まった波多野完治ら若き心理学者たちの仕事などをあげることができる。この中で尾高豊作は民間で進んだこのような新しい教育研究運動を担う人脈を相互に交流させてゆく上で大きな役割を果たすことになった。尾高は渋沢栄一の外孫で実業界に出自をもつ人物。刀江書院の経営者であり自らも教育研究運動に参加しながら、その豊かな財力を生かして新しい運動のスポンサー的役割を果たした。

一九三〇（昭和五）年、尾高は日本における郷土地理研究の開拓者小田内通敏と郷土教育連盟を結成。経営していた刀江書院から機関誌『郷土』（のちに『郷土科学』『郷土教育』と改題、一九三〇―三四年）を発刊して「科学的郷土教育」を提唱した。この運動の中で尾高は子どもや青年の生活環境の問題に直面し、教育環境への関心を深めてゆくことになった。(17)

郷土教育連盟の結成に先立って、一九二七年尾高は刀江書院の建物の中に東京社会科学研究所を創り大塚金之助、田辺寿利、有賀喜左衛門、鈴木梅太郎等を所員とする研究活動を組織していた。(18) この研究所が解散した後、三三年四月尾高は児童社会学会を結成する。『郷土教育』は一九三三年七・八月号で児童研究の特集を組み社会学的な児童研究への傾斜を深め、三四年六月には同誌に代わって児童社会学会から刊行されることになった雑誌『児童』に発展的解消することになった。雑誌『児童』の編集にあたったのは堀秀彦、清水幾太郎らの若い社会学者たちであり、波多野完治も執筆者の一人として早くからこの運動に関わった。三七年七月プロレタリア教育運動の参加者たちによって、労働と教育の結合と生産力拡充をめざす大森機械工業徒弟学校を運営した日本技術教育協会が結成されると、尾高はこの会の会長にもなっている。(19)

尾高の関心が郷土教育から児童社会学へさらに日本技術教育協会の設立へと移行してゆく過程は、さまざまな領域で新しい子ども研究を始めていた人びとの交流の輪が広がるのに資することになった。わが国で最初の体系的な子ども史の研究となった桜井庄太郎の『日本児童生活史』（一九四一年）の研究も『社会学徒』グループの一員として「無名の民衆」の歴史に光をあてようとしていた桜井と尾高の交流の中から産みだされたものである。同書のもとになった論文は刀江書院発行の雑誌『愛児』に連載（一九三八年二―八月）され、尾高のすすめで補筆修正を加えて同じ刀江書院から単行本として上梓された。桜井がこの研究に取り組みはじめた段階では、この領域の研究としてはわずかに野口樹々の『児童問題』（一九三九年）と増田抱月の『児童文化史一二講』（一九二五年）の仕事があっただけであり、桜井は本書の序文の中で「日本の児童文化の貧困を憤り慨く心持ち」からこの問題に関心をもちつづけるようになったと述べている。桜井は研究を進めるに際して人口動態誌の方法を導入することを試みる一方、柳田らの日本民俗学の成果に大きな期待をかけ、これを積極的に取り込もうとした(20)。

柳田を始めとして『民間伝承』(民間伝承の会、一九三五年九月創刊)に拠る人びとは、この時期に伝統的な地域社会の子どもの年中行事や産育習俗に光をあてる仕事を組織的に進めており、一九三五年には『産育習俗語彙』(恩賜財団愛育会)が刊行された。柳田自身も『小さき者の声』(一九三三年)や「社会と子ども」(一九四四年)を始めとする一連の著作によって日本人の伝統的な子ども観や育児文化、子どもが伝えてきた文化を明らかにする作業を進めていた。柳田が序文を書いている大藤ゆきの『児やらひ』が出版されるのは一九四四年である。柳田らによって拓かれてきたこの領域の研究は児童論・児童文化論に新しい視角を提供することになり、また子どもの行事や遊びの調査とともに、のちに『分類児童語彙』(一九四九年)に実を結ぶことになる子どもの言葉の調査も進めて、これ以降の研究に大きな影響を与えてゆくことになったのである。

一九三七(昭和一二)年教育科学研究会が結成されると、子ども研究は新しい段階を迎えることになる。この点で研究会に参加した若き心理学者たちの果たした役割は大きい。かつて沢柳は『実際的教育学』のなかで、「教育の事実」を対象とした発達研究を起こさなくてはならぬと主張したが、この時期をまって心理学の内側から沢柳が課題としていたような発達研究・児童研究を科学的に進めようとする心理学者たちが現れてきたのである。この心理学者たちのほとんどが何らかの形でマルクス主義の影響を受け心理学に社会科学の視座と方法論を持ち込むことによって心理学を新しくしようとしていた人びとであったことは注目すべき事実である。

この運動では自由教育、生活教育、プロレタリア教育運動のそれぞれの運動の中で明らかにされてきた成果や課題がその出発点を用意することになったが、まず自由教育の成果を新しいタイプの心理学者たちに手渡す役割を果たすことになったのが、かつて沢柳の要請を受けて成城小学校を舞台とする教育研究運動に参加し、そののちプロレタリア教育運動に活動の場を移した山下徳治である。山下は二二年と二九年の二度にわたりドイツに留学し、マールブルク大学のナトルプのもとで学んでいるが、そのおり、とくに二度目の留学に際して革命後のロシアの教育を視察しマルクス主義に教育建設の方向を見出すことになった。帰国後、自由教育の批判者となりプロレタリア科学研究所に参加、第二部教育部会を受け持つことになった。三〇年には新興教育研究所を創立し所長となり、その後教育科学研究会に参加してゆくことになる。

ドイツでイエンシェの心理学も学んできた山下のところにはイエンシェの直感像理論の学習のために当時東京帝国大学の心理学科の学生であった正木正、依田新、波多野完治が集まるようになり、ここに教育学、心理学とマルクス主義の理論とのはばひろい交流の場が開かれることになった。山下と若き心理学者たちとの出会いの意味は大きかったのである。(21)

山下は前記の人びとや城戸幡太郎、留岡清男らと児童学研究会を結成し、『教材と児童学研究』を刊行した。同誌は一九三四年五月号から八月号までわずか四号が刊行されたにとどまったが、同誌上では山下と波多野らの間でその後の発達研究の展開の上で大きな意義をもつきわめて重要な論争が行われることになった。(22)

この論争は山下が『教材と児童学研究』の創刊号に発表した「児童学とは何か」と題する論文によって始まった。論争の内容はこれを一言でいえば、教育学、児童学は児童を発達するものと捉えるべきか、発達させられるものと捉えるべきかということであった。山下（ペンネーム村上純）が児童学の対象としての児童は「発達しつつある児童」であると規定したのに対し、「プロ科」の運動に接しながらピアジェの心理学を手がかりに発達の研究に取りかかっていた波多野はすぐに「児童学について」を発表し、子どもを発達させられる存在として捉えなければ教育という行為がそもそも成立しないと山下の「展開説」（波多野）を批判した。これに対して山下は波多野の主張する児童学では子どもの個性の問題が解けないだろうと反批判を展開した。(23) この後二つの見解をめぐる座談会が同誌上で開かれ、ここに出席した留岡は波多野と同じ立場から山下の児童学論には「ローマンチックなアニミズムがしのびこむ危険性がある」と述べて山下と対立した。(24)

このとき日本の心理学研究、発達研究は山下の「展開説」に代表されていた発達論の自由教育的発想に対して子どもを発達させる文化の研究という新しい課題を自覚的に自分のものにしたといってよい。このような立場からの〝教育と発達〟問題への接近はすでに生活教育の中にもプロレタリア教育の中にも実践的形態をとって現れてきていたものであった。ここには実践の中で現れてきた課題の解決に向けて研究者が科学の立場から参加をしてゆくという教育科学研究会の運動の特徴の一つが早くも現れていたといえよう。

この論争に先立って、東京大学文学部心理学科を卒業したのち一九二四年に法政大学に職を得てここに心理学科をつくった城戸と、少し遅れて彼の同僚となった留岡は、一九二九年に心理学研究室に児童研究所を開設し幼児教育の科学的研究に乗り出していた。彼らのもとには新しい教育学と教育心理学を模索する若い研究者たちが集まって来た。城戸らの児童研究は現場の保母との共同研究の性格を強め、一九三六年の保育問題研究会の結成へと進んだ。さらに同年城戸、波多野、正木、依田、松本金寿、宗像誠也、三木安正、山下俊朗、牛島義友らの若い教育学者や心理学者たちによって児童学研究会が結成された。教育科学研究会の本部を構成することになる人びとがこの動向の中から現れてくる。

こうして児童研究・発達研究・児童文化運動の流れはしだいに広がりと深まりをみせながら、「科学主義」と「生活主義」を指標とし城戸を会長として一九三七年五月に結成された教育科学研究会の運動のなかに引き継がれてゆくことになる。「教育科学」の確立をめざして現場の教師と研究者が協同して研究運動を組織したこの教育運動の中で、教育の理論とともに発達論・児童論・児童文化論もまた戦前の日本社会におけるその到達点としての水準を示すこと

になるのである。(25)

注

（1）『生活学校』第四巻第四号、一九三八年五月。
（2）中内敏夫『生活教育論争史の研究』（日本標準、一九八五年）参照。
（3）民間教育史料研究会による聞き取り調査（「民間研通信」第三四号、民間教育史料研究会、一九八八年二月）。
（4）田嶋一「国際新教育運動と日本の教育改造運動」（『國學院雑誌』第八三巻第一一号、國學院大學、一九八二年）。
（5）後藤新平「開講の辞」（『子供研究講座』先進社、一九三八年、第一巻一頁）。
（6）臼井吉見・河盛好蔵編『わが師わが友』（文藝春秋社、一九六八年、三頁）。
（7）上野浩道『芸術教育運動の研究』（風間書房、一九八一年）参照。
（8）山本鼎『自由画教育』（アルス、一九二一年、五六頁）。
（9）田嶋一「啓明会の運動」（民間教育史料研究会・中内敏夫・田嶋一・橋本紀子編著『教育の世紀社の総合的研究』（一光社、一九八九年）、同「啓明会の教育運動と農民自由大学の構想——青年の自立と教育文化」（『國學院大學教育学研究室紀要』第五〇号、國學院大學、二〇一六年）参照。
（10）「『児童の村』のプラン」（『教育の世紀』第一巻第一—三号、一九二三年一〇—一二月）。
（11）野村芳兵衛著作集第一巻『生命信順の修身新教授法』（黎明書房、一九七四年、一五三頁）。
（12）野村芳兵衛「旧教育を葬る日の私」（『教育の世紀』第四巻第一〇号、一九二六年一〇月）。
（13）竹内常一「解説」（野村芳兵衛著作集第三巻『生活訓練と道徳教育』黎明書房、一九七三年）。
（14）田嶋一「池袋児童の村小学校」（前掲、民間教育史料研究会『教育の世紀社の総合的研究』）参照。
（15）戸塚廉「『子どもの文化』の計画について」（『生活学校』第四巻第二号、一九三八年二月）。
（16）鈴木里美「一九三〇年代における児童文化論の展開——戸塚廉の実践を中心として」（『一橋研究』第一一巻第三号、一九八六年一一月）参照。
(17) 田嶋一「一九三〇年代前半における郷土教育論の諸相—文部省・師範学校系、郷土教育連盟系の郷土教育運動と柳田国男による批判」（東京大学教育学部教育史教育哲学研究室『研究室紀要』第二号、一九七五年）参照。
(18) 注（3）と同じ。
(19) 小林千枝子「尾高豊作の郷土教育連盟における活動と『児童社会学』の構想」（お茶の水女子大学心理教育研究室『人間発達研究』第一一号、一九八六年六月）参照。
(20) 田嶋一「『日本児童生活史』復刻版解説」（復刻版・桜井庄太郎『日本児童生活史』日本図書センター、一九八二年）参照。
(21) 注（3）と同じ。
(22) 内島貞男「雑誌『教材と児童学研究』誌上での「発育」論争について」（民間教育史料研究会『民間教育史料研究』第一一号、一九七五年）。なお、山下徳治の発達論については、前田晶子「山下徳治における発生論の形成（一）—（四）」（鹿児島大学教育学部紀要『教育実践研究』第二〇巻—二四巻、二〇一〇—二〇一三年）に詳しい。
(23) 波多野完治「児童学に就いて」、村上純「波多野氏の『児童学に就いて』に答ふ」（『教材と児童学研究』一九三四年六月）。
(24) 「『発達に就いて』の座談会」（『教材と児童学研究』一九三四年八月）。
(25) 民間教育史料研究会・中内敏夫・田嶋一・橋本紀子編『教育科学の誕生』（大月書店、一九九七年）参照。

第3章　青少年の自己形成と学校文化

戦前の日本の初等・中等教育制度は、社会が二〇世紀を迎えようとする段階で基本的な体系がほぼ整備され確立した。初等教育は義務教育とされ原則としてすべての子どもたちが就学することとされたが、初等教育修了後の子どもたちは中等学校に進学する者とそうでない者とに振り分けられた。単線型の初等教育制度と組み合わされた複線型の中等教育制度のもとでは中学校、高等女学校、実業学校、実業補習学校が設置され、これらの学校はそれぞれの特質を与えられていた。中学校は男子の高等普通教育、高等女学校は女子の高等普通教育、実業学校は実業のための教育、実業補習学校は就業している青年たちに定時制の補習教育を行うための学校であった。高等学校、大学等の高等教育機関は、主として中学校から進学する制度となっていた。これらの学校種とは別に、初等教育の教員養成を目的とし学費のかからない師範学校も府県毎に設置されていた。このような体制は一九四七年の戦後学制改革まで続いた。

戦前の中等教育機関は、勤労青年が就学した実業補習学校は別として、ごく少数の幸運な者に門戸が開かれていたにすぎなかった。そこでは男女別学の原則が貫かれており、両者の間にはカリキュラムや教科書の内容にもはっきりした差異がもうけられていた。男子の中学校に対応する女子の教育機関に高等という名称がつけられていた事実には明らかに女子教育に対する為政者側の意図が反映していた。戦後、教育基本法によって保障されることになった男女共学の原則は、そのような歴史の反省の上に成立している。

戦後の学制改革により日本の教育制度は全体として単線型の学校制度を基本とするものへと大きく変わることにな

った。義務教育の概念も転換し、それまで国民が国家に対して教育を受ける義務を負っているという意味で用いられてきた義務教育という言葉は、日本国憲法で定められた国民の教育権を保障する義務を社会の側が負っているという意味をもつものとなった。新しくなった教育制度の下では六年間の小学校教育に加えて三年間の中学校教育も新たな義務教育概念の下で義務化され、中学校は中等普通教育を目的とする教育機関として位置づけられることになったのである。

本章は、主に教育を受けた側の成長発達の記録を手がかりとしながら、戦前・戦中期の中等教育の歴史を青少年によって生きられた教育の歴史として捉えなおしてみようとするものである。

1　学歴社会と中等教育

(一)「中人以上ノ生活ヲ為スニ必要ナル智徳」の養成

一九三七(昭和一二)年に田舎町から県立中学校に入学した一人の少年に対して、義務教育しか受けていない平均的で善良な、そして教育熱心だった両親は大変喜んで、「おまえはこれからは中等教育を受ける身になったのだから、万事にきちんとしなくてはいけない」と誇らかに何度も諭したという(1)。当時小学校から中学校以上の学校に進学する者はおよそ二割程度にすぎず、この数字は今日の大学進学率よりもはるかに少ない。

父母のいう「中等教育を受ける身」というのはいったいどんな身のことだったのだろうか。もちろんここには学問をすることそのものに対する期待もあったであろう。しかし同時に、庶民の父母にとってもっとも重要だったことは、わが子にも学歴が重視されるようになってきた社会で社会上昇する望みが開けたこと、いいかえれば、選ばれた側に入ったということだったのではなかっただろうか。

中学校のそのような選別と人材養成の機関としての性格は早くから与えられていた。一八九九（明治三二）年、地方長官会議で樺山資紀文相は中学校令改正の趣旨について述べ、中学校の目的は「他日中人以上ノ生活ヲ為スニ必要ナル智徳ヲ得シムルニアリ」と説明し、また高等女学校については、「他日中人以上ノ家ニ嫁シ賢母良妻タラシムルノ素養ヲ為スニ在リ」と説明していた。学校を通じて新しい社会階層をつくりだそうとする国家の意図は、すでに初代文相森有礼の諸学校令（一八八六年）において明らかにされていた。

学校を出ることが社会的地位の獲得につながっているということがわかってくると、しだいに多くの人びとが学歴を求める競争に参加しはじめることになった。しかし受け入れ側の上級学校の方は定員制をとっていたので、入学の希望者数が定員を上まわれば上まわるほど入学は困難になってきた。こうして、しだいに学歴獲得競争に参加する階層が拡がり、受験競争を激化させながら、上級学校の社会的権威が庶民の日常生活のレベルにおいても受容されてくるというのが、わが国の近代学校史の一つの重要な側面となった。

二〇世紀に入るころから、中学校は帝国大学と直結している旧制の高等学校に送りだした生徒の数でランクづけされるようになり、一流、二流、三流という社会的評価が定まってきた。そして中学生は高校に入るための、小学生は有名中学に入るための「試験地獄」に巻きこまれていくようになった。大正末から昭和初期にかけて小学生の受験競争は社会問題化するほど激しいものになっていた。受験をひかえた小学生たちは「凡そ二年、朝となく夕となく、余暇あればこれを割き、甚しきは正課の時間にも準備教育に没頭してこれ足らざる競争の強ひらる苛辣なる児童の負担は、涙をもっては語り得ぬ(2)」といわれるほどの状況においこまれることになった。受験をする者は「受験術」といわれていた受験のテクニックと受験学力を身につけるのに懸命になり、他方、さまざまな理由でこの競争に参加できない大勢の子どもたちが彼らをとりまいていた。

(二)　みせかけの機会均等

戦前の中学校は、少年たちにとって学校という制度を通して社会的エリートになるための最初の選抜機関であった。中学校に入学するためには、難関の中学入試を通りぬける能力と、中学生を支える家庭の経済力が必要だった。さらにまた、そのような競争に子どもを参加させようとする親たちの意志も必要だった。職人や農民のつくる社会では長い間、学校でつける学力よりも実社会でつける実力の方が重視されてきたので、このような階層の子どもは能力があっても中学校進学の夢がかなわないことが多かった。中学校の門はいくつもの条件が重なって初めて少数の子どもたちに開かれていた。

山本有三の自伝的小説『路傍の石』には、日本社会が二〇世紀を迎える時期に進学問題に直面することになった主人公吾一や彼の仲間たちにとって、また地域社会にとって、新しく設立される町の中学校が何であったのかがよく描かれている。

「では、きょうの修身はそこまでにして、——ちょっと、みんなに聞いてみたいことがあるんだが……」

と、次野先生は急にことばの調子を変えた。そして、いま町に建設中の中学校のことを話しだした。工事がおくれて、ことしのまには合わないだろう、といううわさも立っていたが、それはやはりうわさで、四月にはたしかに開校する。また、その前には入学試験もおこなわれるはずである。ついては学校でも、それに対していろいろ準備をするつごうがあるから、中学校にはいりたい者は手をあげなさい、と先生は言った。

吾一らの組は高等小学の二年だった。そのころの高等二年というのは、今の尋常小学六年級に相当する。彼らはこれから中学にはいるか、はいらないかの、ちょうど、わかれ目に立っているのだ。中学にはいって、それからだんだん上へのして行くか、それとも、このちいさな町の土になってしまうか、ここが一生のわかれ道だった。吾一はかねてから、はいりたくってたまらなかった。先生も、おまえは、はいるほうがいい、と言ってくれた。だが、彼はすぐ手をあげて、「先生、はいりたいんです。」と、言えるような、めぐまれた境遇にいるのではなかった。(3)


今世紀の初頭には、中学校進学はまだ大方の庶民の生活感覚から離れた、別の社会のできごとだった。しかし、『路傍の石』の主人公、吾一のような少年にとっては、中学校は新しい世界への入り口として、「一生のわかれ道」として受けとめられはじめてもいた。当時の地域社会と中学校の関係は、次に引用する子ども同士の会話によく表れている。

「バカだな。中学になんか行ったって、どうするんだ。」

「だって、おとっつぁんが行けってんだもの。」

「おとっつぁんが言ったってさ……」

「そうだとも、中学なんかつまらねえや。よせ、よせ。」

作次もそばから口を出した。

そのころ、このちいさい町では、中学というのは、そんなに歓迎されなかった。中学なんかやると、なま意気になるというのが、一致した意見だった。それが自然にこゝに反映したわけだろうが、しかし吾一は、こんなふうに秋太郎がみんなからやられているのを見ると、なんだか気の毒になった。彼は、けさ、秋太郎を迎えに行ってやらなかったので、なんとなく気がひけていたところだったから、秋太郎をかばってやる気になった。

「そんなこと言わなくたっていいよ。行きたいものは、行ったっていいじゃないか。」

「だけど、うちのおとっつぁん、言ってたよ、中学へ行ったって、五寸角はかつげねえって。」

「中学校は材木やじゃねえよ。」

吾一はすばやく切り返した。

「そ、それはそうだけど、なに商売にも役にたたねえってさ。(4)」

吾一は中学校に進学したいのだが、家が貧しくていかせてもらえそうにもない。学校で進学について家で相談してくるようにといわれた吾一は、母親にたのんでみるが、予想どおり色よい返事は返ってこない。


「よう、おっかさんてば……」

「そうはいきませんよ。お医者さんや、大きな呉服やのむすこさんとは、いっしょにはなりませんよ。」

「だって、秋ちゃん、学校、できないんだぜ。」

「…………」

「あんなできないのが行くんなら……」

「吾一ちゃん、中学へはね、できる人ばかりが行くんじゃないんですよ。」

「そ、そんなこと言ったって、できないやつなんか、受かりゃしないよ。きょう、先生が言ったよ、はいる前に入学試験があるんだって……」

おっかさんは返事をしなかった。(5)


結局吾一の場合は、成績優秀で教師たちも彼を中学に進学させたいと願っていたにもかかわらず、家庭の経済状態がそれを許さなかった。このような吾一の境遇は作者山本有三の成育歴とも重なっている。この小説が一九三七（昭和一二）年に『朝日新聞』に連載されて読者の支持を受けたのは、かつて少年時代に吾一と境遇をともにした多くの人びとの深い共感を得たからにほかならない。

(三)　ものをつくることとものを学ぶこと

職人に代表されるようなものをつくる人びとの社会では、一人の人間がよい仕事をする力があるということと、いわゆる学があるということはつながりがあるものとしては捉えられていない。むしろ両者は反対の関係にあるとさえ長い間考えられてきた。近代日本の社会ではものをつくることとものを知ることは、別のこととされていた。そのような事情もあって、職人社会で生きる者たちは、中学校は自分たちとは別の社会の人間たちの行くところだと捉えていた。職人の息子は早く学校を終えて職人の社会で徒弟奉公的な修業をつみながら技能を身につけるべきだと親たちは考えていた。農村や漁村でも事情は同様だった。

しかし学歴社会化の進行とともに、彼らの子どもの中には親とちがった考え方をする者が現れてくるようになる。上級学校への進学のチャンスさえあれば親のあとを継がなくとも自由に自分の人生の設計ができるという希望を、学校は子どもたちに与えた。進学問題は青年期の主体形成の問題と、自分の将来の職業や生活の問題という二つの局面において、青年期を迎えようとしていた少年たちの目の前にたちはだかってくることになった。彼らはこのとき早くも自らの人生にいやおうなく立ち向かわされることになったのである。

このような問題を考える上での手がかりとして、ここでは中野孝次の自伝的小説『麦熟るる日に』を取り上げてみよう。主人公の〝ぼく〟は職人の家に生まれた。当然のことながら中学校にやってもらえる希望はなかった。彼が少年期をすごした戦前の下町の小学校には進学組ができていて、受験生に対する特別の補習が行われるようになっていた。〝ぼく〟は親に内緒で進学組に加わらずにはいられなかった。

進学という言葉が、触れれば爆発しかねない危険物のようにひそひそささやかれだしたのは、六年生の秋ごろからだった。進学組というものができて、掃除がすんだあと十四、五名が人目を忍ぶように教室に居残ることになった。林田という、ロイド眼鏡をかけた血色のいい担任の先生が面倒をみた。ぼくは須藤とともに当然のようにそのなかに加わったが、林田先生が教卓から眼鏡ごしにじろっとこっちを見るたびに、「おまえも加わるのか」と言われるような気がした。危うい橋をわたっているようなものだった。うちではそのことを黙っていた。いつか父に言いださねばならぬ日がくるのを、ぼくは胸に石ころを抱いてるような重さでこらえていたが、学校からの帰りが急に遅くなりだしたことで母が文句を言うと、適当に答えてごまかしていた(6)。

受験期を迎えて教室は進学組と非進学組の対立がきわだってきた。進学できない、という事実を少年たちが深刻で複雑なコンプレックスの中で受けとめなければならないような社会が、昭和初期の日本の都市社会にはすでに広範に現れていた。

進学がやがて隠しようのない問題として口にのぼりだして、一番変ったのは、それまで一つだったクラスのなかが、とげとげしく二分されてしまったことだった。わけのわからない口論やけんかがふいに起った。放課後の掃除をしているうち、突然だれかがだれかにホウキをふりあげたり、ゲンコを窓ガラスにとびこませたりして、しかも大抵はどうしてそんなことが起ったのか理由がわからないのだった。背のひょろ長いブリキ屋の息子響谷は、前より粗暴さの度合を狂おしくして、突然目をむいて「なにをっ」と威嚇したり、かと思うとホウキを抱いて踊りだして「忘れちゃいやあよ」と流行歌をがなりだしたりした。新聞配達をしている宍戸は、ふだんは大人びた老成した口をきく少年だったが、逆三角形の頭をつき出して、三白眼をむいて、進学組のだれかにくってかかったりした。ぼくにはそういう狂態がひとごととは思えなかった(7)。

ある日、担任の教師が主人公の進学を親にすすめるために〝ぼく〟の家をたずねてきた。しかし父は〝ぼく〟の進学を許さなかった。父は、「中学なんか、やるわけにいかねえぞ」と、〝ぼく〟の顔も見ずに言いわたした。〝ぼく〟は涙声で父に抗議した。「なぜだよ、なぜだめなんだよ」。


父は一瞬立止ったが、向うをむいたまま、「だめだったらだめだ」と断定的に言い放って、そのまま仕事場にいってしまった。

「先生もね」と母がとりなし顔に言った。「おまえを中学にやるようにって、言いに来てくれたんだけどね。」

「じゃ、なぜウンって言ってくれなかったんだよ。やだ、ぼくだけ中学にいけないなんて、やだっ。」

「父ちゃんはね、職人の子に教育なんかいらないって言うんだよ。それで先生と言いあいみたいになっちゃって、先生にも悪いことしちゃったけど、なまじ学問があると生意気になっていけねえって、それ一本槍で。父ちゃんはあのとおり一刻者で、言いだしたらききっこないんだから。」

「やだっ、じゃ貧乏人の子は一生貧乏でいろっていうのか、うそだ、そんなことはうそだっ。」

「無理言うんじゃないよ。上の兄ちゃんだって一番だったのに、高等科でおえてるんだからね。おまえだけ中学にやったら兄ちゃんが可哀相じゃないか。それくらいの理窟はおまえだってわかるだろ。」

「中学にいけないんなら死んだほうがましだ。」

「じゃ勝手におし。これだけ言ってもわかんないんなら、母ちゃんだって知らないよ。よそへいくなりなんなり、どこへでもいって自分で好きにやるがいい。(8)」


中学校への進学を許されなかった中野はその後独学で検定試験にパスし、自力で旧制高校―東京帝国大学への途をきりひらいていくことになった。

一方、医療機械をつくる下町の職人を父にもつ板倉聖宣は中学校に進学したが、しかし中学で学ぶ事柄に「異和感」をもちつづけていた。板倉は、「ものを生産する人間になるには中学校は余計なところなのだろう」と感じ、「中学校は特権階級をつくるところ」と感じつづけていた。板倉にとっては中学校で自分たちが学んでいる内容は人間を内側から豊かにするようなものになっているとは思えず、彼はこれを「虚飾の学問」と呼んでいる。[9] このような学問と教育への反発が、戦後、科学史という新しい研究領域へと彼を導き、また仮説実験授業と呼ばれる新しい授業形態をつくりださせる原動力となった。

しかしながら板倉のようなケースは稀である。大多数の人間にとっては、中学校は社会的にであれ知的にであれ、まさに「特権階級」に参入するためにこそ行かなければならないところであった。中学進学の道を閉ざされた〝ぼく〟がくしくも「貧乏人の子は一生貧乏でいろっていうのか」と叫んでいたように。

2　戦前日本の受験問題

(一)　新中間層と進学問題

『麦熟るる日に』の中には一九二〇年代の下町の小学校の受験問題と生徒のようすが描写されていたが、それより少し前に東京の山の手の小学校に通っていた加藤周一の自伝『羊のうた』には、山の手の小学校で受験教育にさらに拍車がかけられていたようすが記述されている。彼の通っていた渋谷区の小学校は新設の小学校だった。手腕家の校長は最初の卒業生の成績をあげて学校の評判を高めようと考えたらしく、五年生になるときに生徒は進学組と進学しない組に分けられ、進学組に対する受験教育が学校をあげて始められた。

第四学年の末に、私たちは中学校へ進学する組と、進学しない組とに、わけられた。経済的理由によって、子供の進学を望まない親もあったから、その区別は、必ずしも生徒の教室での成績によるものではなかった。進学をしない生徒は、男女共併せて一つの学級にまとめられ、進学を望む生徒は、男女をわけ、それぞれ一学級とし、殊に男の進学組には、最終二学年を通して、新任の若い教師が配せられた。校長は、新進気鋭の専門家に、一組の生徒を二年間徹底的に訓練して、そのなかの数人を、有名な中学校へ送りこむ仕事を委任したのである。若い教師は、師範学校を抜群の成績で卒業したばかりで、自信にみち、野心に溢れ、あたえられた仕事を果すことに熱中して、忽ち入学試験競争の素晴しい調教師となった。私たちは第五学年に進むと、まず、入学試験のむずかしさの度合に応じて、整然とならべられた中学校の等級を示された。七年制高等学校の中学部と、東京府立第一中学校は、第一級であり、陸軍幼年学校その他は第二級であり、第三級以下は話にもならない。また小学校にも等級があり、本郷の誠之小学校や青山師範の附属小学校のように、毎年第一級の中学校に多勢の卒業生を送りこむ学校は、第一級の小学校である。私たちの目的は、誠之小学校や附属小学校の成績に追いつき追いこすことでなければならない。それには第六学年になってから試験勉強をはじめるというようなことでは、とても問題にならない。試験勉強は今日ただ今はじめ、必要があれば夏休みに授業をすることもあるだろうと、私たちの調教師は宣言した。体操や図画の時間は、しばしば入学試験に必要な課目にふり変えられ、授業は時間表の終った後も、暗くなるまで続けられた(10)。

進学組の生徒たちはこうして学校にとっては学校の名誉のために、個人にとっては立身出世のエスカレーターに乗るために、ひたすら受験勉強に励み、学校は予備校化していった。そのような状況下で、成績がよくても進学組に入れない一人の友人の存在をきっかけとして、加藤は学校のあり方に素朴な疑問をもつことになった。次の記述にはそのような疑問に対する学歴社会の側からの正統化の論理が、一人の大人の口をかりて表現されている。

たとえばそれまで教室で容易に敵し難い競争相手であった大工の息子が、進学をしない組に入れられたのは、不当であると、私は考えていた。父の友人が集ったときに、私は家でその感想を述べたことがある。父の友人のひとりは、軍医で議論を好む人だった。「しかたがないね」とその軍医はいった。「でもあの子はぼくよりもよく出来るのですから、進学させないのは、おかしいではありませんか」「いや、学校が進学させないのではない、学校は誰にも平等に門を開いているのだ」「では誰がさせないのです？」「それは親父さ、学校へ送れば金がかかるのだ」「親父が貧乏なのがいけないということになるんですか」「いけなくはないさ。しかし世の中には貧乏な人間がいるんだよ。働きさえすれば、貧乏でなくなる。おれだって貧乏で、苦学したのだ。貧乏を打破ろうとしなかったから、貧乏な人間は貧乏なのだ」。小学校での学級がちがうようになると、その友だちと私のつき合うことは、次第に少くなってしまった。たまたま帰り路で出会ったときに誘うと、「ぼくは君たちとはちがうのだから、家に帰って手伝わねばならない」といって、向うからも避けるようにした。(11)

中学校はすべての者に平等に入学のチャンスが与えられている。そこに進学できないのは能力がないか貧乏であるからである。能力も貧乏も親のせいか本人の気力や努力の欠如に帰せられる個人的な問題であってなんら社会的問題ではない。こういう三段論法のもとでは、教育の機会均等という近代社会の原則は、現実にある社会的不平等を隠蔽し再生産するための論理へと換骨奪胎させられてしまうことになる。

たてまえとしては万人平等論をとるが、実質は身分社会と階級社会がおりあいをつけていた社会では、学校そのものの存在が社会の階層化を押し進める装置としての機能を果たしていた。

学校は日本の社会に出現した新中間層の砦となった。親たちがわが子の教育に最も熱心だったのはこの階層にほかならない。開業医だった加藤の父親は、息子に小学校五年で最難関である東京府立第一中学校を受験させようと考えた。当時、中学四年で高校受験の道がひらかれていたのと同様、優秀な者は小学校五年で中学入試を受けることができた。最も優秀な者は人よりも二年早く帝国大学に進学することができたわけである。小学校五年で中学入試を受けるためには、六年生の課程を五年のうちにマスターしなければならない。加藤の父はそのために小学校の教師に個人教授を依頼した。こうして加藤は小学校六年生をやらずに府立一中に合格した。しかしこのような制度は人材の早期選抜以外にいかなる意味ももたなかった。そしてそのために犠牲にされたのは子どもの生活そのものだった。

小学生としての私の生活が一年はやく終ったときに、私は父や母と共に、家庭教師としての仕事を果した松本先生がよろこぶのを見た。しかし私自身は行き慣れた学校を離れ、級友たちや、桜横町や、松本先生とのつき合いが終るだろうことを、ほとんど悲しんでいた。試験に成功した自分自身に満足を感じなかったわけではないが、その満足にはどういう実質的な内容もなかった。私は中学校の入学試験のためには、充分に準備されていたが、中学校の教育のために、充分に準備されていたのではない。(12)

(二)　中学生の学力

一九一八（大正七）年に発表された久米正雄『受験生の手記』は、浪人して上京し予備校に通いながら第一高等学校をねらう受験生が受験に失敗して自殺する話である。高校入試は非常にむずかしいものになっていた。そして中学校は高等学校にどのくらい多くの生徒を送りだすことができるかという数字で、厳密にランクづけされていた。高等学校の選抜試験に向けて多くの中学校は能力別編成を行い、机の配列や出席簿の番号まで成績順にして、学校の栄誉をかけて進学競争の成果をあげようとしていた。一九一八年の高等学校令によって中学四年修了者の高等学校入学資格が認められると、これ以降五年生の授業はまともには成立しなくなってしまったほどであった。中学校は高等学校進学のための「予備教育」的性格をますます強めていった。

加藤周一『羊のうた』から東京府立第一中学校の教育の様子を取り上げてみよう。この学校の生徒は第一高等学校──東京帝国大学への進学をめざすのが当然のこととされていた。

府立一中は、その頃すでに、第一高等学校へ多くの卒業生を送ることで世間に知られていた。その受験予備校としての性格は、新設の町の小学校の入学試験熱などとは到底くらべものにならない。もし一方が入学試験準備の職人芸であったとすれば、他方は工業的な技術と組織であったといえるだろう。教師のなかには熟練した専門家が何人もいて、上級の生徒を訓練し、下級の生徒は、新任の教師や「受験勉強」専門家になりきらなかった変り種の教師に任かされていた。私たちの受けた授業には活気がなく、その内容は退屈であり、休み時間には遊び場さえなかった。新入生は自分たちが半ば無視された必要悪にすぎないということを、感じないわけにはゆかなかった。(13)

戦前の中学校では実際上、授業内容が上級学校への進学準備という観点から編成されていた場合が多くみられ、わかる者だけがわかればよい、わからないのは本人の努力不足か能力不足のせいだと考える教師たちも多かった。加藤が受けた漢文の教師は、自分が教室で教えていることは子どもには「どうせわからぬ」と確信し、私語さえしていなければ生徒が何をしていようと一切かまわなかったという。「受験術」といういい方があったように、生徒がつけたのは受験学力にほかならなかった。そして一高、東大をめざす受験競争の中にいる限り、「仲間の連帯感は全くなかった」と加藤が回想しているように、学び発見するという本来人びとをつなげていくはずの行為が人びとを切りはなし孤立化させるものとして作用することになってしまった。加藤の自伝は中学生活を「空白五年」という見出しのもとで記述している。

(三)　受験準備教育への批判と抵抗

千葉師範附属小学校主事で大正期の「自由教育」の実践者として有名だった手塚岸衛は、一九二六（大正一五）年四月、千葉県立大多喜中学校に校長として赴任し、中学教育の改造に乗り出した。彼はそこで次のような講演をしている。

従来の中学教育は入学予備教育の傾がある。そのため、図画や音楽の如きものを無視して来たが私はかかる差別を認めぬ。従って採点本位の試験制度も全廃した。各学科は夫々独自の価値を有するに拘わらずそれ等の点数を総平均して成績順を小刻みに別つなどと言うことは人格に対する侮辱である。中学教育を入学準備に終らせるのは本来の目的を忘れてその手段に趨って居るものである。(14)

しかし手塚の中学教育改造案は保守派の人びとの強い反対に出合うことになった。加えて上級学校を受験した八名の生徒が全員不合格になったことが手塚の「自由教育」のせいだとされて、一九二七(昭和二)年四月、四、五年生全員が手塚校長の排斥を目的とした同盟休校に入った。このとき同盟休校の理由の第一に掲げられていたのが、「生徒の実力減少、例えば本年の高等学校その他上級学校入学受験者は一人も合格しなかった」ということであった。この事件は、裏で校長反対派の扇動があったといわれているが、それにしても彼の中学校を受験教育から解き放とうとする改革案が当の中学生たちの支持を得ることができなかったことは明らかだった。大正新教育運動の旗手の一人手塚岸衛はこの事件を機に野に下り、私立学校自由ヶ丘学園の創立に取りかかることになった。(15)

中学校の受験体制にはますます拍車がかかり、高校入試準備のため中学校の授業そのものが英・数・国漢重視、他教科軽視の受験教育になってしまった。師範学校から中学校に転じてきた一人の校長は、次のように中学教育の実情を内部告発している。

私の学校に行はれて居りました教育の実状を申上げます。私は昨年七月に師範学校から現在の中学校に転じて参った者で、是から申述べますことは其の当時の実状であります。さうして此の実状と申しますものは、実は受験準備教育の事を申すのであります。

今其の準備教育の内容を申上げますと、先づ従来の上級学校の入学試験科目たる所謂「英、数、国漢」が特に重んぜられまして、其の他の学科は全く軽視せられてゐるのであります。即ち規則に定められてゐる教授時数の外に、各学年共に毎週数時間宛英、数、国漢の時数が増加せられまして、公民科のそれは半減せられてゐるのであります。第三学期に於ては第五学年の教授総時数は二十四時間に減ぜられて正午放課と云ふことになり、此の期間一般的には修身と教錬、それに英、数、国漢だけの教授しか行はないのであります。其の他の学科の教授と云ふものは第三学期には致さないのであります。且つ学級は之を高等学校組、高工組、高商組及び実業組の四つに組替へてしまふのであります。毎学期一回宛第五及び第四学年生徒の全部に対し、高等学校入学模擬試験を行ひ、夏期及び冬期休業中には受験準備講習会を開きます。而して準備教育の教授者には一時間に付き幾らと云ふ手当が給与せられます。（是が職員間に面白くない且つ低調な空気を作って居りました。）尚、私の学校では生徒に掃除を致させてゐなかったのでありますが、之も受験勉強に専心せしめようと云ふ点から始められたらしく、保護者会が教授手当と掃除人夫賃とに年々支給してゐた金額は、前者に千四百円、後者に七百円であります。

併し兎に角一部の生徒の記憶力の旺盛なのには驚かされます。（それだけ精神力の浪費と云ふ事になります。）けれどもそれは一部の者でありまして、大多数の者はさうは参りませぬ。中々追付いて行けないのであります。それが第三学年頃から上級になるに従って著しく顕はれて参ります。最近五箇年間に於ける休学者（総数八十三名一箇年平均十六・六人）中で神経衰弱症に罹った者は第一、二学年に於ては一名であるに対し、第三、四、五学年に於ては十九名、三〇％に増加して居りますのは此の間の消息を物語ってゐる一例ではなかろうかと思われます。上級学年の生徒中からは考査毎に全く白紙を出す者も現はれて来るのでありますが、不思議に最近第四、五学年からは落第生と云ふものが出ていないのであります。（こゝに学校の非教育的精神、功利主義を見るのであります。又カンニングの多いのにも驚かされました。）斯くて英、数、国漢だけでも非常に重い負担が一般生徒に課せられてゐる次第でありますから、其の他の学科は殆んど之を顧る余力が残されて居りませぬ。又顧る意思も少いのでありましす。随って物理や化学などに欠く可からざる観察、実験、実習と云ふ事は全く行はれてゐなかったと申して差支ないやう

であります。(16)

受験体制をとった中学校にも非進学組の生徒たちがいた。卒業後すぐに社会に出なくてはならなかったりあるいは傍系の師範学校へ進学したりする者たちの心は、受験体制化が進むほど深く屈折せざるをえない。小学校における受験組と非受験組の対立は中学校の内部でも繰り返されていた。戸塚廉の入学した掛川中学校は、中学校の最終学年の三学期から生徒を受験組と非受験組に分けていた。戸塚は師範学校へ行くので非受験組に入れられた。高等学校、大学への進学を希望していたのだが家の経済状態がそれを許さなかったのである。当時師範学校は高校進学希望者からは〝二部大学〟と蔑称されていた。

わたしの一生のうち、中学の五年生時代ほど解放的な時代はなかった。

これからさらに高等学校や大学で青春を満喫する受験組のものは知らず、〝二部大学〟や家業につく非受験組にとっては、おそらく再び経験することのできない、何人にも不当に支配されることのない天国であった。

この天国の最後の階段をのぼりつめていた時に彼らは劣等組というレッテルをはられてしまった。それは、実力の優劣でわけたのではなかったが、そうわけられてみると、それは、学力の優劣による差別のようなふんいきをかもしだした。なぜなら、非受験組にはいるような連中は、すでに早くから、その予想で、クソ勉強はせず、ヤケクソ組も多く、そのため点とり虫も少なかった。また、事実、とても上級学校へはいけそうもないので、進学希望をはじめから捨てている資産家の息子も含まれていたからである。

非受験組には、だから、差別への抵抗を含むいたずらを楽しむ生徒が集まった。クラスの半数くらいは、朝、登校するとすぐに弁当を半分くらい食ってしまう。半分しか食わないのは、授業中に食うスリルを楽しむためである。

怒りっぽい先生の時間をねらって、彼らはやおら弁当箱のフタをあける。中学生のひとり用デスクは、机の面が二つにわかれていて、からだに近い方を上にあげて本の出し入れなどするようにできていた。その上げぶたをあげて、その陰で弁当を食うのが、彼らの最大のたのしみである。

入口のドアに、竹刀をしかけて、教師がドアをあけると竹刀が頭の上におちるようにしておいたり、教卓の教師の立つところにチョークをぬっておいて、教師の服が白くよごれるのを喜んだり、教卓を反対に向けておいて、教師がそれを知らずに授業を進めていって、そこにないつもりの板につまづいたり、あるいは、教卓の前の板をはずしてしまって、教師が全然生徒には見えていないと信じている腰から下の姿態が、まる見えになっているのを楽しんだり、教師が黒板に字を書いているすきをねらって、窓からとび出して、メシを食いに行ったり帰宅してしまったりした。

授業がはじまっても、何かのつごうで教師がやって来ないということは、彼らにとって大きな幸福であった。ゲラゲラと笑い、デスクをたたき、鼻うたをうたった。(17)

非受験組の生徒たちの学校生活を荒れさせていたのは、自分たちが学歴社会をのぼる階段からここでおりなければならないという挫折感であり、彼らのいたずらや自暴自棄的な行動は、学校や社会の彼らの扱いに対する「差別への抵抗」の表現にほかならなかった。こうして学歴社会における進学問題は人びとを深く疎外状況の中に巻きこんで深刻化していた。

3　高等女学校の学力問題

(一)　女子の中等教育と「良妻賢母」主義

高等女学校令（一八九九年）は、「女子ニ須要ナル高等普通教育」を高等女学校の目的とした。しかるに高等女学校は原則として修業年限四年で就学期間が男子の中学校より一年短く、教育内容も男子のそれとちがうものになっていた。中学校では外国語、数学、理科の時間数が多かったのに対し、高等女学校では修身、音楽の時間が多くとられ、また家事、裁縫の時間もかなりの比重をとっておかれていた。理数関係の教科にしても、女子はとかく感情に走りやすいから、それを是正するために「女子ニ理学ノ考ヲ種々ノ点カラシテ与ヘナイトイケナイ」（一九〇二年、全国高等女学校長会議における菊池文相の発言）という女性の能力への偏見を裏にひめていた。女子は外国語や理数関係の高い学力をつけるよりも、婦徳と女らしい情操、家事処理能力を中心とした女性の教養を身につけること、知的能力の発達よりも「良妻賢母」を育てることがめざされていたのである。

表1　高等女学校（左）・中学校（右）週当たり授業時数（1901年）

学科目＼学年	1	2	3	4
修身	2	2	2	2
国語	6	6	5	5
外国語	3	3	3	3
歴史・地理	3	3	2	3
数学	2	2	2	2
理科	2	2	2	1
図画	1	1	1	1
家事			2	2
裁縫	4	4	4	4
音楽	2	2	2	2
体操	3	3	3	3
計	28	28	28	28

学科目＼学年	1	2	3	4	5
修身	1	1	1	1	1
国語及漢文	7	7	7	6	6
外国語	7	7	7	7	6
歴史・地理	3	3	3	3	3
数学	3	3	5	5	4
博物	2	2	2		
物理及化学				4	4
法制及経済					3
図画	1	1	1	1	
唱歌	1	1	1		
体操	3	3	3	3	3
計	28	28	30	30	30

一九一〇（明治四三）年には高等女学校に比べさらに家事、裁縫の時間が多くとられている実科高等女学校もつくられた。女子の中等教育は男子との間に大きな格差がつけられたばかりでなく、その内部にも格差を含んで成立することになった。

大正期の女子教育は、明治期の良妻賢母主義の教育を引き継いで、家のため国のためという家父長制国家における女子教育論がいっそう強調されるようになった。臨時教育会議の「女子教育ニ関スル答申」は、「国体ノ観念ヲ鞏固ニシ淑徳節操ヲ重ンスルノ精神ヲ涵養」することの重要性をあらためて指摘し、一九二〇年の改正高等女学校令は、教育の目的として「特ニ国民道徳ノ養成ニ力メ婦徳ノ涵養ニ留意スヘキモノトス」としていた。女子教育においては知的能力の向上よりも徳育がますます重視されたのである。このような動向は、この時期に高等教育を受けて経済的にも精神的にも自立し、家族制度の網の目から抜け出しはじめた職業婦人と呼ばれる社会階層が現れてきたことに対する守旧派からの対応でもあった。

同時に、良妻賢母主義の教育を批判し、女性の自立に理解を示す人びとが女子教育に携わる教育者の間から現れてきたのもこの時期の特徴である。次に取り上げる丸岡秀子や沢村貞子の自伝にも、そのような校長が現れている。一方、女子が中・高等教育を受けることに対する強い抵抗が民衆社会の中には根強くみられた。それは、古い女性観を基盤にしているものではあったが、そこには同時に女子教育の内容への強い批判もこめられていたと考えることができよう。

(二)　女学生の生活と教育

丸岡秀子の自伝的成長小説『ひとすじの道』の主人公恵子は、大正の半ばに長野県で最もふるい県立長野高等女学校に入学した。田舎から出てきた恵子は寄宿舎に入った。寄宿舎の生活は、朝から晩まで生活の細部にわたって規則でしばられていた。「寄宿舎規則」第一条は「舎内各室の生徒を数組に分ち毎組を一家族と見做し、組長一名を置き上級生を以て之に充て組内生徒全体に関する事務取扱に任ず」というものであった(18)。

ここに表れているように、寄宿舎生活は家族に擬せられていたのであり、舎監の女教師も集団生活上の注意を生徒に与えるときには「寄宿舎は家庭も同様です」という論理を使っていた。『ひとすじの道』から彼女たちの生活ぶりを取り上げてみよう。

四年生の室長さんは、部屋の入り口に机をおき、その両側に、三人ずつの下級生が、机をならべて座っている。室長はまるで、「わたしを見習いなさい」という長姉の姿である。

めったに膝もくずせない。隣の部屋との境には押入れがあり、それぞれの持ち物が全部入れてある。全部といっても、夜具と柳行李一つずつだけが、持ち物の全部である。よけいな物は何一つない。

六時起床。洗面、掃除をばたばたすませるころ、寄宿舎全体に朝の振鈴が鳴りひびく。本校の体操場に集合する合図である。そのときはみな袴を着けていなければならない。体操場では、まず、きょうの挨拶が交わされる。一部屋ずつ、生徒の整列が終わったことを、三人の組長が、

「わたくしの組は、みんなそろいました。」

と報告すると、舎監の三人の先生がうなずく。

「おはようございます。」の声が、いっせいに体操場をゆるがす。それで〝終わり〟なのだが、日によっては先生のお小言もある。(19)

このように寄宿舎では舎監の厳しい目のもとに朝起きてから夜寝るまで、生活指導を行う体制がとられていた。

ところでこの学校の校長、河野齢蔵は女子教育改革論の立場に立つ人であった。この校長が一九一九（大正八）年に卒業生を前にして行った「我国女子の覚悟」と題する講演は恵子の心に残るものだった。当時の女子教育をめぐる状況と、開明的な教育者の考え方をよく表しているので長くなるが再録しておくことにしたい。

　さきごろの欧州の戦乱は、欧米諸国の女子にとって、大きな発展の業務に従事したのである。その初においては、女子の能率が男子に比して大いに劣るであろうと想像されたのであるが、実際においては、女子が男子にかわって、はじめて各種の事業に従事したものも、容易に、その仕事を理解し得たばかりでなく、その能率もまた、男子に劣らなかったのである。

　此において米国の大統領ウィルソン氏の教書においても、英国の首相ロイド＝ヂョージ氏の演説においても、みな女子に感謝して、戦争の勝利は女子の努力に因ったのであるとまで言われたのである。（中略）

ゆえに連合国の勝利は、また欧米婦人の勝利であるとまで言われたのである。しかるに我国の女子は、欧州の戦乱によって、

何等の活動もなく、したがって何等得るところがなかったのである。

なおまた、欧米の諸国においては、戦争の経験によって、国家の発展は、国民男女の脳力を鍛錬して、頭脳を鋭敏にし、能率を増進するにあり、として、男女の教育において、いっそう重きをおくことになったのであるが、我国においては女子教育の様相は、はなはだ不充分であって、特に女子の高等教育の機関は、まったくないと言ってもよいのである。

しこうして、高等女学校においても、欧米諸国は、裁縫の教授時数は一週二時間位であり、家事は多くは家庭で教えているのに、日本では裁縫に六、七時間、家事に三時間、そのうえ外国語に二、三時間を費すのであるから、女子の実力は、欧米諸国に比して大いに劣って居るのである。(中略)

かくして、男女の学力がますます隔りつつあることは、女子の地位を高めるどころか、かえって下げることになりはしないかと思うのである。もっとも女子の教育は、参政権の獲得や、女子の地位の向上が第一の目的ではない。これらは、女子の実力が進めば自ら得らるべきものであって、第一の目的は、人格を高くし、活動力を進むるにあるのである。これは家として、国家として、女子に要求すべきところの切なるものである。(中略)

しこうして、国民としては、よく国家を理解し、世界の大勢につうじて、つねに国家の為に尽すべき人でなくてはならぬ。世界の大勢に没交渉で、つねに旧来の仕事をくりかえすのみでは、日本の女子が世界の進運にとりのこされることになるのみならず、国家の発展を望むことができぬのである。国家の発展は、国民男女の実力の総計によって決すべきものである。

女子の職業問題も、また今後女子の考うべき問題であって、近年我国においても、新なる女子の職業が増加した。開業免許状を得た女医師の数も、昨年中に約六十名であったが、本校の卒業生は、このなかの四名であった。教員の志望者もかなりに多い。なかには東北大学を卒業して、高等教育に従事するものもある。

このほか、タイピストや製図師、薬剤師や美術家になるものもある。郵便局や、銀行に出るものも多くある。美濃の電軌会社では、駅長その他の駅員に多くの女子を採用した。欧米諸国では、女子の独立して職業に従事するものが多いが、これは我国と国情を異にして、未婚の女子が多いことが大いに関係しているが、そればかりでなく生活のますます困難になりいくに対しては、安閑としておられぬからである。我国においても、次第にかかる傾向を生じてきた。したがって我国の女子も、たとえ独身生活をなさずとも、男子とともに同一の職業に従事するか、もしくは他に職業を求めて、家計の補とせねばならぬ時が来つつあるのである。祖先伝来の資産に依頼し、夫の力に依頼して、虚栄の生活を貪りつつあるは、女子の恥辱であるのみならず、またその地位を高むることができぬ所以である。(20)

この講演は当時喧伝されていた良妻賢母論に明らかに対抗的立場をとるものであった。そして恵子は、とりわけ「祖先伝来の資産に依頼し、夫の力に依頼して、虚栄の生活を貪りつつあるは、女子の恥辱であるのみならず、またその地位を高むることができぬ所以である」というところに深く心を打たれた。胸の中にはすでに自立への志が生まれていたのである。このような校長のもとで、この学校は、寄宿舎生活はともかく、授業においては比較的リベラルな、知育を重んじる気風をもつことができた。

(三)　白樺派の文学運動と自立への志

寄宿舎内には、赤羽王郎、笠井三郎など県内の白樺派の教師の影響を受けた生徒たちを中心にして雑誌『白樺』を回し読みする秘密の読者グループができていた。恵子はこのグループを通じて初めて白樺派の文学運動に出合うことになった。武者小路実篤、有島武郎、志賀直哉らのつくる『白樺』は当時長野県内の若い教師たちに愛読されていた。彼らはこの文学運動の理想を教育にもちこんで、これまでの画一的な教育をやぶって子どもたちを芸術に触れさせ、子どもたちの個性をのばす新しい教育を実行しはじめていた。やがて彼らの運動は県当局のにらむところとなるのだが、運動の流れは寄宿舎内にもひそかにもちこまれ、恵子たちは文学と出合い、新しいものの考え方と出合うことになった。

「生まれ、育ち、学んだこれまでの総てをひっくるめて、身分だの、秩序だのの名で、いくら相手を差別しようとしても、人間が生を求める熱い願いは、誰もが共通に持っているものだ。」という、この雑誌の主張は、わからないながら、ふいの衝撃に出会ったように、恵子をおののかせた。人生だの、差別からの解放だの、生を求める熱い願いというようなことばを目にした、このはじめての体験は、恵子のからだじゅうをわけもなく震えさせた。(21)

彼女たちは新しい文学をかくれて読み、柳兼子の独唱会を聴きに行き、また米騒動について話しあった。彼女たちの求める本は学校の図書館にはおいてなかった。家族制度の根幹をゆるがせ、現実の女性の社会的地位に疑問を抱かせ、社会に目を開かせるような思想は、たとえ白樺派の文学運動であっても学校内に公然ともちこむことは許されていなかったのである。

恵子が在籍していたころよりも少し前のデータだが、一九〇九（明治四二）年にこの女学校の図書館におかれていた本は、わずか四七七冊にすぎなかった。内訳は修身二三、教育一〇、国語一五七、漢文三三、歴史七二、地理二二、数学六、理科四〇、家事九、裁縫二、図画二、音楽二、遊戯二、辞書五、雑書一八、その他となっている。一八九六（明治二九）年に創設された県下で最も伝統のある女学校でさえこのような状態だった。学校が図書館にどんな本を用意しているかということは、その学校がどんな学力を生徒につけようとしているかということと大いに関係しているといってよい。

一九〇七（明治四〇）年、文部省から女学生にどんな本を読ませたらよいものかという問い合わせがあったのに対してこの学校では、『土佐日記』『枕草子』『万葉集』などの古典類や女性用教訓書をあげていた。さらにまた福沢諭吉や内村鑑三、安部磯雄、徳冨蘆花らの著作もわずかながらあげていたが、これらは、世上に「多少非難あるもの」を積極的に読ませて生徒自身に「良否善悪を批判」する力をつけさせようという観点からかろうじて選びだされていたにすぎなかった(22)。

これらの本のどの一冊をとってみても、有島武郎の『小さき者へ』の一冊には及ばないと恵子には思えた。そして有島の本はどの一冊も、「教科書以外に読ましめる適当な書物」の中には入れられていなかった。

卒業を間近にした恵子は、職業婦人になりたい、女性として経済的に自立するために上の学校に行きたいと強く願うようになっていた。彼女の希望は一度は父親によって拒否された。

恵子どの。

おまえの手紙を見た。そして母上はむろんのこと、祖父上にも叔父たちにも相談した上で、家中の一致した意見を伝える。結論は、良家の子女は、上級学校へ行くことなど考えてはいけないということだ。この家の娘として、そのようなことを許すことは、親としてできない。女に女学校以上の学問は必要でないからである。かえって女らしさをなくして、片づく時期もおくれるばかりである。

そのことは、おまえにとって、決して幸せなことではないと思う。父はおまえが一日も早く片づくことを願っている。そのことをよく考えて思いとどまること(23)。

女に女学校以上の学問は不要であるという考えは当時の日本社会で一般にとられていた考えといってよい。このような発想から自由になれた家庭は、当時の日本の社会では都市の新興中産層を始めとするほんの一にぎりの人びとだけであった。

恵子の自立への願いは家に拒否されたが、しかし彼女の場合、学校でただ一人、県知事の推薦を受けて奈良高等女子師範学校に無試験入学できる生徒に選ばれるという幸運に恵まれた。これは大変名誉なことであり、父親も彼女の進学を許さざるをえなくなったのである。こうして恵子は、女性としての自立の道を歩みはじめることになった。

㈣　庶民にとっての女学校

東京浅草の貧しい狂言作家の家に生まれた沢村貞子の自叙伝『貝のうた』を取り上げて、下町の庶民の娘の進学問題を考えてみよう。沢村貞子の自伝は、大正期の庶民の生活の中で女学校とは何であったのかを改めて教えてくれる。一九二一（大正一〇）年、貞子は東京府立第一高等女学校を受験した。反対されるだろうと覚悟していた父は、進学の夢がかなわず役者になった兄と母のとりなしで、「しょうがないやつだ。そんなに行きたきゃ勝手にゆけ」といって受験を許してくれた。ただし金を出すわけにはいかない、と釘をさした上でのことであったが。入学試験の前に、貞子が担任の女教師から受けたアドバイスは、女学校が受け入れていた子女の社会階層についての当時の社会意識を反映しているものだった。

「もし、学科試験がうかって、口頭試問になったら、よく注意しなさい。あなたのおうちは何で暮らしているかときかれたら、家作がありますと言うんですよ」

入学願書に、父は無職、と書いたのも、この先生の知恵だった。

「兄弟が芝居の子役をしていることは絶対いわないように。府立はよい家庭の子どもしかとりませんからね」

背の高い、ひさし髪の先生が、そっと教えてくれるやさしさはわかったけれど、嘘をつくのは情けなかった。そのころからひどく潔癖な私は、もしきかれても、やっぱりほんとうのことをいおうと、ひそかにきめた。たとえそのために入りたい学校を落ちても……。

学科試験は無事に通った。紡績の絣の着物を着て、ひっつめ髪にした私は、ドキドキしながら口頭試問の部屋にはいった。正面に五人の先生が並んでいた。

「その着物はだれが縫ってくれましたか」

まんなかの、教頭と書いた机のやせた男の先生がきいた。

「ハイ、母です」

それでおしまいだった。その年は受験生の数がとても多かった。先生方はくたびれていたにちがいない。助かった。(24)


こうして貞子は女学校に合格した。いきつけのみつ豆屋の夫婦と貞子の間でとりかわされた会話には、庶民の女学校観がよく表れている。


「なんだいお貞ちゃん、ばかにうれしそうな顔して、ハハア、お嫁の口でも決まったかな」

「バカね、女学校の試験がうかったの。だから、お祝いのみつ豆」

寒天に、黒みつをたっぷりかけながら、松つぁんは、ギョロッと目をむいた。

「女学校だって？　なんだってまたそんなところへゆくんだい、せっかくの別嬪さんが……。女が学問なんかしたら、ろくなことはねえ。悪いことといわないから、やめな。やめた方がいいよ」

おばさんものぞきこんで、

「ほんとだよ。あんたこのごろとってもきれいになってきたのに、もったいない……」(25)


貞子の進学した府立第一高女の校長は、女子教育研究のために渡米して帰国したばかりの市川源蔵であった。彼は「教育は男女平等でなければならない」と主張する女子教育改革論者だった。この学校では実際に女学校用の教科書を使わずに一段レベルの高い中学校用の教科書が使われていた。そのような新しいタイプの女学校であったにしろ、この学校に集まってくるのは良家の子女ばかりであった。次のエピソードは、当時の女学校とそれに対応する社会階層の密接な関係を物語っている。


秋の学芸会に選ばれて、二年生と短い英語劇をした。終って便所にはいった私は、しばらく外へ出られなかった。同級生が二人、扉の外でささやくのがきこえたからである。

「あの人が英語劇にえらばれるなんて、この学校の不名誉だってママがいってたわ。あの人の兄弟、河原乞食ですって……」

「河原乞食ってなあに」

「芝居の役者のこと。それもね、浅草のきたない芝居小屋だって……」

「まあ、校長先生がそのこと知ったら怒るわよ、きっと……」

私は、入学試験のときの、小学校の先生の注意を思い出した。

それからしばらくのあいだ、担任の先生に呼ばれて、わが家の事情をきかれるのではないか、と心配だったが、なんのこともなく、やれやれと胸をなでおろした。(26)


これほどまでに女子の中等教育は庶民の日常的な生活感覚からへだたっていた。進学を希望しても親の賛同を得られず断念した多くの女の子がいたであろうことは想像にかたくない。貞子は他の女学生たちと娘らしいおしゃべりを交わすこともなく、当時女学生の間で流行したデパートめぐりをすることもなく、黙々と勉強に専念した。貞子の夢は、寒村僻地で貧しい子どもたちを教える教師になることだった。貞子は女子大学への進学を決意し、母を説きふせる。

「どうしても行きたいならしょうがないけれど、でも、女が大学なんかへ行ったら、それこそお嫁の口が遠くなるよ。いったい先ざきをどうする気なんだい」

「学校の先生になりたいの」

こうして貞子は日本女子大学に入学し、やがて築地小劇場の女優山本安英と出会い、新劇の道に進むことになった。

4　戦争と中等教育の崩壊

(一)　軍事教練と配属将校

一九二五（大正一四）年、陸軍現役将校学校配属令が公布され、「徳育体育ニ資益シ国防能力ヲ裨補スル」ことを名目として官公立の中学校に陸軍現役将校が配属された。私立中学校への配属は申請によるものとされていた。こうして学校に軍事教育が導入され、学校教練が始まった。

中等学校以上の学生、生徒を対象とする学校教練に陸軍現役将校があてられたのに対し、青年訓練所（一九二六年）に組織された青年大衆の教練に在郷軍人があてられることになったのは、将校と下士官、兵士向けの軍事教育のちがいに対応するものであった。

配属将校は生徒に歩兵銃の操作や分列行進を教え、しだいに学校内での発言力を強めていった。「海軍の名門」といわれた大阪府立天王寺中学校に学んだ宮沢望の記録は、戦時期の中学校のようすを次のように伝えている。

私の中学校――大阪府立天王寺中学校は伝統的に陸士・海兵など軍人学校（特に海兵）に進む者が多かった。他の学校に比べて特に軍国教育がさかんだったわけでもない。だが配属将校は多分にそれを意識していたようだ。軍事教練は一年生のときから厳しかった。入学して間もない私の心に、そのことを強烈に印象付けたのは、次のような出来事からだった。

一年生全員が講堂に集められて、配属将校から軍人勅諭の講義を受けていた。「朕オモフニ……」といった文体には小学校以来慣らされてきた私たちではあったが、「レキセイソウノモハラソウセイヲアハレミタマヒシゴイタクナリ……」などと言われても馬の耳に念仏。退屈のあまり隣り同士つつきあったり、小声で話しあったりするものが出てきた。そのうちIが思わず高い笑い声をあげてしまった。教官の説明がプッッときれた。次の瞬間、鋭い声がとんだ。

「いま笑ったやつは出てこい！」

一瞬の沈黙。Iが立ち上がって屠所にひかれる羊のように壇上の教官の前へ進み出た。

「畏れ多くも大元帥陛下のおことばについて講義しておるときに、笑い声をたてるとは何事であるか。不忠者め。貴様のようなやつは、腹を切って死んでしまえ！」

血の気を失っていたIの顔に、いきなりパシッパシッとビンタがとんだ。あまりのおそろしい光景に、私はふるえがきた。ややあって教官も気がしずまってきたのか、もとの口調にかえってこう言った。

「まだ中学生になったばかりで、よく分からんのだろうから、きょうのところは腹を切ることだけは勘弁してやる。だが、これからは貴様らにも軍人精神を徹底的にたたき込んでやる。教練の成績が悪いと、将来幹部候補生にもなれんということを、よく覚えとけ」

それから二年半の後、太平洋戦争がはじまった。軍事教練は、実戦を想定してかいっそう強化された。完全武装で時速六キロから八キロで、二、三〇キロも歩く強行軍も再三行われた。からだの小さい私にとってそれはかなりの苦行だった。(27)

(二)　戦前の教育の崩壊

太平洋戦争が攻勢から守勢に転じた一九四三（昭和一八）年、中学校就学年限は「国家的要請」によって短縮され四年となった。教育内容もまた変更され、従来の英・数・国漢重視の伝統は失われ、それにかわって各教科の内容はあげて皇国の使命の自覚および戦争遂行の能力、資質の形成に向けられることになった。

ちょうどこの時期、宮沢たちは四年生になっていた。彼らはいやでも進路を決めなければならないことになった。少年飛行兵が予科練への勧誘に中学校にやってきたのはそのような時期のことであった。

> 　昭和十八年、戦局は急速に悪化してきた。二月に南方のガダルカナル島から日本軍は「転進」をはじめ、四月には山本連合艦隊司令長官が戦死。五月には北方のアッツ島で二千数百名の守備隊の全員玉砕の悲報が伝わった。この事態に即応するため、中学校の卒業が一年繰り上げになるらしいといううわさがひろまっていた。私たち四年生は、いやでも進路をきめねばならなかった。時局を反映して、軍人学校を志望する者が多くなっていた。陸士や海兵は募集人員をふやしていたので、いくらか広き門になっていた。とはいえ、やはり相当な成績でないとはいれなかった。
>
> 　そんなさなかの七月七日、ちょうど日華事変がはじまって六年目の日だったが、三年生以上の全生徒が講堂に集められた。校長に案内されて壇上に現れたのは一人の少年飛行兵だった。胸に七つボタンが光っていた。今までの水兵服にかわって新しく制定された予科練生の制服なのだ。簡単な校長の紹介を受けて演壇の前に進んだかれは、ハリのある声で話し出した。
>
> 「自分は、本校と同じ大阪府立の岸和田中学校出身、海軍飛行兵長西沢克己であります。本日は、甲種飛行予科練習生について、みなさんにお話するようにとの、隊長の命によりお伺いいたしました[28]」

その日の授業終了後、担任の教師から「昭和十八年十月一日入隊甲種飛行予科練習生案内」が配られた。

> 「さっきの話をよくかみしめて、できるだけたくさんの人が志願してくれることを期待している」――担任はこう付け加えた。中学校程度の学力さえあればいい――軍人志望の者には楽な道だ。しかし、やはり陸士・海兵の魅力には勝てなかったのか、二、三日たっても志願者は一人も出なかった。
>
> 　それから数日後、四年生だけが体育館に集められた。国語教師のI先生が憂国の至情を一身にしょい込んだような語調で、予

科練への応募について訓示をはじめた。話すほどに自分のことばに酔うかのように熱をこめて言った。

「愛知一中や府立園芸学校のごときは、四、五年生と三年の一部がこぞって志願するというではないか。一人の荒鷲も出さないで、お前ら全部が大臣になったところで糞にもなるかッ！」

一段と声をハリ上げてI先生がこう叫んだとき、ほとんど反射的に一人の生徒が立ち上がった。

「先生ッ。ぼくが志願します」

続いて四、五人。

「うん、よう決心してくれた。他の者も、こいつらに見習わないかん」

教室へ戻ると、また担任の説得があった。さっき、私たちのクラスの者は一人も立たなかった。担任は哀願するような目付きでさえあった。(29)


しばらくして、この中学出身の〝大先輩〟近藤信竹海軍大将が来校、「閲兵」と訓示を行って生徒に大きな感銘を与えて帰った。学校の中には海軍熱が沸き起こり、予科練志願者がつぎつぎと名乗りをあげた。こうして中等学校は少年兵の供給源となった。

一方、中等学校の生徒たちの学徒動員は一九四三（昭和一八）年から「教育錬成内容ノ一環」として始まり、戦局の悪化とともに授業にくいこみ、四四年以降「通年動員」となっていく。さらに政府は一九四五年三月、「決戦教育措置要綱」を決定、全学徒を決戦に必要な仕事に動員するために国民学校初等科を除いてすべての学校の授業を一年間停止することになった。戦前の教育は敗戦を迎える前に破綻したのである。

5　戦後教育改革と新制中学校

(一)　新制中学校の出発

戦後日本の教育改革の基本構想を明示した米国教育使節団報告書は、六ヵ年義務制小学校につづく「三年間の満十六歳までの義務制、無月謝、男女共学制の下級中等学校」の創設を勧告した。これを受けて教育刷新委員会は義務制で三年制の中学校の設置を提案した。中学校は全日制で男女共学とし、各市町村に設置し校舎は独立とすること、また一九四七（昭和二二）年四月から実施すべきものとされた。

中等学校の国民への開放に反対する守旧派の勢力も根強くあったが、国民の義務教育年限の延長を要求する声はそれを上まわって高まっていた。そのような世論を背景として、腰の重い政府に対して教育刷新委員会は「六・三義務制実施断行に関する声明」を発表し、平和的、文化的な民主主義国家の建設の基礎は正しい教育の浸透を外にしてはありえず、「なかんづく、全国民一人残らず等しく満六歳から十五歳までの者に対して普通教育を行なう小学校及び中学校三年の教育を義務とする、いわゆる六・三制義務教育の確立こそは、（中略）男女の差別を撤廃して教育の機会を均等にし、公民たるの資質を啓発して民主主義的平和国家、文化国家を中外に表明する我が国の当然の義務である」として、新しい制度を万難を排して一九四七年四月から実施することを要望した。このような声明につづいて、文部省の日高第四郎学校教育局長も「民主国家として更生すべき新日本は、たとえ曲りなりでも新憲法の実施と同時に、新学校の実施を以て出発しなければならない」という見解を表明した。こうした力によって、ついに学校教育法は議会に上程可決され、新制中学校が一九四七年四月発足することになった。

学校教育法は中学校について、次のように規定した。

第三十五条　中学校は、小学校における教育の基礎の上に、心身の発達に応じて、中等普通教育を施すことを目的とする。

第三十六条　中学校における教育については、前条の目的を実現するために、左の各号に掲げる目標の達成に努めなければならない。

一　小学校における教育の目標をなお充分に達成して、国家及び社会の形成者として必要な資質を養うこと。

二　社会に必要な職業についての基礎的な知識と技能、勤労を重んずる態度及び個性に応じて将来の進路を選択する能力を養うこと。

三　学校内外における社会的活動を促進し、その感情を正しく導き、公正な判断力を養うこと。

（以下略）

新しい中学校の目的は「中等普通教育」という概念によって規定されることになった。旧制の中学校、高等女学校の目的規定は「高等普通教育」とされていたが、この概念は新制の高等学校に移され、小学校の「初等普通教育」と高等学校の「高等普通教育」の中間に位置する新しい概念として「中等普通教育」という概念がつくりだされ、新しい中学校で行われるべき教育を性格づけることになった。こうして教育基本法の理念に支えられて成立する「中等普通教育」の内実をつくりあげることが、戦後教育の国民的課題となった。

「独立の校舎をもつ」という原則はたてられていたが、全国の新制中学校で独立校舎をもって出発できたのはわずか一五％にすぎず、多くの学校が小学校と同居したり仮校舎で出発した。しかし、中学校の建設は戦後の窮乏の中で急速に進んだ。財政負担は主として市町村住民が負ったのであり、これを実現したのは新制中学によせる国民の教育要求の高まりにほかならなかった。(30)

ところで戦後の教育改革は歴史の転換点として二つの側面をもっている。一つは古い制度が廃棄されたこと、もう一つは新しい制度が生まれたことである。このそれぞれの場面に、当の教育を受ける側の子どもたちはどのように直面することになったのであろうか。ここでは井上ひさしと大江健三郎の記録を取り上げて検討しておこう。

(二)　旧制中学校の崩壊と人生の予定表

少年期を国民学校の生徒として送った井上ひさしの計画は、旧制中学校—旧制高等学校—東京帝国大学という学歴社会のエリートコースに乗ることだった。学歴は恵まれない少年時代を送った彼が手に入れることができるかもしれない唯一の人生の保証書となるはずであった。

国民学校の生徒時代井上は佐々木邦の『次男坊』という小説に熱中していた。井上はこの小説の主人公、正晴君の成功物語を「自分自身の予定表」として読んでいたようだと述べている。しかし、そのような少年の夢は戦後の学制改革によってもろくもついえさったとそのときの井上には思えたのであった。

何度も読み返しているうちに、ぼくが正晴君か正晴君がぼくか区別がつかなくなり、答案用紙に「井上正晴」と書き込んで担任教師から妙な顔をされたこともあった。正晴君は○○町の旧制中学から旧制の第○高等学校へ進み、やがて東京大学へ入学する。そして親友の妹と婚約し、高等文官試験を通過したところで小説は終るが、ぼくは正晴君と同じ順序で出世の階段を登ろうと考え、国民学校五年の夏休みから受験のための勉強をはじめた。正晴君のあとに続くには、彼が○○町の名門旧制中学に入ったように自分もまた米沢市にある興譲館中学の入学試験に合格しなくてはならない。だが、国民学校六年の初冬、すなわち昭和二十一年十二月、担任教師が、「来春から学制が変る。君たちは新制中学の一年生ということになるだろう」と告げたことでぼくは正晴君のあとを追いかけるのを諦めなければならなくなった。担任教師のはなしでは、新制中学の校舎となるのはいま自分たちが通っているこの国民学校校舎の一部であり、教師も今の顔ぶれのなかから選ばれるはずだという。なんと変り映えのしないことだろう、新制中学なんて名ばかり、これでは国民学校（という呼称も来春からは小学校になるだろう、と教師は言っていたが）の七年生というのと同じではないか。ぼくは熱発《ねつぱつ》して三日間寝込み、それからは鉛筆をボールに消しゴムを布製グローブに持ちかえたが、このときの落胆ぶりは相当なもので四十歳を過ぎた現在《いま》でも「来春から学制が変る」とぼくらに告げている担任教師の顔を夢に見て魘されるぐらいである。(31)

中学進学をめざして受験勉強を始めていた井上が、教師に来春から学制が変わることを告げられ、また新しい中学校は国民学校の一部を使い教師も国民学校の教師の中から選ばれるだろうと聞かされて、落胆したのは当然のことであった。彼はそれまでの人生の予定表を書きかえることを余儀なくされたのである。しかし、出発した新制中学はけっして井上が失望したように「名ばかり」でも「国民学校の七年生というのと同じ」であってもいけなかった。この学校は、上級学校進学へのエリートコースでなくなると同時に、その内容もまたまったく新しいものにつくりかえられなければならなかった。

(三)　新しい中学校と「民主主義」

それでは、出発当初の新制中学校に入学した子どもにとって、新しい中学校はどのようなものとして受けとめられることになったのであろうか。

四国の山村で井上と同様に国民学校の五年生のときに敗戦を迎え、新制中学校の最初の一年生として、ここに入学した大江健三郎の記録によって確かめておこう。

ぼくが谷間の村の新制中学に、最初の一年生として入学した年の五月、新しい憲法が、施行された。新制中学には、修身の時間がなかった。そして、ぼくら中学生の実感としては、そのかわりに、新しい憲法の時間があったのだった。

ぼくは上下二冊の『民主主義』というタイトルの教科書が、ぼくの頭にうえつけた、熱い感情を思いだす。もっともそれは初

> め多分に物質的な内容の熱情だった。戦争中から、戦後にかけて、教科書はもとより、立派な、ちゃんとした装幀の子供むきの本が、ぼくらの手に入ることはなかった。終戦直後に配給された、新聞用紙をいくつかに折ってとじただけの国語教科書を、ぼくらはにせの本と呼んでいたものだったが、それほどひどくはないにしても、新制中学で、ぼくらに与えられた教科書は、やはり、ひとつの物として愛着を感じさせる、という対象ではなかった。ところが、この『民主主義』だけは、分厚く、がっしりした、素晴しい本で、滑稽なさし絵まで入っていたのである。だれもが夢中になった。
>
> 　しかし、この本は部数が少なくて、ちょうど戦争のあいだクラスで、ズック靴のクジビキ配給がおこなわれたように、今度は、『民主主義』のスリルにみちたクジビキがおこなわれた。クジにはずれた生徒のなかには、冬、ズック靴の配給にもれて、明日からもまた裸足に近い格好で登校しなければならないということを納得した時とおなじく、肩を震わせてすすり泣くものまでいる始末だった。
>
> 　そのようないきさつもあって『民主主義』を教科書に使う新しい憲法の時間は、ぼくらに、なにか特別のものだった。そしてまた、修身の時間のかわりの、新しい憲法の時間、という実感のとおりに、戦争からかえってきたばかりの若い教師たちは、いわば敬虔にそれを教え、ぼくら生徒は緊張してそれを学んだ。ぼくはいま、《主権在民》という思想や、《戦争放棄》という約束が、自分の日常生活のもっとも基本的なモラルであることを感じるが、そのそもそもの端緒は、新制中学の新しい憲法の時間にあったのだ。(32)

大江が成立時の新制中学校で獲得した憲法感覚こそ、新しい学力の一つの核心をなすものであった。彼は中学校で学んだこの学力をその後の自らの生き方の根底をなす思想として選びとることになった。

> 　ぼくは十一歳の夏から、二十九歳の夏の、今日にいたるまで、たとえば、《主権在民》の思想を自分のモラルとしてきたし、それを疑ったことはなかった。《戦争放棄》の約束、決意については、その意味を疑うことがなかったことはもとより、もっと

切実に、その永続をねがってきた。したがって、ぼくは、新制中学の一年生の教室で、熱情とともに見出したモラルを、今日まで二十年間近く、日々あらためて自分のモラルとして選びつづけてきたのだと思う。(33)

戦後新教育は、青少年に新しい自己形成のみちすじを用意することになったのである。

注

(1) 色川大吉『ある昭和史』(中央公論社、一九七五年、五七頁)。
(2) 千葉春男「再び中学校入学の問題について」(『教育研究』初等教育研究会、一九二七年)。
(3) 山本有三『路傍の石』(新潮文庫版、二四―二五頁)。
(4) 『同右』二六―二七頁。
(5) 『同右』三三頁。
(6) 中野孝次『麦熟るる日に』(河出書房新社、一九七八年、三九―四〇頁)。
(7) 『同右』四〇頁。
(8) 『同右』四三―四四頁。
(9) 板倉聖宣「学問への反発と自己形成」(『岩波講座 子どもの発達と教育8』岩波書店、一九八〇年、五八―六四頁)。
(10) 加藤周一『羊の歌』(岩波新書、一九六八年、六五―六六頁)。
(11) 『同右』六八―六九頁。
(12) 『同右』七〇頁。
(13) 『同右』七三頁。
(14) 『教育週報』大正一五年一一月一三日号。

(15) 中野光『教育改革者の群像』(国土新書、一九七六年、一七六―一八四頁) 参照。なお同校は、黒柳徹子『窓ぎわのトットちゃん』(一九八一年、講談社) で有名になったトモエ学園の前身である。
(16) 楢崎善一「中学教育の実情――受験準備教育の弊害」(『日本諸学研究報告』第一〇篇、一九四一年)。
(17) 戸塚廉『いたずらの発見』(双柿社、一九七八年、三一―三三頁)。
(18) 丸岡秀子『ひとすじの道』第二部 (偕成社、一九七六年、九四頁)。
(19) 『同右』八二頁。
(20) 『同右』一〇二―一〇五頁。
(21) 『同右』一五七頁。
(22) 『同右』一六三―一六六頁。
(23) 『同右』一九〇頁。
(24) 沢村貞子『貝のうた』(暮しの手帖社、一九七八年、三八―三九頁)。
(25) 『同右』四〇頁。
(26) 『同右』四三頁。
(27) 宮沢聖「再び教え子を戦場に送らないために」(『戦前の教育と私』朝日新聞社、一九七三年、一七五―一七七頁)。
(28) 『同右』一七七頁。
(29) 『同右』一七八―一七九頁。
(30) 『日本近代教育百年史(6)』(国立教育研究所、一九七四年、二五五―二六八頁) 参照。
(31) 井上ひさし『さまざまな自画像』(中央公論社、一九七九年、一二―一四頁)。
(32) 大江健三郎『大江健三郎同時代論集』(岩波書店、一九八〇年、六〇頁)。
(33) 『同右』六四―六五頁。

あとがき

教育基本法が公布・施行された年に生を享け、戦後新教育の歩みとともに成長した私は、母親が小学校の教員だったことやそのほかの事情も絡んで、高校生のころから教育の人間形成上の意義や学校の社会的役割に強く関心をもつようになった。そこで大学では教育学を学ぼうと決めて、東京大学文科Ⅲ類に入学した。文科Ⅲ類というのは二年間の教養課程修了後文学部か教育学部に進むコースである。私は入学後、自分自身を含めて日本の社会に生きる人びとの教育に関わる心性や通念、教育慣行の成立の由来などにとくに関心をもつようになっていたので、専門課程の選択に際しては教育学部教育学科に当時おかれていた教育史教育哲学専攻課程を選ぶことにした。しかしながら、私の学生時代はいわゆる東大闘争の時期とまったく重なっていたために、学部生の時代にはその関心を十分深めることができなかった。そこで大学院に籍をおいて改めて問題関心と向き合い直すことにして、一九七一年、東京大学大学院教育学研究科に進学し、学部学生の時代に引き続き大学院生として大田堯教授の研究室に所属することになった。当時大学はだいぶ落ち着きを取り戻しつつあったとはいえ、まだ紛争の余熱さめやらぬ時代だった。大学も学問も大きく変わろうとしていた。

戦後の教育改革運動の中で新しい教育学のあり方を探求していた大田先生は、早くから生活綴方の教育実践に着目し、私が大学院に進学したころはさらに民衆の子育ての習俗研究に取り組みはじめていた。大田研究室の周辺にはいつも新しい教育学の樹立を志す若手研究者たちの自由で闊達な雰囲気が漂っていた。研究室を拠点として、中内敏夫先生や横須賀薫先生を中心に民間教育史料研究会（通称民間研）が設立され、当時未開拓の研究領域であった民間の教育の歴史を明らかにしようとする共同研究も始まっていた。大学院生となった私はすぐにこの会に参加させてもらうことになり、当時、会が全力をあげて取り組んでいた民間教育史の事典をつくる仕事を手伝うこととなった。私の研究者としての第一歩はそのようにして始まった。

会は『民間教育史研究事典』（評論社、一九七五年）を刊行し、続いて教育の世紀社の運動を中心とする一九二〇年代から三〇年代にかけての日本の教育改造運動の解明に取り組み、その後戦前の教育科学研究会が担った教育科学運動の調査研究に取りかかった。その成果は、『教育の世紀社の総合的研究』（一光社、一九八四年）、『教育科学の誕生』（大月書店、一九九七年）等として刊行された。研究会は現地調査を重ねながら、教育の社会史的研究の方法論を模索していた。私はこの研究会の共同研究から実に多くのものを学び取ることができた。現在の私の研究課題、研究方法は、この会と、かつて国民教育研究所におかれ、坂元忠芳先生や松島栄一先生を中心として運営された「自由民権運動と教育」研究会、および野間教育研究所社会教育部門におかれた修養研究部会、同「青年の自立と教育文化」研究部会の共同研究などに参加する中で手に入れたものである。「自由民権運動と教育」研究会からは『自由民権運動と教育』（草土文化、一九八四年）が、また修養研究部会からは『人間形成と修養に関する総合的研究』（野間教育研究所、二〇一二年）がそれぞれ共同研究の成果として刊行された。

大学院の大田ゼミでも、民間教育史料研究会でも、「自由民権運動と教育」研究会でも、現場主義を標榜して現地調査が盛んに行われた。本書に収録した論文のいくつかは、そのようなフィールドワークをもとに生まれたものである。子育ての習俗調査についていいえば、調査が本格的に行われたのは、一九七〇年代から八〇年代にかけての時期であった。それまで根強く農業社会としての性格を維持し続けてきた日本社会の基本的構造は、一九六〇年代の高度経済成長期以降本格的工業社会さらには情報化社会へと移行し、人びとの生活の様態もそれにともなって大きく変貌しようとしていた。そのような時代の移り変わりの中で、郷村社会に伝承されてきた人づくりの習俗文化は急速にその担い手を失うことになった。調査は共同体社会が蓄積し伝えてきた知と技が高齢者の間にかろうじて保持されていた時期に行われた。私たちの調査は多くの場合、村のお年寄りのオーラルヒストリーを手がかりとするものであった。その後、当時調査の対象となった方たちの保持していた属身的な知と技が新しい世代に自覚的に引き継がれることはほとんどなく、多くの子育ての伝承文化はいつのまにか日常生活の表層から姿を消していった。このころの現地調査を振り返ると、郷村社会に蓄積されてきた次世代養育の文化が消失する前になんとか調査が間に合ったという想いと、もっときちんと研究をしておけばよかったという想いが交錯する。私はその後も教育の社会心性史的研究を続けたが、習俗のレベルでの研究についてみると、現地調査よりも記録された資料に頼らざるをえない場面が多くなった。これまで取り組んできたことを時系列的に並べてみると、あらためてそのようなことに気がつく。

今日では日本の社会から近代的な教育に先行した共同体の養育習俗の多くが失われてしまったが、それでもなお現代に生きる私たちの養育に関わる発想や行動の一部が思わぬかたちで伝統的な文化とつながっていることに気づいて驚かされることがよくある。私たちは急速に進む産業社会化、グローバリゼーションの奔流に巻き込まれて、ともすれば自らの立ち位置を見失いがちだが、仮に見失っていたとしてもなおかつ私たちは事実として歴史的な存在だということなのである。

本書で取り上げた近代日本の青年期の問題についても同様なことが言える。私事になるが、私の父は上州の貧しい農家の三男として生まれ育った。進学することを強く願っていたが高等小学校をおえただけで社会に出て働かなくてはならなかった。そのような少年にとって、青年期の獲得は大きな困難をともなうものであったに違いない。この少年はやがて国鉄に入り、独学で部内に用意されていた試験を一つ一つクリアーしながら昇進の階段をのぼることになった。戦前の雑誌『少年倶楽部』には、学歴がなくても試験で出世できる職場として国鉄がしばしば紹介されていたことを、私は本書に収めた論文に取り組む中で初めて知った。少年はおそらくこの雑誌でそのことを知って心に留めていたのである。まわりの人たちから昭和の二宮金次郎などといわれていたほどの読書家で工作好きな少年は、やがて青年となり、独学を重ね文学から科学技術にいたるまで卓越した知力を手に入れて、ホワイトカラーとして生きることになった。そのような生き方には、おそらく知への渇望に加えて、学歴エリートへの対抗心が努力を支える強いバネとして作用していたことであろう。戦中は通信兵として中国大陸で兵役につき、戦後、師範学校を卒業して村で小学校の教師として働き始めていた母と結婚した。両親は私を長子として三人の息子を育てた。父は自分もこの雑誌を読んでいたのだといって、『少年クラブ』(戦前の『少年倶楽部』、講談社)と『子供の科学』(誠文堂新光社)を、毎月欠かさず勤務先の鉄道管理局のあった高崎の本屋から買ってきてくれた。四〇代の早い時期に(私が中学一年生の夏のことであったが)、突然失明という不運にみまわれ、手に入れた職場をリタイアせざるをえなくなった。失意を乗り越えて、その後点字の読み書きとタイプライターをマスターし、旺盛な知的好奇心と人生へのチャレンジ精神を終生持ち続けて強く生きた。私はそのようにして少年期と青年期を送り、また人生の後半を送ることになった市井の人たちの次世代である。本書をまとめてみて、私は自分が日本の青年の近代史にこだわり続けてきた理由を改めて納得できたように思う。両親が生きているうちに先行する世代の人生をきちんと受けとめておくべきであった。手をこまねいているうちに失ってしまったものの大きさに呆然とすることがある。私が青年の社会史的研究に向かったのは、この社会を支えてきた人たちが自分たちの青年期をどう生きたのか、いかなる歴史を背負い、どう自分たちを彫琢してきたのかということを、共感とともに理解したいがためだったということが、いまとなってはよくわかる。

これまで私は、この社会を成り立たせている教育という営みの全体を私たちが深く理解するためには歴史的な研究が不可欠であり、また未来に向けてよりよい教育のありようを考える上でも歴史的な視点は欠くことができないものであると考えて研究に取り組んできた。教育という日常的な営みを人びとが生きてきた歴史としてとらえ返してみたいと考え、またそのような視点からの研究はこれからの教育を考えるうえで重要な意味を持つに違いないと信じ、さらにまた同様な思いで研究を進める人たちの陣営に参加してなにがしかの成果をあげたいと願いながら、多くの人たちに支えられてこれまでやってくることができたように思う。手がけた仕事をテーマ別に区分けすれば、共同体の人間形成と教育の近代化に関するもの、公教育制度の成立過程に関するもの、自由民権運動期の教育に関するもの、大正期の新教育運動から戦前の教育科学運動にいたる教育改造運動に関するものなどということになる。どれだけのことが成し遂げられたかと問われると、いささか心もとないし悔いも残るというのが正直なところである。

自分の仕事をこのようなかたちでまとめることを露ほども考えていなかった私の背中をまとめの作業に向けて強く押してくださったのは、大学と大学院を通して私の指導教官であった大田堯先生と、民間教育史料研究会以来の畏敬する先輩である上野浩道先生である。お二人がいなければ本書が陽の目を見ることはなかった。また東京大学出版会編集部の後藤健介氏の適切なアドバイスとサポートなしにも本書がまとまることはなかった。さらにまた本書の成り立ちを考えるとき、日本の教育社会史研究の分野を切り拓いてきた中内敏夫先生から学部学生以来受け続けてきた学恩の大きさを思わないわけにはいかない。これらのことをここに記して深く感謝する。共同研究を通して私を研究者として育ててくれた民間教育史料研究会、国民教育研究所「自由民権運動と教育」研究会、野間教育研究所修養研究部会、同「青年の自立と教育文化」研究部会の先生方、調査でお世話になった多くの方々にも心から感謝する。また、本書の刊行にあたってご支援いただいた國學院大學文学部教育学研究室の同僚諸氏、および狩野浩二、近藤秀人、綿引光友各氏を始めとする友人諸氏にも感謝する。また、長きにわたり小学校の教師として子どもたちと向き合い、退職後も教育・福祉のNPO法人に関わり、多忙を極めつつも私の仕事のよき理解者であり協力者であり続けてくれている妻恵美子にも感謝する。そして本書を、戦前・戦中・戦後の激動の時代を、重荷を背負いながら庶民として懸命かつ誠実に生きぬいた両親に捧げる。

なお、本書の出版にあたっては、勤務校である國學院大學の出版助成を受けたことをここに記しておく。

二〇一六年二月

田嶋　一

収録論文初出一覧

本書に収録した論文の初出ならびに掲載書誌を以下に記す。なお、収録にあたっては原文に加筆修正を施した。

序章「近代日本における〈教育〉と〈青年〉の概念」（新稿）

第一部

第1章「民衆の子育ての習俗とその思想」（岩波講座『子どもの発達と教育』第二巻、岩波書店、一九七九年）

第2章「近世社会の家族と教育」（講座『日本教育史Ⅱ』第一法規出版、一九八四年を改題）

第3章「若者の形成と青年期教育」（『教育学研究』日本教育学会、第四四巻第二号、一九七七年を改題）

第二部

第1章「共同体の解体と〈青年〉の出現」（『叢書　産む・育てる・教える1　〈教育〉の誕生と終焉』藤原書店、一九九〇年）

第2章「〈青年〉の社会史——山本滝之助の場合」（『同右』）

第3章「修養の社会史（1）　修養の成立と展開」（野間教育研究所修養研究部会『人間形成と修養に関する総合的研究』野間教育研究所紀要第五一集、二〇一二年を改題）

第4章「修養の社会史（2）　修養の大衆化過程についての事例研究——講談社の出版事業を手がかりに」（野間

教育研究所修養研究部会『人間形成と修養に関する総合的研究』野間教育研究所紀要第五一集、二〇一二年を改題）

第三部

第1章　「〈少年〉概念の成立と少年期の出現――雑誌『少年世界』の分析を通して」（『國學院雜誌』第九五巻第七号、國學院大學、一九九四年）

第2章　「一九二〇―三〇年代における児童文化論・児童文化運動の展開」（歴史学会『史潮』新二三号、弘文堂、一九八八年）

第3章　「中等教育の歴史と中学生の学力問題」（中学校教育実践選書4『中学生の学力と評価』あゆみ出版、一九八三年を改題）

川村肇・荒井明夫 編
就学告諭と近代教育の形成
勧奨の論理と学校創設
A5 一二〇〇〇円

駒込武・川村肇・奈須恵子 編
戦時下学問の統制と動員
日本諸学振興委員会の研究
A5 一二〇〇〇円

寺崎昌男・戦時下教育研究会 編
総力戦体制と教育
皇国民「錬成」の理念と実践
A5 七〇〇〇円

斉藤利彦 編
学校文化の史的探究
中等諸学校の『校友会雑誌』を手がかりとして
A5 八八〇〇円

小野雅章 著
御真影と学校
「奉護」の変容
A5 六八〇〇円

土方苑子 編
各種学校の歴史的研究
明治東京・私立学校の原風景
A5 六〇〇〇円

池田雅則 著
私塾の近代
越後・長善館と民の近代教育の原風景
A5 九八〇〇円

ここに表示された価格は本体価格です．御購入の際には消費税が加算されますので御了承下さい．

田嶋　一（たじま・はじめ）
1947 年　埼玉県生まれ
1966 年　埼玉県立熊谷高等学校卒業
1971 年　東京大学教育学部卒業
1978 年　東京大学大学院教育学研究科博士課程修了
現　在　國學院大學教授

主要著書

『人間形成と修養に関する総合的研究』（共編著，野間教育研究所紀要第 51 集，2012 年），『やさしい教育原理』（共編著，有斐閣，1997 年／新版補訂版，2011 年），『教育科学の誕生』（共編著，大月書店，1997 年），『教育の世紀社の総合的研究』（共編著，一光社，1984 年），『自由民権運動と教育』（共著，草土文化，1984 年），*The Modernization of Japanese Education*, Vols., 1 and 2（共編著，国際教育情報センター，1986 年），『現代の学校・学級づくりと教育評価』（共編著，日本標準，1984 年）ほか

〈少年〉と〈青年〉の近代日本
人間形成と教育の社会史

2016 年 3 月 18 日　初　版

［検印廃止］

著　者　田嶋《たじま》　一《はじめ》

発行所　一般財団法人　東京大学出版会
代表者　古田元夫
153-0041 東京都目黒区駒場 4-5-29
http://www.utp.or.jp/
電話　03-6407-1069　Fax 03-6407-1991
振替　00160-6-59964

印刷所　株式会社理想社
製本所　牧製本印刷株式会社

ISBN 978-4-13-056225-6　Printed in Japan

索　引

あ　行

か　行

さ　行

た　行

な　行

は　行

ま　行

や　行

ら　行

わ　行

A～Z